utb 2877

AF141951

Eine Arbeitsgemeinschaft der Verlage

Brill | Schöningh – Fink · Paderborn
Brill | Vandenhoeck & Ruprecht · Göttingen – Böhlau Verlag · Wien · Köln
Verlag Barbara Budrich · Opladen · Toronto
facultas · Wien
Haupt Verlag · Bern
Verlag Julius Klinkhardt · Bad Heilbrunn
Mohr Siebeck · Tübingen
Narr Francke Attempto Verlag – expert verlag · Tübingen
Ernst Reinhardt Verlag · München
transcript Verlag · Bielefeld
Verlag Eugen Ulmer · Stuttgart
UVK Verlag · München
Waxmann · Münster · New York
wbv Publikation · Bielefeld
Wochenschau Verlag · Frankfurt am Main

Frank Fechner
Albrecht Rösler

Fälle und Lösungen zum Medienrecht

4., überarbeitete und aktualisierte Auflage

Mohr Siebeck

Frank Fechner, geboren 1958; Dr. iur.; Professor für Öffentliches Recht, insbesondere öffentlich-rechtliches Wirtschaftsrecht und Medienrecht an der TU Ilmenau.

Albrecht Rösler, langjährige rechtsberatende Tätigkeit mit Ausrichtung auf IT- und Medienrecht als Rechtsanwalt sowie in den Funktionen der Stabsstelle IT-Recht am IT-Zentrum der Thür. Hochschulen (TU Ilmenau) und (seit 2020) der IT-Rechtsberatung der Kooperationsplattform IT Öffentliche Auftraggeber eG (Wiesbaden).

ISBN 978-3-8252-4977-9 (UTB 2877)

Die Deutsche Nationalbibliothek verzeichnet diese Publikation in der Deutschen Nationalbibliographie; detaillierte bibliographische Daten sind im Internet über *http://dnb.dnb.de* abrufbar.

1. Auflage 2007
2. Auflage 2009
3. Auflage 2012

© 2021 Mohr Siebeck Tübingen. www.mohrsiebeck.com

Das Buch wurde von Gulde Druck in Tübingen gesetzt, auf alterungsbeständiges Werkdruckpapier gedruckt und gebunden.

Vorwort

Die Bearbeitung medienrechtlicher Fälle ist mit Schwierigkeiten verbunden, die allein mit Kenntnissen der medienrechtlichen Grundlagen nicht zu bewältigen sind. Das vorliegende Fallbuch soll daher auch in seiner überarbeiteten und aktualisierten 4. Auflage in bewährter Weise Hilfe bei dieser Aufgabe bieten und so zum Erfolg im Studium beitragen.

Die Fälle unterschiedlichen Umfangs und Schwierigkeitsgrads sind von ihrer Gewichtung her auf die Grundfragen des Medienrechts ausgerichtet und vertiefen besonders klausurträchtige Probleme. Indessen werden auch die Randgebiete nicht ausgespart. Die Fälle sind voneinander unabhängig, können mithin in beliebiger Reihenfolge gelöst werden. Ergänzt werden sie durch Aufbauschemata, mit deren Hilfe die wichtigsten Prüfungsschritte im Auge behalten werden. Die Grundlagen des Medienrechts werden in Vorlesungen vermittelt und können in meinem Lehrbuch „Medienrecht" nachgelesen und erlernt werden, an dem sich dieses Fallbuch ausrichtet. (Auf dieses wird durch → LB *Kap.* Rdnr. Bezug genommen, Verweise auf die Vorschriftensammlung „Medienrecht" von Fechner/Mayer, 16. Aufl. 2020 durch → T Nr. und auf die Rechtsprechungssammlung „Entscheidungen zum Medienrecht" 3. Aufl. 2018 durch → E Nr.). Der Einstieg in die medienrechtliche Fallbearbeitung wird Ihnen durch die „Kurzfälle zum Medienrecht" von Fechner und Pelz erleichtert.

Die umfassende wissenschaftliche Überarbeitung der Lösungen danke ich meinen früheren Assistenten Herrn Ass. iur. Tankred Schipanski und Herrn Ass. iur. Albrecht Rösler. Herr RA Tankred Schipanski konnte sich bedingt durch seine Aufgaben als Mitglied des Deutschen Bundestages nicht mehr aktiv in diese vierte Auflage einbringen, seine inhaltlichen Verdienste für das Fallbuch bleiben dadurch unberührt. Umso erfreulicher ist es, dass Herr Albrecht Rösler, neben seiner Tätigkeit bei der Kooperationsplattform IT Öffentliche Auftraggeber eG (Wiesbaden), sich wiederum mit der Überarbeitung befasst hat. Kritische Durchsicht und wertvolle inhaltliche Hinweise verdanken wir meiner Mitarbeiterin Frau RA Ass. iur. Maria Elisabeth Heinemann. Bei der Überarbeitung hat sich zudem meine studentische Assistentin, Frau Laura Seubert, und mein studentischer Assistent, Herr Marius Schüll, aktiv eingebracht.

Möge dieses Fallbuch seinen Zweck erfüllen, zu einem Erfolg im Medienrecht zu führen.

Ilmenau / Erfurt, im Juni 2021   Frank G. Fechner

Inhaltsverzeichnis

Hinweise zur Bearbeitung medienrechtlicher Fälle

Medienrechtliche Fälle sind grundsätzlich zu lösen wie andere Klausuren oder Hausarbeiten des Rechts auch. Der Bearbeiter sieht sich allerdings besonderen Anforderungen gegenübergestellt, da es sich beim Medienrecht um eine „Querschnittsmaterie" handelt, die die unterschiedlichsten Rechtsgebiete einbezieht. Dies erfordert zunächst eine zutreffende Einordnung des Falles, wobei auch mehrere Rechtsgebiete einschlägig sein können. Zu überlegen ist insbesondere, ob es sich um eine rein grundrechtliche Klausur, eine zivilrechtliche Klausur mit verfassungsrechtlichen Aspekten oder um eine verwaltungsrechtliche Ausgangsfrage handelt. Besonderes Augenmerk ist auf Mischformen zu legen, beispielsweise die Vereinbarkeit einer Sendung mit dem Jugendschutzrecht als einer öffentlichrechtlichen Vorfrage im Rahmen des zivilrechtlichen Wettbewerbsrechts. Folgen die Fälle – die jeder für sich eine abgeschlossene Einheit bildet und die nach Bedarf des Bearbeiters in unterschiedlicher Reihenfolge gelöst werden können – dem Aufbau meines Lehrbuchs „Medienrecht", so wurden doch ganz bewusst Mischformen eingebaut, die den Fragestellungen in der Praxis und den Anforderungen in der Lehre am nächsten kommen.

Wie bei jeder Klausurvorbereitung ist empfehlenswert, zunächst den Fall eigenständig zu lösen, indem innerhalb einer selbst gesetzten Zeit eine Lösungsskizze zumindest stichwortartig angefertigt wird. Auf diese Weise kann herausgefunden werden, inwieweit die Lösung schon selbst erarbeitet werden konnte und wo noch Defizite bestehen. Bewährt hat sich auch die Bearbeitung in Arbeitsgruppen am besten von vier Personen, von denen eine sich schon mit dem Fall beschäftigt haben sollte, um die anderen von langwierigen Irrwegen abhalten zu können.

Um medienrechtliche Fälle bearbeiten zu können, sind technische Grundkenntnisse und ein juristisches Begriffsverständnis unabdingbar. Hinzuweisen ist auf zahlreiche Legaldefinitionen (z.B. „Fernabsatzverträge" § 312c BGB, „Marktteilnehmer" § 2 Abs. 1 Nr. 2 UWG, „Rundfunk" § 2 Abs. 1 MStV) sowie von der Rechtsprechung geprägte Begriffe (z.B. „Funktionsauftrag des öffentlich-rechtlichen Rundfunks""), die man wissen und anwenden können muss. Demgegenüber ist Vorsicht an den Tag zu legen, was die Terminologie angrenzender Medienwissenschaften anbelangt. So ist die teilweise gepflegte Vorstellung von den Medien als der „vierten Gewalt" im Staat innerhalb einer medienrechtlichen Argumentation nicht hilfreich. Genauer Prüfung bedürfen Quellen aus dem Internet zur Vorbereitung von Klausuren oder bei Hausarbeiten. Nicht selten handelt es sich um die einseitige Darstellung des Vertreters einer bestimmten Lobby oder um die Stellungnahme eines Anwalts, die aus einer konkreten Parteivertretung resultiert. Selbst wissenschaftlicher Literatur ist mit Vorsicht zu begegnen, soweit es um nicht mehr aktuelle Stellungnahmen geht. Im Medienrecht gilt in besonderer Weise, dass wenige Striche des Gesetzgebers ganze Bibliotheken zu Makulatur werden lassen.

Besonders schwierig kann schließlich der Umgang mit der Rechtsprechung sein. Im Multimediarecht sind viele Grundsatzfragen bis heute nicht höchstrichterlich entschieden. Untergerichtliche Entscheidungen können zwar Hinweise liefern, doch ist gerade in diesem Bereich eigenständige Argumentation gefragt. Nicht verwirren lassen darf man sich von divergierenden Entscheidungen von BGH, Bundesverfassungsgericht, EuGH und EGMR. Auswendiglernen hilft daher meist weniger als eine Verinnerlichung der unterschiedlichen Positionen, Entwicklung eines umfassenden Problembewusstseins und eine saubere Argumentation in der Fallbearbeitung.

Erfahrungsgemäß macht bei der Falllösung der richtige Aufbau häufig Schwierigkeiten. Ab und an ist es sinnvoll, bei der Prüfung von der Reihenfolge der Worte in der Norm abzuweichen, etwa bei § 823 Abs. 1 BGB zunächst die Verletzung eines absoluten Rechts zu prüfen und dann erst das Verschulden. Teilweise ist der Aufbau nicht aus der Sachlogik vorgegeben. Beispielsweise erschiene es sinnvoll, beim Schadensersatzanspruch entsprechend dem Anspruch auf Geldentschädigung zunächst zu prüfen, ob ein materieller Schaden vorliegt. Da dies indes in der juristischen Ausbildung üblicher Weise erst später geprüft wird, wird dieser Aufbau hier übernommen. Um den Aufbau zu erleichtern, werden am Schluss des Buches vorschlagsweise Aufbauschemata wiedergegeben.

Fall 1: Liebesleben eines Filmstars

In der Boulevardzeitschrift „Rainbow" (R) ist ein Artikel über die Filmschauspielerin Fenny (F) erschienen. Er trägt den Titel: „Fennys Einsamkeit hat endlich ein Ende." Der Artikel ist, wie in der Zeitschrift üblich, reich bebildert. Auf dem ersten Foto ist F zu sehen, wie sie bei einem Empfang aus Auslass der Verleihung eines Filmpreises allein zwischen Gruppen anderer Gäste steht. Die Bildunterschrift besagt: „So ging Fenny jahrelang allein durchs Leben". Auf einem zweiten Bild sitzt F in einem Pferdeschlitten und an ihrer Seite ihr Skilehrer Seppi (S), mit dem sie „seit wenigen Tagen eine Liebesbeziehung hat" und mit dem sie sich bisher nicht in der Öffentlichkeit gezeigt hat. In der Bildunterschrift wird darauf hingewiesen, dass die Filmschauspielerin, die sich häufig in der Öffentlichkeit für den Tierschutz ausspricht, einen Pelzmantel einer vom Aussterben bedrohten Tierart trägt.

Die Bilder werden durch ein kurzes „Interview mit Fenny" ergänzt. Da F sich derzeit zu einem Dreh in Hollywood aufhält, konnte das Interview nicht mit ihr persönlich geführt werden. Um die Authentizität ihrer Angaben zu gewährleisten, besteht das Interview aus einigen Stichworten, die sich in Blogeinträgen der F auf ihrer Homepage fanden und die von der Redaktion fantasievoll ausgeschmückt wurden.

Als Krönung des Artikels wird eine E-Mail abgedruckt, die F an S geschrieben hat und in der sie ihm in blumigen Worten ihre Gefühle schildert und die gemeinsam verbrachten Stunden preist. S hat der Redaktion der R die Mail gegen Entgelt zum Abdruck überlassen, da er sich mittlerweile von F ausgenutzt fühlt.

Als F von dem Artikel erfährt, ist es bereits zu spät. F sieht sich durch die Veröffentlichung in ihrem Ansehen beeinträchtigt. Die Behauptung, sie sei jahrelang allein durchs Leben gegangen, sei infam. Tatsächlich habe sie in ihrem Lebensabschnitt, als die Filmpreisverleihung stattfand, wenig Zeit gehabt, da sie ihren kranken Vater gepflegt habe. Auch wenn der Artikel bereits erschienen sei und die Redaktion auf ihre Anfrage hin geäußert habe, sie werde diesen Artikel nicht wieder abdrucken und auch nicht in ihre Online-Ausgabe übernehmen, so müsse doch alles getan werden, was möglich sei, um gegen R vorzugehen. Was ist F zu raten? Geben Sie dabei auch Hinweise für das praktische Vorgehen und formulieren Sie eine mögliche Erklärung der F, die die R zum Abdruck bringen müsste.

S sieht im Abdruck des Fotos, auf dem er neben F im Pferdeschlitten zu sehen ist, einen Eingriff in sein Persönlichkeitsrecht und möchte dafür Ersatz in Geld.

Zulässigkeitsfragen sind nicht zu erörtern.

Lösung

A. Vorgehen der F

Wie immer bei Sachverhalten mit mehr als zwei Personen, empfiehlt sich die Anfertigung einer Skizze mit den Beteiligten, um den Überblick nicht zu verlieren. Zudem ist es empfehlenswert, eine Person nach der anderen und eine Variante nach der anderen abzuhandeln. Unterschiede zeigen sich oftmals erst im Laufe einer Prüfung und geraten dann in der Eile einer Klausurprüfung leicht durcheinander. Kommt es auf dem Lösungsweg zu einem Punkt, der schon exakt in gleicher Weise geprüft worden ist, so kann nach oben verwiesen werden (nicht zulässig ist demgegenüber ein Verweis nach unten).

Da Zulässigkeitsfragen nicht zu erörtern sind, muss auf die gerichtliche Durchsetzung der Ansprüche hier nicht eingegangen werden. Typische medienrechtliche Probleme, die in solchen Sachverhaltskonstellationen ansonsten zu beachten wären, ist u.a. der Gerichtsstand. Da es sich bei Persönlichkeitsrechtsverletzungen um unerlaubte Handlungen handelt, ist der Ort der Rechtsverletzung maßgeblich. Dies kann neben dem Handlungs- auch der Erfolgsort sein. Bei Medienberichten sind das grundsätzlich alle Orte, an denen der Medienbericht rezipiert werden konnte. Daraus ergibt sich ein Wahlrecht des Betroffenen, an welchem Ort er klagen will. Er hat auf diese Weise die Möglichkeit, sich ein Gericht auszusuchen, das bekanntermaßen Persönlichkeitsrechten ein eher starkes Gewicht bei Abwägungen einräumt, weshalb von „fliegendem Gerichtsstand" gesprochen wird.

Zu fragen wäre dann weiterhin, wie die Ansprüche am besten durchgesetzt werden können. Da Prozesse zur Abwehr von Beeinträchtigungen durch die Medien meist zu lange dauern, ist das Vorgehen im Wege des einstweiligen Rechtsschutzes vorteilhaft.

I. Bericht über ihr Privatleben

1. Unterlassung[1]

Für einen Anspruch auf Unterlassung gegen R gemäß § 1004 Abs. 1 BGB analog zur Abwehr der Veröffentlichung ist es zu spät, da der Artikel bereits erschienen ist.

Eine genauere Darlegung, bei wem es sich um „R" handelt, wird bei einer studentischen Arbeit und wenn nicht nach der Zulässigkeit gefragt ist, nicht erforderlich sein, da der Sachverhalt hierfür keine Anhaltspunkte liefert. Insbesondere ist nicht erkennbar, in welcher Rechtsform R organisiert ist. Die hier zu erörternden Ansprüche

---

1 Einzelheiten zu den Gegenansprüchen bei Persönlichkeitsrechtsverletzungen durch Medien in Fechner, Medienrecht, Kapitel 4, Rdnr. 120 ff.

können nur vom Verlag erfüllt werden. Anders ist dies bei den Schadensersatz- und Geldentschädigungsansprüchen, für die, je nach Sachverhaltskonstellation der Verlag, der Journalist und event. der verantwortliche Redakteur gesamthänderisch haften können. Dafür bietet der Sachverhalt ebenfalls keine Anhaltspunkte.

Zu überlegen ist indessen, ob neuerliche Veröffentlichungen des Artikels mit dem Bericht über das Privatleben der F, insbes. die von F beanstandete Formulierung, verhindert werden können. Wenn eine Rechtsverletzung stattgefunden hat, spricht grundsätzlich eine Vermutung für eine Wiederholungsgefahr.[2] Allerdings hat die Redaktion ausdrücklich erklärt, den Artikel nicht erneut abzudrucken und auch nicht online zu stellen. Die Absichtserklärung der Redaktion stellt für F indes keinen ausreichenden Schutz dar. F ist daher zu raten, von R eine strafbewehrte Unterlassungsverpflichtungserklärung in schriftlicher Form (§ 780 BGB) zu verlangen.

Wie üblicherweise in studentischen Arbeiten ist gutachtlich zu prüfen und nicht ein Urteil zu entwerfen. Daher wird hier der Gutachtenstil verwendet, nicht der Urteilsstil. Von kurzen, eindeutigen Aussagen abgesehen, sind die Sätze daher im Konjunktiv abzufassen. Damit wird der Ergebnisoffenheit wissenschaftlichen Arbeitens Rechnung getragen. Das – eindeutig formulierte – Ergebnis steht erst am Schluss.

2. Gegendarstellung

F könnte gegen R einen Anspruch auf Gegendarstellung haben. Mit einer Gegendarstellung kann F nicht gegen die Berichterstattung über ihr Privatleben vorgehen. Sie könnte sich damit allerdings gegen den Eindruck wenden, sie sei „jahrelang allein durchs Leben gegangen". Ein Anspruch auf Gegendarstellung der F könnte sich, da es sich um eine Veröffentlichung in einem Printmedium handelt, aus § 10 LPresseG ergeben.

Das Gegendarstellungsrecht ist je nach der Art der Veröffentlichung in unterschiedlichen Gesetzen geregelt (z.B. § 20 MStV). Im vorliegenden Fall ist das presserechtliche Gegendarstellungsrecht zu prüfen.

Das Presserecht ist landesrechtlich geregelt. Die Vorschriften in den verschiedenen Bundesländern sind sehr ähnlich, differieren indessen in Details und sind unterschiedlich nummeriert. Im Folgenden werden die Normen des Presserechts nach dem Musterpressegesetz in der von Fechner und Mayer herausgegebenen Vorschriftensammlung „Medienrecht" zitiert.[3] Die Klausur lässt sich allerdings ebenso gut mit dem Landespressegesetz Ihres Bundeslandes lösen.

---

2 BGH NJW 1986, S. 2503, 2505.
3 Mustergesetz bei Fechner/Mayer, Vorschriftensammlung Medienrecht, 16. Auflage, 2020.

a) Tatsachenbehauptung

Voraussetzung des Gegendarstellungsanspruchs ist das Vorliegen einer Tatsachenbehauptung (§ 10 Abs. 1 Satz 1 LPresseG). Sofern es sich nicht um ein manipuliertes Bild handelt, wovon im Sachverhalt nicht die Rede ist, ist eine Gegendarstellung gegen die Veröffentlichung des Fotos allein nicht möglich. Denkbar wäre jedoch eine Gegendarstellung zur Bildunterschrift. Ein Gegendarstellungsanspruch besteht nur gegenüber Tatsachenbehauptungen. Die Behauptung, F sei „jahrelang allein durchs Leben gegangen", suggeriert beim Betrachter die Vorstellung, F habe jahrelang keine familiären oder partnerschaftlichen Beziehungen gepflegt. Hierüber kann grundsätzlich Beweis vor Gericht geführt werden.

> Eine Tatsachenbehauptung liegt immer dann vor, wenn über den Inhalt der Äußerung grundsätzlich vor Gericht Beweis erhoben werden könnte. Ob ein Beweis im konkreten Fall tatsächlich erbracht werden kann, spielt indessen keine Rolle.

Allerdings enthält die Bildunterschrift nicht ausdrücklich die Behauptung, F habe über Jahre keine Beziehungen gepflegt. Interpretationsoffen ist zudem, welche Art oder welche Arten von Beziehungen tatsächlich gemeint sind. Fraglich ist, ob es einen Gegendarstellungsanspruch auch in Fällen gibt, in denen beim Leser möglicherweise nur ein *falscher Eindruck* entstanden ist. Dies ist beim Gegendarstellungsanspruch eher anzunehmen als beim Berichtigungsanspruch, der wesentlich stärker in die Rechte der Medien eingreift. Für die Gegendarstellung ist die Unrichtigkeit der Tatsachenbehauptung keine Tatbestandsvoraussetzung. Es muss daher auch gegen indirekt aufgestellte Tatsachenbehauptungen wie im vorliegenden Fall die Möglichkeit des in seinem Persönlichkeitsrecht Betroffenen geben, mit Hilfe des Gegendarstellungsanspruchs seine Sicht der Dinge darzulegen.

> Während bei den Gegenansprüchen wie der Berichtigung grundsätzlich nur gegen Tatsachenbehauptungen vorgegangen werden kann, ist dies bei der Gegendarstellung gerade keine Voraussetzung.

b) Berechtigtes Interesse an der Verbreitung der Gegendarstellung

Ein berechtigtes Interesse von F an der Veröffentlichung der Gegendarstellung (§ 10 Abs. 2 Nr. 1 LPresseG) fehlt, wenn die Gegendarstellung missbräuchlich oder offensichtlich unwahr ist. Ein Gegendarstellungsverlangen ist missbräuchlich, wenn es lediglich dem Rachebedürfnis des Betroffenen entspringen würde und nur dazu angewendet würde, dem Medienunternehmen zu schaden. Wie sich aus dem Sachverhalt ergibt, ist dies bei F nicht der Fall, vielmehr möchte sie alle Möglichkeiten ausschöpfen, die der Wiederherstellung ihrer Ehre dienen.

Das Vorliegen einer Persönlichkeitsverletzung ist kein vom Pressegesetz gefordertes Tatbestandsmerkmal der Gegendarstellung. Insbesondere muss nicht geprüft werden, ob die Tatsachenbehauptung zutreffend ist oder nicht. Allerdings könnte für eine Gegendarstellung, die sich gegen eine unzweifelhaft korrekte Erstmitteilung richtet, kein berechtigtes Interesse angeführt werden. Es muss das Persönlichkeitsrecht in irgendeiner Weise nachteilig betroffen sein. Daher ist im Folgenden kurz zu untersuchen, ob durch die Veröffentlichung überhaupt eine Beeinträchtigung der S vorliegt.

F könnte durch die Berichterstattung der R in ihrem Persönlichkeitsrecht betroffen sein. Ob und wenn ja über welche persönlichen oder gar intimen Details wie Freundschaften oder auch familiäre Beziehungen in den Medien berichtet wird, kann grundsätzlich jeder Mensch selbst bestimmen. Es handelt sich bei diesem „Verfügungsrecht über Darstellungen der eigenen Person" um eine von der Rechtsprechung konkretisierte Ausprägung des allgemeinen Persönlichkeitsrechts.[4]

Das berechtigte Interesse an der Gegendarstellung würde entfallen, wenn R bereits einen Widerruf oder eine Richtigstellung abgedruckt hätte oder wenn sie sich in einer späteren Ausgabe ihrer Zeitschrift für die Persönlichkeitsrechtsverletzung entschuldigt hätte. Da eine Erklärung dieser oder ähnlicher Art nicht veröffentlicht wurde, besteht ein berechtigtes Interesse an der Verbreitung der Gegendarstellung. Ein Anspruch von F auf Abdruck einer Gegendarstellung ist daher dem Grunde nach gegeben.

Im Bearbeitervermerk wird gefragt, was F zu raten ist und aufgefordert, auch Hinweise für das praktische Vorgehen zu geben. Diese Fragestellung – die in der medienrechtlichen Beratungspraxis möglicher Weise noch häufiger vorkommt als die nach den Voraussetzungen einer Klage – veranlasst, in der Klausur auf die weiteren Voraussetzungen des Gegendarstellungsanspruchs hinzuweisen. Bei Fehlen einer der Voraussetzungen würde das Gegendarstellungsverlangen unzulässig und könnte dann auch nicht gerichtlich durchgesetzt werden.

c) Weitere Anforderungen an die Gegendarstellung

Der Gegendarstellungsanspruch besteht nur, wenn F bei ihrem Gegendarstellungsverlangen die weiteren gesetzlichen Voraussetzungen beachtet.

Zu prüfen ist im vorliegenden Fall die dritte Voraussetzung des Gegendarstellungsanspruchs, die Angemessenheit der Gegendarstellung. Angesichts der Tatsache, dass die Bildunterschrift erst im Zusammenhang mit dem Bild eine Aussage ergibt, muss in einem solchen Fall ausnahmsweise von einem angemessenen Umfang auch dann ausgegangen werden, wenn die Erklärung der F ausführlicher ausfällt als die Bildunter-

---

4 BVerfGE 35, 202, 219 ff. „Lebach" → Fechner, E 3.

schrift selbst. Längere Ausführungen würden dieser Voraussetzung hingegen nicht entsprechen.

Ebenso muss von F beachtet werden, dass die Gegendarstellung nur Tatsachen enthält. Angesichts der Pauschalität der Erstmitteilung dürfte es ausreichend sein, wenn F darauf hinweist, der durch die Bildunterschrift in Kombination mit dem Foto möglicherweise entstehende Eindruck, sie habe keine privaten Kontakte, sei unzutreffend.

Die Gegendarstellung der F darf keine strafbaren Inhalte aufweisen. Insbesondere darf sie nicht die Redakteure der R beleidigen.

Das Gegendarstellungsverlangen muss dem verantwortlichen Redakteur oder dem Verleger „unverzüglich", spätestens jedoch innerhalb von drei Monaten nach der Veröffentlichung, zugehen. Die Unverzüglichkeit entfällt auch nicht durch das Einholen eines Rechtsrats, wenn es sich wie bei F um einen Laien handelt.

Ein rechtswirksames Gegendarstellungsverlangen setzt schließlich eine Unterschrift des Betroffenen voraus.

F könnte von R den Abdruck einer Gegendarstellung verlangen, der folgenden Text haben könnte:

Gegendarstellung

Im Artikel der R „Fannys Einsamkeit hat endlich ein Ende" vom (tt.mm.jj, Seite) wird der Eindruck erweckt, ich wäre jahrelang allein durchs Leben gegangen. Dieser Eindruck ist unrichtig. Richtig ist, dass ich die Filmpreisverleihung alleine besucht habe, da ich in diesem Abschnitt meines Lebens meinen kranken Vater gepflegt habe. (Ort, tt.mm.jj., Unterschrift)

> Fraglich ist bei dieser Fallkonstellation in der Praxis, ob eine Gegendarstellung im Interesse der F liegt, da dies gerade eine Offenlegung ihrer privaten Verhältnisse bedingen würde, was im Zweifel nicht gewünscht ist. In der Praxis lässt sich dies erst in einem Mandantengespräch klären („Streisand-Effekt"). Für das Ergebnis der Klausur ist diese Überlegung unerheblich, da hier gemäß der Aufgabenstellung alle Möglichkeiten durchdacht werden sollen.

3. Berichtigung

Ein Anspruch auf Berichtigung aus § 1004 Abs. 1 BGB analog i.V.m. § 823 Abs. 1 BGB setzt zunächst Tatsachenbehauptung voraus, die zudem unrichtig sein muss.[5]

a) Tatsachenbehauptung

Bei der Bildunterschrift in Kombination mit dem Foto handelt es sich, wie oben dargelegt, um eine Tatsachenbehauptung.

---

5 Zur Herleitung der Anspruchsgrundlage vgl. Fall 3 „Schafsköpfige Politik".

b) Unrichtigkeit der Tatsachenbehauptung

Noch problematischer als bei der Gegendarstellung ist es beim Berichtigungsanspruch, wenn nicht eine Tatsache behauptet wird, sondern diese sich lediglich für den Leser aufdrängt, wenn er „zwischen den Zeilen" liest. Zumindest, wenn es sich um eine schwere Beeinträchtigung des Persönlichkeitsrechts handelt, muss auch eine *„Eindrucksrichtigstellung"* möglich sein. Dies ist im vorliegenden Fall anzunehmen, da mit dem Thema „Freundschaft und Liebe" stets das Intimleben eines Menschen angesprochen ist. Die Beeinträchtigung des Persönlichkeitsrechts wirkt auch fort und könnte durch eine Berichtigung zumindest bei den Lesern, die davon Kenntnis nehmen, zu einer Beseitigung der Persönlichkeitsverletzung führen.

Bei „zwischen den Zeilen" liegenden Tatsachenbehauptungen nimmt der BGH zwar grundsätzlich einen Richtigstellungsanspruch an, es ist dann jedoch der rechtlichen Beurteilung diejenige Bedeutung zugrunde zu legen, die für den Inanspruchgenommenen, d.h. für den Redakteur oder für das Medienunternehmen, günstiger ist und diesen weniger beeinträchtigt.[6]

Im vorliegenden Fall lässt sich nicht mit Eindeutigkeit behaupten, die Darstellung der R sei falsch, denn F hat tatsächlich zumindest in der Zeit der Filmpreisverleihung keine (partnerschaftliche) Beziehung gepflegt. Damit fehlt es an einer unrichtigen Tatsachenbehauptung, weshalb ein Anspruch auf Richtigstellung nicht besteht.

Deutlich wird an dieser Stelle die unterschiedliche Funktion und Wirkung von Gegendarstellungs- und Berichtigungsanspruch. Da der Berichtigungsanspruch viel stärker in die Rechte der Medien eingreift als der Gegendarstellungsanspruch, weil eine Distanzierung des Äußernden von seinen eigenen Behauptungen erforderlich ist, sind auch die Tatbestandsvoraussetzungen wesentlich enger gezogen. Ein Gegendarstellungsanspruch besteht unabhängig von der Richtigkeit der Erstmitteilung und unabhängig von einer Richtigkeit der Gegendarstellung. Ein Berichtigungsanspruch ist demgegenüber nur gegeben, wenn die Erstmitteilung erweislich unwahr ist.

II. Schadensersatz gem. § 823 Abs. 2 BGB i.V.m. § 22 KUG wegen des Abdrucks des Fotos bei der Filmpreisverleihung

F könnte ein Schadensersatzanspruch gem. § 823 Abs. 2 BGB i.V.m. § 22 KUG gegenüber R wegen des Abdrucks des Fotos bei der Filmpreisverleihung zustehen. Dann müsste das KUG hier anwendbar sein und der Abdruck des Fotos von F bei der Preisverleihung verbunden mit der Bildunterschrift eine rechtswidrige Schutzgesetzverletzung darstellen, durch die F ein (materieller) Schaden entstanden ist.

---

6 BGH ZUM 2004, S. 212, 213 ff.

Nicht unproblematisch ist in einem Fall, in dem es um die Verletzung des Rechts am eigenen Bild geht, die Wahl der richtigen Anspruchsgrundlage. Geht es um die Verletzung des allgemeinen Persönlichkeitsrechts unabhängig von einer einfachgesetzlich ausnormierten Regelung, so ist die Anspruchsgrundlage § 823 Abs. 1 BGB i.V.m. dem allgemeinen Persönlichkeitsrecht des Art. 2 Abs. 1 i.V.m. Art. 1 Abs. 1 GG als einem „sonstigen Recht" i.S.d. § 823 Abs. 1 BGB. Handelt es sich indessen um einen Aspekt des allgemeinen Persönlichkeitsrechts, der in einem Schutzgesetz geregelt ist, so ist § 823 Abs. 2 i.V.m. mit dem Schutzgesetz anwendbar. Dies ist hinsichtlich der Ehrschutzdelikte in den §§ 185 ff. StGB unstritig und wohl auch für § 22 KUG, der das Recht am eigenen Bild beinhaltet und damit lex specialis gegenüber dem allgemeinen Persönlichkeitsrecht ist. Die Anspruchsgrundlage ist daher § 823 Abs. 2 BGB i.V.m. § 22 KUG.[7] Zu beachten ist, dass sich der Aufbau bei der Prüfung von § 823 Abs. 1 BGB von dem des § 823 Abs. 2 BGB unterscheidet. Ist bei ersterem die Rechtsgutverletzung als erster Prüfungspunkt zu erörtern, ist es im zweiten Fall der Prüfungspunkt „Verletzung eines Schutzgesetzes".

1. Materieller Schaden

Die Tatbestandsvoraussetzung eines materiellen Schadens wird in der Ausbildung im Zivilrecht meist am Schluss geprüft. Im Medienrecht liegt es jedoch nahe, den materiellen Schaden zu Beginn zu prüfen, um die richtige Weichenstellung gegenüber dem Geldentschädigungsanspruch, der immateriellen Schaden voraussetzt, zu ermöglichen. Dem entspricht auch die Vorgehensweise in der Praxis. Ein anderer Aufbau ist aber ebenfalls korrekt. Es gilt auch hier der alte Grundsatz: Schemata dienen dazu, nichts zu vergessen, sollten jedoch immer flexibel angewendet werden. Das betrifft sowohl den Umfang der einzelnen Prüfungspunkte, der sehr unterschiedlich sein kann, als auch deren Reihenfolge.

Ein materieller Schaden wurde von F nicht vorgetragen.

Ein materieller Schaden wäre gegeben, wenn F wegen der Veröffentlichung eine Filmrolle oder ein Engagement verlieren würde. Von einem solchen materiellen Schaden ist im Sachverhalt nicht die Rede; „Sachverhaltsunterstellungen" sind stets unzulässig.

Nach der Rechtsprechung des BGH hat das allgemeine Persönlichkeitsrecht auch einen „vermögenswerten Bestandteil", welches auch als „kommerzielles Interesse" bezeichnet wird. Der BGH erkennt damit an, dass sich einige Personen im gesellschaftlichen und medialen Leben ein „Image" aufgebaut haben, das in Geld messbar ist bzw. sein muss. Insofern kann von einer „Kommerzialisierung" des allgemeinen

---

7 Vgl. OLG München NJW 1988, S. 915 „Nacktaufnahmen im Englischen Garten".

Persönlichkeitsrechts gesprochen werden. Dies ist bei Persönlichkeiten des öffentlichen Lebens wie z.B. bei prominenten Schauspielern, Sportlern oder Models der Fall. Um dem „vermögenswerten Bestandteil" des allgemeinen Persönlichkeitsrechts bei „Prominenten" Rechnung zu tragen, wird ihnen ein sog. Lizenzentgelt zugebilligt.

Zu beachten ist, dass das Persönlichkeitsrecht nur ausnahmsweise kommerzialisiert ist. Voraussetzung ist eine Persönlichkeit, an der ein kommerzielles Interesse besteht, d.h. die werbewirksam ist. Zudem muss es sich um einen Bestandteil ihrer Persönlichkeit handeln, der kommerzialisiert werden kann. Hierzu zählt das Recht am eigenen Bild, jedoch nicht z.B. die Ehre. Das Bildnis Prominenter stellt – im Gegensatz zum Foto eines Unbekannten – grundsätzlich einen eigenständigen Vermögenswert dar, der neben dessen ideellen Interessen steht. Dieser Vermögenswert berechnet sich nach der sog. Lizenzanalogie. Dabei wird gefragt, was der Schädiger hätte aufwenden müssen, wenn er vor der Verletzungshandlung eine ordnungsgemäße Lizenz erworben hätte, um etwa ein Bildnis einer berühmten Persönlichkeit zu nutzen.

Ein materieller Schaden könnte angenommen werden, wenn durch den Abdruck des Fotos in unzulässiger Weise in das Recht am eigenen Bild (§ 22 KUG) eingegriffen worden wäre. Das Recht am eigenen Bild als Unterfall des allgemeinen Persönlichkeitsrechts ist bei F als berühmter Schauspielerin in der Weise kommerzialisiert, dass der Eingriff selbst (also die Bildveröffentlichung) als Schaden anzusehen ist, da eine solche Bildveröffentlichung nur zulässig ist, wenn F ihre Einwilligung für die Veröffentlichung erteilt hat, was regelmäßig nur gegen Zahlung einer Lizenzgebühr zu erwarten ist. Das Bildnis einer Prominenten wie der F stellt – im Gegensatz zum Bildnis eines Unbekannten – grundsätzlich einen eigenständigen Vermögenswert dar, der neben dessen ideellen Interessen steht. R hat ohne Lizenz und ohne sonstigen rechtlichen Grund (z.B. § 23 Abs. 1 Nr. 1 KUG) in das Recht der F am eigenen Bild eingegriffen. Insoweit ist ihr ein Schaden in Höhe einer angemessenen Lizenzgebühr entstanden. Die Bildveröffentlichung war überdies für den eingetretenen Schaden kausal.

2. Verletzung eines Schutzgesetzes

Durch den Abdruck des Fotos von F bei der Preisverleihung verbunden mit der Bildunterschrift könnte in das Persönlichkeitsrecht der F und zwar ihres Rechts am eigenen Bild, welches in § 22 KUG geschützt wird, rechtswidrig eingegriffen worden sein.

a) Anwendbarkeit des KUG

Das KUG, in dem das Recht am eigenen Bild geregelt ist, könnte durch die Regelung der Datenschutz-Grundverordnung (DSGVO) verdrängt werden. Fotografien enthalten regelmäßig personenbezogene Daten, weshalb sie der DGSVO unterfallen (§ 2 Abs. 1 DGSVO). Die Öffnungsklausel des Art. 85 Abs. 1 DGSVO ermöglicht jedoch den Mitgliedstaaten, das Recht auf den Schutz personenbezogener Daten mit dem Recht auf freie Meinungsäußerung u.a. zu journalistischen Zwecken in Einklang zu bringen und hierfür Abweichungen von der DSGVO vorzunehmen. Wie der BGH argumentiert, haben die Bundesländer aufgrund der Öffnungsklausel des Art. 85 DSGVO durch ihre Landespressegesetze die *Datenverarbeitungen zu journalistischen Zwecken* aus dem Anwendungsbereich der Art. 6 und Art. 7 DSGVO ausgenommen („datenschutzrechtliches Medienprivileg").[8] Die genannten DSGVO-Vorschriften betreffen die Rechtmäßigkeit der Datenverarbeitung. In Bezug auf die Beurteilung der Rechtmäßigkeit von Bildveröffentlichungen im journalistischen Bereich betrachtet der BGH die §§ 22, 23 KUG als Vorschriften, die die Öffnungsklausel des Art. 85 DSGVO ausfüllen. Diese Interpretation ist nicht unumstritten, sie erscheint jedenfalls bis zu einer anderslautenden Entscheidung des EuGH plausibel.[9]

b) Schutzgesetzcharakter

Das KUG ist nach ständiger Rechtsprechung ein Schutzgesetz i.S.d. § 823 Abs. 2 BGB, da dieses Gesetz dazu dient, nicht nur die Allgemeinheit, sondern zumindest auch Individualinteressen zu schützen.

c) § 22 KUG

§ 22 KUG verlangt die Einwilligung der F zur Veröffentlichung und Verbreitung ihrer Bildnisse. Diese hat F nicht gegeben, es liegt ein Eingriff in das Recht am eigenen Bild gem. § 22 KUG vor.

d) § 23 Abs. 1 Nr. 1 KUG – zeitgeschichtliches Ereignis und Abwägung

Eine Einwilligung ist jedoch entbehrlich, wenn es sich um eine Berichterstattung bzw. ein Bildnis aus dem Bereich der Zeitgeschichte gem. § 23 Abs. 1 Nr. 1 KUG handelt. Der Abdruck des Fotos wäre dann nicht rechtswidrig, vielmehr müsste F diese Einschränkung ihres Rechts am eigenen Bild hinnehmen.

Der Begriff des *zeitgeschichtlichen Ereignisses* ist im Interesse der Medien weit auszulegen und bestimmt sich nach dem Informationsinteresse der Allgemeinheit. Inhalt einer Berichterstattung können dabei nicht nur Vorgänge mit historisch-politischer Bedeutung, sondern auch Fragen von gesellschaftlichem Interesse sein. An der Person der F als einer bekannten Filmschauspielerin besteht unzweifelhaft ein gesteigertes öffentliches Informationsinteresse. Desungeachtet muss sich das öffentliche Informationsinteresse gerade auf das abgedruckte Bild beziehen. Dies gilt auch dann, wenn das

---

8 BGH NJW 2020, 3715 „Wort- und Bildberichterstattung über Scheidungsverfahren einer prominenten Schauspielerin". Siehe z.B. § 12 Landespressegesetz NRW.
9 Zum Meinungsstand: Cornils, in: Gersdorf/Paal, BeckOK, Informations- und Medienrecht, Art. 85 DSGVO Rdnr. 114 ff.

Bild in der Öffentlichkeit aufgenommen wurde. Mithin muss zwischen dem Persönlichkeitsrecht der F auf der einen Seite und dem öffentlichen Informationsinteresse sowie der Presse- bzw. Medienfreiheit der R auf der anderen Seite abgewogen werden.

Die früher von der Rechtsprechung vorgenommene Unterscheidung zwischen absoluten Personen der Zeitgeschichte und relativen Personen der Zeitgeschichte konnte nach der Entscheidung des EGMR in der Sache „Caroline von Hannover"[10] nicht mehr aufrechterhalten werden. Hätte man früher bei einer bekannten Filmschauspielerin ohne weiteres von einer absoluten Person der Zeitgeschichte ausgehen können, deren Abbild auch ohne Einwilligung ohne weitere Prüfung hätte veröffentlicht werden dürfen, ist seither auch in solchen Fällen eine Abwägung des allgemeinen Persönlichkeitsrechts mit den widerstreitenden Interessen der Medien und mit dem öffentlichen Informationsinteresse erforderlich. Bei der Abwägung ist von dem *abgestuften Schutzkonzept* auszugehen, wie es von der Rechtsprechung entwickelt wurde und das vom BGH in solchen Fällen ausdrücklich herangezogen wird.[11] Als normative Grundlagen der *Meinungs- und Medienfreiheit* zitiert der BGH regelmäßig Art. 5 Abs. 1 GG gemeinsam mit Art. 10 EMRK.[12] Dadurch bringt der BGH zum Ausdruck, dass das *abgestufte Schutzkonzept* der §§ 22, 23 KUG sowohl mit verfassungsrechtlichen Vorgaben als auch mit der Rechtsprechung des Europäischen Gerichtshofes für Menschenrechte im Einklang steht. Diesem abgestuften Schutzkonzept zufolge[13] dürfen Bildnisse zunächst nur mit Einwilligung des Abgebildeten verbreitet werden. Eine Ausnahme besteht nach § 23 Abs. 1 KUG dann, wenn es sich um Bildnisse aus dem Bereich der Zeitgeschichte handelt. Eine Unterausnahme wiederum besteht dann, wenn durch die Verbreitung berechtigte Interessen des Abgebildeten verletzt würden (§ 23 Abs. 2 KUG). Bei der Abbildung „Prominenter" ist nach der Rechtsprechung des BGH das maßgebliche Kriterium, ob die Berichterstattung ein „Ereignis von zeitgeschichtlicher Bedeutung" betrifft.[14]

Im vorliegenden Fall kommt dem allgemeinen Persönlichkeitsrecht der F nur geringe Bedeutung zu. Als Filmschauspielerin ist sie eine Person, die im Licht der Öffentlichkeit steht und grundsätzlich damit rechnen muss, dass die Aufmerksamkeit der Allgemeinheit auf ihre Person gerichtet ist. Dies gilt vor allem dann, wenn sie eine öffentliche Veranstaltung besucht, zudem die Verleihung eines Filmpreises, die in ganz besonderer Weise für Aufsehen sorgt. In einem solchen Fall muss der „Prominente", der an einer solchen Veranstaltung teilnimmt, mit einem gesteigerten Medieninteresse rech-

---

10 EGMR NJW 2004, S. 2647 ff. „Caroline von Hannover gegen Deutschland" → Fechner, E 12.
11 Grundlegend BGH ZUM 2007, 382 ff. → Fechner, E 12.
12 So z.B. BGH NJW 2020, 3715 „Wort- und Bildberichterstattung über Scheidungsverfahren einer prominenten Schauspielerin".
13 Siehe das Prüfungsschema „Recht am eigenen Bild" S. 296.
14 BGH ZUM 2007, 382 ff; „Prominentenvilla" → Fechner, E 17.

nen. Er muss es sich daher gefallen lassen, im Zusammenhang mit einem Bericht über eine solche Veranstaltung abgebildet zu werden. Das gilt auch, wenn im Artikel nicht das Ereignis selbst im Fokus steht.[15]

> Zu warnen ist vor einer voreiligen Anwendung der „Sphärentheorie", derzufolge eine vor jedem Eingriff geschützte „Intimsphäre" von einer in Sonderfällen zu beeinträchtigenden „Privatsphäre" umgeben ist, diese wiederum von einer noch schwächer ausgestalteten „Sozialsphäre". Dies könnte zu dem Irrtum führen, es gebe feste Abwägungsregeln, die eine Einzelfallabwägung überflüssig machen könnten. Weder sind Berichte aus der „Intimsphäre" stets unzulässig noch Eingriffe in die Sozialsphäre stets zulässig. Allerdings wiegt ein Eingriff in den innersten Lebensbereich regelmäßig schwerer als ein solcher in den Privat- oder Sozialbereich.

Bei der Beurteilung, ob ein zeitgeschichtliches Ereignis i.S.v. § 23 Abs. 1 Nr. 1 KUG vorliegt, kann bereits eine Interessenabwägung stattfinden.

> Diesen Weg geht der BGH. Im Sinne des vom BGH entwickelten „abgestuften Schutzkonzept" ist jedoch auch eine Abwägung auf der dritten Stufe möglich und übersichtlicher. Das Ergebnis ändert sich dadurch nicht.

Im vorliegenden Fall wird das Foto jedoch verwendet, um einen Aspekt des Privatlebens der F an die Öffentlichkeit zu bringen, an dem kein Informationsinteresse der Allgemeinheit besteht. Ein Bericht über möglicherweise bestehende oder nicht bestehende Freundschaften der Filmschauspielerin sind kein „Ereignis von zeitgeschichtlicher Bedeutung". Ausnahmevorschriften, wie § 23 Abs. 1 KUG, sind tendenziell eng auszulegen. Jedenfalls verletzt der Abdruck der Abbildung F in ihrem berechtigten Interesse gem. § 23 Abs. 2 KUG.

> Zu beachten ist, dass im Normalfall der Wort-/Bildberichterstattung die Unterschrift unter dem Foto und der begleitende Text die Veröffentlichung des Fotos rechtfertigen können, wenn z.B. ein vorwerfbares Verhalten durch das Foto belegt werden kann – etwa die Fürstentochter in den Skiferien, während ihre Geschwister sich am Sterbebett des Vaters versammelt haben –. Da es immer auf eine Gesamtbetrachtung ankommt, kann auch die Wortberichterstattung die Abbildung unzulässig machen – der Gastwirt, aufgenommen beim Kegelwettbewerb, in einem Bericht über den Betäubungsmittelhandel in der Stadt.

---

15 Anschaulich im Fall „Eisprinzessin Alexandra", in dem es primär um die Mutter und deren neuen Begleiter bei einem Eiskunstlaufwettbewerb ging; BGH v. 28.05.2013 – NJW 2013, S. 2890 ff. → Fechner, E 15.

e) Zwischenergebnis

Eine rechtswidrige Verletzung des Rechts am eigenen Bild i.S. des § 22 KUG ist gegeben. Es liegt kein rechtfertigendes „zeitgeschichtliches Ereignis" gem. § 23 Abs. 1 Nr. 1 KUG vor. Die berechtigen Interessen der F sind durch die Bildberichterstattung unverhältnismäßig verletzt worden. Eine Schutzgesetzverletzung (§ 22 KUG) ist somit gegeben.

Vertretbar wäre es auch, im Hinblick auf die Filmpreisverleihung und unter Hintanstellung des Verhältnisses der Wort-/Bildberichterstattung ein „zeitgeschichtliches Ereignis" i.S.d. § 23 Abs. 1 Nr. 1 KUG zu bejahen. Da im Weiteren kaum noch „Punkte" zu holen sind, könnte die Prüfung hier abgebrochen werden. In anderen Fällen, in denen nach der eigenen Lösung offensichtlich Punkte „verschenkt" werden, wäre die Anfertigung eines Hilfsgutachtens anzuraten.

f) Rechtswidrigkeit

Die Rechtswidrigkeit i.S.d. § 823 Abs. 2 BGB wird durch die Schutzgesetzverletzung indiziert.

g) Verschulden

Die verantwortlichen Mitarbeiter von R wussten, dass keine Einwilligung der F vorliegt und mussten als Journalisten informiert sein, dass daher eine Veröffentlichung des Bildnisses von F in diesem Kontext unzulässig ist. Ein Verschulden in der Sphäre der R ist zu bejahen.

h) Ergebnis

F hat gegen R einen Anspruch auf Schadensersatz aus § 823 Abs. 2 BGB i.V.m. § 22 KUG. Die Höhe des Schadensersatzanspruchs berechnet sich mittels der sog. Lizenzanalogie. F kann von R eine angemessene Lizenzgebühr als Schadensersatz verlangen.

Im Hinblick auf einen *Anspruch auf Schadensersatz* der F gegen R könnte man ferner eine Verletzung des *Rechts auf informationelle Selbstbestimmung* als eines sonstigen Rechts i.S. des § 823 Abs. 1 BGB in Betracht ziehen. Das Recht auf informationelle Selbstbestimmung ist eine *eigene Ausprägung* des allgemeinen Persönlichkeitsrechts. Zweifel an einer Anwendbarkeit des Rechts auf informationelle Selbstbestimmung ergeben sich jedoch bereits daraus, dass über einen solchen Schadensersatzanspruch das „datenschutzrechtliche Medienprivileg", das aufgrund der Öffnungsklausel des Art. 85 DSGVO durch die Ländergesetzgebung begründet wurde, unterlaufen würde. Im Ergebnis käme dies einer direkten Anwendung des Anspruches auf Schadensersatz gem. § 82 DSGVO gleich.

In seiner „Recht auf Vergessen I"-Entscheidung hat das Bundesverfassungsgericht die Abgrenzung des *Rechts auf informationelle Selbstbestimmung* vom *allgemeinen Persönlichkeitsrecht* teilweise neu bestimmt.[16] Wie das BVerfG ausführt, kann auch das Recht auf informationelle Selbstbestimmung zwischen Privaten Bedeutung entfalten. Seine Wirkungen unterscheiden sich im Privatverhältnis jedoch von denen unmittelbar gegenüber dem Staat. Das Recht auf informationelle Selbstbestimmung ist im Privatverhältnis primär als eine Gewährleistung zu verstehen, die vor *intransparenter Verarbeitung und Nutzung von Daten* durch Private schützt. Es gewährleistet hier die Möglichkeit, darauf Einfluss zu nehmen und mitzuentscheiden, in welchem Kontext und auf welche Weise die eigenen Daten Dritten zugänglich sind und von ihnen genutzt werden. Hiervon zu unterscheiden ist das *allgemeine Persönlichkeitsrecht*. Dieses schützt vor der Verarbeitung personenbezogener Daten in einem *öffentlichen Kommunikationsprozess*. Der Schutzbedarf ergibt sich hier nicht aus der intransparenten Zuschreibung von Persönlichkeitsmerkmalen und -profilen durch Dritte, sondern aus der *sichtbaren Verbreitung bestimmter Informationen im öffentlichen Raum*. Der verfassungsrechtliche Maßstab für den Schutz gegenüber Gefährdungen durch die Verbreitung personenbezogener Berichte und Informationen als *Teil öffentlicher Kommunikation* liegt in den *äußerungsrechtlichen Schutzgehalten* des allgemeinen Persönlichkeitsrechts, nicht im Recht auf informationelle Selbstbestimmung. Dem ist der BGH gefolgt.[17]

III. Anspruch aus ungerechtfertigter Bereicherung, § 812 Abs. 1 Satz 1, 2. Var. BGB wegen des Abdrucks des Fotos bei der Filmpreisverleihung

Anders als bei § 823 BGB ist ein Verschulden des Anspruchsgegners bei § 812 gerade keine Tatbestandsvoraussetzung. Deswegen sollte der Anspruch aus § 812 BGB auch dann geprüft werden, wenn ein Anspruch aus § 823 BGB bereits bejaht worden ist. Es könnte sich im Verlauf einer Gerichtsverhandlung herausstellen, dass das Verschulden nicht nachgewiesen werden kann. In einem solchen Fall kann § 812 dann dennoch zum gewünschten Erfolg führen.

F könnte gegenüber R ein Anspruch auf Herausgabe eines erlangten Vermögensvorteils aus ungerechtfertigter Bereicherung gem. § 812 Abs. 1 Satz 1, 2. Var. BGB (sog. Eingriffskondiktion) zustehen. Dann müsste der Abdruck des Fotos von F bei der Preisverleihung verbunden mit der Bildunterschrift ein rechtswidriger Eingriff in ihr allgemeines Persönlichkeitsrecht sein und R dadurch einen Vermögensvorteil erlangt haben.

---

16 BVerfG NJW 2020, 300 „Recht auf Vergessen I".
17 BGH NJW 2020, 3715 „Wort- und Bildberichterstattung über Scheidungsverfahren einer prominenten Schauspielerin".

1. „Etwas erlangt"

Durch die Benutzung des Fotos der F hat R Lizenzgebühren erspart, die er hätte bezahlen müssen, wenn er mit F einen Vertrag geschlossen hätte. Das ergibt sich aus dem kommerzialisierten „Recht am eigenen Bild" der F, welches ihr, wie oben hergeleitet, zusteht. Umfasst ist das, was R hätte aufwenden müssen, wenn sie einen Lizenzvertrag mit F abgeschlossen hätte.

2. Eingriff in das allgemeine Persönlichkeitsrecht

Durch die Verwendung des Bildnisses der F hat R in das allgemeine Persönlichkeitsrecht der F in der Ausprägung des „Rechts am eigenen Bild" eingegriffen. Diese Rechtsposition ist einzig der F zugewiesen, die grundsätzlich selbst entscheiden kann, wann ihr Bildnis veröffentlicht wird.

3. Ohne Rechtsgrund

R hat ohne Rechtsgrund in das „Recht am eigenen Bild" der F eingegriffen. R hat keinen Lizenzvertrag mit F abgeschlossen und darf das Foto auch nicht gem. § 23 Abs. 1 Nr. 1 KUG kostenfrei verwenden. Wie oben festgestellt, liegen die Voraussetzungen des Rechtfertigungsgrundes des § 23 Abs. 1 Nr. 1 KUG nicht vor. Die Verwendung des Fotos der F durch R war wegen des Verstoßes gegen § 22 KUG rechtswidrig.

4. Ergebnis / Rechtsfolge

F kann von R Herausgabe des „Erlangten" verlangen. Im vorliegenden Fall ist dies Wertersatz gem. § 818 Abs. 2 BGB, der sich wiederum im Wege der Lizenzanalogie berechnet und einer angemessenen Lizenzgebühr entspricht.

IV. Anspruch auf Geldentschädigung wegen des Berichts

F erhält im Wege der Lizenzanalogie als Schadensersatz das, was sie bekommen hätte, wenn R mit ihr einen Vertrag über den Abdruck des Bildes abgeschlossen hätte. Es ist denkbar, dass F daneben auch ein Anspruch auf Geldentschädigung zusteht. Dieser würde die Entschädigung für immaterielle Schäden umfassen, die durch den Schadensersatzanspruch gerade nicht ersetzt werden.

Durch den Abdruck des Fotos von F bei der Preisverleihung verbunden mit der Bildunterschrift könnte ihr gegenüber R ein Anspruch auf Geldentschädigung gem. § 823 Abs. 1 BGB i.V.m. Art. 2 Abs. 1, Art. 1 Abs. 1 GG, § 253 BGB zustehen. Dann müsste F durch die Berichterstattung eine schwere Persönlichkeitsrechtsverletzung erfahren haben und dadurch ein immaterieller Schaden entstanden sein. Die Persönlichkeitsrechtsverletzung müsste R verschuldet haben. Ferner ist die Subsidiarität des Geldentschädigungsanspruches zu beachten.

1. Immaterieller Schaden

Durch die Berichterstattung wird der Ruf der F beeinträchtigt. Die Berichterstattung suggeriert dem Leser, F sei beziehungsunfähig. Der „gute Ruf" einer Person ist eine Beeinträchtigung, die grundsätzlich nicht in Geld messbar ist. Ein immaterieller Schaden ist somit zu bejahen.

2. Vorliegen einer schweren Persönlichkeitsrechtsverletzung

Das allgemeine Persönlichkeitsrecht i.S.d. Art. 2 Abs. 1, Art. 1 Abs. 1 GG der F ist verletzt. Vorliegend ist auf die Fallgruppen „Recht der persönlichen Ehre", „Recht am eigenen Bild" sowie „Recht der Darstellung der eigenen Person in der Öffentlichkeit" abzustellen. Eine Rechtfertigung dieses Eingriffs durch die Pressefreiheit i.V.m. dem Informationsinteresse der Allgemeinheit ist nicht gegeben. Im Rahmen einer Interessenabwägung überwiegen die Persönlichkeitsinteressen der F. Diesbezüglich wird auf die bereits oben durchgeführte Interessenabwägung verwiesen.

Problematisch ist, ob in der Berichterstattung eine „schwere" Persönlichkeitsrechtsverletzung erblickt werden kann. R berichtet über das Privatleben der F, spekuliert über Gefühle und stellt Mutmaßungen an. Das Privatleben ist der Kern der persönlichen Lebensgestaltung und wird vom allgemeinen Persönlichkeitsrecht besonders geschützt. Eine Verletzung des Privatbereichs kann nur ausnahmsweise und aus besonderen Gründen zulässig sein. Solche Gründe können sich vor allem aus einem berechtigten Informationsinteresse der Allgemeinheit ergeben. Im vorliegenden Fall wird allerdings lediglich die Neugier des Publikums befriedigt. Indem dennoch über höchstpersönliche Angelegenheiten der F berichtet wird, wodurch der Kern ihres allgemeinen Persönlichkeitsrechts beeinträchtigt wird, ist eine „schwere" Persönlichkeitsverletzung zu bejahen.

3. Schuldhaftes Handeln des Schädigers

Der Anspruch auf Geldentschädigung setzt ein schuldhaftes Handeln des Verletzers voraus, wobei strittig ist, ob ein schweres Verschulden – also Vorsatz und grobe Fahrlässigkeit – erforderlich ist. Vorliegend berichtet R bewusst falsch über die F, so dass sich aus dem Sachverhalt ein vorsätzliches Verhalten ergibt, was ein schweres Verschulden darstellt.

4. Subsidiarität des Geldentschädigungsanspruchs

Ein Anspruch auf Geldentschädigung besteht nur dann, wenn die schwere Persönlichkeitsrechtsverletzung nicht auf andere Weise befriedigend ausgeglichen werden kann.

Der Anspruch ist mithin die „ultima ratio", um eine Persönlichkeitsrechtsverletzung wenigstens ansatzweise zu kompensieren. Ziel des Geldentschädigungsanspruches ist es primär, dem Betroffenen, hier der F, Genugtuung für ihr erlittenes Leid zu verschaffen. Eine Gegendarstellung bzw. Berichtigung ist nicht erfolgt. Die der F zustehende, angemessene Lizenzgebühr aus dem Schadensersatzanspruch stellt nur einen Ausgleich für die Verwendung ihres Bildnisses dar. Dies betrifft gerade nicht die Genugtuung, die der Geldentschädigungsanspruch bezweckt. Somit bringt ein anderer Anspruch keine befriedigende Lösung für das von F erlittene Unrecht. Dem Subsidiaritätserfordernis des Geldentschädigungsanspruchs ist also ausreichend Rechnung getragen.

5. Ergebnis

Die F hat einen Geldentschädigungsanspruch gegenüber R.

V. Gemeinsames Foto mit dem Skilehrer

1. Anspruch auf Schadensersatz gem. § 823 Abs. 2 BGB i.V.m. § 22 KUG

Die Veröffentlichung des Fotos der F bekleidet mit einem Pelzmantel und gemeinsam mit ihrem Skilehrer in einem Pferdeschlitten fahrend, könnte ein Verstoß gegen § 22 KUG darstellen. Gem. § 823 Abs. 2 BGB i.V.m. § 22 KUG könnte ihr somit ein Schadensersatzanspruch zustehen. Dann müssen die Tatbestandsvoraussetzungen des § 823 Abs. 2 BGB vorliegen.

a) Verletzung eines Schutzgesetzes

Zunächst müsste die Verletzung eines Schutzgesetzes festgestellt werden. Wie bereits oben erörtert, ist das KUG ein Schutzgesetz und § 22 KUG fordert die Einwilligung der F in die Veröffentlichung ihres Bildnisses.[18] Diese liegt nicht vor, § 22 KUG ist mithin verletzt. Fraglich ist, ob eine Einwilligung i.S.d. § 23 Abs. 1 Nr. 1 KUG entbehrlich ist und somit die Verletzung von § 22 KUG gerechtfertigt. Dies ist dann der Fall, wenn es sich bei dem Bild im Pferdeschlitten um ein „zeitgeschichtliches Ereignis" handelt. Die Frage, wo und mit wem F ihre Freizeit verbringt, ist ihre Privatangelegenheit und geht die Allgemeinheit nichts an. Allerdings wird das Foto von der Presse als Beleg dafür angeführt, dass F, die sich öffentlich für den Tierschutz engagiert, nach Ansicht der Journalisten selbst nicht an ihre Grundsätze hält, denn sie trägt einen Pelzmantel. Diesbezüglich besteht ein Informationsinteresse der Allgemeinheit. Den Medien kommt eine „Wachhundfunktion" zu, die sich nicht nur auf politisches Geschehen bezieht, sondern auch auf die Glaubwürdigkeit von Personen, die sich öffentlich zu ge-

---

18 Zur Prüfung vgl. das Prüfungsschema „Recht am eigenen Bild" S. 296 und das dort skizzierte „abgestufte Schutzkonzept" des KUG.

sellschaftlichen oder anderen die Allgemeinheit interessierenden Themen äußern. Insofern ist ein zeitgeschichtliches Ereignis gem. § 23 Abs. 1 Nr. 1 KUG zu bejahen.

Fraglich ist, ob § 23 Abs. 2 KUG, als Ausnahmevorschrift zu § 23 Abs. 1 Nr. 1 KUG, zu einem anderen Ergebnis führt. Hier sind im Rahmen einer Interessenabwägung das „Recht am eigenen Bild" der F gegen die Presse- oder Medienfreiheit i.v.m. dem Informationsinteresse der Allgemeinheit auf Seiten von R in Relation zu setzen. Vorliegend überwiegt das Informationsinteresse der Allgemeinheit. Das Foto ist ein geeignetes Mittel, um den Widerspruch im Verhalten der F zu belegen. F hat als Schauspielerin eine *Kontrast- bzw. Orientierungsfunktion* und muss sich an ihren eigenen Verhaltensmaßstäben messen lassen. Die Tatsache, dass auf dem Bild noch eine andere Person zu sehen ist, die möglicher Weise als Begleiter der F gedeutet werden kann, wiegt demgegenüber weniger schwer, zumal die Situation in keiner Weise kompromittierend ist. Die Interessenabwägung in § 23 Abs. 2 KUG führt daher zu einem Vorrang des Informationsinteresses der Allgemeinheit und damit der Medienfreiheit.

Insofern ist die fehlende Einwilligung der F in die Veröffentlichung des Fotos gem. § 23 Abs. 1 Nr. 1 KUG gerechtfertigt. Das Bild darf ohne die Einwilligung der F veröffentlicht werden.

b) Ergebnis

Eine Schutzgesetzverletzung liegt nicht vor, da der Eingriff in § 22 KUG durch § 23 Abs. 1 Nr. 1 KUG gerechtfertigt ist. Somit hat die F diesbezüglich keinen Schadensersatzanspruch gem. § 823 Abs. 2 BGB i.V.m. § 22 KUG.

2. Anspruch auf Geldentschädigung

Ein Anspruch auf Geldentschädigung entfällt, da in der Veröffentlichung des Fotos, das F im Pferdeschlitten zeigt, kein unzulässiger Eingriff in ihr Persönlichkeitsrecht liegt. R durfte das Foto ohne die Einwilligung der F abdrucken.

VI. Das zusammengesetzte Interview

1. Gegendarstellung

F könnte einen Anspruch auf Gegendarstellung gem. § 10 LPresseG wegen des von ihr tatsächlich nicht gegebenen Interviews zustehen.

a) Tatsachenbehauptung

Voraussetzung der Gegendarstellung ist eine Tatsachenbehauptung. Wird ein Interview abgedruckt, so liegt darin die Behauptung, der Interviewpartner habe die wiedergegebenen Sätze im Interview geäußert. Diese Tatsachenbehauptung muss F auch dann ausräumen können, wenn die abgedruckten Äußerungen im Wesentlichen zwar von ihr stammen, jedoch nicht in dem Zusammenhang wie in der Veröffentlichung angegeben, nicht mir der fantasievollen Ausschmückung der Redaktion und nicht in einem mit R geführten Interview.

Im Gegensatz zu den üblichen Interview-Fällen, wurde von R das Interview nicht insgesamt erfunden, sondern aus vorhandenen Äußerungen der F in Collagetechnik zusammengesetzt. Doch auch die Wiedergabe von aus dem Kontext gerissenen Äußerungen und deren fantasievolle Anreicherung beeinträchtigt die Interessen des Betroffenen, woraus ihm ein Anspruch auf Gegendarstellung erwächst.

b) Berechtigtes Interesse an der Verbreitung der Gegendarstellung

F müsste zudem ein berechtigtes Interesse an der Verbreitung der Gegendarstellung dartun können. Auch ein Prominenter muss frei darüber entscheiden können, mit wem er ein Interview führt. Die Behauptung, F habe R ein Interview gegeben, verletzt sie in ihren Persönlichkeitsrechten und begründet ein berechtigtes Interesse an der Verbreitung der Gegendarstellung. Etwas Anderes wäre nur anzunehmen, wenn R schon von sich aus eine Berichtigung abgedruckt hätte.

c) Weitere Voraussetzungen der Gegendarstellung

Bei der Formulierung der Gegendarstellung sind wiederum die oben angegebenen Voraussetzungen zu beachten. Inhalt der Gegendarstellung kann es nur sein, die Fehlerhaftigkeit der Behauptung darzutun, es sei ein Interview mit F geführt worden, verbunden mit dem Hinweis, dass die Antworten aus dem Zusammenhang gerissen worden sind und fantasievoll angereichert wurden.

d) Ergebnis

Ein Anspruch von F auf Gegendarstellung, aus der sich der erfundene Charakter, die Anreicherung und die Zusammensetzung des Interviews ergeben, besteht. Die obige Gegendarstellung der F kann wie folgt ergänzt werden: „In dem Beitrag wird zudem der Eindruck erweckt, Mitarbeiter der R hätten ein Interview mit mir geführt. Richtig ist, dass ich keinem Mitarbeiter von R ein Interview gegeben habe."

2. Berichtigung

Ein Anspruch der F auf Berichtigung könnte sich aus § 1004 BGB analog i.V.m. § 823 Abs. 1 BGB ergeben.

a) Unrichtige Tatsachenbehauptung

Im Abdruck eines Interviews in der Zeitschrift R ohne Hinweis, dass es sich um eine Zusammenstellung von Blogbeiträgen handelt, liegt unausgesprochen die Tatsachenbehauptung, es habe ein Interview eines Mitarbeiters der R mit F stattgefunden. Die Tatsachenbehauptung ist unrichtig, denn tatsächlich wurde kein solches Interview geführt.

b) Fortwirkende Persönlichkeitsbeeinträchtigung

Die Behauptung, es habe ein Interview stattgefunden, könnte das Persönlichkeitsrecht von F beeinträchtigen.

Dem „Klassiker" eines zur Gänze erfundenen Interviews liegt die „Soraya-Entscheidung" zugrunde,[19] dem die Einzelheiten zur Argumentation entnommen werden können.

Im vorliegenden Fall wurden F keine Äußerungen untergeschoben, vielmehr aus Blogeinträgen der F im Internet zusammengestückelt. Hierin liegt eine Verletzung des Rechts am geschriebenen Wort, möglicherweise auch eine Entstellung ihrer Äußerungen. Jedenfalls verletzt das zusammengesetzte Interview das Persönlichkeitsrecht der F, da sie ein solches Interview tatsächlich nicht gegeben hat. Es spielt keine Rolle, dass die wiedergegebenen Formulierungen tatsächlich von F stammen, da sie aus einem anderen Kontext herrühren. Allein die Behauptung, F habe mit R ein Interview geführt, kann eine Beeinträchtigung des Persönlichkeitsrechts der F darstellen. Dies gilt erst recht im Zusammenhang mit dem Thema ihres Liebeslebens. Unerheblich ist es, ob das zusammengesetzte Interview inhaltlich ehrenrührig ist. Solange R nicht von sich aus auf die eigenmächtige Zusammenstellung hinweist, ist eine fortwirkende Persönlichkeitsbeeinträchtigung zu bejahen.

c) Berichtigung geeignetes Mittel zur Beseitigung der Persönlichkeitsbeeinträchtigung

Die Berichtigung durch R ist ein geeignetes Mittel zur Beseitigung der Persönlichkeitsbeeinträchtigung, da hierdurch die Leser darüber informiert werden, dass F tatsächlich kein Interview dieses Inhalts gegeben hat.

Eine Beseitigung der Persönlichkeitsbeeinträchtigung ist durch keinen der zivilrechtlichen Ansprüche gegen Medienberichterstattungen möglich. In keinem Fall ist gewährleistet, dass alle Leser oder Zuschauer auch von der Gegendarstellung oder der Berichtigung erfahren und zudem kann auch dann etwas von dem Makel, der

---

19 BVerfGE 34, 269 „Soraya" → Fechner, E 2.

von der Erstmitteilung ausging, zurückbleiben. Es wäre daher lebensfremd und sogar zweckwidrig, ein „geeignetes Mittel" nur bei einer vollständigen Rückgängigmachung der Erstmitteilung anzunehmen.

d) Ergebnis:

F hat einen Anspruch auf Berichtigung in Form des Widerrufs gegen R.[20] Obwohl sich das angebliche Interview aus tatsächlichen Äußerungen Fs zusammensetzt, ist das Interview nicht zu berichtigen, sondern insgesamt zu widerrufen.

3. Anspruch auf Geldentschädigung

Durch das erfundene Interview wurde F in ihrem Persönlichkeitsrecht beeinträchtigt,[21] was unter bestimmten Voraussetzungen zu einem Anspruch auf Geldentschädigung gem. § 823 Abs. 1 BGB i.V.m. Art. 2 Abs. 1, Art. 1 Abs. 1 GG führen kann.

a) Immaterieller Schaden

F hat einen immateriellen Schaden erfahren, da ihr ein Interview zugeordnet wird, das sie tatsächlich nicht mit R geführt hat. Insofern wird ihr Ruf beeinträchtigt.

b) Schwere Persönlichkeitsverletzung

Durch das erfundene Interview wurde F in ihrem Persönlichkeitsrecht beeinträchtigt. Fraglich ist, ob F durch das Interview in schwerwiegender Weise in ihrem Persönlichkeitsrecht beeinträchtigt worden ist.

Das Unterschieben eines nie geführten Interviews an sich stellt keine schwere Persönlichkeitsverletzung dar. Es wurden zwar Stichworte zusammengestellt, die tatsächlich von F stammen und fantasievoll angereichert, was aber nicht mit einer Herabwürdigung ihrer Person verbunden war und es lediglich um ihre Arbeit als Schauspielerin ging, ist hierin keine schwere Persönlichkeitsrechtsverletzung zu sehen.

c) Ergebnis

F kann daher wegen des Interviews keinen Geldentschädigungsanspruch wegen Verletzung ihres Persönlichkeitsrechts geltend machen.

---

20 Berichtigung ist der Oberbegriff für Widerruf, Richtigstellung und Ergänzung.
21 Siehe oben A.IV.1, S. 17 f.

4. Schadensersatz wegen Verletzung von Urheberrechten

F könnte einen Anspruch aus § 97 Abs. 2 UrhG auf Schadensersatz geltend machen, wenn durch die zerstückelte Wiedergabe ihrer Äußerungen ihr Urheberrecht verletzt sein sollte.

a) Urheberrechtsverletzung

Voraussetzung eines Anspruchs aus § 97 Abs. 2 UrhG ist, dass es sich bei den Interviewäußerungen der F um ein „Werk" i.S.d. § 2 UrhG handelt. Es könnte sich um ein „Sprachwerk" i.S.d. § 2 Abs. 1 Nr. 1 UrhG handeln.

Ein „Werk" i.S.d. § 2 UrhG setzt gem. Abs. 2 eine persönliche geistige Schöpfung voraus. An die Schöpfungshöhe sind zwar keine hohen Anforderungen zu stellen. Stichworte in einem Blog erfüllen den Werkcharakter hingegen nicht.

b) Ergebnis:

Mangels eines „Werks" i.S.d. § 2 Abs. 2 UrhG scheiden Ansprüche von F aus § 97 UrhG aus.

VII. Abdruck der E-Mail

1. Anspruch auf Geldentschädigung gem. § 97 Abs. 2 UrhG

Der Abdruck der E-Mail von F könnte eine Urheberrechtsverletzung darstellen und damit gemäß § 97 Abs. 2 Satz 4 UrhG einen Anspruch auf Geldentschädigung gegen R auslösen. § 97 UrhG verlangt die Verletzung eines Urheberrechts. Hierfür ist Voraussetzung, dass es sich bei der Mail der F um ein urheberrechtlich geschütztes Werk gemäß § 2 UrhG handelt.

a) Schutzgegenstand

Eine E-Mail ist ein Schriftwerk gemäß § 2 Abs. 1 Nr. 1 UrhG. Allerdings lässt Satz 2 dieser Vorschrift nur „persönliche geistige Schöpfungen" als Werke zu. Hierunter fallen Mails nur, wenn sie sich von der Masse des Alltäglichen abheben. Da F in der Mail ihre Gefühle für S „in blumigen Worten" geschildert hat, handelt es sich um eine nicht ganz triviale, das Übliche nicht übersteigende Schilderung und damit um ein urheberrechtlich geschütztes Werk i.S.d. § 2 Abs. 1 Nr. 1 UrhG.

b) Eingriffshandlung

Der Abdruck der bisher nicht veröffentlichten Mail verletzt F in ihrem ausschließlichen Recht der Vervielfältigung (§ 15 Abs. 1 Nr. 1, 16 Abs. 1 UrhG) und Verbreitung (§ 15 Abs. 1 Nr. 2, 17 Abs. 1 UrhG).

c) Rechtfertigung

F hat in den Abdruck ihrer Mail nicht eingewilligt. Die Äußerung des S gegenüber R kann die Einwilligung der F nicht ersetzen, da sie die Urheberin der Mail ist. Die Vervielfältigung und Verbreitung der Mail könnten jedoch durch das Zitatrecht des § 51 UrhG gerechtfertigt sein. § 51 UrhG setzt seinem Wortlaut nach allerdings voraus, dass das Werk aus dem zitiert wird, bereits veröffentlicht ist. Das ist bei der E-Mail nicht der Fall.

d) Verschulden

Die Mitarbeiter der R hatten die Mail von S erhalten und wussten, dass dieser nicht der Urheber der Mail ist und nicht über das Urheberrecht der F verfügen konnte. Die Verletzung des Urheberrechts ist daher vorsätzlich geschehen.

e) Billigkeit

Die Gewährung einer Geldentschädigung müsste gem. § 97 Abs. 2 a.E. UrhG der Billigkeit entsprechen. Der Abdruck der Mail beeinträchtigt F aufgrund der darin enthaltenen Schilderung ihrer Gefühle für S in erheblicher Weise. § 97 Abs. 2 Satz 4 UrhG ist allerdings, wie sich aus dem Kontext des UrhG ergibt, ein Anspruch für einen Ausgleich der Verletzung des Urheberpersönlichkeitsrechts. Die Beeinträchtigung der F als Urheberin des Schriftstücks ist allerdings nicht als schwer einzustufen.

f) Ergebnis

§ 97 Abs. 2 Satz 4 UrhG gewährt F wegen des Abdrucks der Mail keinen Anspruch auf Geldentschädigung.

2. Anspruch auf Geldentschädigung gem. § 823 Abs. 1 BGB i.V.m. Art. 2 Abs. 1, Art. 1 Abs. 1 GG wegen Verletzung des allgemeinen Persönlichkeitsrechts

Der Abdruck der E-Mail könnte F in ihrem allgemeinen Persönlichkeitsrecht schwer beeinträchtigen und unter weiteren Voraussetzungen einen Anspruch auf Geldentschädigung gegenüber R begründen.

a) Immaterieller Schaden

In der von R veröffentlichten E-Mail beschreibt F ihre Gefühle gegenüber S. Durch die Wiedergabe der nicht für die Allgemeinheit bestimmte Mail werden die Gefühle der F allen zugänglich. Ein immaterieller Schaden ist insofern gegeben.

b) Schwere Persönlichkeitsrechtsverletzung

Durch den Abdruck der Mail, erfährt die Allgemeinheit von ihren Gefühlen gegenüber S. Damit wird nicht nur in das Recht der F am geschriebenen Wort eingegriffen, sondern auch der Kern ihrer persönlichen Lebensgestaltung vor der Öffentlichkeit ausgebreitet. Bei einer an eine bestimmte Person adressierte Mail muss der Absender nicht mit einer Veröffentlichung des Inhalts rechnen. Dies würde die Spontaneität des Schreibenden wesentlich verringern oder ihn ganz von brieflichen Äußerungen abhalten. Ein berechtigtes Interesse der Allgemeinheit an der Veröffentlichung besteht hier nicht, da Neugier und Sensationslust keine vom Recht anzuerkennenden Rechte sind. Da hier der Kernbereich der Lebensgestaltung der F in massiver Weise betroffen ist, handelt es sich um eine schwere Persönlichkeitsrechtsverletzung.

c) Schuldhaftes Handeln des Verletzers

Der Anspruch auf Geldentschädigung gegen R ist nur dann begründet, wenn R die Persönlichkeitsrechtsverletzung schuldhaft begangen hat. In der Veröffentlichung der Mail liegt eine eigenständige Persönlichkeitsrechtsverletzung durch R, an der die Einwilligung des S zu deren Abdruck nichts ändert. Durch die Versendung der Mail durch F an S hat sie sich nicht ihres Persönlichkeitsrechts begeben oder dieses auf S übertragen. Die aus der Veröffentlichung resultierende Persönlichkeitsrechtsverletzung ist daher R zuzuordnen. Da es nicht um die Aufdeckung eines Missstandes in Politik oder Gesellschaft geht, kann sich R nicht auf die Fälle berufen, in denen rechtswidrig erlangte Informationen von den Medien weiterverbreitet werden dürfen.[22]

d) Keine zumutbare anderweitige Ausgleichsmöglichkeit

F steht keine anderweitige Ausgleichsmöglichkeit zur Verfügung.

e) Ergebnis:

F hat wegen des Abdrucks ihrer E-Mail einen Anspruch auf Geldentschädigung gem. § 823 Abs. 1 BGB i.V.m. Art. 2 Abs. 1, Art. 1 Abs. 1 GG gegen R.

B. Ansprüche von S gegen R

I. Anspruch auf Schadensersatz gem. § 823 Abs. 2 BGB i.V.m. § 22 KUG

Durch Veröffentlichung des Fotos, auf dem S zu sehen ist, könnte sein „Recht am eigenen Bild" gem. § 22 KUG verletzt sein und dies zu einem Schadensersatzanspruch

---

22 Vgl. BVerfGE 66, 116 „Springer/Wallraff" → Fechner, E 47.

i.S.d. § 823 Abs. 2 BGB führen. Dann müsste S u.a. ein materieller Schaden entstanden sein. S ist kein „Prominenter", sein Recht am eigenen Bild ist mithin nicht kommerzialisiert, er kann also keine „angemessene Lizenzgebühr" für den Abdruck seines Bildes verlangen. Folglich hat er keinen materiellen Schaden und ein Schadensersatzanspruch scheidet aus.

II. Anspruch auf Geldentschädigung gem. § 823 Abs. 1 BGB i.V.m. Art. 2 Abs. 1, Art. 1 Abs. 1 GG

S hat einen Anspruch gegen R auf Geldentschädigung, wenn durch die Veröffentlichung des Fotos, auf dem er neben F zu sehen ist, sein allgemeines Persönlichkeitsrecht in schwerer Weise beeinträchtigt wurde und ihm dadurch ein immaterieller Schaden entstanden ist.

1. Immaterieller Schaden

Durch die Bildveröffentlichung kann der Ruf des S beeinträchtigt sein, da er durch die Wort-/Bildberichterstattung als „Freund" der F erscheint, obwohl er doch offenbar mit dieser gebrochen hat. Ein immaterieller Schaden kann daher angenommen werden.

2. Vorliegen einer schweren Persönlichkeitsrechtsverletzung

Das „Recht am eigenen Bild" des S gem. § 22 KUG wurde verletzt, da S keine Einwilligung zur Veröffentlichung erteilt hat. Dieser Eingriff könnte jedoch gem. § 23 Abs. 1 Nr. 1 KUG gerechtfertigt sein, wenn das Bild der Illustration eines Ereignisses von zeitgeschichtlicher Bedeutung dienen würde. S ist nicht selbst in die Öffentlichkeit getreten, beispielsweise durch sportliche Erfolge, sondern allenfalls als Begleiter der F ins Interesse der Öffentlichkeit gerückt. An Begleitern Prominenter besteht grundsätzlich ein hohes Informationsinteresse der Allgemeinheit, das aber im Falle des S reine Sensationsgier ist. Die Abbildung des Begleiters eines Prominenten ist dann zulässig, wenn beide gemeinsam in der Öffentlichkeit aufgetreten sind. Fraglich ist, ob das gemeinsame Auftreten von F und S im Pferdeschlitten als ein solches gemeinsames Auftreten in der Öffentlichkeit zu werten ist. Ein gemeinsames Auftreten in der Öffentlichkeit ist nicht schon dann anzunehmen, wenn der Prominente mit seinem Begleiter die eigenen vier Wände verlässt. Auftreten in der Öffentlichkeit bedeutet vielmehr, dass beide sich der Öffentlichkeit als Paar präsentieren, z.B. bei einem Ball. Die „Affaire" eines Stars mit einer bisher unbekannten Person ist jedenfalls kein zeitgeschichtliches Ereignis.

Da die Schlittenfahrt kein zeitgeschichtliches Ereignis ist, durfte das Foto des S nicht ohne seine Einwilligung abgedruckt werden.

Anders als bei F kann in der Abbildung von S neben der Schauspielerin ein schwerer Eingriff in sein Persönlichkeitsrecht gesehen werden, weil das Bild von R als Beleg für eine angebliche Freundschaft mit F abgedruckt wurde. S ist bisher soweit ersichtlich nicht in die Medienöffentlichkeit getreten und braucht sich daher mediale Eingriffe in sein Privatleben nicht gefallen zu lassen.

Bezüglich des S kann R sich auch nicht auf die Wahrnehmung berechtigter Interessen berufen, indem sie das Informationsinteresse der Allgemeinheit hinsichtlich der inkonsequenten Haltung der F zum Tierschutz aufdeckt, da es hierzu nicht des Abdrucks eines Fotos bedarf, auf dem auch S zu sehen ist. Es hätte ein anderes Foto oder ein Ausschnitt gewählt werden können, auf dem nur F zu sehen ist oder es hätte der S auf dem Foto unkenntlich gemacht werden können.

An der schweren Persönlichkeitsrechtsverletzung könnte es allerdings im vorliegenden Fall fehlen, da S die Mail, die er von F erhalten hat, freiwillig und gegen Entgelt der Zeitschrift R zum Abdruck überlassen hat. Wenn eine Verletzung des allgemeinen Persönlichkeitsrechts auch zu Schadensersatz- und Geldentschädigungsansprüchen führen kann, so bedeutet das doch keine generelle Kommerzialisierung des Persönlichkeitsrechts. Primärer Zweck des allgemeinen Persönlichkeitsrechts ist es, Rechtsverletzungen zu verhindern. Im vorliegenden Fall hat S von sich aus seine persönliche Beziehung zu F publik gemacht, indem er R die Mail zur Veröffentlichung überlassen hat, in der auch von den gemeinsam verbrachten Stunden die Rede ist.

In einem solchen Fall kann jedenfalls von einer schweren Persönlichkeitsrechtsverletzung nicht die Rede sein.

3. Ergebnis

Ein Anspruch des S gegen R auf Zahlung von Geldentschädigung aus § 823 Abs. 2 BGB i.V.m. § 22 KUG besteht nicht.

Bei Persönlichkeitsrechtsverletzungen ist an folgende Ansprüche zu denken:
- Unterlassung: verhindert erstmalige oder weitere Persönlichkeitsverletzungen;
- Gegendarstellung: ermöglicht Stellungnahme des Betroffenen zu gegen ihn erhobenen Vorwürfen;
- Berichtigung: Verletzender muss Fehlerhaftigkeit seiner Berichterstattung einräumen;
- Schadensersatz: entschädigt für Vermögenseinbußen durch die Berichterstattung, z.B. entgangenen Gewinn und greift auch bei Verletzung kommerzialisierter Bestandteile des Persönlichkeitsrechts, z.B. des Rechts am eigenen Bild Prominenter, nicht aber sonstiger Bestandteile wie der Ehre oder von Unbekannten, die nicht über einen eigenen Marktwert verfügen;
- Geldentschädigung: gewährt Ausgleich bei immateriellen Beeinträchtigungen des Persönlichkeitsrechts, die nicht in Geld messbar sind und hat auch Präventionsfunktion;
- Ungerechtfertigte Bereicherung: ermöglicht Gewinnabschöpfung ohne Nachweis eines Verschuldens bei der Persönlichkeitsbeeinträchtigung.

Hinsichtlich der Anwendbarkeit datenschutzrechtlicher Vorschriften auf Äußerungen mit *publizistischer Relevanz* ist zu beachten:

- Wie der BGH entschieden hat, werden *im Rahmen der journalistischen Bericht-erstattung* die §§ 22, 23 KUG nicht durch die DSGVO verdrängt.[23] Bei den §§ 22, 23 KUG handelt es sich um Vorschriften, die die Öffnungsklausel des Art. 85 DSGVO ausfüllen. Diese Auffassung ist in der Literatur teilweise umstritten.
  Bei *journalistischer Berichterstattung* außerhalb der §§ 22, 23 KUG sind die Grundsätze und äußerungsrechtlichen Vorschriften anwendbar, die zum Schutz des *allgemeinen Persönlichkeitsrechts* (§§ 823 Abs. 1, 1004 BGB) gelten. Diese werden nicht durch die DSGVO verdrängt. Die zum „abgestuften Schutzkonzept" entwickelten Grundsätze sind entsprechend zu berücksichtigen.
- Kontrovers wird diskutiert, ob und inwieweit die oben dargestellte Grundsätze auch für Kommunikationen *außerhalb des journalistischen Bereichs* gelten. In den Anwendungsbereich der Öffnungsklausel des Art. 85 DSGVO fallen jedenfalls nur Kommunikationen mit *publizistischer Relevanz*. Mit Blick auf die Bedeutung der Meinungsfreiheit für die demokratische Gesellschaft ist das Kriterium der publizistischen Relevanz grundsätzlich weit und großzügig auszulegen.[24] Publizistisch nicht relevant ist jedenfalls eine reine Individualkommunikation außerhalb des gesellschaftlichen Kommunikationsprozesses, die nur durch „individuelle Inter-essenverfolgung und Bedürfnisbefriedigung" (wenngleich in Ausübung der Mei-nungsfreiheit) motiviert ist.[25] Nicht publizistisch relevant i.S. der Öffnungsklausel des Art. 85 DSGVO ist z.B. auch die Verarbeitung personenbezogener Daten zum Zweck der Werbung für Waren und Dienstleistungen durch Unternehmen oder Vereine. Die Rechtmäßigkeit einer solchen Verarbeitung ist nach der DSGVO (Art. 6, 7) zu prüfen. Im Bereich der Öffentlichkeitsarbeit von Unternehmen kommt als Rechtsgrundlage u.a. die „Wahrnehmung berechtigter Interessen" (Art. 6 Abs. 1 Unterabsatz 1 Buchst. f DSGVO in Betracht).[26]
- Nach der neueren Rechtsprechung von BVerfG[27] und BGH ist das *Recht auf infor-mationelle Selbstbestimmung* im Privatverhältnis primär als eine Gewährleistung zu verstehen, die vor *intransparenter Verarbeitung und Nutzung von Daten* durch Private schützt. Hiervon zu unterscheiden ist das *allgemeine Persönlichkeitsrecht*.

---

23 BGH NJW 2020, 3715 „Wort- und Bildberichterstattung über Scheidungsverfahren einer prominenten Schauspielerin".
24 Cornils, in: Gersdorf/Paal, BeckOK, Informations- und Medienrecht, Art. 85 DSGVO Rdnr. 49.
25 Cornils, in: Gersdorf/Paal, BeckOK, Informations- und Medienrecht, Art. 85 DSGVO Rdnr. 48.
26 Vgl. Christian W. Eggers, Quick Guide Bildrechte. Rechtssichere Bildnutzung für Unterneh-men, Vereine, Behörden, Journalisten und Fotografen – inklusive DSGVO, 2. Aufl. 2019, S. 11–91.
27 BVerfG NJW 2020, 300 „Recht auf Vergessen I".

Dieses schützt vor der Verarbeitung personenbezogener Daten in einem *öffentlichen Kommunikationsprozess* und ist damit durch seine *äußerungsrechtliche* Ausrichtung charakterisiert.

Fall 2: Pierrot

Sachverhalt

Der zu Lebzeiten berühmte Pantomime und Komiker, genannt Pierrot (P), ist stets in einem Kostüm aufgetreten, das nach der Art eines Dalmatiners gemustert war. P ist auch noch fünf Jahre nach seinem Tod in der Erinnerung der Allgemeinheit präsent. Aus diesem Grund lässt Möbelhersteller M einen Schauspieler, der P sehr ähnlich sieht, in dem nachgeschneiderten Kostüm des P in einem TV-Werbespot auftreten, in dem dieser pantomimisch und mit großer Schnelligkeit den kinderleichten Aufbau der Möbel aus dem Hause M demonstriert. Der Spot wird mehrfach zur „Prime Time" ausgestrahlt. Die Erben und Angehörigen des P sind über diese „Entstellung" der Kunst des P empört und verlangen hierfür eine „Entschädigung" in Geld. Zudem möchten sie verhindern, dass der Werbespot noch einmal gesendet wird. Welche Ansprüche stehen ihnen hierfür gegen M zu?

Lösung

I. Ansprüche der Erben des P gegen M aus originär eigenem Recht

Ansprüche der Angehörigen des P aus originär eigenem Recht gegen den Möbelhersteller M auf billige Entschädigung für einen erlittenen immateriellen Schaden oder einen Vermögensschaden gem. §§ 823 Abs. 1, 249 ff. BGB scheiden aus, da nicht ersichtlich ist, dass die Angehörigen durch den Werbespot in ihren eigenen absolut geschützten Persönlichkeitsinteressen oder sonstigen eigenen rechtsrelevanten Interessen verletzt sein könnten. Insoweit kommt auch ein Unterlassungsanspruch entsprechend § 1004 BGB nicht in Betracht. Somit könnten den Angehörigen lediglich Ansprüche aufgrund ihrer Stellung als Erben aus *abgeleitetem* Recht zustehen.

In Fällen, in denen die Nachfahren eine Verletzung des Persönlichkeitsrechts des Verstorbenen geltend machen, ist – soweit dies der Bearbeitervermerk zulässt – stets daran zu denken, ob durch die beanstandete Herabwürdigung des Verstorbenen nicht auch zugleich die Nachfahren bzw. Erben in ihren *eigenen* Persönlichkeitsrechten verletzt sein könnten.

II. Anspruch der Erben gegen M auf Unterlassung

Den Angehörigen könnte ein Unterlassungsanspruch entsprechend § 1004 Abs. 1 Satz 2 BGB gegen M zustehen, wenn M, indem er die Ausstrahlung des Werbespots veranlasst hat, ein absolutes Persönlichkeitsrecht des P verletzt hat.

1. Eingriff in das Recht am eigenen Bild?

Verletzt sein könnte das Recht am eigenen Bild. Das Recht am eigenen Bild gem. § 22 Satz 1 KUG ist ein absolutes Recht, das eine positiv einfachgesetzliche Ausprägung des allgemeinen Persönlichkeitsrechts darstellt.[1]

Es wäre verfehlt, die Fallprüfung mit abstrakten Erwägungen zum allgemeinen Persönlichkeitsrecht einzuleiten. Nach dem lex-specialis-Grundsatz geht die Prüfung des Rechts am eigenen Bild derjenigen des allgemeinen Persönlichkeitsrechts als Rahmenrecht vor.

Die Frage nach dem Konkurrenzverhältnis von KUG und DSGVO stellt sich bei Verstorbenen nicht. Durch die DSGVO werden „personenbezogene Daten" (Art. 4 Nr. 1 DSGVO) geschützt, d.h. solche lebender Personen, nicht aber personenbezogene Daten Verstorbener.[2]

Gem. § 22 Satz 1 KUG darf das Bildnis einer Person nicht ohne Einwilligung des Abgebildeten verbreitet oder öffentlich zur Schau gestellt werden. Das Recht am eigenen Bild, eine besondere Ausprägung des allgemeinen Persönlichkeitsrechts, ist ein „sonstiges Recht" im Sinne des § 823 Abs. 1 BGB[3] und damit auch ein Schutzgut des § 1004 BGB.[4]

§ 22 KUG stellt auf die Verbreitung bzw. das öffentliche Zurschaustellen eines Bildnisses ab. Hiervon zu unterscheiden ist das nicht tatbestandliche *Anfertigen* eines Bildnisses (z.B. eines Fotos). Das zum allgemeinen Persönlichkeitsrecht gehörende „Recht am eigenen Bild" erstreckt sich über den Anwendungsbereich der §§ 22, 23 KUG hinaus auch auf das schlichte Anfertigen von Bildnissen.[5] Dieses stellt nach

---

1 Fricke, in: Wandtke/Bullinger, Urheberrecht, § 22 KUG Rdnr. 3; Specht, in: Dreier/Schulze, Urheberrechtsgesetz, Vor §§ 22 ff. KUG, Rn. 3.

2 DSGVO, Erwägungsgrund 27. Zur Frage einer Verdrängung des KUG durch die DSGVO bei der Verarbeitung von personenbezogenen Daten lebender Personen siehe Fall 1, „Liebesleben eines Filmstars".

3 Fricke, in, Wandtke/Bullinger, Urheberrecht, § 22 KUG Rn. 3.

4 Fricke, in, Wandtke/Bullinger, Urheberrecht, § 22 KUG Rdnr. 23; Specht, in: Dreier/Schulze, Urheberrechtsgesetz, §§ 33–50 KUG, Rn. 6.

5 OLG Brandenburg ZUM 2013, S. 219 (220) „Anfertigung von Bildnissen durch Pressevertreter" unter Verweis auf BGH NJW 1995, S. 1955 „Videoüberwachung öffentlicher und nachbarlicher Flächen".

überwiegender Auffassung in Literatur und Rechtsprechung einen Eingriff in das allgemeine Persönlichkeitsrecht des Abgebildeten dar.[6] „Zum Recht am eigenen Bild gehört auch das Recht selbst zu bestimmen, ob und wobei man fotografiert bzw. gefilmt wird. Ob mit Aufnahmen jedoch im Einzelfall auch ein rechtswidriger Eingriff in diese grundrechtlich geschützte Rechtsposition einhergeht, hängt von einer Gesamtabwägung der konkreten Umstände und der außerdem betroffenen Grundrechtspositionen ab."[7] Nicht einheitlich ist der Meinungsstand zu der Frage, ob ein Eingriff in das Recht am eigenen Bild voraussetzt, dass dies in der Absicht geschieht, das Bild öffentlich zur Schau zu stellen oder zu verbreiten, sowie ob hierfür über das bloße Anfertigen des Bildnisses hinaus eine zusätzliche persönlichkeitsrelevante Beeinträchtigungen zu verlangen ist.[8]

Mit Blick auf die verfassungsrechtlich geschützte Pressefreiheit soll nach der Rechtsprechung im Falle des Anfertigens eines Bildnisses durch einen Pressevertreter regelmäßig die Vermutung gelten, dieser werde sich hinsichtlich einer etwaigen Veröffentlichung rechtstreu an die Vorgaben der §§ 22, 23 KUG halten.[9]

§ 22 Satz 3 KUG statuiert ein postmortales Recht am eigenen Bild. Nach der Vorschrift erstreckt sich der Schutz des Bildnisses des Verstorbenen bis zum Ablauf von zehn Jahren nach dessen Tod. Da der TV-Werbespot nach dem Tod des P hergestellt und ausgestrahlt wurde, kommt eine Verletzung des postmortalen Rechts am eigenen Bild in Betracht. Zweifel könnten sich allerdings daraus ergeben, dass der Werbespot nicht das Bild des P selbst zeigt, sondern einen Schauspieler, der P sehr ähnlich sieht und ihn nachahmt. Unter einem „Bildnis" im Sinne § 22 KUG ist die erkennbare Wiedergabe des äußeren Erscheinungsbildes eines Menschen zu verstehen. Ohne Belang ist dabei die Form bzw. das Medium der Wiedergabe (Gemälde, Konterfei auf einer Medaille, Foto, Film etc.).[10] Die Abbildung des Doppelgängers einer berühmten Person ist als Bildnis der berühmten Person anzusehen, wenn der Eindruck erweckt wird, bei dem „Double" handele es sich um die berühmte Person selbst. Weitgehend anerkannt ist dies jedenfalls für solche Fälle, in denen der Doppelgänger der berühmten Person täuschend ähnlich sieht. Hinsichtlich der Erkennbarkeit der „gedoubelten" Person wird regelmäßig auf die Gesichtszüge abgestellt. Die Erkennbarkeit kann sich aber auch aus anderen wiedergegebenen Persönlichkeitsmerkmalen ergeben. Bei dem vorliegenden

---

6 Specht, in: Dreier/Schulze, Urheberrechtsgesetz, § 22 KUG, Rn. 11 f.; bereits BGH GRUR 1967, S. 205 (208) „Vor unserer eigenen Tür".
7 OLG Brandenburg ZUM 2013, S. 219 (220) „Anfertigung von Bildnissen durch Pressevertreter".
8 Fricke, in, Wandtke/Bullinger, Urheberrecht, § 22 KUG Rn. 9; Specht, in: Dreier/Schulze, Urheberrechtsgesetz, § 22 KUG, Rn. 12.
9 OLG Brandenburg ZUM 2013, S. 219 (220) „Anfertigung von Bildnissen durch Pressevertreter".
10 Fricke, in: Wandtke/Bullinger, Urheberrecht, § 22 KUG Rdnr. 5; Specht, in: Dreier/Schulze, Urheberrechtsgesetz, § 22 KUG, Rn. 1 f. und §§ 33–50 KUG, Rn. 6.

Werbespot ist nicht nur eine große Ähnlichkeit zwischen dem Schauspieler und P gegeben. Die direkte Bezugnahme auf die äußere Erscheinung des P wird verstärkt durch die pantomimische Darstellung und das Dalmatinerkostüm, die in ihrer Kombination zu den persönlichen Merkmalen des P gehörten. Den Einwand, tatsächlicher Akteur und Abgebildeter sei eigentlich der Schauspieler und nicht P selbst, lassen die Rechtsprechung und die überwiegende Meinung in der Literatur nicht gelten. Wer mit einem „Prominenten-Double" wirbt, wirbt nicht mit dem Bild des Akteurs, sondern mit der durch den Doppelgänger vermittelten bekannten Person. Nach der Rechtsprechung soll es dabei nicht darauf ankommen, dass der Doppelgänger der abgebildeten Person in ihren Gesichtszügen täuschend ähnlich sieht, dass also ein „perfektes" Double auftritt. Die Ähnlichkeit kann sich auch auf andere Weise ergeben. Der BGH hat dies für das Nachstellen der aus dem Film „Der blaue Engel" berühmten filmischen Szene mit Marlene Dietrich angenommen.[11] Ebenso hat später etwa das OLG Köln im Fall eines Werbefilms entschieden, in dem der Schauspieler einem dargestellten Prominenten zwar nicht ähnlich sah, der Film jedoch zahlreiche bekannte Elemente eines Show-Formats übernahm, das durch die Tätigkeit des Prominenten als Quizmaster geprägt wurde.[12] Nach der Gegenauffassung liegt beim Nachstellen einer berühmten Szene dann kein Bildnis des personalen Vorbilds im Sinne von § 22 KUG, sondern eine bloß assoziative Bezugnahme vor, wenn der auftretende Akteur sich erkennbar vom Vorbild unterscheidet.[13]

Ein Bildnis der gedoubelten Person ist nach der hier vertretenen Ansicht jedenfalls dann anzunehmen, wenn – wie im gegebenen Fall – aufgrund der abgebildeten Persönlichkeitsmerkmale eine starke äußerliche Ähnlichkeit mit der nachgeahmten Person besteht, die Bezugnahme auf den Nachgeahmten nicht nur zufällig, sondern offensichtlich bezweckt ist und zudem als weitere Voraussetzung, die Leistung des Doubles klar hinter dem Image und der Originalität der imitierten Person zurückbleibt.[14]

Wie sich aus § 22 Satz 3 KUG ergibt, kann der Umstand, dass die Person zur Zeit der Nachahmung bereits verstorben ist, zu keiner anderen Bewertung führen, wenn der Tod erst fünf Jahre zurückliegt, und zudem die Erinnerung an den Verstorbenen noch allgemein präsent ist.

---

11 BGH GRUR 2000, S. 715, 717 „Der blaue Engel"; Vgl. OLG Karlsruhe AFP 1996, S. 282 f. „Ivan Rebroff": Parodie des seinerzeit bekannten Sängers in einem Werbespot durch einen Schauspieler in der für den Nachgeahmten charakteristischen Kosaken-Kleidung. Für eine Verletzung des Bildnisses des Nachgeahmten soll es danach bereits genügen, wenn sich beim flüchtigen Betrachter der Eindruck der Verwechselbarkeit ergibt. Vgl. auch OLG Köln GRUR-RS 2020, 35712 „Tina-Turner-Story".
12 OLG Köln GRUR-RR 2015, S. 318 „Doppelgängerwerbung".
13 Fricke, in: Wandtke/Bullinger, Urheberrecht, § 22 KUG Rn. 6 mit Meinungsstand.
14 Vgl. OLG Karlsruhe AFP 1996, S. 282 f. „Ivan Rebroff".

M hat, indem er die Produktion und die Ausstrahlung des Werbespots in Auftrag gegeben hat, das Bildnis des P verbreitet und damit in das Recht des P am eigenen Bild eingegriffen.

2. Rechtswidrigkeit

M handelte ohne die von § 22 Satz 3 KUG geforderte Einwilligung der Angehörigen des P. Allerdings könnte die Einwilligung ausnahmsweise gem. § 23 Abs. 1 Nr. 1 KUG entbehrlich sein, wenn P in der konkreten Darstellung im Werbespot dem „Bereich der Zeitgeschichte" zuzuordnen ist. Ob dies der Fall ist, hängt von einem entsprechenden Informationsinteresse der Allgemeinheit ab.[15] Im Hinblick auf die maßgebliche Darstellung im Werbespot ist ein solches Informationsinteresse der Allgemeinheit jedoch nicht ersichtlich. Der Werbespot ist objektiv nicht dazu geeignet, Informationen über die Künstlerpersönlichkeit und die Leistungen des P im Kulturleben zu vermitteln. Der Spot dient allein dazu, den Verkauf der Möbel des M zu fördern. Damit hat M das Recht des P am eigenen Bild verletzt.

Systematisch ist das Vorliegen eines Informationsinteresses der Allgemeinheit bereits innerhalb des Tatbestandsmerkmals „aus dem Bereich der Zeitgeschichte" zu prüfen.[16] Wer nicht dem schutzwürdigen Informationsinteresse der Allgemeinheit nachkommen, sondern durch die Verwertung des fremden Bildnisses zu Werbezwecken allein sein Geschäftsinteresse befriedigen will, kann sich nicht auf § 23 Abs. 1 Nr. 1 KUG berufen.[17]

Ist ein an sich schutzwürdiges Informationsinteresse zu bejahen, so kann gleichwohl eine unzulässige Bildnisverbreitung i.S.d. § 23 Abs. 2 KUG vorliegen, wenn dadurch ein berechtigtes Interesse des Abgebildeten bzw. seiner Angehörigen verletzt wird. Hierzu bedarf es einer Abwägung des Veröffentlichungsinteresses mit den berechtigten Interessen des Abgebildeten bzw. seiner Angehörigen. Im Lichte der Informations- und Meinungsfreiheit (Art. 5 Abs. 1 Satz 1 GG) ergibt sich eine Verletzung berechtigter Interessen jedenfalls nicht bereits daraus, dass mit der Bildnisverwertung neben dem informatorischen Anliegen *auch* eigenwirtschaftliche Ziele verfolgt werden. Anderes gilt dann, wenn der Abgebildete bzw. seine Angehörigen in unangemessener Weise zum Objekt der wirtschaftlichen Interessen des Bildnisverwerters gemacht werden.[18]

---

15 Vgl. hierzu bereits Fall 1 „Liebesleben eines Filmstars".
16 BGH NJW 1996, 593 (594) „Gedenkmünze Willy Brandt"; vgl. BVerfG NJW 2001, S. 594 ff. „Gedenkmünze Willy Brandt" → Fechner, E 24.
17 BGH NJW 1996, 593 (594) „Gedenkmünze Willy Brandt" → Fechner, E 24.
18 BGH NJW 1996, 593 (595) „Gedenkmünze Willy Brandt" → Fechner, E 24.

3. Wiederholungsgefahr

Eine Wiederholungsgefahr hinsichtlich der Beeinträchtigung des Rechts wird von der Rechtsprechung regelmäßig bereits in der erfolgten Erstbegehung der Rechtsverletzung als indiziert gesehen.[19] Gegenteilige Anhaltspunkte dafür, dass M die Ausstrahlung der Werbespots von sich aus unterlassen wird, liegen nicht vor.

Nach herrschender Meinung ist das Vorliegen einer Wiederholungsgefahr ein Tatbestandsmerkmal eines jeden Unterlassungsanspruchs. Nach der Gegenansicht hat sie lediglich prozessuale Bedeutung.[20] Häufigster Fall des Wegfalls der Wiederholungsgefahr ist die Abgabe einer strafbewehrten Unterlassungserklärung. Im Übrigen kann auch durch eine nachträgliche Änderung der Umstände die Wiederholungsgefahr aus rechtlichen Gründen zu verneinen sein. So kann etwa der Schutz der Privatsphäre vor öffentlicher Kenntnisnahme nachträglich entfallen, soweit sich eine Person damit einverstanden zeigt, dass bestimmte sie betreffende, gewöhnlich als privat geltende Angelegenheiten öffentlich gemacht werden.[21]

4. Ergebnis

Den Erben und Angehörigen des P steht ein Anspruch gegen M auf Unterlassung analog § 1004 Abs. 1 Satz 2 BGB zu.

Auch außerhalb des Anwendungsbereichs des KUG ist in der Rechtsprechung seit der „Mephisto"-Entscheidung des BVerfG anerkannt, dass den Angehörigen und Erben ein Anspruch auf Unterlassung zustehen kann, wenn das postmortale Persönlichkeitsrecht des Verstorbenen verletzt wird.[22]

III. Anspruch der Erben auf Schadensersatz gem. §§ 823 Abs. 2 BGB, 22 KUG

Zu denken ist auch an eine Prüfung des Rechts am eigenen Bild als „sonstiges Recht" i.S.d. § 823 Abs. 1 BGB. Da das Recht am eigenen Bild im KUG jedoch als Schutzgesetz ausgeprägt ist, kommt nach zutreffender Ansicht § 823 Abs. 2 BGB zur Anwendung.[23]

---

19 Specht, in: Dreier/Schulze, Urheberrechtsgesetz, §§ 33–50 KUG, Rn.6.
20 Vgl. Raff, in: MüKo BGB, § 1004, Rn. 6.
21 BGH GRUR 2005, 76 (78) – „Bildberichterstattung über Freundin des Ehemanns einer Schauspielerin".
22 BVerfG NJW 1971, S. 1645 „Mephisto" → Fechner, E 70, auf der Grundlage der Menschenwürde, Art. 1 Abs. 1 GG); BVerfG NJW 2001, S. 2957 „Kaisen" → Fechner; E 23; vgl. auch OLG Hamburg „Heinz Erhardt" (GRUR 1989, S. 666): Unterlassungsanspruch der Erben des bekannten Künstlers gegen Stimmenimitation in einem Radiowerbespot.
23 Vgl. OLG München NJW 1988, S. 915 „Nacktaufnahmen im Englischen Garten"; OLG Köln

1. Verletzung des postmortalen Rechts am eigenen Bild als Schutzgesetz i.S.d. § 823 Abs. 2 BGB?

Nach h.M. weist das Recht am eigenen Bild sowohl ideelle als auch vermögenswerte Elemente auf. Schutzgut des § 22 KUG ist demnach auch die Entscheidungsfreiheit zur wirtschaftlichen Nutzung des eigenen Bildes.[24] Insoweit liegt ein wirtschaftliches Ausschließungsrecht vor. Fraglich ist allerdings, ob auch die Erben die vermögensrechtlichen Bestandteile des Rechts am eigenen Bild des Verstorbenen verwerten dürfen. Nur insoweit ist ein Schadensersatzanspruch der Erben denkbar.

Genauso gut könnte man hier auf die Erscheinung des P abstellen, einschließlich seiner Bewegungen etc. Dann ist das Recht auf Darstellung der eigenen Person einschlägig, das als Teil des allgemeinen Persönlichkeitsrechts über § 823 Abs. 1 BGB zu prüfen ist.

Zwischenüberlegung: Die kommerziell verwertbaren Elemente des allgemeinen Persönlichkeitsrechts könnten sich für die Erben konstruktiv aus zwei Rechtspositionen ergeben: entweder aus dem zivilrechtlichen allgemeinen Persönlichkeitsrecht, das insoweit gem. § 1922 Abs. 1 BGB auf die Erben übergegangen ist oder aber aus dem zivilrechtlichen postmortalen Persönlichkeitsrecht (abgeleitet aus Art. 1 Abs. 1 GG), das die Angehörigen zuständigkeitshalber wahrnehmen können.

Für die Fallbearbeitung empfiehlt sich eine differenzierende Betrachtungsweise, versehen mit einer entsprechenden Begründung. Der Schwerpunkt des vorliegenden Falles ergibt sich aus der Sachverhaltsvorgabe, dass der Rechtsträger bereits verstorben ist und damit aus der Notwendigkeit, sich mit der Frage auseinanderzusetzen, inwieweit das postmortale Persönlichkeitsrecht gegenüber dem allgemeinen Persönlichkeitsrecht Besonderheiten aufweist.

Entgegen der heute üblichen Terminologie hat die frühere Rechtsprechung nicht klar getrennt zwischen dem allgemeinen Persönlichkeitsrecht und dem postmortalen Persönlichkeitsrecht.[25] Für die Fallbearbeitung ist es hingegen empfehlenswert, beide Rechtspositionen auseinanderzuhalten.

Das allgemeine Persönlichkeitsrecht ist durch richterliche Rechtsfortbildung als „sonstiges Recht" i.S.d. § 823 Abs. 1 BGB seit langem anerkannt.[26] Im Hintergrund

---

BeckRS 2019, S. 2199 „Einwilligung medienunerfahrener Personen in die Veröffentlichung von Bildnissen". Dazu oben Fall 1 „Liebesleben eines Filmstars".

24 Fricke, in: Wandtke/Bullinger, Urheberrecht, § 22 KUG Rn. 3, 4; „Klassiker"-Entscheidung zur Geldentschädigung bei Verwendung des Bildnisses für Werbezwecke ohne Einwilligung des Abgebildeten ist BGH GRUR 1956, 427 „Paul Dahlke".

25 Zur postmortalen Fortwirkung des „allgemeinen Persönlichkeitsrechts" vgl. BGH GRUR 1968, S. 552, 554 f. „Mephisto" → Fechner, E 70.

26 Ständige Rspr. seit BGH NJW 1954, S. 1404 „Leserbriefe".

dieser Rechtsprechung steht Art. 2 Abs. 1 i.V.m Art 1 Abs. 1 GG. Als Institut des Privatrechts unterliegt dieses Recht innerhalb der verfassungsrechtlichen Grenzen grundsätzlich der Disposition des einfachen Gesetzgebers.

Im Gegensatz dazu findet das öffentlich-rechtliche allgemeine Persönlichkeitsrecht seine Grundlage unmittelbar in Art. 2 Abs. 1 i.V.m Art. 1 Abs. 1 GG. Da das Selbstbestimmungsrecht des Art. 2 Abs. 1 GG, das die primäre dogmatische Komponente des allgemeinen Persönlichkeitsrechts darstellt, eine lebende Person voraussetzt, erlischt das allgemeine Persönlichkeitsrecht mit dem Tod des Rechtsträgers.[27]

Das postmortale Persönlichkeitsrecht findet seine Grundlage allein in der Menschenwürde des Art. 1 Abs. 1 GG.[28] Da die Menschenwürde unantastbar ist, kann der einfache Gesetzgeber nicht über das postmortale Persönlichkeitsrecht verfügen. Das postmortale Persönlichkeitsrecht schützt sowohl im Zivilrecht als auch im öffentlichen Recht den Wert- und Achtungsanspruch des Verstorbenen gegen Herabwürdigung und Erniedrigung, wie sie sich beispielsweise im Bestreiten der Lebensleistung äußern kann. Ist der Schutzbereich des postmortalen Persönlichkeitsrechts betroffen, liegt dem BVerfG zufolge nicht nur ein Eingriff, sondern stets auch eine Verletzung des Rechts vor. Für eine Interessenabwägung, wie sie im Rahmen des allgemeinen Persönlichkeitsrechts durchzuführen ist, bleibt demnach kein Raum. Eine Betroffenheit des Schutzbereichs des postmortalen Persönlichkeitsrechts setzt eine entsprechend hohe Eingriffsintensität voraus. Nach der Rechtsprechung ist das postmortale Persönlichkeitsrecht nicht kommerzialisierbar. Damit kann sich aus seiner Verletzung weder ein Schadensersatzanspruch noch ein Anspruch auf billige Entschädigung gem. § 823 Abs. 1 i.V.m. § 249 ff. BGB ergeben. Schließlich fehlt ihm auch ein Zuweisungsgehalt, der als vermögenswertes „Etwas" eine Eingriffskondiktion nach § 812 Abs. 1 Satz 1, 2. Var. BGB begründen könnte.

Dem postmortalen Persönlichkeitsrecht (Art. 1 Abs. 1 GG) hat die Rechtsprechung stets jegliche vermögensrechtlichen Bestandteile abgesprochen.[29] Der Schutz des postmortalen Persönlichkeitsrechts gegen unautorisierte Werbung mit dem Bildnis des Verstorbenen beschränkt sich damit auf einen Unterlassungsanspruch der Angehörigen und Erben entsprechend § 1004 BGB.

Als Zwischenergebnis ist festzuhalten, dass ein Schadensersatz- bzw. Entschädigungsanspruch der Erben und Angehörigen aus dem postmortalen Recht am eigenen Bild, das systematisch dem postmortalen Persönlichkeitsrecht (Art. 1 Abs. 1 GG) zuzuordnen ist, nicht in Betracht kommt.

---

27 BVerfG NJW 1971, S. 1645, 1647 „Mephisto" → Fechner, E 70; BVerfG NJW 2001, S. 594 „Gedenkmünze Willy Brandt" → Fechner, E 24; BVerfG NJW 2001, S. 2957, 2959 „Kaisen" → Fechner, E 23.
28 BVerfG NJW 2001, S. 2957, 2958 f. „Kaisen" → Fechner, E 23.
29 BGH NJW 2006, S. 605, 606 ff. „Gefilmter Leichnam" → Fechner, E27.

2. Verletzung des Rechts am eigenen Bild als Schutzgesetz i.S.d. § 823 Abs. 2 BGB?

a) Verletzung eines Schutzgesetzes

Ein Schadensersatzanspruch setzt zunächst voraus, dass zumindest die vermögens-rechtlichen Bestandteile des Rechts des P an seinem eigenen Bild auf die Erben gem. § 1922 Abs. 1 BGB übergegangen sind und dann durch die Herstellung und Ausstrah-lung des Werbespots seitens M verletzt wurden.

Die Rechtsprechung der Zivilgerichte hat zunächst angenommen, dass das allgemei-ne Persönlichkeitsrecht, zu dem auch das Recht am eigenen Bild gehört, seiner Rechts-natur entsprechend nicht übertragen und vererbt werden könne, da es mit der Person des Rechtsträgers untrennbar verknüpft sei. Dabei hat die Rechtsprechung nicht zwi-schen vermögenswerten und ideellen Bestandteilen differenziert. Die Vererblichkeit des allgemeinen Persönlichkeitsrechts wurde mit dem Hinweis abgelehnt, die Zubilli-gung von Schadensersatz berge die Gefahr eines Missbrauchs des Persönlichkeits-rechts des Verstorbenen durch die Angehörigen als Einnahmequelle. Über diese Auf-fassung hat sich der BGH mit seinen Entscheidungen „Marlene Dietrich" und „Der blaue Engel" hinweggesetzt.[30] Der BGH führt darin aus, dass sowohl das allgemeine Persönlichkeitsrecht im Allgemeinen als auch das Recht am eigenen Bild im Besonde-ren nicht nur den ideellen, sondern auch den kommerziellen Interessen an der Persön-lichkeit dienen. Für die vermögensrechtlichen Bestandteile des Persönlichkeitsrechts erkennt der BGH die Vererblichkeit an. Den Erben steht jedenfalls für die in § 22 Satz 3 KUG genannte Frist von zehn Jahren die kommerzielle Nutzung des über den Tod hinaus geschützten Rechts am eigenen Bild zu.[31]

Eine generelle zeitliche Begrenzung des Schutzes der vermögenswerten Bestandteile des allgemeinen Persönlichkeitsrechts auf eine zehnjährige Frist nach dem Tode in entsprechender Anwendung des § 22 Satz 3 KUG hat der BGH im „Klaus Kinski"-Ur-teil vorgenommen. Diese Schutzfrist gilt indes nicht hinsichtlich der ideellen Be-standteile.[32]

Wie der BGH weiter ausführt, können die Erben – neben den Angehörigen – Abwehr-ansprüche und im Falle einer unbefugten Verwendung (anders als die *Angehörigen*) Schadensersatz- und Bereicherungsansprüche dem ausdrücklichen oder mutmaßli-chen Willen des Erblassers entsprechend geltend machen. Der BGH begründet dies im

---

30 BGH NJW 2002, S. 2317 „Marlene Dietrich (III)" → Fechner, E 26
31 BGH 2000, 2201 – „Marlene Dietrich – Der blaue Engel" → Fechner, E 25; BGH NJW 2000, S. 2195 (2199) – „Marlene Dietrich".
32 BGH NJW 2007, S. 684 (685) – „Klaus Kinski" → Fechner, E 28.

Wesentlichen mit dem Interesse an einem effektiven Schutz der Persönlichkeitsrechtsrechte Verstorbener.[33]

Ob das BVerfG der BGH-Rechtsprechung zur Vererblichkeit vermögensrechtlicher Bestandteile des allgemeinen Persönlichkeitsrechts folgen würde, war vor dem Hintergrund der „Mephisto"- und „Caroline-von-Monaco"-Entscheidungen des BVerfG zum allgemeinen Persönlichkeitsrecht zunächst fraglich. Denn das BVerfG hatte dort hervorgehoben, dass das allgemeine Persönlichkeitsrecht nicht der Kommerzialisierung der eigenen Person diene und deshalb nur Grundlage für Abwehransprüche (insbesondere Unterlassungsansprüche) sein könne.[34] Das BVerfG entschied dann jedoch, dass die Anerkennung vererblicher vermögensrechtlicher Bestandteil des zivilrechtlichen allgemeinen Persönlichkeitsrechts seitens des BGH eine verfassungsrechtlich unbedenkliche richterrechtliche Rechtsfortbildung sei.[35]

Wie das BVerfG ausführte, kann die kommerzielle Ausbeutung der Persönlichkeit eines Verstorbenen die Menschenwürde dann verletzen, wenn Persönlichkeitsbestandteile so ausgenutzt werden, dass der Achtungsanspruch der Person beeinträchtigt wird, beispielsweise durch erniedrigende oder entstellende Werbung. Durch die kommerzielle Ausbeutung der Persönlichkeit eines Verstorbenen zu Werbezwecken als solche werde jedoch regelmäßig dessen Menschenwürde nicht angetastet. Würden Persönlichkeitsmerkmale Verstorbener im Rahmen der Wirtschaftswerbung genutzt, so baue diese zwar auf dem durch die Lebensleistung erworbenen Geltungswert des Verstorbenen auf. Unter den heutigen sozialen und wirtschaftlichen Gegebenheiten sei allerdings anzunehmen, dass eine solche Werbung grundsätzlich nicht geeignet sei, die Anerkennung des Betroffenen zu schmälern. Wohl aber könne das Interesse derjenigen Personen verletzt sein, die über die wirtschaftliche Verwertung des Persönlichkeitsrechts entscheiden dürfen. Der hiervon betroffene Aspekt der Persönlichkeitsentfaltung unterliege zwar nicht der Menschenwürdegarantie des Art. 1 Abs. 1 GG. Gesetzgeber und Zivilgerichte seien jedoch grundsätzlich befugt, den Schutz des Persönlichkeitsrechts weiter auszubauen als dies verfassungsrechtlich geboten sei, soweit entgegenstehende Grundrechtspositionen Dritter gewahrt würden.

Nach alledem ist festzuhalten, dass M durch den Werbespot in die gem. § 1922 Abs. 1 BGB auf die Erben übergegangenen vermögenswerten Bestandteile des Rechts am eigenen Bild des P eingegriffen hat.

Wie der BGH in den Entscheidungen „Der blaue Engel" und „Marlene Dietrich" ausführt, bedarf es bei der Verletzung materieller Interessen keiner besonderen Eingriffsintensität.[36] Im Gegensatz dazu wird die Schwere des Eingriffs beim Anspruch auf

---

33 BGH NJW 2000, S. 2195 (2198 f.) – „Marlene Dietrich".
34 BVerfG NJW 2000, S. 1021 „Caroline von Monaco II" → Fechner, E 10.
35 BVerfG, NJW 2006, S. 3409 „Marlene Dietrich – Der blaue Engel" → Fechner, E 25.
36 BGH NJW 2000, 2201 (2202) „Marlene Dietrich- Der blaue Engel" → Fechner, E 25; BGH NJW 2000, 2195 (2200) „Marlene Dietrich".

Geldentschädigung im Hinblick auf die Verletzung ideeller Gehalte des Persönlichkeitsrechts verlangt[37] und ist in Klausuren eigens zu prüfen. Die Rechtsprechung stellt dabei insbesondere auf den Gedanken der Genugtuung und Prävention ab.[38]

Der vorliegende Sachverhalt gibt keine Anhaltspunkte dafür, dass P durch den Werbespot noch in anderen Aspekten seines Persönlichkeitsrechts – etwa seinem sozialen Geltungsanspruch – verletzt sein könnte, etwa dadurch, dass sein Bildnis als Werbemedium für minderwertige oder anrüchige Produkte missbraucht wurde.[39] Insoweit käme die Verletzung seiner Ehre in Betracht. Soweit man nach dem Sachverhalt einen solchen – über die bloße Bildverletzung hinausgehenden – persönlichkeitsrelevanten Unrechtsgehalt der Werbung des M überhaupt annehmen kann (der Werbespot enthält im Übrigen keine negativen Aussagen über die Person des P), scheitert jedenfalls ein entsprechender Schadensersatzanspruch daran, dass insoweit nur die ideellen Bestandteile des Persönlichkeitsrechts des P betroffen wären, die nach der Rechtsprechung jedoch nicht vererblich sind.

b) Rechtswidrigkeit und Schuld

M handelte mangels Einwilligung und sonstigen besonderen Rechtfertigungsgründen rechtswidrig. Sein Verhalten war zudem schuldhaft, da M ganz bewusst ohne Einwilligung des P oder seiner Erben die Bekanntheit des P zur Erzielung wirtschaftlicher Vorteile ausgenutzt hat.

Für den Schadensersatzanspruch reicht bereits einfaches Verschulden aus. Die Geltendmachung eines Anspruchs auf billige Entschädigung für einen erlittenen immateriellen Schaden setzt eine *schwere Persönlichkeitsrechtsverletzung* voraus. Der Anspruch hat primär eine Genugtuungs- und Präventionsfunktion. Ob diese stets auch schweres Verschulden i.S. von mindestens grober Fahrlässigkeit voraussetzt, ist umstritten. Auch wenn ein schweres Verschulden nicht in jedem Fall erforderlich sein mag, kann sich doch gegebenenfalls gerade aus diesem die Schwere der Persönlichkeitsrechtsverletzung ergeben, wenn sonstige gravierende Umstände fehlen.

Grundsätzlich ist unter dem Aspekt einer etwaigen Eingriffsminderung zu prüfen, ob dem Verletzten eine anderweitige zumutbare Ausgleichsmöglichkeit zur Verfügung steht. Dies kann zum Beispiel dann sein, wenn der Verletzte bereits einen strafbewehrten Unterlassungstitel erwirkt hat. Wird das Persönlichkeitsrecht etwa durch einen Roman schwerwiegend verletzt, und ist deshalb ein gerichtliches Verbreitungs-

---

37 BGH NJW 1996, S. 984 (985) „Caroline von Monaco"; Specht, in: Dreier/Schulze, Urheberrechtsgesetz, §§ 33–50 KUG, Rn. 22 f.
38 Vgl. Specht, in: Dreier/Schulze, Urheberrechtsgesetz, §§ 33–50 KUG, Rn. 21.
39 Vgl. dazu den „Herrenreiter"-Fall (BGH NJW 1958, S. 827), in dem durch unbefugte Abbildung eines Turnierreiters auf einem Plakat die betroffene Person zum Werbeträger für ein Potenzmittel erniedrigt wurde → Fechner, E 1.

verbot ergangen, so kann der Verletzte nur ausnahmsweise zusätzlich eine Geldentschädigung verlangen.[40]

c) Schaden

Die frühere Rechtsprechung, derzufolge ein Schadensersatzanspruch ausscheiden sollte, wenn der Abgebildete die Verwendung seines Bildnisses gegen Entgelt prinzipiell nicht gestattet, hat der BGH ausdrücklich aufgegeben.[41]

Zur Berechnung des Umfangs des von M gem. §§ 251 ff. BGB zu ersetzenden Schadens der Erben bieten sich nach ständiger Rechtsprechung grundsätzlich drei Berechnungsmöglichkeiten an: erstens der konkret erlittene Schaden der Erben (der entgangene Gewinn, § 252 BGB), der sich allerdings wohl kaum praktisch feststellen lässt; zweitens eine angemessene Lizenzgebühr, die M für die Gewährung der Einwilligung der Erben aller Voraussicht nach unter Berücksichtigung der Marktverhältnisse hätte entrichten müssen (Entschädigungslizenz) oder aber drittens den Betrag der Mehreinnahmen aus dem Möbelverkauf (Gewinn minus Kosten), die auf den Werbespot zurückzuführen sind (Verletzergewinn). Zwischen diesen Arten der Schadensberechnung haben die Anspruchsberechtigten die Wahl.[42]

Es ist an dieser Stelle noch einmal zu betonen, dass die hier vorgenommene Prüfung sich auf einen echten Vermögensschaden und nicht etwa auf einen immateriellen Schaden bezieht. Die in Frage stehenden Bestandteile des Rechts des P am eigenen Bild sind materieller Art.

Hinsichtlich der Berechnung der Entschädigungslizenz bzw. des Verletzergewinns haben die Erben ein Auskunftsanspruch gem. § 242 BGB.[43]

3. Zwischenergebnis

Den Erben des P steht ein Schadensersatzanspruch gegen M gem. §§ 823 Abs. 2 BGB, 22 KUG zu, sowie ein flankierender Auskunftsanspruch bezüglich der Berechnung der Höhe der Entschädigungslizenz bzw. des Verletzergewinns gem. § 242 BGB.

---

40 BGH GRUR 2010, S. 171 „Esra" → Fechner, E 74.
41 BGH NJW 2007, S. 689 „Satirische Werbung mit Politikerfoto (Lafontaine)" → Fechner, E 8.
42 Zur dreifachen Weise der Schadensberechnung vgl. Specht, in: Dreier/Schulze, Urheberrechtsgesetz, §§ 33–50 KUG, Rn. 28.
43 Specht, in: Dreier/Schulze, Urheberrechtsgesetz, §§ 33–50 KUG, Rn. 29, Fricke, in: Wandtke/Bullinger, Urheberrecht, § 22 KUG Rn. 39.

IV. Anspruch der Erben auf Bereicherungsausgleich gem. § 812 Abs. 1 BGB i.V.m. § 818 Abs. 1 Satz 1, 2. Var. BGB („Eingriffskondiktion")

Hinsichtlich der Ansprüche aus § 823 Abs. 1 und 2 BGB einerseits und § 812 Abs. 1 S. 1 2. Var. BGB andererseits gibt es keine zwingende Prüfungsreihenfolge. Zweckmäßig erscheint es allerdings, den Schadensersatzanspruch zuerst zu prüfen. Zu beachten sind die unterschiedlichen Anspruchsvoraussetzungen, insbesondere hinsichtlich des Verschuldens beim Schadensersatz, das im Rahmen des Bereicherungsrechts nicht zu prüfen ist.

1. Erlangtes vermögenswertes „Etwas"

M hat mit dem Bild des P (Künstler-Image) geworben und dadurch einen Vermögenswert erlangt.

2. Eingriff

M hat in die vermögenswerten Zuweisungsgehalt des Rechts am eigenen Bild des P eingegriffen, der den Erben zustand.

3. Ohne Rechtsgrund

Da die Werbung nicht durch die Erben autorisiert war, erfolgte die Vermögensverschiebung zu M ohne Rechtsgrund.

4. Herausgabe der Bereicherung

M ist nach den Grundsätzen der Lizenzanalogie bereichert und hat den Erben Wertersatz gem. § 818 Abs. 2 BGB zu leisten. Die Bereicherung kann im Wege der Lizenzanalogie ermittelt werden. Nach zutreffender Ansicht kann es für den Bereicherungsanspruch nicht darauf ankommen, dass der Abgebildete damit einverstanden gewesen wäre, unter gewissen Voraussetzungen den Eingriff zu genehmigen.[44] Jedenfalls liegen hier keine konkreten Anhaltspunkte gegen eine solche mutmaßliche Einstellung des P vor.

Dagegen kann der Verletzergewinn nicht gem. § 818 Abs. 1 BGB herausverlangt werden. Es handelt sich dabei insbesondere um keine „Nutzung" im Sinne der Vorschrift. Ein etwaiger Gewinn ist vielmehr erst durch das zusätzliche eigenständige Handeln des M eingetreten.

Auch hinsichtlich des nach der Lizenzanalogie zu bestimmenden Bereicherungsumfangs besteht ein Auskunftsanspruch der Erben gem. § 242 BGB.

---

44 Fricke, in: Wandtke/Bullinger, Urheberrecht, § 22 KUG Rn. 26.

V. Gesamtergebnis

Die Erben des P haben gegen M Geldansprüche gem. §§ 823 Abs. 2 BGB i.V.m. § 22 KUG, § 812 Abs. 1 BGB sowie einen Unterlassungsanspruch gem. § 1004 BGB analog.

Fall 3: Schafsköpfige Politik

Während des Kommunalwahlkampfes in der idyllischen, bei Touristen beliebten deutschen Stadt Sonntagshausen (S) spricht Bürgermeister Berthold (B) auf dem Marktplatz vor der Bevölkerung. Journalist Jan (J) hat ein Foto aufgenommen, auf dem die Menschen von hinten zu sehen sind, die B bei seiner Rede zuhören. Vor der Veröffentlichung hat er das Bild ein wenig „aufgepeppt". In der Volksmenge bringt er, sodass dies nicht als Manipulation erkennbar ist, Transparente und Fahnen mit Naziemblemen an. Das Gesicht des Bürgermeisters überarbeitet er mit seinem Bildbearbeitungsprogramm so, dass die Veränderungen auf den ersten Blick nicht sichtbar sind, nur B etwas lächerlich wirkt. Erst bei genauerem Hinsehen erkennt man, dass das Gesicht und die Nase des B so gestreckt, seine Ohren so abgeklappt und seine Haare so wollig gelockt sind, dass seine Gesichtszüge an die eines Schafes erinnern. Unter dem Bild bringt J die Unterschrift an: „Schafskopf-Politik verkennt die Gefahren für unsere Gemeinde". So wird das Bild in der Lokalzeitung L veröffentlicht.

Gastwirt Gustav (G), der in S eine florierende Gaststätte betreibt, fürchtet verheerende Auswirkungen des Bildes auf den Tourismus. Wenn der Artikel auch in der Online-Ausgabe der Zeitung erscheine, befürchtet er einen Imageverlust für die Stadt S und damit einen Umsatzrückgang. G, der nicht selbst auf dem Bild zu sehen ist, fragt Sie, ob er wenigstens etwas gegen die zu erwartende Veröffentlichung des Bildes in der Online-Ausgabe der L unternehmen könne, in der üblicherweise die wichtigsten Artikel der Printausgabe übernommen werden.

Bürgermeister B fühlt sich persönlich durch das Bild und die Bildunterschrift angegriffen und meint, damit sei das normale Maß politischer Auseinandersetzung weit überschritten. Er möchte, dass die Sache mittels einer Klage „richtiggestellt" werde. Er fragt Sie auch, ob es eine Möglichkeit gibt, sein Begehren schneller durchzusetzen, als dies mit einer Klage möglich wäre, damit die Leser der L-Zeitung noch vor der Wahl die Wahrheit erführen.

Lösung

A. Ansprüche des G gegen die Zeitung

I. Anspruch auf Unterlassung aus § 1004 BGB analog

Das Rechtsschutzbegehren des G zielt darauf ab, die zu erwartende weitere Veröffentlichung des Artikels und des Bildes in der Online-Ausgabe der L-Zeitung zu verhindern. Diesbezüglich käme ein Unterlassungsanspruch seinem Begehren am nächsten.

1. Anwendungsbereich

§ 1004 BGB kodifiziert einen Beseitigungs- und Unterlassungsanspruch für Eigentumsbeeinträchtigungen. Vorliegend ist aber nicht das Eigentum des G betroffen. Die Rechtsprechung erkennt aber in gewissen Fällen eine analoge Anwendung des § 1004 BGB an. So schützt die Rechtsprechung über § 1004 BGB analog alle absoluten Rechte i.S.d. § 823 Abs. 1 BGB sowie die sog. „sonstigen Rechte" i.S.d. § 823 Abs. 1 BGB. In Betracht käme hier die Verletzung eines „sonstigen Rechts".

2. Rechtsbeeinträchtigung

a) Verletzung des allgemeinen Persönlichkeitsrechts des G?

Zu den sonstigen Rechten zählen das allgemeine Persönlichkeitsrecht des G, insbes. das Recht der persönlichen Ehre. Fraglich ist, ob diesbezüglich eine Rechtsverletzung bzw. -beeinträchtigung vorliegt.

Das allgemeine Persönlichkeitsrecht des G könnte durch die Veröffentlichung des Bildes betroffen sein. G ist weder auf dem Foto abgebildet noch im begleitenden Text erwähnt und auch nicht indirekt in seinem Ansehen geschädigt. Eine Beeinträchtigung der Ehre des G scheidet aus. Selbst wenn alle Bürger der Stadt S betroffen wären, beinhaltet eine Kollektivbeleidigung dann keine Beleidigung des Einzelnen, wenn sich die Beleidigung nicht an eine hinreichend überschaubare und abgegrenzte Personengruppe richtet.[1]

b) Recht am eingerichteten und ausgeübten Gewerbebetrieb

Das Recht am eingerichteten und ausgeübten Gewerbebetrieb schützt den gesamten gewerblichen Tätigkeitsbereich eines Betriebs, er umfasst also alles, was dessen wirtschaftlichen Wert in seiner Gesamtheit ausmacht. Um diesen sehr weit gezogenen Schutzbereich einzuschränken, wird ein sog. betriebsbezogener Eingriff verlangt, um überhaupt eine Beeinträchtigung bejahen zu können. Eine Beeinträchtigung liegt

---

1 Siehe z.B. BVerfG NJW 2017, S. 1092 „Voraussetzung einer Kollektivbeleidigung – A.C.A.B.".

dann vor, wenn sich der Eingriff gegen den Betrieb als solchen richtet, also diesen unmittelbar betrifft. An einem derartigen Eingriff fehlt es vorliegend, da die Veröffentlichung des Bildes den Betrieb des G allenfalls mittelbar betrifft, wenn Gäste aufgrund des Berichts über die Geschehnisse in der Stadt ausbleiben sollten.

c) Journalistische Sorgfaltspflicht aus § 5 LPresseG[2]

aa) Tatbestand

G könnte sich auf die Verletzung der journalistischen Sorgfaltspflicht durch J berufen.[3] Sämtliche Landespressegesetze normieren eine Sorgfalts- oder Wahrheitspflicht für die Presse. Der zufolge hat die Presse alle Nachrichten vor ihrer Verbreitung mit der nach den Umständen gebotenen Sorgfalt auf Wahrheit, Inhalt und Herkunft zu prüfen (§ 5 Muster-PresseG). Vorliegend ist gegen die publizistische Sorgfaltspflicht verstoßen worden, da Journalist J das Bild manipuliert hat (u.a. durch Einfügen von Nazisymbolen). Er stellt somit bewusst eine Falschbehauptung auf.

bb) Rechtsfolge

§ 5 LPresseG ist eine öffentlich-rechtliche Vorschrift. Fraglich ist, ob sich der Einzelne auf einen Verstoß gegen § 5 LPresseG berufen kann. Das ist nur dann möglich, wenn § 5 ein subjektives Recht gewähren würde. Das ist jedoch nicht der Fall. Mit der Normierung der journalistischen Sorgfaltspflicht will der Gesetzgeber die Presse auf ihre Verantwortung hinweisen. Ein Verstoß gegen die journalistische Sorgfaltspflicht kann im Rahmen einer zivilrechtlichen Abwägung eine Rolle spielen, aber weder von staatlicher Seite noch von Privaten zwangsweise durchgesetzt werden. Medienarbeit steht regelmäßig unter großem Zeitdruck, weshalb es bei Beachtung der journalistischen Sorgfalt möglich sein muss, über einen Verdacht auch schon dann zu berichten, wenn er noch nicht bewiesen werden kann oder zur Gewissheit feststeht. Der Gesetzgeber baut auf die freie Auseinandersetzung der Meinungen innerhalb der Medien, wobei zu erwarten steht, dass unzutreffende Äußerungen von anderen Medien infrage gestellt werden oder von denjenigen, die sich in ihrem Persönlichkeitsrecht verletzt fühlen im Wege zivilrechtlichen Vorgehens.

Ein Verstoß gegen § 5 LPresseG kann nur in Verbindung mit anderen Rechtsnormen geltend gemacht werden, insbesondere §§ 1004 BGB analog und 823 BGB. In diesem Rahmen ist er beim Tatbestandmerkmal „Rechtswidrigkeit" bzw. „Verschulden" zu prüfen. Dabei führt ein Verstoß gegen § 5 LPresseG immer zu einer Bejahung des Verschuldens. Die Norm konkretisiert folglich die allgemeinen Sorgfaltspflichten bzw. den allgemeinen Verschuldensmaßstab.

---

2 Vgl. Mustergesetz, bei Fechner/Mayer, Vorschriftensammlung Medienrecht, 16. Aufl. 2020.
3 Zur Journalistischen Sorgfaltspflicht Fechner, Medienrecht, 8 Rdnr. 112.

3. Ergebnis

Mangels Rechtsverletzung bzw. -beeinträchtigung scheidet ein Unterlassungsanspruch des G aus § 1004 BGB analog gegen die L-Zeitung aus.

Gedacht werden könnte ferner an einen Anspruch aus § 823 Abs. 1 BGB. Hier kommt zum einen die Verletzung des allgemeinen Persönlichkeitsrechts sowie zum anderen die Verletzung des Rechts am eingerichteten und ausgeübten Gewerbebetrieb als „sonstiges Recht" i.S.d. § 823 Abs. 1 BGB in Betracht. Beide Anspruchsgrundlagen greifen – wie oben gesehen – nicht. Diese Ansprüche sind hier ohnehin nicht zu erörtern, da sie in ihrer Rechtsfolge auf Schadensersatz zielen. Gefragt ist im Fall lediglich, ob G etwas gegen die weitere Veröffentlichung des Bildes unternehmen kann. Soweit in der Literatur darauf hingewiesen wird, dass ein Anspruch auf Schadensersatz gem. § 823 BGB sich auch auf Unterlassung künftiger Beeinträchtigungen richten kann[4], dürfte es sich dabei um besondere Situationen mit geringer Klausurrelevanz handeln.

III. Ergebnis

G hat keine Ansprüche gegen die L-Zeitung.

B. Ansprüche des B gegen die L-Zeitung

I. Begehren des B

B verlangt, dass die Sache „richtiggestellt" werde. Was B im juristischen Sinne damit meint, ist durch Auslegung zu ermitteln. Damit B sein Ziel erreichen kann, kommen eine Gegendarstellung oder eine Richtigstellung in Betracht. Da eine Richtigstellung der weitergehende Anspruch ist – den Lesern wird nicht nur die Auffassung des B bekannt, vielmehr müsste L einen Fehler bei der Berichterstattung einräumen –, kommt dieser dem Begehren des B am nächsten und ist daher vorrangig zu prüfen.

II. Zulässigkeit einer Klage auf Richtigstellung

Die folgenden Prüfungspunkte sind nicht immer anzusprechen, sondern nur, wenn der Sachverhalt einen dieser Aspekte problematisiert. In der Regel sollte lediglich kurz auf den Rechtsweg sowie das zuständige Gericht eingegangen werden.

---

4 Prinz/Peters, Medienrecht, Rdnr. 303.

1. Zivilrechtsweg

Äußerungsrechtliche Streitigkeiten sind grundsätzlich Streitigkeiten bürgerlichrechtlicher Art, die auf dem Zivilrechtsweg zu verfolgen sind, § 13 GVG. Die streitentscheidende Norm (Anspruchsgrundlage) ist eine Norm des BGB, also eine klassische Gesetzesmaterie des Zivilrechts, denn der Schutzzweck der Norm ist das Individualinteresse. Beide Parteien stehen sich zudem in einem Gleichordnungsverhältnis gegenüber.

2. Zuständigkeit

Die sachliche Zuständigkeit richtet sich nach §§ 71 Abs. 1, 23 Nr. 1 GVG und hängt von der Höhe des Streitwertes ab. Bei Streitigkeiten über Äußerungen in der Presse ist regelmäßig ein Streitwert von mehr als 5000,– € gegeben und damit die Zuständigkeit des Landgerichts. Für viele Gerichte ist es üblich, bei einfachen presserechtlichen Auseinandersetzungen einen Gegenstandswert von 10.000,– € anzunehmen.

Die örtliche Zuständigkeit richtet sich entweder nach dem jeweiligen Sitz des Medienunternehmens gem. §§ 12, 13 ZPO (allgemeiner Gerichtsstand) oder nach dem Gerichtsstand der unerlaubten Handlung, § 32 ZPO (im Medienrecht sog. fliegender Gerichtsstand), also überall dort, wo die Äußerungen des Medienunternehmens „bestimmungsgemäß" verbreitet wurden.

3. Partei- und Prozessfähigkeit

Der Bürgermeister ist als Kläger i.S.d. §§ 50, 51 ZPO als natürliche Person partei- und prozessfähig. Auf Seiten des Beklagten ist J als natürliche Person gem. §§ 50, 51 ZPO partei- und prozessfähig bzw. die L-Zeitung als juristische Person gem. § 50 ZPO parteifähig, aber gem. § 51 ZPO nicht prozessfähig, vielmehr muss sie sich von ihrem gesetzlichen Vertreter vor Gericht vertreten lassen.

4. Ordnungsgemäße Klageerhebung

Die Klageschrift muss den Anforderungen des § 253 ZPO genügen, d.h. insbesondere der Streitgegenstand muss hinreichend erkennbar sein. Darüber hinaus muss der Antrag dem Bestimmtheitserfordernis des § 253 Abs. 2 Nr. 2 ZPO genügen.

5. Keine anderweitige Rechtshängigkeit

Eine anderweitige Rechtshängigkeit i.S.d. § 261 Abs. 3 Nr. 1 ZPO ist nicht ersichtlich und steht somit der Zulässigkeit der Klage nicht im Wege.

6. Keine entgegenstehende materielle Rechtskraft

Weiterhin steht der Klage des B keine materielle Rechtskraft einer anderen Entscheidung gem. § 322 ZPO entgegen.

7. Rechtsschutzbedürfnis

Auch im Zivilprozess ist zwischen Leistung-, Feststellungs- und Gestaltungsklagen zu unterscheiden. Vorliegend handelt es sich um eine Leistungsklage.

Bei der Leistungsklage bedarf es in der Regel keiner expliziten Erörterung des Rechtsschutzbedürfnisses. Lediglich bei der Feststellungsklage ist dies notwendig. Allerdings kann das Rechtsschutzbedürfnis auch bei einer Leistungsklage entfallen.

Bei einer Leistungsklage würde das Rechtsschutzbedürfnis entfallen, wenn der Kläger bereits einen Titel erwirkt hat oder der Kläger sein Ziel auf einem einfacheren Weg erreichen könnte. Beide Möglichkeiten sind hier nicht gegeben.

Selbst wenn L eine Gegendarstellung des B abgedruckt oder eine Unterlassungsverpflichtungserklärung abgegeben hätte, würde das Rechtsschutzbedürfnis auf eine Richtigstellung nicht entfallen, da die Richtigstellung der weitergehende Anspruch ist.

Eine Abmahnung des Beklagten vor Klagerhebung ist bei einem Berichtigungsanspruch keine Prozessvoraussetzung. Doch ist diese dringend zu empfehlen, denn bei einem sofortigen Anerkenntnis des Rechtsverletzers oder der freiwilligen Veröffentlichung einer Berichtigung kann den Rechtsschutzsuchenden die Kostenfolge des § 93 ZPO treffen, d.h. er hätte die bis dahin entstanden Kosten zu tragen.

8. Zwischenergebnis

Die Klage des B ist zulässig.

III. Begründetheit einer Klage auf Richtigstellung

Die Klage des B ist begründet, wenn sie sich gegen den richtigen Beklagten richtet und B einen Anspruch auf Richtigstellung hat.

1. Aktivlegitimation

Da B nicht lediglich in seiner Funktion als Bürgermeister und damit als Amtsträger betroffen ist, sondern mit den Vorwürfen gegen seine Politik vor allem in seiner persönlichen Ehre angegriffen wurde, ist er als Kläger aktivlegitimiert.

2. Passivlegitimation

B beabsichtigt, gegen die L-Zeitung vorzugehen. Fraglich ist, ob L Anspruchsverpflichtete eines Richtigstellungsanspruchs sein kann. Konkret muss B die Klage entweder gegen den mit der Sache befassten bzw. verantwortlichen Redakteur, den Autor oder/

und den Verleger richten. Da lediglich die Zeitung selbst die Richtigstellung abdrucken kann, ist hier der Verleger der Zeitung der richtige Beklagte.

Anders wäre dies, wenn die L-Zeitung als juristische Person organisiert wäre. Da der Sachverhalt dazu nichts sagt und Zeitungsunternehmen nicht üblicherweise als juristische Personen organisiert sind, gilt hier der Grundsatz, dass Sachverhaltsunterstellungen unzulässig sind.

3. Anspruch auf Richtigstellung

Bürgermeister B könnte ein Anspruch auf Richtigstellung aus § 1004 Abs. 1 BGB analog i.V.m. § 823 Abs. 1 BGB zustehen.

§ 1004 BGB direkt greift nur bei Eigentumsverletzungen. Da hier nicht das Eigentum, sondern das Persönlichkeitsrecht des B betroffen ist, kann § 1004 BGB wie in Fall 1 nur analog angewendet werden. Ebenso wenig passt die Rechtsfolge Unterlassung bzw. Beseitigung der Beeinträchtigung direkt auf das Begehren einer Richtigstellung. § 823 Abs. 1 BGB allein würde ausweislich seiner Rechtsfolge Schadensersatz nicht zum unmittelbaren Erfolg führen. Daher die Kombination beider Normen.

Zeitung L müsste eine unrichtige Tatsachenbehauptung geäußert haben, die fortwirkend das allgemeine Persönlichkeitsrecht des B beeinträchtigt. Ferner müsste die Richtigstellung das geeignete Mittel zur Beseitigung der Persönlichkeitsrechtsverletzung darstellen.

a) Unrichtige Tatsachenbehauptung

In der Veröffentlichung des Bildes müsste eine „unrichtige Tatsachenbehauptung" liegen. Eine Tatsachenbehauptung ist ein dem Beweis vor Gericht grundsätzlich zugänglicher Sachverhalt der Vergangenheit oder Gegenwart. Denkt man bei Tatsachenbehauptungen zunächst an mündliche Äußerungen, so liegt doch in der Veröffentlichung einer Fotografie – etwa im Gegensatz zu einer Karikatur – stillschweigend die Behauptung, das Bild lichte tatsächlich Geschehenes ab. Keine Tatsachenbehauptung ist demgegenüber anzunehmen, wenn das Foto so offensichtlich manipuliert wurde, dass jedem Betrachter sofort augenscheinlich ist, dass auf dem Bild etwas anderes als die Wirklichkeit wiedergegeben werden soll. Im vorliegenden Fall ist die Manipulation indessen nicht auf den ersten Blick zu erkennen, so dass von einer Tatsachenbehauptung ausgegangen werden kann. Diese Tatsachenbehauptung ist zudem unrichtig, da weder Transparente und Fahnen mit Nazi-Emblemen auf der Veranstaltung zu sehen waren, noch Bs Kopf physiologisch einem Schafskopf gleicht.[5]

---

5 So auch BGH NJW 2006, S. 603, 605 „Ron Sommer" der auf die zutreffenden Ausführungen

b) Fortwirkende Beeinträchtigung des allgemeinen Persönlichkeitsrechts

In der Tatsachenbehauptung müsste eine Verletzung des allgemeinen Persönlichkeitsrechts liegen, das in Art. 2 Abs. 1 i.V.m. Art. 1 Abs. 1 GG verankert ist. Betroffen sein könnte hier die Fallgruppe „Recht am eigenen Bild", die spezialgesetzlich in §§ 22, 23 KUG geregelt ist. Das KUG kann hier trotz der DSGVO zur Anwendung kommen, da es sich um einen journalistischen Bericht handelt.[6] Entsprechendes gilt für die *Wortanteile der Berichterstattung*, sodass insoweit eine Beeinträchtigung des *Allgemeinen Persönlichkeitsrechts* zu prüfen ist, und nicht etwa des Rechts auf informationelle Selbstbestimmung. Das Abbild eines Politikers, das anlässlich einer öffentlichen Wahlkampfrede aufgenommen worden ist, erfüllt regelmäßig die Anforderungen an ein Abbild aus dem Bereich der Zeitgeschichte. Das gilt auch für einen Lokalpolitiker. Allerdings greift diese Ausnahme, die tendenziell – wie jede Ausnahme – eng auszulegen ist, dann nicht, wenn das Abbild in negativer Weise manipuliert wurde. Zulässig sind regelmäßig die üblichen Retuschen, etwa um ein Gesicht erst erkennbar zu machen oder wenn dies im Interesse des Abgebildeten liegt, wie die Entfernung eines Schweißflecks. Eine Verballhornung der Gesichtszüge fällt unter diese Bagatellveränderungen nicht. In einem solchen Fall kann nicht mehr von einem Abbild des tatsächlichen Geschehens gesprochen werden. Das „Recht am eigenen Bild", schützt auch vor der Verbreitung eines technisch manipulierten Bildes, das den Anschein erweckt, ein authentisches Abbild einer Person zu sein.[7] Zudem ist durch das gemorphte Bild die Ehre des B betroffen, da das Bild beim Betrachter den Eindruck erweckt, B sei „schafsköpfig".

Fraglich ist, inwieweit sich B als Politiker eine Veränderung seines Gesichts durch Morphing gefallen lassen muss. Diese Manipulation könnte durch die Kunstfreiheit des Art. 5 Abs. 3 GG gedeckt sein. Ein Politiker, der sich selbst in den politischen Meinungskampf stellt, muss stärkere Eingriffe in sein Persönlichkeitsrecht hinnehmen als andere Menschen. Aus diesem Grund muss er sich auch eher mit einer karikierenden bzw. satirischen Darstellung seiner Person abfinden als Personen, die bisher nicht ins Licht der Öffentlichkeit getreten sind. Neben der Pressefreiheit kann sich J bei einer karikierenden Veränderung eines Fotos daher grundsätzlich auch auf die Kunstfreiheit (Art. 5 Abs. 3 GG) berufen. Allerdings kommt diese vorliegend nicht zum Zuge, da der Betrachter der Abbildung die manipulative Veränderung ohne genaueres Hinsehen gar nicht erkennen kann.[8] Satire setzt voraus, dass die Veränderung und damit die

---

des Berufungsgerichts verweist: Das fotografische Abbild übermittele Informationen über die abgelichtete Person ohne weitere Verwendung von Worten. Fotos suggerierten Authentizität und die Betrachter gehen davon aus, dass die abgebildete Person in Wirklichkeit so aussehe. Stets werde durch eine Manipulation die in der bildhaften Darstellung in der Regel mitschwingende Tatsachenbehauptung über die Realität des Abgebildeten unzutreffend.

6 Einzelheiten Fall 1 „Liebesleben eines Filmstars".

7 BVerfG NJW 2005, S. 3271 „Ron Sommer Fotomontage"; BGH NJW 2006, S. 603 „Ron Sommer".

8 So auch BGH NJW 2006, S. 603 (605) „Ron Sommer".

satirische Absicht ohne Weiteres erkannt werden kann. Die Physiognomie des B wurde so verändert, dass diese unterschwellig negativ auf den Betrachter wirkt, was noch durch die Bildunterschrift verstärkt wird. Eine solche Manipulation der Gesichtszüge ist nicht durch die Kunstfreiheit des Art. 5 Abs. 3 GG gedeckt. Eine unzulässige Persönlichkeitsrechtsverletzung ist folglich zu bejahen.

Wer annimmt, durch die Manipulation werde B seiner menschlichen Würde beraubt, kommt nicht zur Abwägung mit der Pressefreiheit, da die Menschenwürde nicht abwägungsfähig ist.[9] Eine Verletzung der Menschenwürde ist indes nur in Extremfällen anzunehmen.

Betroffen sein könnte die persönliche Ehre des B zudem durch den Gesamtkontext des Fotos. Es wird durch den Abdruck des Bildes der Eindruck erweckt, B habe vor einer Versammlung gesprochen, in der Naziembleme gezeigt wurden. Die Bildunterschrift suggeriert, dass B dies getan hat, ohne auf die Gesinnung seiner Zuhörerschaft zu reagieren, denn er betreibe eine „schafsköpfige" Politik. B ist daher auch durch den Bildkontext in seiner Ehre betroffen.

c) Richtigstellung als geeignetes Mittel

Fraglich ist, ob eine Richtigstellung das geeignete Mittel ist, um der Persönlichkeitsrechtsverletzung entgegenzutreten. Ziel einer Richtigstellung sind die Genugtuung des Betroffenen sowie die korrekte Information der Rezipienten. Die Richtigstellung bei der Veröffentlichung eines manipulierten Fotos könnte zum einen durch die Veröffentlichung des nicht manipulierten Bildes, zum anderen durch eine schriftliche Stellungnahme in einer der nachfolgenden Ausgaben der Zeitung erfolgen, in der auf die Manipulation hingewiesen wird. Die Richtigstellung ist folglich ein geeignetes Mittel, um gegen die Persönlichkeitsrechtsverletzung vorzugehen.

4. Zwischenergebnis

Die Klage des B ist begründet.

Die Vollstreckung eines Berichtigungsurteils erfolgt nach § 888 ZPO und nicht nach § 894 ZPO, weil die Abgabe einer Berichtigungserklärung eine unvertretbare Handlung ist. Es geht gerade darum, dass der Verletzende die Unrichtigkeit seiner Äußerung einräumt. Gibt der Schuldner die Erklärung nicht von sich aus ab, ist er auf Antrag durch die in § 888 ZPO dafür vorgesehen Beugemittel dazu anzuhalten.

---

9 BVerfGE 75, 369, 380 „Strauß-Karikatur" → Fechner, E 72.

IV. Ergebnis

Im Ergebnis kann B eine Richtigstellung von L verlangen, seine Klage ist zulässig und begründet. Die Richtigstellung könnte im vorliegenden Fall durch die Veröffentlichung des nicht manipulierten Bildes erfolgen. Denkbar ist allerdings auch der Abdruck einer Berichtigung der L-Zeitung, in der sie die Manipulationen des Bildes darlegt.

Ob die neuerliche Beschäftigung der Rezipienten mit der Angelegenheit für den Betroffenen vorteilhaft ist oder ob die Gefahr überwiegt, dass sich die Rezipienten an die ursprünglichen Vorwürfe erinnern, ist keine Rechtsfrage und vom Betroffenen selbst zu entscheiden.

V. Durchsetzung des Anspruchs auf Richtigstellung im Wege des einstweiligen Rechtsschutzes

B fragt, ob sein Begehren auf schnellerem Wege als durch eine Klage durchgesetzt werden könne. Zu denken ist an eine Durchsetzung des Berichtigungsanspruchs im Wege des einstweiligen Rechtsschutzes.

Der Antrag auf einstweilige Verfügung gem. §§ 935 ff ZPO müsste statthaft sein. Bei einem Anspruch auf Berichtigung muss das Medienorgan eingestehen, fehlerhaft berichtet zu haben. Dies stellt einen schweren Eingriff in die Medienfreiheit dar. Aus diesem Grund kann der Anspruch auf Berichtigung nicht im Wege des einstweiligen Rechtsschutzes mit seinen erleichterten Darlegungslasten durchgesetzt werden, sondern ausschließlich im Hauptsacheverfahren.[10]

VI. Durchsetzung eines Anspruchs auf Gegendarstellung im Wege des einstweiligen Rechtsschutzes

Um dem Begehren des B auf eine schnelle Rechtsdurchsetzung zu entsprechen, die im Hinblick auf den laufenden Wahlkampf zu verstehen ist, könnte die Durchsetzung eines Anspruchs auf Gegendarstellung im Wege des einstweiligen Rechtsschutzes geprüft werden.

---

10 Drescher, in: MüKo, ZPO, § 935 Rdnr 78. Umstritten ist, ob die Abgabe einr vorläufigen Erklärung ausnahmsweise per einstweiliger Verfügung durchsetzbar ist.

1. Zulässigkeit des Antrags auf einstweilige Verfügung

a) Statthaftigkeit des Antrags

Da B keine Geldforderung durchsetzen möchte, sondern einen Gegendarstellungsanspruch, ist hier der Antrag auf einstweilige Verfügung statthaft.

b) Inhaltliche Anforderungen an den Antrag

B kann als Verfügungsanspruch den Anspruch auf Abdruck einer Gegendarstellung angeben. Es handelt sich um eine Leistungsverfügung. Anders als der Anspruch auf Berichtigung handelt es sich um einen statthaften Verfügungsantrag, da der Abdruck einer Gegendarstellung kein Eingeständnis der Fehlerhaftigkeit der Erstmitteilung beinhaltet.

Als Verfügungsgrund kann B darauf hinweisen, dass die Durchsetzung des Anspruchs auf Gegendarstellung für ihn noch vor Abschluss der Wahlkampfzeit notwendig ist, damit die Wähler noch vor ihrer Wahlentscheidung über seine Sicht der Dinge informiert werden. Anders als bei anderen Begehren muss B die Gegendarstellung im Antrag ausformuliert haben. Ein Gegendarstellungsanspruch ist nie darauf gerichtet, dass die Redaktion die Gegendarstellung selbst formuliert. Entweder es liegt ihr eine korrekt formulierte Gegendarstellung vor oder sie muss die Gegendarstellung nicht abdrucken. Entsprechend kann das Gericht dem Antrag auf einstweilige Anordnung nur stattgeben, wenn mit dem Antrag eine ausformulierte Gegendarstellung eingereicht wird.

c) Zuständigkeit

Ausschließlich zuständig ist gem. § 943 Abs. 1, 937 Abs. 1, 802 ZPO das Gericht der Hauptsache. Sachlich zuständig ist, wie oben dargelegt, gem. §§ 71 Abs. 1, 23 Nr. 1 GVG das Landgericht. Hinsichtlich der örtlichen Zuständigkeit besteht, soweit noch keine Klage in der Hauptsache erhoben worden ist, auch hier ein Wahlrecht des Antragstellers („fliegender Gerichtsstand").

2. Begründetheit des Antrags auf einstweilige Verfügung

a) Glaubhaftmachung des Verfügungsanspruchs

B muss Verfügungsanspruch und Verfügungsgrund glaubhaft machen können gemäß §§ 936, 920 Abs. 1, 294 ZPO.

aa) Anspruchsgrundlage

Ein Gegendarstellungsanspruch des B könnte sich aus § 10 Landespressegesetz (M-PresseG) ergeben.

bb) Tatsachenbehauptung

Im Abdruck eines Fotos liegt die Behauptung, das Bild gebe die Wirklichkeit in unveränderter Form wieder. Anders wäre es nur dann, wenn die Manipulationen jedem Betrachter ohne weiteres als solche erkennbar wären oder wenn etwa in der Bildunterschrift ausdrücklich auf die Änderungen an dem Bild hingewiesen worden wären. Das ist hier nicht der Fall bzw. nicht geschehen.

cc) Berechtigtes Interesse an der Verbreitung der Gegendarstellung

B kann mit dem Abdruck einer Gegendarstellung seine Sicht der Dinge gegenüber der seine Ehre beeinträchtigende Bildberichterstattung geltend machen. Das berechtigte Interesse an der Verbreitung der Gegendarstellung würde entfallen, wenn die L bereits eine Berichtigung abgedruckt hätte. Das ist jedoch nicht geschehen.

dd) Weitere Voraussetzungen an die Gegendarstellung

Die Gegendarstellung muss gem. § 10 M-PresseG von ihrem Umfang her angemessen sein, sie darf keinen strafbaren Inhalt aufweisen und sie muss dem verantwortlichen Redakteur unverzüglich zugehen.

ee) Formulierung der Gegendarstellung

Die von B seinem Antrag anzufügende Gegendarstellung könnte folgendermaßen formuliert sein:

„Gegendarstellung

Zum Foto in der L-Zeitung vom [tt.mm.jj] auf S. [x]. Das Foto zeigt mich bei einer Wahlkampfrede in S. Das Foto wurde manipuliert. Tatsächlich haben die Anwesenden keine Transparente oder Plakate mitgeführt. Zudem wurden meine Gesichtszüge unvorteilhaft verändert.
Sonntagshausen, den [tt.mm.jj] B...t."

ff) Glaubhaftmachung

B muss die Voraussetzungen des Gegendarstellungsanspruchs glaubhaft machen können. Wenn eine einstweilige Verfügung auch keinen Beweis erfordert, vielmehr eine überwiegende Wahrscheinlichkeit für das Vorliegen der tatbestandlichen Voraussetzungen ausreichend ist, so ist es im vorliegenden Fall B leicht möglich, die Zeitung mit dem Foto vorzulegen, aus dem die Beeinträchtigung seines Persönlichkeitsrechts resultiert.

aaa) Glaubhaftmachung des Verfügungsgrundes

B muss zudem den Verfügungsgrund glaubhaft machen. Gem. § 294 Abs. 2 ZPO kommen hierfür nur präsente Beweismittel und die Versicherung an Eides statt in Betracht.

Im Vorliegenden Fall dürfte die Bürgermeisterwahl indes gerichtsbekannt sein, weshalb es einer Glaubhaftmachung des Verfügungsgrunds hier nicht bedarf.

bbb) Ergebnis

Der Antrag auf einstweilige Verfügung auf Durchsetzung des Gegendarstellungsanspruchs ist zulässig und begründet.

Der Richtigstellungsanspruch geht weiter als der Gegendarstellungsanspruch. Daher kann er auch verlangt werden, wenn bereits eine Gegendarstellung veröffentlich worden ist. Umgekehrt besteht ein Anspruch auf Gegendarstellung nicht mehr, wenn bereits eine Berichtigung veröffentlicht wurde.

Zur raschen Durchsetzung von Ansprüchen eignet sich im Medienrecht das Verfahren auf einstweiligen Rechtsschutz. In der Praxis schließt sich im Medienrecht – anders als in anderen Rechtsgebieten – meist kein Hauptsacheverfahren mehr an, da das Interesse an der Angelegenheit bei den Rezipienten meist schnell verblasst. Die Entscheidung im Verfahren des einstweiligen Rechtsschutzes entscheidet damit praktisch den Fall endgültig. Aus diesem Grund ist das Verfahren des einstweiligen Rechtsschutzes bei Berichtigungsansprüchen – die besonders stark in die Medienfreiheit eingreifen – unzulässig.

Fall 4: Sisu

Der junge Schriftsteller Giovanni (G) hat seinen Erstlingsroman „Sisu" geschrieben, der zunächst als Fortsetzungsroman in der Tageszeitung T und sodann als gedrucktes Buch erscheinen soll. G hat bereits einen Verleger (V) gefunden, mit dem er entsprechende Verträge abgeschlossen hat. Der Roman trägt, wie unschwer zu erkennen ist, stark autobiografische Züge. Unter anderem berichtet der Ich-Erzähler im Roman über intime Details seines Liebeslebens mit der Protagonistin Sisu, deren Biografie in allen Details mit derjenigen der früheren Freundin des G, Susi (S), übereinstimmt. Die Bezüge zu S durchziehen den ganzen Roman. S, die noch vor der Veröffentlichung des Fortsetzungsromans und des Buchs davon Kenntnis erhält, ist über den Inhalt entsetzt, bestehe doch die Gefahr, dass ihre Bekannten sie in dem Roman wiedererkennen könnten und sie so zum Gespött ihrer Umgebung werde. Als S an G und V mit der Forderung herantritt, sich schriftlich zu verpflichten, auf die Veröffentlichung des Romans zu verzichten, lehnen beide dies ab.

Aufgabe 1

Ist die Veröffentlichung des Romans rechtlich bedenklich?

Aufgabe 2

Angenommen, die Roman-Veröffentlichung verletzt die Rechte der S: Aufgrund welcher Ansprüche könnte S gegen G und V sinnvollerweise vorgehen?

Lösung Aufgabe 1

A. Verletzung des allgemeinen Persönlichkeitsrechts der S durch die Veröffentlichung des Romans?

Die scheinbar einfache Fallfrage hat ihre Tücken. Der Bearbeiter muss sich zunächst über den Aufbau klarwerden, da weder nach den konkreten Ansprüchen von S gefragt ist (dazu Aufgabe 2) noch eine herkömmliche Grundrechtsprüfung angebracht erscheint. Es handelt sich vielmehr um die Frage nach der zivilrechtlichen Rechtmäßigkeit der Veröffentlichung, die aufgrund einer Abwägung der widerstreitenden Grundrechte zu entscheiden ist, mithin um einen Anwendungsfall der mittelbaren Drittwirkung. Für die Praxis kann eine solche Abschichtung der Rechtsfragen für eine rasche Entscheidungsfindung unter Zeitdruck hilfreich sein.

S könnte durch die Veröffentlichung des Romans in ihrem allgemeinen Persönlichkeitsrecht aus Art. 2 Abs. 1 i.V.m. Art. 1 Abs. 1 GG verletzt sein und zwar hinsichtlich mehrerer unterschiedlicher Ausprägungen:

Wenn nicht ausdrücklich nach der Ableitung des allgemeinen Persönlichkeitsrechts gefragt ist, dürften in einer medienrechtlichen Arbeit nähere Ausführungen zum öffentlich-rechtlichen und zum zivilrechtlichen allgemeinen Persönlichkeitsrecht entbehrlich sein. Ebenso kann ein Hinweis auf die mittelbare Drittwirkung der Grundrechte im Zivilrecht allenfalls in kurzer Form angebracht werden.

Im Hinblick darauf, dass der Roman personenbezogene Details enthält, die auf S hinweisen, stellt sich die Frage, ob und inwieweit eine Prüfung des allgemeinen Persönlichkeitsrechts möglicherweise durch *datenschutzrechtliche Aspekte* überlagert wird. Insoweit könnte die Rechtmäßigkeit der mit der Veröffentlichung des Romans einhergehenden Datenverarbeitungen nach den Art. 6, 7 und 9 DSGVO zu prüfen sein. Indessen hat G den Roman verfasst, um mit der Publikation eine kommunikative Öffentlichkeitswirkung zu erzielen. Der Roman stellt ein Werk zu „künstlerischen" bzw. „literarischen Zwecken" i.S. der Öffnungsklausel des Art. 85 DSGVO dar.[1] Dabei ist die Ansicht zutreffend, dass die Öffnungsklausel unabhängig davon greift, ob die Schilderung des realen erkennbaren Vorbilds S den nationalen verfassungs- und einfachrechtlichen Vorgaben des allgemeinen Persönlichkeitsrechts entspricht.[2] Es kann argumentiert werden, dass die äußerungsrechtlichen Vorschriften und Grundsätze des allgemeinen Persönlichkeitsrechts, zu denen die §§ 823, 1004 BGB gehören, als

---

[1] Cornils, in: Gersdorf/Paal, BeckOK, Informations- und Medienrecht, Art. 85 DSGVO Rdnr. 77 ff.

[2] Cornils, in: Gersdorf/Paal, BeckOK, Informations- und Medienrecht, Art. 85 DSGVO Rdnr. 81.

„materielles Datenschutzrecht" die Öffnungsklausel ausfüllen.[3] Damit richtet sich die Rechtmäßigkeit der Veröffentlichung des Romans nicht nach den oben genannten DSGVO-Vorschriften.

I. Verletzung der persönlichen Ehre?

Fraglich ist, ob die Darstellungen aus dem Liebesleben der „Sisu" S in ihrer persönlichen Ehre verletzen. Zwar ist S im Roman nicht namentlich erwähnt worden. Da aber die Biografie und die Persönlichkeitsmerkmale der Protagonistin in sämtlichen Details mit jenen der S übereinstimmen, ist S jedenfalls zumindest für jene Leser unschwer identifizierbar, die zu ihrem näheren Bekanntenkreis gehören. Es ist davon auszugehen, dass die Angehörigen dieses Personenkreises die geschilderten Einzelheiten aus dem Liebesleben der Protagonistin „Sisu" auf S als reale Person übertragen werden.

Unter „Ehre" ist der Anspruch des Individuums auf Achtung in der Gesellschaft zu verstehen, wobei sowohl die unveräußerliche Würde des Menschen an sich (Artikel 1 Abs. 1 GG), als auch der „verdiente" soziale Geltungsanspruch der betreffenden Person zu berücksichtigen sind. Für eine entsprechend unzulässige Herabwürdigung der Persönlichkeit könnte sprechen, dass S befürchten muss, durch die mitgeteilten Details ihres Liebeslebens dem Spott Dritter preisgegeben zu sein. Indessen behauptet S weder, die im Hinblick auf ihre Person mitgeteilten Tatsachenbehauptungen seien unwahr, noch es würden diese sie in ihrer Ehre betreffen. Auch wird man unter den heute geltenden Moralvorstellungen in der Gesellschaft nicht annehmen können, dass die mitgeteilten Details allein wegen ihres sexuellen Bezuges ehrenrührig sind. Ein Eingriff in die Ehre der S scheidet demnach aus.

Wer hier – mit entsprechender Begründung im Ergebnis vertretbar – von einem Eingriff in die Ehre der S ausgeht, muss weiter prüfen, ob eine Verletzung der Ehre möglicherweise deshalb ausscheidet, weil G und V sich auf die Wahrnehmung berechtigter Interessen entsprechend § 193 StGB bzw. auf die Kunstfreiheit berufen können. Dies ist im Ergebnis zu verneinen, da bei normativer Betrachtung kein Interesse der Allgemeinheit daran besteht, über das Intimleben der S informiert zu werden.

II. Verletzung des Kernbereichs der persönlichen Lebensgestaltung

Durch die Schilderungen intimer Details des Liebeslebens des Ich-Erzählers mit S ist der Kernbereich ihrer persönlichen Lebensgestaltung betroffen. Aufgrund der mittel-

---

3 Zum Meinungsstand: Cornils, in: Gersdorf/Paal, BeckOK, Informations- und Medienrecht, Art. 85 DSGVO Rdnr. 122. Dazu oben Fall 1 „Liebesleben eines Filmstars".

baren Drittwirkung der Grundrechte schützt dieser Aspekt des allgemeinen Persönlichkeitsrechts auch gegenüber Beeinträchtigungen durch Private.

Möglich ist es, und durchaus in Übereinstimmung mit der Rechtsprechung des BGH, von einer Verletzung der „Intimsphäre" der S zu sprechen. Dieser Weg wird hier nicht gegangen, da die „Sphärentheorie", die zwischen einer absolut geschützten „Intimsphäre", einer im Regelfall geschützten „Privatsphäre" und einer normaler Weise ungeschützten „Sozialsphäre" vergessen lassen kann, dass in jedem Fall eine Güterabwägung stattzufinden hat. So sind auch Fälle denkbar, in denen Medienberichte aus der „Intimsphäre" zulässig sind, wenn diese etwa für die Einschätzung der Glaubwürdigkeit eines Politikers von Bedeutung sind.

III. Verfügungsrecht über Darstellungen der eigenen Person

Betroffen sein könnte zudem das allgemeine Persönlichkeitsrecht in der Ausprägung des Verfügungsrechts über Darstellungen der eigenen Person.[4] Dieses kann zwar nicht jede Berichterstattung über die eigene Person verhindern, insbesondere, wenn es um die Darstellung zeitgeschichtlicher Ereignisse geht. Ansonsten ist es jedoch jedem überlassen zu entscheiden, ob und wie er sich in der Medienöffentlichkeit präsentiert. Nach der Rechtsprechung des BGH, die durch das Bundesverfassungsgericht bestätigt wurde, ist das Recht zur Darstellung der Person bereits dann betroffen, wenn die Erkennbarkeit der realen Person in einem mehr oder minder großen Bekanntenkreis bzw. in ihrer näheren persönlichen Umgebung gegeben ist und sich diese einem mit den Umständen vertrauten Leser geradezu aufdrängt, wie das hier aufgrund der übereinstimmenden Merkmale der Fall ist.[5] S wird nicht im Zusammenhang mit einem zeitgeschichtlichen Interesse identifizierbar dargestellt. Daher ist auch ihr Verfügungsrecht über die Darstellung ihrer Person beeinträchtigt. Im Verhältnis zur Verletzung des Kernbereichs ihres persönlichen Lebensbereichs wiegt diese Beeinträchtigung indes wesentlich schwächer.

IV. Verletzung des Rechts am eigenen Namen?

S wird durch den Roman nicht etwa in ihrem Recht am eigenen Namen gem. § 12 BGB verletzt. Es kann dabei dahin gestellt bleiben, ob der Name der Protagonistin „Sisu"

---

4 BVerfGE 35, 202, 220 „Lebach" = NJW 1973, 1226 ff. → Fechner, E 3; BVerfGE 54, 148, 155 „Eppler" = NJW 1980, 2070 ff; vgl. Fechner, Medienrecht, 4 Rdnr. 25 f.

5 BGH NJW 2005, 2844 ff. (2845), „Esra"; BVerfGE 119, 1, 25 f. = NJW 2008, 39 ff. (mit abweichendem Sondervotum) „Esra" → Fechner, E 74; Dagegen hatte das Bundesverfassungsgericht in seiner „Mephisto"-Entscheidung (BVerfGE 30, 173, 198 = NJW 1971, 1645 ff.) → Fechner, E 70 darauf abgestellt, dass der Betroffene „von einem nicht unbedeutenden Leserkreis unschwer" wieder erkannt werde.

eine gewisse sprachliche Nähe zu „Susi" aufweist. Ist bereits eine Verwechslungsgefahr zweifelhaft, so liegt doch weder seitens G noch seitens V eine Namensanmaßung vor.

V. Zwischenergebnis

Die Veröffentlichung des Romans würde somit das allgemeine Persönlichkeitsrecht von S beeinträchtigen.

In den Entscheidungen der Zivilgerichte ist insoweit vielfach von „Eingriff" in das allgemeine Persönlichkeitsrecht zu lesen. Da unter dem Begriff „Eingriff" im Zusammenhang mit Grundrechten ausschließlich staatliches Handeln (Tun oder Unterlassen) zu verstehen ist, wird der Begriff hier zur Vermeidung etwaiger Missverständnisse nach Möglichkeit durch Begriffe wie „Beeinträchtigung" ersetzt. Falsch ist indes auch die Verwendung des Begriffs „Eingriff" nicht.

B. Rechtswidrigkeit der Persönlichkeitsverletzung

I. Mögliche Rechtfertigungsgründe

Die Beeinträchtigung des Persönlichkeitsrechts von S ist nur unzulässig, wenn G sich nicht auf ein entgegenstehendes Grundrecht berufen kann oder kein allgemeiner Rechtfertigungsgrund gegeben ist. S hat jedenfalls nicht in die Beeinträchtigung ihres Persönlichkeitsrechts eingewilligt.

Als Träger von Grundrechten, die dem allgemeinen Persönlichkeitsrecht der S entgegenwirken, kommt Autor G, aber auch sein Verleger V in Betracht.

II. Entgegenstehende Grundrechte des G

1. Schutzbereich: Meinungsfreiheit oder / und Pressefreiheit?

G kann sich bezüglich der Veröffentlichung seines Romans möglicherweise auf die Meinungsfreiheit nach Art. 5 Abs. 1, Satz 1, 1. Var. GG berufen. Die Meinungsfreiheit schützt die Äußerung eines Gedankeninhalts mit wertendem Charakter und könnte damit auch auf die Roman-Erzählung anwendbar sein. Ebenso könnte die Medienfreiheit, hier die Pressefreiheit gem. Art. 5 Abs. 1, Satz 2, 1. Var. GG einschlägig sein.

Geht es um den grundrechtlichen Schutz der Medien, so erscheint es sinnvoll, das Grundrecht der Medienfreiheit zu prüfen, damit kein Aspekt medialer Arbeit ohne grundrechtlichen Schutz verbleibt. In studentischen Arbeiten empfiehlt es sich allerdings weiterhin, das einschlägige Mediengrundrecht (Presse-, Rundfunk- oder Filmfreiheit) möglichst präzise zu benennen und zu prüfen. Es gibt in diesem Zusammenhang noch verschiedene dogmatisch ungeklärte Fragen, etwa der Zuordnung von Online-Zeitungen, die je nach Sachverhaltskonstellation in einem solchen Zusammenhang zu erörtern sein können.

Der Tatbestand der Presse umfasst grundsätzlich alle zur Verbreitung geeigneten und bestimmten Vervielfältigungen, die nicht dem verfassungsrechtlichen Rundfunk- und Filmbegriff zuzuordnen sind.[6] Fraglich ist, welches das speziellere Grundrecht ist oder ob beide nebeneinander zur Anwendung kommen können.

Bei den Lehren zum Verhältnis von Meinungs- und Pressefreiheit lassen sich im Wesentlichen drei Spielarten unterscheiden: Nach der ersten Auffassung verdrängt die Pressefreiheit als speziellere Regelung die Meinungsfreiheit. Eine andere Ansicht sieht in der Pressefreiheit eine Ergänzung der Meinungsfreiheit, soweit es sich um spezifisch pressemäßige Betätigungen handelt. Schließlich geht eine dritte Auffassung davon aus, dass beide Freiheiten nebeneinander anwendbar sind ("Idealkonkurrenz"). Im Sinne der ersten Lehre vom prinzipiellen Vorrang der Pressefreiheit hat das Bundesverfassungsgericht zunächst angenommen, den im Pressewesen tätigen Personen stehe das Recht, sich ebenso frei und ungehindert zu äußern wie jeder andere Bürger, nur auf Grund der Pressefreiheit zu.[7]

Im Gegensatz dazu führte das Bundesverfassungsgericht dann später in der "Bayer-Aktionäre"-Entscheidung aus, dass auch die in Druckerzeugnissen enthaltenen Meinungsäußerungen von der Meinungsfreiheit geschützt seien.[8] Wäre die Pressefreiheit als Spezialgrundrecht für drucktechnisch verbreitete Meinungen anzusehen, so hätte es einer eigenen verfassungsrechtlichen Garantie der Pressefreiheit nicht bedurft. Andererseits stellt – wie das Bundesverfassungsgericht dort weiter ausführt – die Pressefreiheit auch keine auf die Presse gemünzte verstärkende Wiederholung der Meinungsfreiheit dar. Vielmehr beziehe sich die besondere Garantie der Pressefreiheit auf die, einzelne Meinungsäußerungen übersteigende Bedeutung der Presse für die individuelle und öffentliche Meinungsbildung. Demnach ist der Schutzbereich der Pressefreiheit immer dann berührt, wenn es um die im Pressewesen tätigen Personen in Ausübung ihrer Funktion, ferner um ein Presserzeugnis selbst oder um seine institutionell-organisatorischen Voraussetzungen und Rahmenbedingungen oder um die Institution freie Presse überhaupt geht. Handelt es sich jedoch um die Frage, ob eine bestimmte Äußerung erlaubt ist oder nicht, insbesondere, ob ein Dritter eine für ihn nachteilige Äußerung hinnehmen muss, so ist die Meinungsfreiheit einschlägig.

Das Bundesverfassungsgericht hält es für möglich, dass im Einzelfall nach Maßgabe der obigen Ausführungen *neben* der Meinungsfreiheit zusätzlich auch noch die Pressefreiheit zu prüfen ist.[9] Die Zulässigkeit von Meinungsäußerungen in Büchern und

---

6 Wendt, in: von Münch/Kunig, GG, Art. 5 Rdnr. 30.
7 BVerfGE 62, 230, 243 „Blinkfüer" = NJW 1983, 1181 f. → Fechner, E 48.
8 BVerfGE 85, 1, 11 „Bayer-Aktionäre" = NJW 1992, 1439 ff. → Fechner, E 37.
9 BVerfGE 85, 1, 11 „Bayer-Aktionäre" = NJW 1992, 1439 ff. → Fechner, E 3.

Flugblättern prüft das Bundesverfassungsgericht indessen in ständiger Rechtsprechung im Rahmen der Meinungsfreiheit.[10]

Im vorliegenden Fall ist nicht erkennbar, dass dem autobiografischen Roman des G die für die Presse typische Bedeutung für die individuelle und öffentliche Meinungsbildung zukommt. Es dominiert hier die bloße Meinungsäußerung, so dass der Schutzbereich der Pressefreiheit nicht berührt ist.

2. Meinungsfreiheit oder/und Kunstfreiheit?

Der Roman ist Produkt einer freien schöpferischen Gestaltung als unmittelbarer Ausdruck der individuellen Persönlichkeit des Autors G und fällt damit, unbeschadet seines Sujets und künstlerischen „Wertes", unter den Kunstbegriff des Artikels 5 Abs. 3 Satz 1 GG. Ein Roman entspricht einem anerkannten künstlerischen Werktyp. Auch das in der Literatur teilweise geforderte subjektive Element, künstlerisch tätig sein zu wollen, liegt bei G vor.

In der Rechtsprechung des Bundesverfassungsgerichts finden sich mindestens drei Vorgehensweisen zur Auslegung des Kunstbegriffs: (1) Der Mephisto-Entscheidung zufolge ist auf „die freie schöpferische Gestaltung" abzuheben, in der Eindrücke, Erfahrungen, Erlebnisse des Künstlers durch das Medium einer bestimmten Formensprache zur unmittelbaren Anschauung gebracht werden" („materialer Kunstbegriff").[11] Nach dem (2) „formalen Kunstbegriff" muss ein Werk gewisse Gattungsmerkmale aufweisen, die einem bestimmten Werktyp (zum Beispiel Theater oder Malerei) entsprechen.[12] Und schließlich ist (3) nach dem „offenen Kunstbegriff" die Aussage einer künstlerischen Betätigung dadurch gekennzeichnet, dass „der Darstellung im Wege einer fortgesetzten Interpretation immer weiterreichende Bedeutungen zu entnehmen" sind, „so dass sich eine praktisch unerschöpfliche, vielstufige Informationsvermittlung ergibt."[13]

Zum Verhältnis von Meinungs- und Kunstfreiheit werden unterschiedliche Auffassungen vertreten. Das Bundesverfassungsgericht sieht in der Kunstfreiheit als einem „geschlossenen Grundrecht" die speziellere Norm, wodurch eine Anwendung der

---

10 BVerfGE 85, 1, 11 „Bayer-Aktionäre" = NJW 1992, 1439 ff. → Fechner, E 37; BVerfGE 71, 162, 179 ff. „Frischzellentherapie" = NJW 1986, 1533 ff.

11 BVerfGE 30, 173, 188 f. „Mephisto" → Fechner, E 70. Der materiale-wertbezogene Kunstbegriff, der auch in Teilen der (überwiegend älteren) Literatur vertreten wird, betont das Schöpferische, den Ausdruck des subjektiven Erlebens, die Formgebung und die kommunikative Sinngebung.

12 Auf diese ältere Lehre in der Literatur (Friedrich Müller, Freiheit der Kunst als Problem der Grundrechtsdogmatik, 1969, S. 41 f.) greift etwa BVerfGE 67, 213, 226 f. „Anachronistischer Zug" = NJW 1985, 261 ff. → Fechner, E 71 – ergänzend zurück.

13 BVerfGE 67, 213, 226 f. „Anachronistischer Zug" → Fechner, E 71.

Schrankenregelung des Art. 5 Abs. 2 GG auf die künstlerische Betätigung vermieden wird.[14] Zudem bietet ein „geschlossenes Grundrecht" stärkeren Schutz und ist daher vorrangig zu prüfen. Damit ist hier primär die Kunstfreiheit des G zu prüfen.

3. Abwägung mit dem allgemeinen Persönlichkeitsrecht

Mit dem allgemeinen Persönlichkeitsrecht in seiner Ausprägung Schutz des Kernbereichs der persönlichen Lebensgestaltung auf der einen und der Kunstfreiheit auf der anderen Seite stehen sich gewichtige Rechtsgüter gegenüber. Dabei kann nicht *per se* der einen Position der Vorrang vor der anderen eingeräumt werden. Die Kunstfreiheit ist unabdingbar für ein lebendiges Geistesleben. Dabei ist zu bedenken, dass zahlreiche „Klassiker" als „Schlüsselromane" verfasst wurden. Aus diesem Grund verlangt das BVerfG in solchen Fällen eine „kunstspezifische Betrachtung", bei der im Einzelfall geschaut wird, inwieweit das „Abbild" gegenüber dem „Urbild" verselbständigt wurde,[15] d.h. ob es dem Künstler gelingt, aus der Lebenswirklichkeit eine künstlerische Aussage zu abstrahieren, oder ob er bei einer Wiedergabe der Realität verharrt. Da im vorliegendem Fall Abbild und Urbild „in allen Details übereinstimmen", wiegt die Persönlichkeitsrechtsverletzung besonders schwer. Zudem greift der Roman des G in besonders intensiver Weise in das Persönlichkeitsrecht der S ein, indem er das Intimleben der S thematisiert. Ein derart schwerer Eingriff in ihr Persönlichkeitsrecht muss S auch in Anbetracht der hoch zu veranschlagenden Kunstfreiheit nicht hinnehmen. Das Persönlichkeitsrecht der S setzt sich gegenüber der Kunstfreiheit bei der gebotenen kunstspezifischen Betrachtung durch, da es im Hinblick auf den hier zu schützenden intimen Lebensbereich einen Menschenwürdebezug aufweist.[16]

Die Frage, ob nach dem „Prinzip der praktischen Konkordanz" bzw. dem Verhältnismäßigkeitsgrundsatz die Kollision der widerstreitenden grundrechtsrelevanten Positionen möglicherweise dadurch gemildert werden kann, dass die problematischen Details des Romans getilgt werden, ist erst bei der Prüfung der Ansprüche von S in Aufgabe 2 zu erörtern.

III. Grundrechtsrelevante Wertentscheidungen zu Gunsten des V

1. Presse-, Kunst- oder/ und Meinungsfreiheit des V?

Der Abdruck des Romans in den Druckwerken Tageszeitung und Buch durch Verleger V könnte unter die Pressefreiheit fallen. Eine hiervon zu trennende eigenständige Meinungsäußerung des V ist in der Publikation des Romans nicht zu erkennen. Zu klären

---

14 BVerfGE 30, 173, 190 „Mephisto" → Fechner, E 70.
15 BVerfGE 119, 28 ff. „Esra" → Fechner, E 74.
16 BVerfGE 119, 28 ff., „Esra" → Fechner E 74.

ist indessen, ob die verlegerische Betätigung auch oder sogar ausschließlich von der Kunstfreiheit gem. Art. 5 Abs. 3 Satz 1 GG erfasst wird. Die Freiheit der Kunst schützt sowohl den Werk- als auch den Wirkbereich der künstlerischen Betätigung, so dass sich auch der Verleger als Mittler zwischen Künstler und Publikum auf die Kunstfreiheit berufen kann. Dies hat die Rechtsprechung für den Verleger eines Buchromans anerkannt.[17] In den betreffenden Entscheidungen finden die Presse- und die Meinungsfreiheit keine Erwähnung, so dass von der alleinigen Anwendbarkeit der Kunstfreiheit auszugehen ist. Nicht anders ist die Frage nach der Grundrechtskonkurrenz beim Abdruck des Romans in der Zeitung zu beantworten. Auch hier tritt die der Kunstfreiheit des Romanautors dienende Mittlerfunktion des Verlegers in den Vordergrund. Die pressemäßigen Belange des Verlegers werden dabei durch das geschlossene Grundrecht der Kunstfreiheit wirksam geschützt. Demnach kann sich auch V allein auf die Kunstfreiheit berufen.

Mit guten Gründen ist es auch vertretbar, den Verleger nicht in die Kunstfreiheitsgarantie mit einzubeziehen, da er selbst nicht künstlerisch tätig ist. Der Wirkbereich würde dann nur dem Künstler selbst Schutz hinsichtlich der Verbreitung seines Werkes bieten. Allerdings würde diese Auffassung in Widerspruch zur „Mephisto-Entscheidung" des BVerfG stehen. Ist es in studentischen Arbeiten zwar grundsätzlich erwünscht, selbst weithin anerkannte Rechtsprechung zu hinterfragen, so ist in solchen Fällen zunächst die Erwähnung der anerkannten Auffassung oder Entscheidung notwendig und sodann ein erhöhter Begründungsaufwand hinsichtlich der abweichenden Meinung erforderlich. Folgt man hier der Auffassung, derzufolge der Verleger selbst sich nicht auf die Kunstfreiheit berufen kann, so ist seine Meinungsfreiheit oder seine unternehmerische Freiheit aus Art. 12 Abs. 1 GG zu prüfen. Der grundrechtliche Schutz des Verlegers ist dann etwas schwächer ausgestaltet.

2. Abwägung: Persönlichkeitsrecht der S gegen die Kunstfreiheit des V

Hinsichtlich der Abwägung des allgemeinen Persönlichkeitsrechts der S und der Kunstfreiheit des V kann auf die obigen Ausführungen zur Abwägung der rechtlichen Interessen von S und G verwiesen werden. Aus der künstlerischen Mittlerfunktion des Verlegers ergibt sich, dass die Kunstfreiheit des V nicht weiter reichen kann als diejenige des Autors G. Damit ist festzuhalten, dass die Romanveröffentlichung auch unter Berücksichtigung der grundrechtlich geschützten Interessen des V einen rechtswidrigen Eingriff in das allgemeine Persönlichkeitsrecht der S beinhaltet.

---

17 BVerfGE 30, 173, 191 „Mephisto" → Fechner, E 70. Diese Ansicht erscheint zumindest im Hinblick auf Kunstmittler verstorbener Künstler nicht sachgerecht, dazu siehe Fechner, in: Stern/Becker, Grundrechte-Kommentar, Art. 5 Rdnr. 259 ff.. Da es sich hierbei offenbar bisher um eine eher vereinzelte Meinung handelt, orientiert sich die nachfolgende Falllösung an der erwähnten „Mephisto"-Entscheidung.

IV. Ausnahmsweise Rechtfertigung?

Besondere Rechtfertigungsgründe, auf die G und V sich berufen könnten, sind nicht ersichtlich.

V. Zwischenergebnis

Eine Veröffentlichung des Romans würde S in ihrem allgemeinen Persönlichkeitsrecht verletzen.

C. Ergebnis

S wird durch die Veröffentlichung des Romans in ihrem allgemeinen Persönlichkeitsrecht, in dessen Ausprägung des Kernbereichs der persönlichen Lebensgestaltung, verletzt.

Lösung Aufgabe 2

I. Unterlassungsansprüche der S gegen V und gegen G

1. Quasinegatorischer Unterlassungsanspruch analog §§ 1004 Abs. 1, 823 Abs. 1 BGB

Da die Veröffentlichung des Romans noch nicht erfolgt ist, kommt derzeit kein negatorischer, sondern ein quasinegatorischer Unterlassungsanspruch der S in Betracht.

a) Anspruchsverpflichtete

Anspruchsgegner ist der „Störer", d.h. diejenige Person, deren Verhalten eine Beeinträchtigung des allgemeinen Persönlichkeitsrechts der S befürchten lässt.[18] Dies ist zunächst der Verleger V. Daneben kommt aber grundsätzlich auch der Urheber der betreffenden Äußerungen als Störer und Anspruchsverpflichteter in Frage, mithin der Autor G.[19] Zwar kann der Autor nach Abschluss des Verlagsvertrags nicht mehr ohne Weiteres die Veröffentlichung des Romans durch den Verleger verhindern. Er kann indessen darauf in Anspruch genommen werden, keine weiteren Verleger anzusprechen bzw. keine sonstigen Handlungen zu unternehmen, die auf eine Veröffentlichung des Romans gerichtet sind.

---

18 Prinz/Peters, Medienrecht, Rdnr. 310.
19 Prinz/Peters, Medienrecht, Rdnr. 311, 312 mit weiteren Nachweisen.

b) Beeinträchtigtes Recht

Eine Veröffentlichung des Romans durch V bzw. eine sonstige Kundgabe des Roman-
inhalts seitens G verletzen das allgemeine Persönlichkeitsrecht der S gem. Art. 2 Abs. 1
i.V.m. Art. 1 Abs. 1 GG. Dies kann als absolutes Recht analog § 1004 BGB verteidigt
werden.

c) Kein Verschulden erforderlich

Auf ein Verschulden von V und G kommt es für den Unterlassungsanspruch nicht an.

d) Begehungsgefahr

Das Vorliegen des Roman-Manuskripts und die Veröffentlichungsabsicht von G und V
begründen gemeinsam die konkrete Gefahr einer zukünftigen Rechtsbeeinträchtigung, zumal beide Personen die Abgabe einer Unterlassungsverpflichtungserklärung
abgelehnt haben.

> In der Praxis ist vor einer Klage auf Unterlassung in der Regel zunächst eine außerge-
> richtliche Lösung anzustreben, um das Kostenrisiko eines sofortigen Anerkenntnis-
> ses vor Gericht (§ 93 ZPO) zu vermeiden. Das richtige Instrumentarium ist eine straf-
> bewehrte Unterlassungsverpflichtungserklärung, deren Abgabe vom Unterlassungs-
> schuldner zu verlangen ist. Geht dieser auf den Abschluss eines solchen Vertrags ein,
> dessen Verletzung eine Vertragsstrafe auslösen würde, so fehlt es regelmäßig an der
> Wiederholungsgefahr als Tatbestandsmerkmal des Unterlassungsanspruchs. Liegt of-
> fensichtlich keine Wiederholungsgefahr vor, so besteht bereits kein Rechtsschutzbe-
> dürfnis für eine Unterlassungsklage.

e) Verhältnismäßigkeit

Bedenken gegen einen Unterlassungsanspruch könnten sich aus der Überlegung ergeben, dass die gänzliche Untersagung der Roman-Veröffentlichung im Hinblick auf die
Grundrechte von G und V unverhältnismäßig sein könnte. Anzustreben ist ein Ausgleich zwischen den widerstreitenden Grundrechten im Sinne der „praktischen Konkordanz". Als mildere Maßnahme im Hinblick auf die Kunstfreiheit kommt etwa eine
Tilgung der problematischen Passagen in Betracht. Wie jedoch der BGH in seiner
„Esra"-Entscheidung ausgeführt hat, ist eine Untersagung der Verbreitung eines Romans insgesamt dann angezeigt, wenn – wie im vorliegenden Fall – die beanstandeten
Textteile für die Gesamtkonzeption des Werkes oder für das Verständnis des mit ihm
verfolgten Anliegens von Bedeutung sind. Es kann nicht Sache des Gerichts sein, bestimmte Streichungen vorzunehmen, um die Persönlichkeitsrechtsverletzung auf das
eben noch zulässige Maß zu reduzieren, da es zahlreiche mögliche Varianten gibt, wie

diese Änderungen vorgenommen werden könnten und der Roman durch solche Eingriffe eine wesentliche Änderung erfahren würde.[20]

2. Negatorischer Unterlassungsanspruch

Soweit es zur Veröffentlichung des Romans kommt, steht S ein negatorischer Unterlassungsanspruch gegen V und G zu. Die erforderliche Wiederholungsgefahr wird dann aufgrund der Erstveröffentlichung vermutet.[21]

II. Anspruch der S gegen V auf Gegendarstellung nach Landespressegesetz[22]

1. Gegendarstellung gegen die Buchveröffentlichung?

Ein Gegendarstellungsanspruch kann gegen den verantwortlichen Redakteur und den Verleger eines periodischen Druckwerkes nach den einschlägigen landespressegesetzlichen Vorschriften erhoben werden. Ein Buch ist grundsätzlich kein taugliches Medium für einen Gegendarstellungsanspruch. Davon abgesehen ist das Buch noch nicht veröffentlicht worden, so dass es auch an einem Bezugsgegenstand fehlt.

2. Fortsetzungsroman in der Tageszeitung

Eine Gegendarstellung hinsichtlich der Romanveröffentlichung in der Zeitung ist grundsätzlich möglich, da die beanstandenden Äußerungen im Roman Tatsachenbehauptungen beinhalten. Eine Gegendarstellung wäre allerdings wohl nicht sinnvoll. Zwar setzt eine Gegendarstellung nicht voraus, dass die beanstandeten Tatsachenbehauptungen tatsächlich unwahr sind, doch will S offensichtlich selbst gar nicht deren Unrichtigkeit vortragen. Zudem ist zu befürchten, dass sich die Verletzung ihres Persönlichkeitsrechts durch eine Gegendarstellung perpetuieren würde.

III. Anspruch der S gegen V auf Widerruf oder Richtigstellung analog § 1004 BGB

Aus den unter II. genannten Gründen kommen ferner weder Widerruf noch Richtigstellung in Betracht.[23]

---

20 BGH NJW 2005, 2844ff. (2848), „Esra" → Fechner, E 74 unter Hinweis auf BVerfGE 30, 173, 199f. „Mephisto" → Fechner, E 70.
21 Prinz/Peters, Medienrecht, Rdnr. 334.
22 Vgl. § 10 LPresseG (Musterpressegesetz).
23 Zu diesen Ansprüchen vgl. Prinz/Peters, Medienrecht, Rdnr. 673ff., 688ff.

IV. Anspruch der S auf Geldentschädigung gem. § 823 Abs. 1 Satz 1 BGB i.V.m. Art. 2 Abs. 1, Art. 1 Abs. 1 GG

1. Verletzung eines „sonstigen Rechts" i.S.v. § 823 Abs. 1 BGB

Das zivilrechtliche allgemeine Persönlichkeitsrecht der S ist als „sonstiges Recht" im Sinne des § 823 Abs. 1 BGB geschützt.[24] Dieses Recht haben G und V durch die Veröffentlichung des Romans als Mittäter verletzt, wenn von Seiten der Öffentlichkeit oder auch nur einzelner Leser eine Verbindung zwischen der Protagonistin des Romans und S hergestellt wird.

2. Schwere Persönlichkeitsverletzung

Da die mitgeteilten Vorgänge den höchstpersönlichen Lebensbereich von S betreffen und V und G keine erheblichen Anstrengungen unternommen haben, die Anonymität der S wirksam zu schützen, liegt eine schwerwiegende Persönlichkeitsrechtsverletzung vor, die sich – wie von der Rechtsprechung gefordert – nicht auf andere Weise als durch Gewährung einer Entschädigung in Geld (insbesondere nicht durch Widerruf und Unterlassung) kompensieren lässt.[25]

> Die Rechtsprechung stützt einen Anspruch auf Geldentschädigung gem. § 253 BGB nicht nur auf den Genugtuungsgedanken, sondern auch auf den Präventionszweck. Nicht zuletzt in diesem Punkt zeigt sich, dass der Anspruch auf Geldentschädigung, der bei Persönlichkeitsrechtsverletzungen greifen kann, nicht lediglich ein „medienrechtliches Schmerzensgeld" ist.

3. Verschulden

G und V handelten, wenn nicht vorsätzlich, so doch zumindest grob fahrlässig, da sie ohne Weiteres erkennen konnten, dass die romanhafte Ausbreitung des Liebeslebens der S geeignet war, diese vor Dritten bloßzustellen.

---

24 Ständige Rechtsprechung seit BGHZ 13, 334 „Leserbriefe" = BGH NJW 1954, 1404 f.
25 Zur Erforderlichkeit einer schwerwiegenden Verletzung des Persönlichkeitsrechts (Kriterien: Bedeutung und Tragweite des Eingriffs, Anlass und Beweggrund des Handelnden sowie Grad des Verschuldens) vgl. BGHZ 128, 1, 12 „Caroline von Monaco I" = BGH NJW 1995, 861 ff. (864); BGHZ 132, 13, 27 „Lohnkiller" = BGH NJW 1996, 1131 ff., (1134 f.). Wird durch einen Roman das Persönlichkeitsrecht schwerwiegend verletzt und ist deshalb ein gerichtliches Verbreitungsverbot ergangen, so kann der Verletzte unter Anwendung der vorstehend genannten Kriterien nur ausnahmsweise eine Geldentschädigung verlangen. So etwa dann, wenn der Autor die Kunstform des Romans zu einer persönlichen Abrechnung mit dem Verletzten missbraucht, um diesen zu beleidigen oder herabzuwürdigen (BGH NJW 2010, 763 ff. „Esra").

An Stellen wie dieser, an denen es kaum Potential für die Entwicklung dogmatischer Überlegungen gibt, muss nicht sklavisch am Gutachtenstil festgehalten werden. Dieser wird in der juristischen Klausur an solchen Prüfungspunkten unnötig Zeit bzw. Platz kosten.

4. Gesamtschuldnerische Haftung

G und V haften als Gesamtschuldner gem. § 830 Abs. 1 Satz 1 BGB auf Geldentschädigung.

Bearbeiter, die eine Ehrverletzung zu Lasten der S durch die Roman-Veröffentlichung annehmen, sollten hier noch eine Haftung von G und V aus § 823 Abs. 2 Satz 1 BGB i.V.m. § 185 StGB, §§ 249 ff. BGB prüfen. Ein Schadensersatzanspruch scheitert wohl bereits am Fehlen einer „Beleidigung", da S im Roman keine derart negativen Qualitäten zugeschrieben werden, dass ihr sittlicher, personaler oder sozialer Geltungswert in Abrede gestellt würde. Auch ist ein vermögenswerter Schaden der S nicht ersichtlich.

V. Ergebnis

S ist zu raten, gegen die Veröffentlichung des Romans ihre Unterlassungsansprüche und – im Falle der Veröffentlichung – ihren Anspruch auf Entschädigung in Geld aus Persönlichkeitsrechtsverletzung gegenüber G und V geltend zu machen.

Das allgemeine Persönlichkeitsrecht kennt verschiedene Ausprägungen. Soweit sie einfachgesetzlich normiert sind wie das Recht am eigenen Bild in § 22 KUG, müssen zunächst die im Gesetz genannten Voraussetzungen der Norm und deren Einschränkungen geprüft werden. Im Übrigen sind die Ausprägungen des allgemeinen Persönlichkeitsrechts in der Fallbearbeitung wie eigenständige Grundrechte zu behandeln. Insbesondere gilt es zu klären, welche Ausprägung des allgemeinen Persönlichkeitsrechts die speziellere ist. Das schließt nicht aus, dass es Überschneidungen gibt. So kann durch die Wiedergabe eines Bildes das Recht am eigenen Bild wie auch die Ehre betroffen sein. In die Abwägung sind dann beide Aspekte einzubringen.

Der Kunstfreiheit des Art. 5 Abs. 3 GG kommt als „geschlossenes Grundrecht" in Abwägungsvorgängen mit dem allgemeinen Persönlichkeitsrecht besonderes Gewicht zu. Feste „Abwägungsregeln", nach denen ein bestimmtes Grundrecht immer Vorrang vor einem anderen Grundrecht hat, gibt es nicht. Vielmehr ist in jedem medienrechtlichen Fall, in dem das allgemeine Persönlichkeitsrecht betroffen ist, eine Abwägung mit den widerstreitenden Grundrechten vorzunehmen.

Geldentschädigung ist lediglich eine „ultima ratio" gegen persönlichkeitsbeeinträchtigende Medienberichte. Deren Voraussetzungen, insbes. das Vorliegen einer schweren Persönlichkeitsrechtsverletzung, sind daher mit besonderer Gründlichkeit zu prüfen. Soweit materielle Bestandteile des Persönlichkeitsrechts betroffen sind, kommt „Schadensersatz" in Betracht, im Falle der Beeinträchtigung immaterieller Bestandteile dagegen „Geldentschädigung".

Fall 5: Der Kannibale im Film

Grundfall

A hat einen Menschen getötet, um ihn zu verspeisen und ist für diese Tat rechtskräftig wegen Mordes und Störung der Totenruhe verurteilt worden. Die Tat, die zwei Jahre zurückliegt, hat in der Öffentlichkeit großes Aufsehen erregt. R ist Regisseurs eines Kinofilms mit dem Titel „Der Kannibale", der den Tathergang und das Gerichtsverfahren gegen A schildert, und der in wenigen Monaten in deutschen Kinos gezeigt werden soll. A wird in dem als „Real-Horrorfilm" bezeichneten Film zwar durch einen Schauspieler verkörpert und auch namentlich nicht genannt, doch ist die Bezugnahme auf das reale Geschehen und die Persönlichkeitsmerkmale des A offensichtlich. Dementsprechend werden die abnormen Persönlichkeitszüge des A, die während der Gerichtsverhandlung von Sachverständigen dargelegt wurden, mit filmischen Mitteln in Szene gesetzt. Von den dramaturgisch notwendigen Übertreibungen abgesehen, hält sich der Film an die realen Vorgaben. A sieht sich durch den Film, der ihm in Auszügen bekannt geworden ist, in seinem Persönlichkeitsrecht verletzt, da er sich als „mordendes Monster" aus der Gesellschaft ausgegrenzt fühlt. Dies werde der Intention seiner Handlungsweise nicht gerecht, da er lediglich den sehnlichsten Wunsch seines Opfers erfüllt habe. Zudem habe er das Exklusivrecht an seiner Geschichte, einschließlich der Filmrechte, an das Medienunternehmen M abgetreten. Die Verfilmung verstoße deshalb zudem gegen das Urheberrecht. R hält dagegen, ein „Kannibale" dürfe sich nicht auf Grundrechte berufen. Hat A gegen R einen Unterlassungsanspruch?

Abwandlung

Die Familie des von A getöteten Opfers O will ihrerseits verhindern, dass der Film in Deutschland gezeigt wird. Zum einen werde O im Film vorgeworfen, er habe vor der Tat willensschwach reagiert, zum anderen sei im Film davon die Rede, O entstamme einer „psychisch äußerst labilen Familie, deren Mitglieder reihenweise Psychiater verschleißen", was den Tatsachen in keiner Weise entspreche.

Haben die Familienangehörigen des O einen Unterlassungsanspruch gegen P?

Lösung des Ausgangsfalls

Der Sachverhalt weist gewisse Gemeinsamkeiten mit dem vorausgehenden Fall 4 auf. Hier ist an die alte Weisheit zu erinnern, dass juristische Arbeiten nie in der leichtfertigen Gewissheit bearbeitet werden sollten, einen scheinbar bereits aus der Rechtsprechung oder aus Lehrbüchern „bekannten" Fall[1] vor sich zu haben. Oftmals führen kleine Unterschiede in den Sachverhalten oder bewusste Varianten des Aufgabenstellers zu einem anderen Lösungsweg mit anderen Ergebnissen.

A. Unterlassungsansprüche des A gegen R

Für das Unterlassungsbegehren des A gegen R kommen unterschiedliche Anspruchsgrundlagen in Betracht. Zu prüfen sind nach der offen gehaltenen Aufgabenstellung alle Unterlassungsansprüche, die darauf abzielen, dass R den Film nicht selbst verbreitet oder verbreiten lässt.

I. Unterlassungsanspruch gem. § 97 Abs. 1 UrhG?

T beruft sich auf die Verletzung seines Urheberrechts. Ein Anspruch auf Unterlassung bei Verletzung eines urheberrechtlich geschützten Rechts könnte sich aus § 97 Abs. 1 UrhG ergeben, wenn R durch die Produktion des Films ein Urheberrecht des A widerrechtlich verletzt hätte. Ein Urheberrecht setzt ein geschütztes „Werk" i.S.d. § 2 UrhG voraus. Erforderlich hierfür ist eine persönliche geistige Schöpfung gem. § 2 Abs. 2 UrhG, die sinnlich wahrnehmbar ist. Hätte A – was indessen nicht der Fall ist – seine Lebensgeschichte niedergeschrieben, so läge ein urheberrechtlich geschütztes Werk vor. Die Tat als solche, das Geschehen an sich, ist nicht urheberrechtlich geschützt. Tatsächliche Ereignisse sind grundsätzlich gemeinfrei.

Vgl. dazu auch § 49 Abs. 2, 1. Halbs. UrhG, wonach Vervielfältigung, Verbreitung und öffentliche Wiedergabe von Nachrichten *tatsächlichen* Inhalts unbeschränkt zulässig sind.

Im Übrigen gibt es derzeit keine gesetzlichen Regelungen, die es ausschließen würden, dass Straftäter Urheberrechte an Werken erlangen, in denen sie ihre Straftaten darstellen (sog. Verbrechermemoiren). Rechtspolitische Vorstöße in diese Richtung hat es zwar verschiedentlich gegeben, sie haben aber bisher nicht zu konkreten gesetzlichen Regelungen geführt. Damit ist Straftätern auch die wirtschaftliche Ver-

---

1 Der vorliegende Fall ist eine freie Anlehnung an: BGH NJW 2009, S. 3576 ff. „Kannibale von Rothenburg'" → Fechner, E 4.

wertung solcher Werke insoweit möglich, als dadurch keine höherwertigen kollidierenden Rechtsgüter – beispielsweise Persönlichkeitsrechte des Opfers der Straftat – verletzt werden. Zu beachten ist allerdings das Opferanspruchssicherungsgesetz (OASG), das dem Opfer einer Straftat ein Pfandrecht zur Sicherung seiner Ansprüche gegen den Täter an Forderungen einräumt, die der Täter im Hinblick auf eine öffentliche Darstellung der Tat gegen ein Medienunternehmen erwirbt.[2]

Ein Anspruch des A gegen R aus § 97 Abs. 1 UrhG besteht mithin nicht.

II. Unterlassungsanspruch gem. § 12 BGB?

Aus § 12 BGB kann sich kein Unterlassungsanspruch des A ergeben, da sein Name von R weder bestritten noch unbefugt im Sinne der Namensanmaßung gebraucht wurde.

III. Unterlassungsanspruch nach § 22 Abs. 1 KUG i.V.m. § 823 Abs. 1, § 1004 Abs. 1 BGB analog

Gem. § 22 Abs. 1 KUG dürfen Bildnisse nur mit Einwilligung des Abgebildeten verbreitet oder öffentlich zur Schau gestellt werden.

Eine Verletzung des Rechts am eigenen Bild scheidet aus, da im Film kein Bildnis des A gezeigt wird. Die Rolle des A nimmt dort ein Schauspieler ein. Es liegt auch nicht etwa der Fall eines *Personen-Doubling* vor, das den Verletzungstatbestand des § 22 KUG erfüllen könnte.[3]

Insofern erübrigt sich hier die Frage, ob die §§ 22, 23 KUG durch die DSGVO verdrängt würden.

IV. Anspruch auf Unterlassung wegen Verletzung des allgemeinen Persönlichkeitsrechts i.V.m. § 823 Abs. 1, § 1004 Abs. 1 BGB analog

Eine anerkannte Schutzposition des allgemeinen Persönlichkeitsrechts stellt das Recht eines Menschen dar, grundsätzlich selbst und allein darüber zu bestimmen, ob und wieweit andere sein Lebensbild im Ganzen oder bestimmte Vorgänge daraus öffentlich darstellen dürfen (Recht auf Darstellung der eigenen Person).[4] Ebenfalls berührt ist das Recht auf Schutz des höchstpersönlichen Lebensbereichs.

---

2 Gesetz zur Sicherung der zivilrechtlichen Ansprüche der Opfer von Straftaten (Opferanspruchssicherungsgesetz – OSAG) v. 08.05.1998 (BGBl. I S. 905).
3 Siehe dazu Fall 2 „Pierrot".
4 BVerfGE 35, 202 „Lebach" = NJW 1973, S. 1226 ff. → Fechner, E 3.

Hingegen kommt eine Verletzung des *Rechts auf informationelle Selbstbestimmung* nicht in Betracht. Es geht hier nicht darum, den A vor der *intransparenten Verarbeitung und Nutzung* seiner personenbezogenen Daten durch R zu schützen. A will dagegen vorgehen, dass R seine personenbezogenen Informationen *sichtbar im öffentlichen Kommunikationsraum* verbreitet. Die hierfür erforderliche *äußerungsrechtliche Schutzrichtung* bietet das *allgemeine Persönlichkeitsrecht*.[5]

A ist auch als strafgerichtlich verurteilter Schwerverbrecher Träger des allgemeinen Persönlichkeitsrechts. Die Behauptung, ein Straftäter könne sich nicht auf grundrechtsrelevante Positionen berufen, ist falsch.[6] Eine Verwirkung von Grundrechten ist nur im Rahmen des Art. 18 GG und nur durch Ausspruch des Bundesverfassungsgerichts denkbar.

Werden in einem Film die private Lebensgeschichte und die Tat eines Straftäters geschildert, so liegt darin grundsätzlich eine Beeinträchtigung seines allgemeinen Persönlichkeitsrechts. Der Täter muss im Film nicht namentlich erwähnt werden oder ein Bild von ihm gezeigt werden, es reicht aus, dass er für diejenigen „erkennbar" ist, die von dem Geschehen gehört haben. Der Film nimmt ganz offensichtlich auf das reale Geschehen der Straftat sowie auf die Persönlichkeitsmerkmale des A direkten Bezug. Berücksichtigt man zudem das öffentliche Aufsehen, das der spektakuläre Mordfall auf sich gezogen hat, so ist es dem Zuschauer ohne Weiteres möglich, das Filmgeschehen der realen Person A zuzuordnen.

A hat die Beeinträchtigung seines Persönlichkeitsrechts allerdings hinzunehmen, wenn widerstreitende Rechtsgüter vorliegen, die bei einer umfassenden Güter- und Interessenabwägung im konkreten Fall Vorrang vor dem Persönlichkeitsrecht haben.[7] Gegenüber dem allgemeinen Persönlichkeitsrecht des A könnten hier die in Art. 5 Abs. 3 GG garantierte Kunstfreiheit und die in Art. 5 Abs. 1 Satz 2 GG gewährleistete Filmfreiheit haben.

Charakteristisch für die künstlerische Betätigung ist die schöpferische Gestaltung, in der Eindrücke, Erfahrungen und Erlebnisse des Künstlers durch das Medium einer bestimmten Formensprache zur direkten Anschauung gebracht werden.[8] Fraglich ist, ob dem Film der Charakter eines Kunstwerks zukommt. Die Bezeichnung als „Real-Horrorfilm" macht deutlich, dass der Film sich weder eindeutig einer Dokumentation noch einem gewöhnlichen Spielfilm zuordnen lässt, der mit dem realen Geschehen nichts zu tun hätte. Vielmehr finden sich Elemente beider Genres in dem Filmwerk vereint. Die dramaturgisch-gestalterische Aufbereitung des Stoffs spricht dafür, dem Film einen künstlerischen Gehalt nicht abzusprechen, zumal A weder namentlich ge-

---

5 Siehe dazu Fall 1 „Liebesleben eines Filmstars".
6 Vgl. BVerfGE 31, 1 „Strafgefangene" = NJW 1972, S. 811 ff.
7 BVerfGE 119,1 = NJW 2008, S. 39 ff. „Esra" → Fechner, E 74; BVerfGE 30, 173 ff. „Mephisto" → Fechner, E 70; BVerfGE 35, 202 ff. „Lebach" → Fechner, E 3.
8 BVerfGE 30, 173 ff. „Mephisto" → Fechner, E 70.

nannt noch bildlich dargestellt wird. Im Zweifel ist der Schutzbereich der Kunstfreiheit weit auszulegen. Ist demnach der künstlerische Ausdruck nicht nur als Beiwerk der vorliegenden filmischen Berichterstattung anzusehen, so ist im Rahmen der Güterabwägung auf Seiten des R primär auf die Kunstfreiheit abzustellen, die als „geschlossenes Grundrecht" – d.h. Grundrecht ohne Gesetzesvorbehalt – der Filmfreiheit vorgeht.

Die Freiheit der Kunst findet ihre Grenzen allein in der verfassungsrechtlichen Werteordnung. Im Spannungsverhältnis von Kunstfreiheit und allgemeinem Persönlichkeitsrecht ist keines der beiden Schutzgüter dem anderen *per se* übergeordnet.[9] Bei der Güterabwägung ist unter anderem auf den Charakter des Kunstwerks abzustellen. Nach der Rechtsprechung tritt die Kunstfreiheit im Regelfall nur dann zurück, wenn ein schwerer Eingriff in das Persönlichkeitsrecht vorliegt.[10] Eine öffentliche Berichterstattung über eine Straftat unter Namensnennung, Abbildung oder Darstellung des Täters stellt wegen ihrer „Prangerwirkung" regelmäßig eine schwere Beeinträchtigung des Persönlichkeitsbereichs dar. Nichts Anderes kann aber gelten, wenn – wie im vorliegenden Fall – A über andere Persönlichkeitsmerkmale und auf Grund der konkreten Details im filmischen Geschehen identifiziert werden kann. Andererseits besteht am Tatgeschehen und der Person des A ein erhebliches Informationsinteresse der Allgemeinheit, das auch im Rahmen der Kunstfreiheit berücksichtigt werden muss. A hat dieses Interesse durch seine Straftat geweckt. Es handelt sich um eine schwere Straftat, die zudem so ungewöhnlich und spektakulär ist, dass sie das Informationsinteresse der Allgemeinheit in ganz besonderer Weise weckt. Bei einer schweren und spektakulären Straftat darf grundsätzlich über die Einzelheiten der Tat und des Täters berichtet werden.[11] Damit unterscheidet sich der Fall wesentlich von jenen Sachverhalten, in denen ein Künstler seine persönlichen Erfahrungen, die er mit einer bislang unbekannten Person gemacht hat, in der Weise verarbeitet, dass die in ihrem Privat- oder gar Intimleben dargestellte Person von ihren Bekannten bzw. von Teilen der Öffentlichkeit identifiziert werden kann.[12]

Im vorliegenden Fall ist die Intention des R indes nicht primär die Information der Öffentlichkeit, sondern deren Unterhaltung, weshalb das Informationsinteresse der Allgemeinheit hier bei der Abwägung nicht im gleichen Maße ins Feld geführt werden kann. Indes können Informationen auch in Form künstlerischer Betätigung vermittelt werden.[13] In einem solchen Fall ist das Interesse des Dargestellten an einer wirklichkeitsgetreuen Darstellung des Geschehens umso größer, je stärker der Film vorgibt, das wirkliche Geschehen wiederzugeben.[14] Indes umfasst die Kunstfreiheit auch die freie Gestaltung des gewählten Themas und die lässt ihm einen gewissen Gestaltungs-

---

9 Vgl. BVerfGE 30, 173, 193 ff. „Mephisto" → Fechner, E 70.

10 BVerfGE 119, 1 „Esra" = BVerfG NJW 2008, 39 → Fechner, E 74.

11 BGH NJW 2009, 3576 (3579) „Kannibale von Rotenburg", → Fechner, E 4.

12 Zu einem solchen Sachverhalt siehe Fall 4 „Sisu".

13 BGH NJW 2009, 3576 (3578) „Kannibale von Rotenburg", → Fechner, E 4.

14 Vgl. BGH NJW 2009, 3576 (3577) „Kannibale von Rotenburg", → Fechner, E 4.

spielraum. Wenn der Täter durch die Wiedergabe seiner Verfehlung in einem „Real-Horrorfilm" auch erheblich in seinem Persönlichkeitsrecht beeinträchtigt wird, so muss er dies doch angesichts seiner rechtskräftigen Verurteilung hinnehmen.[15]

An diesem Ergebnis ändert sich nichts, dadurch dass A „Exklusivrechte" an seiner Geschichte dem Medienunternehmen M eingeräumt hat. Der Täter einer schweren Straftat kann nicht unter Berufung auf sein Persönlichkeitsrecht die Tat gleichsam monopolisieren. A kann sich zwar einem Medienunternehmen gegenüber in einem „Exklusivvertrag" verpflichten, keinen anderen Journalisten Interviews zu geben oder keine Einzelheiten seiner Geschichte zu verbreiten. Das Ziel der Monopolisierung und damit Kommerzialisierung seines Lebens und der Straftat lässt sich über das allgemeine Persönlichkeitsrecht jedoch nicht erreichen. Die Grenze einer zulässigen Beschäftigung Dritter mit der Straftat und Person des A wäre lediglich dann überschritten, wenn sich die Darstellung in einer bloßen Schmähung der Person erschöpfen würde. Im vorliegenden Fall hält sich der „Real-Horrorfilm" allerdings an das tatsächliche Geschehen. Gewisse Übertreibungen aus künstlerisch-dramaturgischen Gründen sind im Hinblick auf die Kunstfreiheit des Art. 5 Abs. 3 GG hinzunehmen.

A müsste sich eine derartige Darstellung nicht gefallen lassen, wenn er noch nicht als Täter feststünde. Die Unschuldsvermutung greift hier allerdings nicht, da A rechtskräftig verurteilt worden ist. Da die Tat überdies erst kurz zurückliegt und der Täter seine Haftstrafe erst zu einem geringen Teil verbüßt hat, führen auch die vom Bundesverfassungsgericht in der „Lebach-Entscheidung"[16] angeführten Überlegungen zur Resozialisierung des Täters zu keinem anderen Ergebnis.

V. Ergebnis

Ein Anspruch des A auf Unterlassung der Wiedergabe des Films besteht nicht.

Abwandlung

B. Ansprüche der Familie des Opfers

Die Angehörigen des Opfers O könnten sowohl aus einer Verletzung des Persönlichkeitsrechts des O als auch aus eigenem Recht gegen R vorgehen. In beiden Fällen kann entweder ein einzelnes Familienmitglied Ansprüche gegen R geltend machen oder es können mehrere Angehörige zusammen als Anspruchsteller auftreten und gegebenenfalls klagen.

---

15 So im Ergebnis auch BGH NJW 2009, 3576 (3578) „Kannibale von Rotenburg", → Fechner, E 4.
16 BVerfGE 35, 202 ff. „Lebach" → Fechner, E 3.

I. Unterlassungsanspruch der Familie des O wegen Verletzung seines Persönlichkeitsrechts gem. § 823 Abs. 1, § 1004 BGB analog

1. Unrichtige Tatsachenbehauptung oder sonstige Persönlichkeitsverletzung

Im Film des R wird O als in der Tatsituation willensschwach dargestellt. Offensichtlich wird dies nicht durch bestimmte Tatsachenbehauptungen untermauert, sondern ergibt sich aus dem filmischen Geschehen. Für die Anspruchsvoraussetzung eines Unterlassungsanspruchs ist das Vorliegen einer unrichtigen Tatsachenbehauptung nicht zwingend notwendig. Ausreichend ist vielmehr jedwede Persönlichkeitsverletzung.

Im vorliegenden Fall ist nicht nur das Recht des O an der Darstellung seiner Person betroffen, es wurde vielmehr auch seine Ehre verletzt, indem O als willensschwache Person dargestellt wird.

Entsprechende Schutzpositionen des allgemeinen Persönlichkeitsrechts sind allerdings mit dem Tod des O erloschen. Mit dem Tod des Rechtsträgers erlischt das allgemeine Persönlichkeitsrecht. Dies gilt nach der „Marlene-Dietrich-Rechtsprechung" des BGH[17] allerdings nicht für die *vermögenswerten Aspekte* des Persönlichkeitsrechts, die hier jedoch nicht in Frage stehen.

Im Gegensatz dazu begründet das *postmortale Persönlichkeitsrecht* einen über den Tod hinaus wirkenden Schutz der Menschenwürde (Art. 1 Abs. 1 GG) für jenen Zeitraum, innerhalb dessen das Andenken an den Verstorbenen noch nicht verblasst ist.[18] Da die Tat des A erst zwei Jahre zurückliegt, ist diese Voraussetzung in Bezug auf O erfüllt. Dabei kommt es nicht darauf an, dass dieser keine Bekanntheit genoss. Zur Wahrnehmung des postmortalen Persönlichkeitsrechts wären die Familienangehörigen des O als nächste Angehörige berufen.

Eine Verletzung der Menschenwürde würde voraussetzen, dass O der soziale Wert- und Achtungsanspruch abgesprochen worden wäre, der ihm wegen seines Menschseins zukommt.[19] Dies kann insbesondere der Fall sein, wenn der Verstorbene verächtlich gemacht oder ihm die Lebensleistung abgesprochen wird.[20] Eine entsprechende Missachtung des O durch den Film des R ist indessen dem Sachverhalt nicht zu entnehmen. Die Darstellung der Willensschwäche eines Menschen in einer bestimmten Situation mag eine schwere Beeinträchtigung seines Persönlichkeitsrechts darstellen, ist als solcher aber noch keine Verletzung der Menschenwürde. Anders wäre es, wenn O situationsübergreifend als willensschwache Persönlichkeit dargestellt worden wäre.

---

17 BGH ZUM 2000, S. 582, 589 ff., fortgeführt in BGHZ 151, 26 „Marlene Dietrich (III)" = BGH NJW 2002, 2317 ff. → Fechner, E 26.
18 Grundlegend: BVerfGE 30, 173 ff. „Mephisto" → Fechner, E 70.
19 Vgl. BVerfGE 87, S. 209, 228 „Tanz der Teufel" = BVerfG NJW 1993, S. 1457 (1458 f.) → Fechner, E 69.
20 BVerfG NJW 2001, S. 2957 „Kaisen" → Fechner, E 23.

Mangels einer für die Unterlassung relevanten Rechtsverletzung auf Seiten des O kommt es hier nicht zu einer Abwägung mit der Kunstfreiheit.

2. Ergebnis

Ein Unterlassungsanspruch der Familienangehörigen des O gegen die Verbreitung des Films wegen einer Verletzung von Rechten des O besteht nicht.

II. Unterlassungsanspruch der Familienangehörigen des O wegen Verletzung ihres Persönlichkeitsrechts

Die Angehörigen des O könnten einen Unterlassungsanspruch gegen R aus § 1004 BGB analog geltend machen, wenn sie durch den Film in ihrem allgemeinen Persönlichkeitsrecht verletzt wären.

1. Unrichtige Tatsachenbehauptung oder sonstige Persönlichkeitsverletzung

In der Äußerung im Film, O entstamme einer „psychisch äußerst labilen Familie, deren Mitglieder reihenweise Psychiater verschleißen", könnte eine Tatsachenbehauptung oder eine sonstige Persönlichkeitsverletzung liegen. Tatsachenbehauptungen sind Äußerungen, die eines Beweises vor Gericht zugänglich sind. Hinsichtlich der Behauptung, es handle sich um eine „labile Familie" ist dies nicht der Fall. Die weitere Äußerung, die Familie „verschleiße reihenweise Psychiater" beinhaltet nicht nur die Behauptung, mehr als ein Mitglied der Familie befinde sich in psychiatrischer Behandlung oder habe sich in Behandlung befunden, sondern darüber hinaus auch die Behauptung, diese Behandlungen seien erfolglos geblieben. Darüber könnte Beweis erhoben werden, weshalb es sich um eine Tatsachenbehauptung handelt. Die Aussage ist allerdings den Angaben der Familienangehörigen zufolge nicht wahr. In solchen Fällen kann nicht vom Betroffenen verlangt werden, die Behauptung zu widerlegen, vielmehr trifft den Äußernden die Pflicht, solche pauschalen Behauptungen zu substantiieren, da andernfalls die Behauptungen des Klägers als zugestanden anzusehen sind. In jedem Fall stellt die Behauptung zum psychischen Zustand der Familie eine schwerwiegende Beeinträchtigung des Ansehens jedes einzelnen Familienmitglieds dar. Ob daraus eine Verletzung des allgemeinen Persönlichkeitsrechts der einzelnen Familienmitglieder abzuleiten ist, hängt von der Interpretation der Äußerung ab.

Bei pauschalen interpretationsoffenen Behauptungen ist im Interesse des Äußernden unter mehreren möglichen Deutungen regelmäßig diejenige zu Grunde zu legen, die sich noch in den Grenzen des Erlaubten hält. Ist eine „zwischen den Zeilen" liegende Tatsachenbehauptung nicht eindeutig, so ist nach der Rechtsprechung jene Bedeutung anzunehmen, die den Inanspruchgenommenen weniger beeinträchtigt.[21] Im vorliegenden Fall gibt es für eine solche „harmlosere" Interpretation allerdings keinen Raum.

> Für mehrdeutige *Meinungsäußerungen* – d.h. zu Art. 5 Abs. 1 GG – hat das Bundesverfassungsgericht im „Stolpe-Beschluss" folgende Grundsätze aufgestellt:[22] Verletzt eine mehrdeutige Meinungsäußerung das Persönlichkeitsrecht eines anderen, so scheidet ein Anspruch auf deren *zukünftige Unterlassung* nicht allein deshalb aus, weil sie auch eine Deutungsvariante zulässt, die zu keiner Persönlichkeitsbeeinträchtigung führt. Anderes gilt dagegen, wenn es wegen einer in der Vergangenheit erfolgten Äußerung um *zivilrechtliche Sanktionen* (d.h. Schadensersatz, Entschädigung, Widerruf) oder auch um eine *strafrechtliche Verurteilung* geht. Bei Letzteren gilt der Grundsatz „im Zweifel für die Meinungsfreiheit". Wie das Bundesverfassungsgericht zur Begründung ausführt, ist der *Äußernde* gegenüber Unterlassungsansprüchen weniger schutzbedürftig. Denn dieser habe es – anders als bei bereits getätigten, also in der Vergangenheit liegenden Äußerungen – in der Hand, sich zukünftig eindeutig auszudrücken und damit klar zu stellen, wie seine Äußerung zu verstehen ist. Zusammengefasst bedeutet dies: Geht es um *Unterlassungsbegehren*, so ist bei der Auslegung mehrdeutiger Meinungsäußerungen diejenige Interpretation zugrundezulegen, die das Persönlichkeitsrecht des Betroffenen stärker beeinträchtigt. Dagegen gilt bei *zivilrechtlichen Sanktionen* (Ansprüchen auf Schadensersatz, Entschädigung, Widerruf) und für die *strafrechtliche Ahndung* jene Deutungsmöglichkeit, durch die das Persönlichkeitsrecht am wenigsten beeinträchtigt wäre.

Auf die Behauptung sind nicht die Grundsätze der Rechtsprechung für die Kollektivbeleidigung anwendbar. Zum einen geht es hier nicht um die Strafbarkeit der Äußerung, vor allem aber handelt es sich – anders als in den von der Rechtsprechung zu entscheidenden Sachverhalten – im vorliegenden Fall um eine überschaubare und abgrenzbare Personengruppe. Durch die Äußerung wird jedes einzelne Familienmitglied der Familie O in seiner Ehre betroffen. Auch wenn nicht präzisiert wird, welche Familienmitglieder sich erfolglosen psychiatrischen Behandlungen unterzogen haben, wird doch der Familie als solcher psychische Labilität unterstellt.

2. Rechtswidrigkeit des Eingriffs

Ein Rechtfertigungsgrund könnte sich aus der Kunstfreiheit des R gem. Art. 5 Abs. 2 GG ergeben. R ist als Regisseur Träger der Kunstfreiheit. Der Kunstfreiheit kommt als „geschlossenem Grundrecht" in Abwägungsvorgängen besonderes Gewicht zu. Da-

---

21 BGH ZUM 2004, S. 212, 214; vgl. BVerfGE 93, 266 „Soldaten sind Mörder" → Fechner, E 35.
22 BVerfGE 114, 339 = BVerfG NJW 2006, 207 ff. „IM-Sekretär".

durch werden jedoch schwerwiegende Persönlichkeitsbeeinträchtigungen zu Lasten von Personen, die hierzu keinen Anlass gegeben haben, nicht gerechtfertigt.[23]

3. Gefahr eines Eingriffs in ein geschütztes Rechtsgut

Dem Sachverhalt zufolge soll der Film des R „in wenigen Monaten" in den Kinos gezeigt werden. Eine Erstbegehungsgefahr ist mithin gegeben.

4. Rechtsfolge

Die Anspruchsvoraussetzungen eines Unterlassungsanspruchs gem. § 1004 BGB analog liegen mithin vor. Fraglich ist, ob ein Unterlassungsanspruch, wie die Familienangehörigen des O sich dies wünschen, die Vorführung des Films in den Kinos verhindern kann.

Vom Unterlassungsanspruch umfasst ist die beanstandete Äußerung in Bezug auf die Familie des Opfers. R hat die Möglichkeit, die betreffende Stelle aus dem Film herauszuschneiden. Dieses Ergebnis käme der Idee der praktischen Konkordanz am nächsten, derzufolge nicht ein Grundrecht zu Gunsten eines anderen Grundrechts völlig zurückzudrängen ist, sondern nach Möglichkeit beide Rechtspositionen zu einer optimalen Entfaltung gelangen sollen. Sollte R jedoch nicht bereit sein, die Äußerung aus dem Film herauszuschneiden, richtet sich der Unterlassungsanspruch gegen den gesamten Film.

Bevor gerichtliche Schritte gegen R unternommen werden, sollte von ihm die Abgabe einer strafbewehrten Unterlassungsverpflichtungserklärung verlangt werden. Es handelt sich dabei um einen zivilrechtlichen Vertrag, der im Falle des Zuwiderhandelns gegen die Verletzung eine Vertragsstrafe nach sich zieht. Andernfalls läuft der Anspruchsteller Gefahr, im Falle eines sofortigen Anerkenntnisses des Rechtsverletzers die Kosten des Rechtsstreits gem. § 93 ZPO tragen zu müssen.

5. Ergebnis

Die Familienangehörigen des Opfers haben einen Anspruch auf Unterlassung der Äußerung im Film, O entstamme einer „psychisch äußerst labilen Familie, deren Mitglieder reihenweise Psychiater verschleißen".

---

23 Vgl. dazu Fall 4 „Sisu".

Fall 6: Fußball für alle

In der Online-Ausgabe der Z-Zeitung wird unter der Überschrift „Ausländer unerwünscht" ein Artikel abgedruckt, in dem es um die Schwierigkeiten des Internationalen Fußballvereins V-e.V. in der Stadt S geht, der seit über einem Jahr keinen Platz für seine Wettkämpfe mehr findet. In dem Artikel heißt es: „Bürgermeister B tut nichts, um den ausländischen Bürgern zu einem Spielort zu verhelfen, sondern verweist sie auf einen wenig benutzten Platz 20 km entfernt". In dem Artikel wird darauf hingewiesen, dass Bürgermeister B durch sein Verhalten das Zusammenleben mit Ausländern in der Stadt erschwere.

B ist über diesen Artikel entsetzt, von dem er erst aus der Zeitung Kenntnis erhält. Er ist der Auffassung, er habe sich in mehreren Gesprächen mit Sportplatzbetreibern darum bemüht, dem Fußballverein V einen Spielort in S zu vermitteln. Der wenig genutzte Platz in der Umgebung sei nur ins Gespräch gebracht worden, falls seine Vermittlungsbemühungen scheitern sollten. B möchte seine Sicht der Dinge auf dem Online-Portal der Z wiedergegeben finden. Als sich B deswegen an das Medienunternehmen wendet, wird ihm mitgeteilt, er habe keinen Anspruch auf Gegendarstellung.

Frage 1

Hat B einen Anspruch auf Wiedergabe einer Gegendarstellung und wie könnte er diesen möglichst rasch gerichtlich durchsetzen?

Frage 2

Nennen Sie die Elemente einer Gegendarstellung und versuchen Sie eine Gegendarstellung zu formulieren, wie sie von B verfasst werden könnte.

Frage 3

Kann B den Abdruck einer Gegendarstellung verlangen, wenn Z wenige Tage später in einem weiteren Artikel darüber berichtet hat, dass B mehrfach Zusammenkünfte mit

Betreibern von Fußballstadien durchgeführt hat, eine Kooperation jedoch am Widerstand der Betreiber gescheitert ist?

Frage 4

In welcher Sachverhaltskonstellation besteht kein Berichtigungsanspruch, wenn bereits eine Gegendarstellung abgedruckt worden ist?

Frage 5

B sieht sich in seinem Ruf stark beeinträchtigt und möchte diesbezüglich Ansprüche gegen Z geltend machen. Steht B ein Anspruch auf Geldentschädigung zu?

Frage 6

Könnte Fußballverein V einen Anspruch auf Geldentschädigung geltend machen, wenn in demselben Artikel behauptet worden wäre, V verlange seinen Spielern ein Training ab, das „menschenunwürdig" sei? Hätte der Verein einen Gegendarstellungsanspruch gegen eine derartige Berichterstattung der Zeitung?

Lösung

Frage 1

Bevor eine gerichtliche Durchsetzung einer Gegendarstellung in Betracht kommt, ist der Redaktion bzw. dem Verleger ein Veröffentlichungsverlangen anzuzeigen. Dies hat in einem vorangestellten getrennten Schreiben zu geschehen, in dem das Medienunternehmen dazu aufgefordert wird, die beigefügte Gegendarstellung innerhalb einer bestimmten Frist zu veröffentlichen. Erklärt sich das Unternehmen diesbezüglich nicht oder lehnt es die Veröffentlichung der Gegendarstellung ab, so ist eine gerichtliche Durchsetzung geboten.

A. Zulässigkeit einer einstweiligen Verfügung

Die Gegendarstellung wird in der Praxis nahezu ausschließlich im Wege der einstweiligen Verfügung, also im Verfahren des vorläufigen Rechtschutzes, durchgesetzt. Dabei wird keine „Klage" eingereicht, sondern ein „Antrag" gestellt. Zu beachten ist der Unterschied zur Richtigstellung, die wegen ihres starken Eingriffs in die Medienfreiheit nur im Wege der Hauptsacheklage durchgesetzt werden kann.

I. Rechtsweg

Fraglich ist, ob der Zivil- oder Verwaltungsrechtsweg eröffnet ist. Dies bestimmt sich danach, ob es sich um eine zivilrechtliche oder öffentlich-rechtliche Streitigkeit handelt. Maßgeblich ist, ob die streitentscheidende Norm dem Zivilrecht oder dem öffentlichen Recht zugeordnet werden kann. Streitentscheidende Norm ist vorliegend § 20 MStV. Grundsätzlich sind die Pflichten der Telemedien aus dem MStV öffentlich-rechtlicher Natur, da es sich um Vorgaben handelt, die ausschließlich von Hoheitsträgern verlangt werden können. Allerdings schreibt § 20 Abs. 3 Satz 1 MStV für die Durchsetzung des vergeblich geltend gemachten Gegendarstellungsanspruchs den ordentlichen Rechtsweg vor. Daran ändert sich auch dadurch nichts, dass B Bürgermeister ist und über eine „dienstliche" Äußerung des Bürgermeisters berichtet wird. Der Bürgermeister möchte jedoch keine amtliche Verlautbarung abgeben, sondern sich gegen die ihn in seiner Person treffenden Vorwürfe zur Wehr setzen.

II. Verfahrensart/Statthaftigkeit

Als Verfahrensart kommt hier der vorläufige Rechtsschutz in Betracht. Zum einen ist es das Bestreben jedes Betroffenen, die Gegendarstellung so schnell wie möglich durchzusetzen, zum andern schließt § 20 Abs. 3 Satz 4 MStV die Durchführung eines Hauptsacheverfahrens für die Durchsetzung von Gegendarstellungsansprüchen ausdrücklich aus. Dass die einstweilige Verfügung gem. §§ 935 ff. ZPO vorliegend statthaft ist und nicht der Arrest gem. §§ 916 ZPO, ergibt sich aus § 20 Abs. 3 Satz 2 MStV, der das Verfahren auf Erlass einer einstweiligen Verfügung für entsprechend anwendbar erklärt. Ob es sich dabei um eine Sicherungsverfügung (§ 935 ZPO) oder eine Regelungsverfügung (§ 940 ZPO) handelt, lässt die Praxis zumeist offen und hat für diese Fälle das Institut der Leistungsverfügung entwickelt. Zweck der Leistungsverfügung ist es, den Antragsteller ausnahmsweise endgültig zu befriedigen, denn eigentlich soll der „vorläufige Rechtsschutz" einen materiell-rechtlichen Anspruch lediglich sichern, nicht aber erfüllen. Im Medienrecht gilt dieser Grundsatz so nicht, da Entscheidungen nach einem längeren Hauptsacheverfahren für die Verfahrensbeteiligten angesichts des schnelllebigen Medienbetriebs meist nicht mehr von Interesse wären.

III. Zuständiges Gericht

§ 937 ZPO ordnet als zuständiges Gericht das Gericht der Hauptsache an, das sich aus § 943 ZPO ergibt. Für die Ermittlung des sachlich zuständigen Hauptsachegerichts (Gericht des ersten Rechtszugs) ist gem. §§ 23, 71 GVG der Streitwert ausschlaggebend. Je nachdem ob der Streitwert unter oder über 5.000,– € liegt, ergibt sich die Zuständigkeit des Amts- oder Landgerichts. Bei Gegendarstellungsansprüchen ist regelmäßig ein Streitwert von mehr als 5.000,– € gegeben und damit die sachliche Zuständigkeit des Landgerichts begründet.

Gem. § 12 ZPO ist das Gericht örtlich zuständig, bei dem der Abdruckverpflichtete seinen allgemeinen Gerichtsstand hat. Würde B gegen den Verleger klagen, wäre gem. § 17 ZPO der Sitz des Verlages (juristische Person) maßgeblich. Klagt B gegen den verantwortlichen Redakteur als natürliche Person, ist das Gericht an seinem Wohnsitz zuständig, § 13 ZPO. Zu beachten ist, dass diese Zuständigkeiten gem. § 802 ZPO sog. ausschließliche Zuständigkeiten sind.

Der sog. fliegende Gerichtsstand, der üblicher Weise in medienrechtlichen Verfahren ein Wahlrecht des Betroffenen hinsichtlich des Gerichtsstandes ermöglicht (§ 32 ZPO, Gerichtsstand der unerlaubten Handlung, also überall dort, wo die Äußerungen des Medienunternehmens „bestimmungsgemäß" verbreitet wurden), gilt bei der gerichtlichen Geltendmachung von Gegendarstellungsansprüchen nicht.

IV. Partei- und Prozessfähigkeit

Der Bürgermeister ist als Kläger i.S.d. §§ 50, 51 ZPO als natürliche Person partei- und prozessfähig. Auf Seiten des Beklagten wäre der verantwortliche Redakteur als natürliche Person gem. §§ 50, 51 ZPO partei- und prozessfähig bzw. der Verlag als juristische Person gem. § 50 ZPO parteifähig, aber gem. § 51 ZPO nicht prozessfähig. Er müsste sich vielmehr von seinem gesetzlichen Vertreter vor Gericht vertreten lassen, sofern nicht der Verleger eine natürliche Person ist.

V. Schlüssiges Behaupten eines Verfügungsgrundes und Verfügungsanspruchs

B müsste seinen Gegendarstellungsanspruch (Verfügungsanspruch) sowie die besondere Eilbedürftigkeit (Verfügungsgrund) schlüssig behaupten. Da es sich vorliegend um eine Leistungsverfügung handelt, hat B bezüglich des Verfügungsgrundes aufzuzeigen, dass es der sofortigen Erfüllung seines Anspruchs bedarf, da ihm sonst schwerwiegende Nachteile erwachsen. Eine Besonderheit ergibt sich jedoch aus § 20 Abs. 3 Satz 3 MStV, demzufolge eine Gefährdung des Anspruchs nicht glaubhaft gemacht zu werden braucht. Diese Regelung muss sich auch auf das „schlüssige Behaupten" im

Rahmen der Zulässigkeit auswirken, auf das verzichtet werden kann, da das Gesetz augenscheinlich von einer Gefährdung ausgeht, die nicht weiter substantiiert zu werden braucht. Der Verfügungsgrund würde vorliegend lediglich bei einer Selbstdistanzierung entfallen, also beispielsweise bei einer bereits erfolgten Richtigstellung durch Z. Eine Richtigstellung durch Z ist dem Sachverhalt allerdings nicht zu entnehmen.

Ein Verfügungsgrund ist regelmäßig dann gegeben, wenn die Verwirklichung eines Rechts vereitelt oder wesentlich erschwert werden könnte. Letztlich muss die Eilbedürftigkeit begründet werden, wobei zwischen den verschiedenen Verfügungsarten zu differenzieren ist.

Grundsätzlich sind Tatsachen im Prozess zu beweisen (mit sog. Strengbeweismitteln). Im Rahmen des einstweiligen Rechtsschutzes reicht auf Grund des Zeitdrucks, ein „oberflächlicher" Nachweis, aus – eine sog. Glaubhaftmachung. Für die Zulässigkeit wird daher nur ein „schlüssiges Behaupten" verlangt. Dies stellt die niedrigste Stufe eines Vorbringens vor Gericht dar und ist lediglich ein substantiierter Vortrag.

VI. Keine Vorwegnahme der Hauptsache

Grundsätzlich darf durch eine Entscheidung im vorläufigen Rechtsschutz nicht die Hauptsacheentscheidung (also das Ergebnis des Hauptsacheverfahrens) vorweggenommen werden. Dieser Grundsatz erfährt im Fall der Leistungsverfügung eine Ausnahme. Wesen der Leistungsverfügung ist gerade die Erfüllung des Anspruchs bereits durch das Verfahren des vorläufigen Rechtsschutzes. Gegendarstellungen, die nicht in zeitlichem Zusammenhang mit der Erstmitteilung stehen, sind für den Betroffenen meist nur noch von geringem Interesse. Der Eingriff in die Medienfreiheit durch die Wiedergabe der Gegendarstellung ist demgegenüber nur gering.

VII. Zwischenergebnis

Der Antrag des B ist zulässig.

Gem. § 937 Abs. 2 ZPO kann eine Entscheidung des Gerichts in dringenden Fällen auch ohne mündliche Verhandlung ergehen. Es ist daher der Zeitung Z anzuraten, eine sog. Schutzschrift bei Gericht einzureichen. Diese wird von Z vorsorglich bereits vor dem Antrag des B bei Gericht eingereicht, um den Sachverhalt aus ihrer Sicht darzulegen und um auf diese Weise zu verhindern, dass eine einstweilige Verfügung ohne mündliche Verhandlung erlassen wird. Eine Entscheidung ohne mündliche Verhandlung ergeht immer in Form eines Beschlusses und nicht durch Urteil (§§ 936, 922 Abs. 1 ZPO).

Die Vollstreckung des Gegendarstellungsanspruchs erfolgt nach § 888 ZPO, da die Veröffentlichung einer Gegendarstellung eine unvertretbare Handlung ist. Veröffent-

licht Z die Gegendarstellung nicht von sich aus, ist sie durch die in § 888 ZPO vorgesehenen Beugemittel dazu anzuhalten.

B. Begründetheit

Die Anspruchsgrundlage für einen Gegendarstellungsanspruch richtet sich nach der
Art des Mediums, in dem die Veröffentlichung erfolgte. Für eine Presseveröffentli-
chung findet sich die Anspruchsgrundlage in den Landespressegesetzen (§ 10
LPresseG), im Bereich des Rundfunks ergibt sich ein Anspruch aus den Rundfunkgesetzen der Länder (oder dem entsprechenden Staatsvertrag, z.B. § 12 MDR-StV) bzw.
aus den Landesmediengesetzen (z.B. § 24 ThürLMG). Im Falle der Veröffentlichung
durch einen Telemediendienst mit journalistisch-redaktionell gestalteten Angeboten
ist § 20 MStV als Anspruchsgrundlage heranzuziehen. Gegen Tatsachenbehauptungen in anderen Telemedien (ohne journalistisch-redaktionell gestaltete Angebote)
gibt es kein Gegendarstellungsrecht, da das TMG keine entsprechende Vorschrift
kennt. Das Gegendarstellungsrecht ist ein typisch medienrechtliches Instrument bei
periodisch erscheinenden oder kontinuierlich angebotenen Medieninhalten. In den
Fällen, in denen nur das TMG Anwendung findet, bleiben nur Unterlassungs- und
Berichtigungsansprüche.

I. Anspruchsverpflichteter

Vorliegend ist § 20 Abs. 1 MStV die richtige Anspruchsgrundlage. Ausweislich dieser
Vorschrift sind Anbieter von Telemedien mit journalistisch-redaktionell gestalteten
Angeboten, in denen insbesondere vollständig oder teilweise Inhalte periodischer
Druckerzeugnisse in Text oder Bild wiedergegeben werden, eine Gegendarstellung der
betroffenen Person in ihr Angebot aufzunehmen. Da es sich vorliegend um die Online-Ausgabe der Z-Zeitung handelt, ist deren Anbieter der richtige Anspruchsverpflichtete.

Anders ist die Anspruchsverpflichtung im Presserecht geregelt. Dort ist nicht nur der
Verleger, sondern auch der verantwortliche Redakteur eines periodischen Druck-
werks verpflichtet, die Gegendarstellung zum Abdruck zu bringen, § 10 Abs. 1
MPresseG.

II. Darlegung und Glaubhaftmachung eines Verfügungsanspruchs (Anspruch auf Gegendarstellung)

Ein Gegendarstellungsanspruch des B gegen Z könnte sich aus § 20 Abs. 1 MStV ergeben. Dann müsste die Z eine Tatsachenbehauptung über B in ihrem Angebot aufgestellt haben (§ 20 Abs. 1 Satz 1 MStV). Ferner müsste B ein berechtigtes Interesse an der Verbreitung der Gegendarstellung haben (§ 20 Abs. 2 Nr. 1 MStV) sowie die „Formvorschriften" bzw. Förmlichkeiten einer Gegendarstellung beachtet haben.

1. Anspruch auf Gegendarstellung gem. § 10 Abs. 1 und 2 LPresseG

a) Tatsachenbehauptung

Zunächst müsste eine Tatsachenbehauptung vorliegen. Eine Tatsachenbehauptung könnte hier in der Äußerung liegen, Bürgermeister B tue nichts, um den ausländischen Bürgern zu einem Spielort zu verhelfen. Ob es sich um eine Tatsachenbehauptung oder um ein Werturteil handelt, bemisst sich danach, ob die Äußerung einem Beweis vor Gericht grundsätzlich zugänglich ist, ohne dass ein Beweis im konkreten Fall auch tatsächlich gelingen müsste. Dies ist im vorliegenden Sachverhalt gegeben, da durch Zeugenbeweis etc. in der Tat festgestellt werden könnte, ob Bürgermeister B etwas getan hat oder nicht. Lediglich eine Meinungsäußerung würde hingegen dann vorliegen, wenn behauptet worden wäre, B tue „zu wenig" oder „nicht genügend", um dem Fußballverein zu einem Spielfeld zu verhelfen.[1]

> Im Gegensatz zur Berichtigung muss bei der Gegendarstellung weder die Unwahrheit der Erstmitteilung noch die Wahrheit der in der Gegendarstellung aufgestellten Tatsachenbehauptung bewiesen werden.

b) Berechtigtes Interesse an der Verbreitung der Gegendarstellung

Ein berechtigtes Interesse an der Verbreitung der Gegendarstellung ist hier gegeben, da B vorgeworfen wird, durch sein Verhalten das Zusammenleben zwischen Deutschen und Ausländern zu erschweren. Es handelt sich bei den von Z verbreiteten Tatsachen um keine „belanglosen" Mitteilungen, vielmehr betrifft die Berichterstattung unmittelbar den Schutzbereich des allgemeinen Persönlichkeitsrechts und berührt somit die Interessensphäre des B. Vorwürfe, seinen Amtsgeschäften nicht ordnungsgemäß nachzugehen, betreffen immer die persönliche Ehre des Amtsträgers.

B hat allerdings nur dann einen Anspruch, wenn er seine Gegendarstellung in der richtigen Weise formuliert und die weiteren Vorgaben des § 20 MStV beachtet.

---

1 Entsprechend dem vom BVerfG entschiedenen Fall, vgl. BVerfG NJW 2004, S. 1235.

c) Angemessenheit der Gegendarstellung

Die Gegendarstellung muss gemäß § 20 Abs. 2 Nr. 2 MStV angemessenen Umfangs sein, d.h., sie darf nicht unangemessen über den Umfang der beanstandeten Tatsachenbehauptung hinausgehen.

> Beachte auch insoweit den abweichenden Wortlaut in § 10 Abs. 2 Satz 2 MPresseG, demzufolge die Gegendarstellung als angemessen gilt, wenn sie den Umfang des beanstandeten Textes nicht überschreitet.

d) Nur Tatsachen

Gemäß § 20 Abs. 2 Nr. 3 MStV muss sich der Text der Gegendarstellung auf tatsächliche Angaben beschränken.

e) Kein strafbarer Inhalt

Zudem sieht § 20 Abs. 2 Nr. 3 MstV vor, dass die Gegendarstellung auch keinen strafbaren Inhalt haben darf.

f) Unverzüglich

Die Gegendarstellung muss dem Anbieter, mithin Z, unverzüglich zugehen. Was das bei einem Online-Angebot bedeutet, ergibt sich aus § 20 Abs. 2 Nr. 4 MStV. Die Gegendarstellung muss spätestens sechs Wochen nach dem letzten Tage des Angebots des beanstandeten Textes, jedenfalls jedoch drei Monate nach der erstmaligen Einstellung des Angebots dem in Anspruch genommenen Anbieter zugehen. Diese Vorgabe muss von B bei der Durchsetzung seines Anspruchs beachtet werden.

g) Schriftform und Unterschrift

Es muss – obwohl es sich um ein Online-Angebot handelt – die Schriftform gewahrt sein und die Gegendarstellung muss mit einer Unterschrift abgeschlossen werden (§ 20 Abs. 2 Nr. 4 MStV).

> Der Abdruck einer Gegendarstellung stellt zwar einen Eingriff in die Medienfreiheit dar, diese ist indessen nicht uneingeschränkt gewährleistet, sondern kann durch die allgemeinen Gesetze im Sinne des Art. 5 Abs. 2 GG eingeschränkt werden. Bei § 20 MStV handelt es sich um ein „allgemeines Gesetz". Der Eingriff ist auch nicht unverhältnismäßig, da das allgemeine Persönlichkeitsrecht ein hohes Rechtsgut ist, in das auch durch der Medien nicht in jedem Falle verkürzt werden darf.

h) Zwischenergebnis

B hat einen Anspruch auf Gegendarstellung gegen Z, sofern er die formalen Voraussetzungen der Geltendmachung eines Gegendarstellungsanspruchs beachtet.

2. Glaubhaftmachung des Gegendarstellungsanspruchs

Wie oben bereits erwähnt, macht B seinen Gegendarstellungsanspruch glaubhaft i.S.d. §§ 936, 920, 294 ZPO, indem er diesen zumindest oberflächlich nachweist. Im Interesse der Schnelligkeit des Verfahrens sind die Anforderungen an den Nachweis der Tatsachen, die der gerichtlichen Entscheidung zugrunde liegen, bei der Glaubhaftmachung gesenkt.

Es ist also eine Beweiserleichterung im Rahmen des einstweiligen Rechtsschutzes, wenn sich das Gesetz mit einer „Glaubhaftmachung" gem. § 294 ZPO begnügt. So sind nur präsente Beweismittel zugelassen (§ 294 Abs. 2 ZPO). Es gibt keine Ladung von Zeugen, Beiziehung von Urkunden oder die Einholung von Auskünften. Vielmehr müssen alle Beweismittel von der Partei zur Stelle gebracht sein, jedoch ist der Katalog der möglichen Beweismittel um die eidesstattliche Versicherung erweitert. Ferner muss das Gericht von der Wahrheit der nachzuweisenden Tatschen nicht vollständig überzeugt sein, es reicht, dass diese als überwiegend wahrscheinlich erscheinen.

III. Glaubhaftmachung des Verfügungsgrundes

Der Verfügungsgrund ist an sich gem. §§ 936, 920 Abs. 2 ZPO glaubhaft zu machen. § 20 Abs. 3 Satz 3 MStV lässt diese Voraussetzung allerdings entfallen und verzichtet auf eine Glaubhaftmachung, da das Gesetz hier eine Gefährdung ohne weiteres für gegeben hält.

Dies gilt ausweislich des § 10 Abs. 4 Satz 4 MPresseG (Presse), des § 12 MDR-StV (als Beispiel für den öffentlichrechtlichen Rundfunk) sowie des § 24 Abs. 6 ThürLMG (als Beispiel für den Privatrundfunk) auch für die anderen Medien. Normalerweise ist die Glaubhaftmachung des *Verfügungsgrundes* eine Voraussetzung im Verfahren des einstweiligen Rechtsschutzes, um die Begründetheit des Antrags letztlich bejahen zu können. Zu beachten ist allerdings, dass auch die Glaubhaftmachung des *Verfügungsanspruchs* notwendig ist.

IV. Ergebnis

Ein Antrag des B im Rahmen des vorläufigen Rechtsschutzes ist zulässig und begründet, soweit er die formalen Erfordernisse des § 20 MStV beachtet.

Die Rechtsfolge des Anspruchs ergibt sich aus § 20 Abs. 1 Satz 2–4 MStV. Dieser Vorschrift zufolge ist die Gegendarstellung ohne Einschaltungen und Weglassungen in gleicher Aufmachung wie die Tatsachenbehauptung in unmittelbarer Verknüpfung mit ihr anzubieten. Wird die Tatsachenbehauptung nicht mehr angeboten, so muss die Gegendarstellung an vergleichbarer Stelle so lange angeboten werden, wie die ursprünglich angebotene Tatsachenbehauptung.

Frage 2

Die Elemente einer Gegendarstellung sind:
1. Überschrift
2. Hinweis auf die Erstmitteilung
3. Wiedergabe der Erstmitteilung
4. Erwiderung
5. Ort, Datum und Unterschrift

Die Gegendarstellung des B könnte folgendermaßen lauten:

Gegendarstellung
Zum Artikel: „Ausländer unerwünscht" in der Online-Ausgabe Z-Zeitung vom *Datum*
   In dem Artikel wird behauptet, ich tue nichts, um den ausländischen Spielern des V-Vereins zu einem Spielort zu verhelfen, sondern hätte sie auf einen wenig benutzten Platz in 20 Kilometer Entfernung verwiesen.
   Diese Behauptung ist falsch. Richtig ist, dass ich mich in mehreren Gesprächen mit Sportplatzbetreibern darum bemüht habe, dem Fußballverein V einen Spielort in S zu vermitteln. Der weniger genutzte Platz in der Umgebung wurde von mir nur ins Gespräch gebracht, falls meine Vermittlungsbemühungen scheitern sollten.
Ort, Datum, Bürgermeister B

Frage 3

Der zweite Artikel stellt inhaltlich gesehen eine Berichtigung in Gestalt der Ergänzung bzw. Richtigstellung der Erstmitteilung dar. Der ursprüngliche Artikel wird durch eine wesentliche Tatsache ergänzt, die letztlich den gesamten Artikel in einem anderen Licht erscheinen lässt, sodass es sich rechtlich gesehen um eine Berichtigung der ursprünglichen Mitteilung handelt. In diesem Fall hat B mehr bekommen, als er durch eine Gegendarstellung erhalten könnte. Daher entfällt der Verfügungsgrund bzw. das Rechtsschutzbedürfnis (im Rahmen der Zulässigkeit) sowie das berechtigte Interesse (im Rahmen der Begründetheit) an der Verbreitung der Gegendarstellung. B hat dann keinen Anspruch auf Gegendarstellung mehr.

Frage 4

Nach Abdruck einer Gegendarstellung besteht kein Berichtigungsanspruch mehr, wenn die Redaktion im Anschluss an die Gegendarstellung (in einem sog. Redaktionsschwanz) dargelegt hat, dass der Inhalt der Gegendarstellung zutreffend ist. Ferner besteht kein Berichtigungsanspruch, wenn die von Z verbreiteten Tatsachenbehauptungen über B wahr wären.

Ein Redaktionsschwanz anderen Inhalts lässt den Berichtigungsanspruch allerdings nicht entfallen. Weist beispielsweise die Zeitung im Rahmen des Redaktionsschwanzes darauf hin, dass sie durch eine gerichtliche Entscheidung gezwungen wurde, eine ihrer Ansicht nach inhaltlich falsche Gegendarstellung zu veröffentlichen, so besteht der Anspruch auf Richtigstellung fort.

Frage 5

B könnte gegen Z einen Anspruch auf Geldentschädigung aus § 823 Abs. 1 BGB i.V.m. Art. 2 Abs. 1 und 1 Abs. 1 GG bzw. aus richterlichem Gewohnheitsrecht zustehen.

B begehrt Geldentschädigung, also einen „Ersatz" von immateriellen Schäden. Immaterielle Schäden werden an sich über Schmerzensgeld ausgeglichen. § 253 Abs. 2 BGB sieht einen Schmerzensgeldanspruch in dieser Konstellation nicht vor. Dennoch hat der BGH unter bestimmten Voraussetzungen den Betroffenen einen sog. Anspruch auf Geldentschädigung bei Verletzung des allgemeinen Persönlichkeitsrechts zugebilligt. Diesen besonderen Anspruch entwickelte der BGH[2] im Laufe seiner Rechtsprechung und leitet ihn aus § 823 Abs. 1 BGB i.V.m. Art. 2 Abs. 1 und 1 Abs. 1 GG ab.

Die Tatbestandsvoraussetzungen wurden vom BGH im Wege richterlichen Gewohnheitsrechts konkretisiert. Sie lassen sich teilweise der speziell dafür hergeleiteten bzw. erdachten Anspruchsgrundlage des § 823 Abs. 1 BGB i.V.m. Art. 2 Abs. 1 und 1 Abs. 1 GG entnehmen. Dieser Anspruch darf nicht mit dem normalen Schadens-

---

2 Ansatzweise in BGHZ 35, 363, 367 ff. „Ginsengwurzel"; ausdrücklich in BGHZ 128, 1, 15 „Caroline von Monaco I" → Fechner, E 9.

ersatzanspruch gem. § 823 Abs. 1 BGB bzw. § 823 Abs. 2 BGB verwechselt werden, der zum Ersatz materieller Schäden führt und zum Ersatz des entgangenen Gewinns. Der Schadensersatzanspruch gem. § 823 BGB steht als eigenständiger Anspruch neben dem Anspruch auf Geldentschädigung gem. § 823 Abs. 1 BGB i.V.m. Art. 2 Abs. 1 und 1 Abs. 1 GG. Der Anspruch auf Geldentschädigung ist somit der „Schmerzensgeldanspruch" bei Verletzung des allgemeinen Persönlichkeitsrechts. Wie auch der Schmerzensgeldanspruch führt er zum Ersatz von immateriellen Schäden, er hat aber andere Tatbestandsvoraussetzungen und andere Funktionen.

Der Anspruch auf Geldentschädigung dient anderen Zwecken als der Schmerzensgeldanspruch. Steht bei letzterem vor allem die Ausgleichs- (Kompensations-) und Genugtuungsfunktion für das erlittene Unrecht im Vordergrund und entfaltet er lediglich in Ausnahmefällen eine präventive Wirkung, so erfüllt der Anspruch auf Geldentschädigung primär eine Genugtuungs- und Präventionsfunktion.[3]

Für den Anspruch auf Geldentschädigung aus § 823 Abs. 1 BGB i.V.m. Art. 2 Abs. 1 und 1 Abs. 1 GG hat der BGH besondere Tatbestandsvoraussetzungen entwickelt, die im Folgenden geprüft werden.

Die Tatbestandsvoraussetzungen des § 823 BGB müssen bei der Prüfung des Geldentschädigungsanspruchs modifiziert werden. Hierdurch empfiehlt sich ein abweichender Aufbau. So ist eine schwerwiegende Verletzung des allgemeinen Persönlichkeitsrechts notwendig und es darf gegen die Rechtsverletzung keine anderen Abwehrmöglichkeiten als ein Anspruch auf Geldentschädigung zur Verfügung stehen.[4]

I. Immaterieller Schaden

Zunächst muss ein immaterieller Schaden vorliegen. Eine nicht in Geld messbare Beeinträchtigung des B liegt in der Mitteilung, er tue nichts, um den ausländischen Bürgern zu einem Spielort zu verhelfen und er erschwere durch sein Verhalten das Zusammenleben zwischen Deutschen und Ausländern. Durch diese Tatsachenbehauptung wird das Ansehen des B in erheblichem Maße beeinträchtigt.

Bei einem Schadensersatzanspruch gem. § 823 BGB bedarf es hingegen immer eines materiellen Schadens. Immaterielle Schäden werden nur gem. § 253 Abs. 2 BGB ersetzt. Vorliegend zieht der BGH aber § 823 Abs. 1 BGB i.V.m. Art. 2 Abs. 1 und 1 Abs. 1 GG als Anspruchsgrundlage für den Ersatz von immateriellen Schäden heran – insofern modifiziert er § 823 BGB. Diese Modifikation von § 823 BGB erscheint zwar unsystematisch, doch kommt die vom BGH erdachte Anspruchsgrundlage den Anspruchsvoraussetzungen für den Anspruch auf Geldentschädigung am nächsten.

---

3 Nochmals ausdrücklich bestätigt in BGH NJW 2005, S. 215, 216 m.w.N.= BGHZ 160, 298 ff. „Alexandra von Hannover".
4 Dazu BGH NJW 2005, S. 215, 216 ff. „Alexandra von Hannover" m.w.N.

II. Vorliegen einer schweren Persönlichkeitsrechtsverletzung

Bezüglich einer notwendigen Rechtsverletzung reicht nicht jede Persönlichkeitsrechtsverletzung aus, vielmehr muss es sich um eine schwere Persönlichkeitsrechtsverletzung handeln.

Eine solche liegt u.a. vor bei Schmähkritik, Verbreitung unwahrer Tatsachenbehauptungen, Berichterstattungen aus dem Intimleben, bei erfunden Äußerungen, beim Vorwurf mangelnder Pflichterfüllung im Amt oder dem Vorwurf, eine Straftat begangen zu haben.

B ist Amtsträger. Wenn ihm vorgeworfen wird, er erschwere durch sein Verhalten das Zusammenleben zwischen Deutschen und Ausländern, beeinträchtigt das seine Ehre in nicht unerheblicher Weise. Es werden nicht nur seine privaten Ansichten kritisiert, sondern es wird ihm vorgeworfen, sein Amt nicht ordnungsgemäß auszuüben. Daher ist eine schwere Persönlichkeitsrechtsverletzung zu bejahen.

Bei § 823 BGB ist das allgemeine Persönlichkeitsrecht ein sog. sonstiges Recht. Wenn man Schadensersatz gem. § 823 BGB begehrt, reicht als Rechtsverletzung grundsätzlich jede Persönlichkeitsrechtsverletzung aus.

III. Schuldhaftes Handeln des Schädigers

Der Anspruch auf Geldentschädigung setzt ein schuldhaftes Handeln des Verletzers voraus, wobei strittig ist, ob ein schweres Verschulden erforderlich ist. Zum Teil wird eine vorsätzliche bzw. grob fahrlässige Missachtung des Persönlichkeitsrechts verlangt,[5] wohingegen andere Stimmen in der rechtswissenschaftlichen Literatur[6] die Verletzung der publizistischen Sorgfaltspflicht ausreichen lassen, also den normalen Verschuldensmaßstab – d.h. Fahrlässigkeit – genügen lassen. Die BGH-Rechtsprechung ist diesbezüglich uneinheitlich, jedoch scheint der BGH mittlerweile auf das Erfordernis des „schweren Verschuldens" zu verzichten.[7] Angesichts der erheblichen Rechtsfolgen eines Geldentschädigungsanspruchs, mit der eine starke Beeinträchtigung der Medienfreiheit verbunden ist, muss eine nicht unerhebliche Persönlichkeitsrechtsverletzung als Tatbestandsvoraussetzung verlangt werden. Auf der anderen Seite dürfen die Voraussetzungen des Geldentschädigungsanspruchs insbesondere im Hinblick auf dessen Präventivwirkung nicht überspannt werden.

---

5 Rehbock, Medien- und Presserecht, § 3 Rdnr. 475.
6 Prinz/Peters, Medienrecht, Rdnr. 755.
7 Vgl. Nachweise bei Prinz/Peters, Medienrecht, Rdnr. 755.

Im vorliegenden Fall ist jedenfalls eine nicht unerhebliche Verletzung der publizistischen Sorgfaltspflicht festzustellen.[8] Es wurde die Behauptung aufgestellt, Bürgermeister B habe nichts getan, um ausländischen Bürgern zu einem Spielort zu verhelfen. Da B erst aus der Zeitung von dem Artikel erfährt, ist er offensichtlich selbst nicht zu der Sache gehört worden. Bereits hierin liegt eine Verletzung der journalistischen Sorgfaltspflicht. Zudem hätten andere Möglichkeiten der Recherche zur Verfügung gestanden und sind nicht genutzt worden, etwa eine Befragung der Sportplatzbetreiber. Zudem kann ein grob fahrlässiges Verhalten, also eine schwere Missachtung des Persönlichkeitsrechts, bejaht werden, da B die Verletzung von Amtspflichten vorgeworfen wird. Insoweit muss der oben dargestellte Streit nicht entschieden werden. Ein schuldhaftes Verhalten der Zeitung ist gegeben.

Zusätzlich wird hier z.T. geprüft, ob ein unabwendbares Bedürfnis besteht bzw. kein befriedigender Ausgleich auf andere Weise erfolgen kann – diese Fragestellung wird hier beim Prüfungspunkt der Subsidiarität mitberücksichtigt.

IV. Subsidiarität des Anspruchs auf Geldentschädigung

Ein Anspruch auf Geldentschädigung wird nur dann gewährt, wenn die schwere Persönlichkeitsrechtsverletzung nicht auf anderer Weise befriedigend ausgeglichen werden kann. Problematisch ist, inwieweit eine Gegendarstellung oder eine Berichtigung die eingetretene Persönlichkeitsrechtsverletzung rückgängig machen oder doch wenigstens annähernd ausgleichen könnte. Eine Gegendarstellung ist an sich nicht geeignet, dem Betroffenen Genugtuung zu verschaffen und kann allenfalls der Eingrenzung des Schadens dienen. Inwieweit eine Berichtigung möglich und sachgerecht ist, hängt von jedem Einzelfall ab. Ausschlaggebend ist z.B., wie zeitnah eine Berichtigung erfolgen würde und ob es dem Verletzten überhaupt zumutbar ist, dass die Öffentlichkeit nochmals an die ursprüngliche Berichterstattung erinnert wird. Eine feste Regel, dass durch eine Berichtigung oder Gegendarstellung der Anspruch auf Geldentschädigung ausgeschlossen wird, besteht nicht, vielmehr bedarf es einer Einzelfallprüfung. Entscheidend ist vor allem, ob sich der Verletzter selbst im Wege der Berichtigung von seinen Äußerungen distanziert und ob diese hinreichend schnell erfolgt oder ob er sich lediglich zur Wiedergabe einer Gegendarstellung des Verletzten bereit erklärt. Jedenfalls kann sich das Verhalten des Schädigers nach der Erstmitteilung auf die Höhe der Entschädigung auswirken.

Ein Ausgleich auf andere Weise bringt keine befriedigende Lösung, insofern ist im vorliegenden Fall dem Subsidiaritätserfordernis Rechnung getragen.

---

8 Einzelheiten bei Fechner, Medienrecht, 8 Rdnr. 112 ff.

V. Ergebnis

Im Ergebnis ist ein Anspruch auf Geldentschädigung des B gegenüber Z zu bejahen.

Frage 6

I. Anspruch auf Geldentschädigung

Ein Anspruch auf Geldentschädigung des V-Vereins könnte sich aus § 823 Abs. 1 BGB i.V.m. Art. 2 Abs. 1 und 1 Abs. 1 GG ergeben.

Anspruchsvoraussetzung einer Geldentschädigung ist zunächst das Vorliegen eines immateriellen Schadens. Das ist eine in Geld nicht messbare Beeinträchtigung des Persönlichkeitsrechts. Beim V-Verein handelt es sich nicht um eine natürliche Person. Die Frage ist, ob sich auch ein Verein auf das allgemeine Persönlichkeitsrecht berufen kann.

Der Verein macht einen immateriellen Schaden geltend (Verletzung des guten Rufs) und sieht sich in seinem Persönlichkeitsrecht (Fallgruppe: Recht auf Darstellung der Person in der Öffentlichkeit sowie Recht der persönlichen Ehre) verletzt. Das allgemeine Persönlichkeitsrecht wurde anhand von Fällen entwickelt, die sich auf natürliche Personen bezogen. Nach der Rechtsprechung[9] sowie der herrschenden Ansicht in der Literatur können sich in begrenztem Rahmen auch juristische Personen auf den Schutzbereich des allgemeinen Persönlichkeitsrechts berufen. Konsequent wird bei der Argumentation auf Art. 19 Abs. 3 GG verwiesen. So können juristische Personen nach ständiger Rechtsprechung des BGH den Schutz des allgemeinen Persönlichkeitsrechts insbesondere dann geltend machen, wenn sie in ihrem sozialen Geltungsanspruch insbesondere als Arbeitgeber oder Wirtschaftsunternehmen betroffen sind.[10] Beide Fallgruppen greifen im vorliegenden Fall; zum einen wird V als Arbeitgeber durch die Berichterstattung in ein negatives Licht gerückt, zum anderen kann die Berichterstattung Auswirkungen auf V als Wirtschaftsunternehmen haben (z.B. Spielerkauf, Fans, u.ä.). Verein V kann sich also auf das allgemeine Persönlichkeitsrecht berufen (in der Ausprägung der o.g. Fallgruppen).

---

9 Ständige Rechtsprechung des BGH bzgl. des privatrechtlichen allgemeinen Persönlichkeitsrechts vgl. u.a. BGHZ 98, 94 „BMW/ Bumms Mal Wieder"; offen ist jedoch die Sicht des Bundesverfassungsgerichts bzgl. des verfassungsrechtlichen allgemeinen Persönlichkeitsrechts vgl. z.B. BVerfGE 95, 220 „Aufzeichnungspflicht"; zur Unterscheidung dieser beiden Rechte vgl. Loock, Persönlichkeitsrecht, S. 137 ff. sowie Fall 23 „Handy-Kritik".
10 Ständige Rechtsprechung des BGH, vgl. z.B. BGH NJW 2000, S. 2201 „Blauer Engel". Weitere Beispiele sind angebliche Verstöße gegen den Umweltschutz durch einen Chemiekonzern oder Tierquälerei durch ein Pharmaunternehmen.

Selbst juristische Personen des öffentlichen Rechts können zivilrechtlichen Ehrenschutz gegenüber Angriffen der Medien in Anspruch nehmen, weshalb auch einer Behörde ein Anspruch auf Richtigstellung zustehen kann.[11]

Problematisch ist jedoch vorliegend, ob V als juristische Person einen Anspruch auf Geldentschädigung geltend machen kann. Fraglich ist, ob dieser Anspruch nach seinem Sinn und Zweck, also mit Blick auf seine Funktion, bei juristischen Personen greift. Der Anspruch auf Geldentschädigung hat neben der Genugtuungs- auch eine Präventionsfunktion. Die Genugtuungsfunktion kann bei einer juristischen Person zu keiner Anspruchsbegründung führen, denn eine juristische Person kann naturgemäß keine Genugtuung empfinden. Ein derartiges Empfinden bleibt ausschließlich natürlichen Personen vorbehalten. Fraglich ist, inwieweit allein die Präventionsfunktion einen Anspruch rechtfertigen kann. Nach allgemeiner Ansicht genügt die Präventionsfunktion alleine nicht, um einen Geldentschädigungsanspruch für juristische Personen zu begründen. Hauptziel des Geldentschädigungsanspruchs bleibt die Genugtuung des Betroffenen, die bei juristischen Personen nicht greift. Zwar rückt beim Anspruch auf Geldentschädigung die Präventionsfunktion,[12] insbesondere im Vergleich zum normalen Schmerzensgeldanspruch, in den Vordergrund, doch reicht dies allein noch nicht aus, um juristischen Personen einen Anspruch auf Geldentschädigung zuzusprechen.

Die Argumentation im vorliegenden Fall orientiert sich an der Fragestellung, ob juristische Personen einen Schmerzensgeldanspruch geltend machen können. Dies ist nach vorangehender Argumentation zu verneinen. Unternehmen, Vereine, Verbände etc. können keine Schmerzen, „Unbehagen" im Sinne eines psychischen Unwohlseins fühlen. Daher können sie auch nicht Genugtuung über Schmerzensgeld empfinden.

II. Anspruch auf Gegendarstellung

Ein Anspruch auf Gegendarstellung setzt zuallererst eine Tatsachenbehauptung voraus. Der Vorwurf, ein Training sei „menschenunwürdig", ist einem Beweis vor Gericht nicht zugänglich und muss daher als Werturteil eingestuft werden.[13] Ein Anspruch auf Gegendarstellung besteht mithin nicht.

---

11 BGH ZUM 2009, S. 61, 64 „Ehrschutz juristischer Personen des öffentlichen Rechts" → Fechner, E 30.
12 Dazu nochmals ausdrücklich BGH NJW 2005, S. 215, 216 „Alexandra von Hannover" m.w.N.
13 So BVerfG NJW 2004, S. 1235.

Fall 7: Der politische Richter

Die Bundestagswahlen stehen vor der Tür: Richter am Amtsgericht R verfasst während des Wahlkampfs eine Stellungnahme, in der er sich als Mitglied der X-Partei mit glühenden Worten zu deren Zielen bekennt und den Anhängern der gegnerischen Y-Partei politischen Unverstand vorwirft. Die Stellungnahme unterzeichnet er mit „R, Richter am Amtsgericht". Als er in der Gerichtskantine seinen Kollegen von seiner Absicht berichtet, den Artikel in einem bekannten politischen Blog zu posten, untersagt ihm der Direktor des Amtsgerichts D die Veröffentlichung des Artikels unter Beifügung der Berufung auf sein Richteramt. R hält das für eine unzulässige Zensur und beruft sich auf seine Meinungsfreiheit.

Abwandlung

R möchte in einem Artikel für eine juristische Fachzeitschrift die Verfassungswidrigkeit des Parteiprogramms der extremen, aber nicht verbotenen Z-Partei im Wege juristischer Methodik darlegen, ohne sich selbst als Anhänger einer bestimmten politischen Partei zu erkennen zu geben. Den Artikel will er wie im Ausgangsfall mit dem Hinweis auf sein Richteramt unterzeichnen. Darf er das?

Rechtstext: Deutsches Richtergesetz (DRiG) – Auszug[1]

§ 25 Grundsatz
Der Richter ist unabhängig und nur dem Gesetz unterworfen.

§ 26 Dienstaufsicht
(1) Der Richter untersteht einer Dienstaufsicht nur, soweit nicht seine Unabhängigkeit beeinträchtigt wird.
(2) Die Dienstaufsicht umfasst vorbehaltlich des Absatzes 1 auch die Befugnis, die ordnungswidrige Art der Ausführung eines Amtsgeschäfts vorzuhalten und zu ordnungsgemäßer, unverzögerter Erledigung der Amtsgeschäfte zu ermahnen.
(3) Behauptet der Richter, dass eine Maßnahme der Dienstaufsicht seine Unabhängigkeit beeinträchtige, so entscheidet auf Antrag des Richters ein Gericht nach Maßgabe dieses Gesetzes.

---

1 Deutsches Richtergesetz i.d.F.v. 8. Juni 2017.

§ 39 Wahrung der Unabhängigkeit
Der Richter hat sich innerhalb und außerhalb seines Amtes, auch bei politischer Betätigung, so zu verhalten, dass das Vertrauen in seine Unabhängigkeit nicht gefährdet wird.

Lösung des Ausgangsfalls

Die Anordnung des D könnte R in seinem Grundrecht auf freie Meinungsäußerung gem. Art. 5 Abs. 1 Satz 1 GG verletzen.

Während in vielen medienrechtlichen Fällen sich zwei Privatrechtssubjekte gegenüberstehen und Grundrechte daher allenfalls im Verhältnis der mittelbaren Drittwirkung zur Anwendung kommen, handelt es sich im vorliegenden Fall um das klassische Verhältnis des Bürgers gegen den Staat. Da es um die Meinungsfreiheit, mithin um ein Freiheitsgrundrecht geht, ist in drei Schritten zu prüfen:
1. Schutzbereich
2. Eingriff
3. Verfassungsrechtliche Rechtfertigung

A. Schutzbereich der Meinungsfreiheit

Die von R geplante Kundgabe seiner politischen Auffassung wird vom Schutzbereich der Meinungsäußerungsfreiheit gem. Art. 5 Abs. 1 Satz 1 GG erfasst, da R politische Auffassungen wertet.

Ein Richter am Amtsgericht ist ein Hoheitsträger und kann sich, da die Grundrechte Abwehrrechte des Bürgers gegen den Staat sind, in Ausübung seines Amtes nicht auf Grundrechte berufen. R möchte seinen Artikel allerdings nicht in Ausübung seines richterlichen Amtes in dem Blog posten, mithin als Organwalter des Staates, sondern als Bürger. Mit der Beifügung zur Unterschrift „Richter am Amtsgericht", beruft er sich zwar auf seine Autorität als Richter, seine Äußerung soll aber dadurch nicht zur Amtshandlung werden und wird auch vom Leser nicht so verstanden.

Äußerungen von Organen juristischer Personen des öffentlichen Rechts in amtlicher Eigenschaft werden von Art. 5 Abs. 1 GG nicht geschützt. Insoweit bedarf es des Rückgriffs auf spezielle Kompetenzvorschriften, so etwa für den Bundespräsidenten auf seine Amtsbefugnisse,[2] für Bundestagsabgeordnete auf Art. 38 Abs. 1 Satz 2 GG[3] oder für einen Bürgermeister auf Art. 28 Abs. 2 GG.

---

2 BVerfG 136, 323 „Spinner".
3 BVerfGE 60, 374, 380 „Redefreiheit des Bundestagsabgeordneten".

B. Eingriff

Das Verbot der Publikation des Artikels durch den zur Dienstaufsicht berufenen D stellt einen Eingriff in das Grundrecht dar, der allerdings als Maßnahme der Dienstaufsicht gerechtfertigt sein könnte.

> Der Prüfungspunkt des Eingriffs in den Schutzbereich des Grundrechts bedarf meist keiner ausführlichen Prüfung. Es reicht im Regelfall, wenn aufgezeigt wird, durch welche staatliche Maßnahme die Grundrechtsausübung verkürzt wird. In diesem Punkt ist allerdings deswegen sauber zu arbeiten, weil verschiedene staatliche Eingriffsmaßnahmen gegeben sein können, Normen, Umsetzungsakte oder gerichtliche Entscheidungen, die im Zweifel getrennt geprüft werden müssen.

C. Rechtfertigung des Eingriffs

Der Eingriff in die Meinungsfreiheit ist gerechtfertigt, wenn er auf einer wirksamen Ermächtigungsgrundlage beruht und wenn von dieser in verfassungsmäßiger Weise Gebrauch gemacht wurde. Als gesetzliche Ermächtigungsgrundlage für die dienstrechtliche Maßnahme kommt § 26 Abs. 1 i.V.m. § 39 DRiG in Betracht.

I. Verfassungsmäßigkeit der §§ 26, 39 DRiG

1. Formelle Verfassungsmäßigkeit

Gegen die formelle Verfassungsmäßigkeit von § 39 und § 26 DRiG bestehen keine Bedenken. Die Gesetzgebungskompetenz des Bundes folgt aus Art. 98 Abs. 1 GG. Das Gesetz ist gem. Art. 76 ff. GG ordnungsgemäß zustande gekommen.

2. Materielle Verfassungsmäßigkeit

Es ist zu prüfen, ob § 26 Abs. 1 und § 39 DRiG die Meinungsfreiheit verletzen. Dies ist der Fall, wenn die genannten Bestimmungen als Schrankenregelungen nicht in Betracht kommen bzw. das Grundrecht zu weit einschränken.

a) Schranke der Meinungsfreiheit: Allgemeines Gesetz

§ 39 DRiG ist ein allgemeines Gesetz i.S.d. Art. 5 Abs. 2 GG,[4] wenn es nicht eine Meinung als solche verbietet, sich nicht gegen die Äußerung der Meinung als solcher rich-

---

4 Eine entsprechende Neutralitätspflicht für Beamte enthalten § 33 Abs. 2 Beamtenstatusgesetz, der an die Stelle des früheren § 35 Abs. 2 Beamtenrechtsrahmengesetz (BRRG) trat; ferner § 60 Abs. 2 Bundesbeamtengesetz sowie die entsprechenden Vorschriften der Landesbeamtengesetze.

tet, sondern dem Schutz eines schlechthin, ohne Rücksicht auf eine bestimmte Meinung zu schützenden Rechtsguts dient, dem Schutz eines Gemeinschaftswerts, der gegenüber der Betätigung der Meinungsfreiheit den Vorrang hat.[5] Zweck des Gesetzes ist es, die Funktionsfähigkeit der Justiz und das Vertrauen der Allgemeinheit in die Unabhängigkeit der Rechtspflege zu sichern. Die Norm entfaltet keine bestimmte meinungsrelevante Tendenz. Daher ist § 26 Abs. 1 DRiG verfassungsgemäß.

b) Schranken-Schranke der Meinungsfreiheit: Wechselwirkungslehre

Es ist zu prüfen, ob § 39 DRiG unter Beachtung der wertsetzenden Bedeutung der Meinungsfreiheit sich in den Grenzen der vom Bundesverfassungsgericht für anwendbar erklärten Wechselwirkungslehre hält.[6] Danach ist ein Gesetz, das ein Grundrecht einschränkt, seinerseits im Lichte dieses Grundrechtes auszulegen und in seiner das Grundrecht beschränkenden Wirkung selbst wieder einzuschränken.

Ähnlich wie bei Beamten begründet auch bei Richtern deren Dienst- und Treueverhältnis gegenüber dem Staat gem. Art. 33 Abs. 4 und 5 GG eine Pflicht zur Mäßigung und Zurückhaltung bei politischer Betätigung. Zwar darf auch der Richter außerhalb des Dienstes politisch tätig werden. Doch sind diesen Aktivitäten Grenzen gesetzt, die sich aus der Aufgabe des Rechtsstaats ergeben, eine unparteiische Amtsführung zu garantieren (Art. 97 Abs. 1 GG) und das Vertrauen der Öffentlichkeit in die Funktionsfähigkeit der Justiz zu sichern. Dies gilt umso mehr, als der Richter vielfach aufgerufen ist, Streitsachen zu beurteilen und zu entscheiden, die in der Öffentlichkeit Gegenstand politischer Kontroverse sind. Wird der Richter ohne Bezug auf sein Dienstverhältnis politisch aktiv, so lässt ihm die Freiheit zur Meinungsäußerung grundsätzlich einen weiten Raum, vorausgesetzt er beachtet das Gebot der Verfassungstreue (Art. 33 Abs. 5 GG). Je stärker indessen der Bezug der politischen Äußerung zum Dienst ist, desto größer ist die Verpflichtung zur Mäßigung. Trifft dieser Grundsatz für alle Beamten zu, so gilt das Zurückhaltungsgebot in noch gesteigertem Maße für die Richter. Die richterliche Unabhängigkeit wäre gefährdet, wenn in den Augen der Rechtsuchenden und der Bevölkerung der Anschein entstünde, der Richter könnte die Anhänger einer politischen Richtung oder Partei möglicherweise bevorzugen und jene anderer Auffassung benachteiligen, anstatt nach Recht und Gesetz zu urteilen. Zur Wahrung der Unabhängigkeit der Justiz ist das Recht der Betroffenen zur Ablehnung eines Richters wegen Besorgnis der Befangenheit[7] nicht ausreichend. Mit der so beschriebenen Justizgewährleistungspflicht des Staates wäre es unverträglich, wenn ein Richter das Ansehen seines Amtes dazu einsetzen würde, seiner politischen Meinung zusätzliches Gewicht zu verleihen. Der entsprechende Normbefehl des § 39 DRiG zur Mäßigung

---

5 Seit BVerfGE 7, 198, 209 f. „Lüth" in ständiger Rechtsprechung → Fechner, E 31.
6 Dazu grundlegend: BVerfGE 7, 198, 208 f. „Lüth" → Fechner, E 31.
7 Vgl. § 24 Abs. 3 StPO, § 42 Abs. 3 ZPO.

des Richters auch bei der außerdienstlichen Meinungsäußerung verstößt demnach nicht gegen die Vorgaben der Wechselwirkungslehre.

c) Schranken-Schranke: Zensur?

Maßnahmen der Zensur, d.h. der Vorzensur, sind nach Art. 5 Abs. 1 Satz 3 GG kategorisch, d.h. ausnahmslos, verboten.[8] Dies gilt auch zu Gunsten von Angehörigen des öffentlichen Dienstes. Unter „Zensur" sind allerdings nur Maßnahmen im Rahmen eines planmäßigen Kontrollverfahrens vor der Veröffentlichung zu verstehen. Ein solches Kontrollverfahren läge dann vor, wenn Richter verpflichtet wären, alle ihre außerdienstlichen Meinungsäußerungen vor der Kundgabe der Dienstaufsicht zur Genehmigung vorzulegen. Ein derartiges Verfahren wird durch das Richtergesetz indessen nicht begründet.

Das Zensurverbot gilt nur für staatliche Maßnahmen. Würde der Beitrag des R durch den Administrator des Blogs gelöscht werden, würde darin jedenfalls keine Zensur i.S. des Art 5 Abs. 3 GG liegen. Genauerer Untersuchung bedürfte es hingegen, wenn es sich um den Blog einer Einrichtung des Öffentlichen Rechts handeln würde.

II. Die Rechtmäßigkeit der konkreten Veröffentlichungsuntersagung

1. Formelle Rechtmäßigkeit

Anhaltspunkte für verfahrensrechtliche Bedenken gegen die Anordnung des D bestehen nicht. D hat als Dienstvorgesetzter gehandelt, eine bestimmte Form für sein Handeln ist nicht vorgeschrieben.

Gegen den Normbefehl des § 39 DRiG, der durch Auslegung am Maßstab der Wechselwirkungslehre ermittelt wurde, hat R verstoßen, indem er den Artikel mit dem ausdrücklichen Hinweis auf sein Richteramt versehen hat.

Zweifel an der Rechtmäßigkeit der dienstrechtlichen Maßnahme könnten sich daraus ergeben, dass die Anordnung gegen die bevorstehende Veröffentlichung des Artikels gerichtet ist, mithin gegen ein künftiges Verhalten des R. Insoweit könnte es an einer dienstrechtlichen Pflichtverletzung des R fehlen. Regelmäßiger Gegenstand einer dienstaufsichtsrechtlichen Maßnahme gem. § 26 Abs. 1 DRiG ist ein abgeschlossenes pflichtwidriges Verhalten. Vom Normzweck erfasst sind indessen auch präventive Anordnungen, soweit sie sich gegen unmittelbar bevorstehende Pflichtverstöße richten und dem Verhältnismäßigkeitsgrundsatz genügen. Die Untersagung der Veröffentlichung des Artikels war geeignet, das öffentliche Vertrauen in die Unabhängigkeit der Rechtspflege zu schützen. Die Maßnahme war erforderlich, da R trotz der von D geäußerten Bedenken auf der Publikation des zu beanstandenden Artikels beharrte.

---

8 BVerfGE 33, 52 „Zensur" (Leitsatz 4 b.)

Schließlich erscheint die Anordnung auch angemessen. Die beabsichtigte Veröffentlichung hätte das Ansehen der Rechtspflege erheblich beschädigt. Angesichts des überwiegenden öffentlichen Interesses an der Unabhängigkeit der Justiz ist es dem R zumutbar, seinen Meinungsbeitrag ohne Hinweis auf sein Richteramt zu veröffentlichen.

> Der Fall wäre auch dann nicht anders zu beurteilen, wenn R z.B. seine politische Auffassung auf „Facebook" nicht nur seinen engeren „Freunden" mitteilen würde. Anders als im Familien- oder Kollegenkreis ist auch die Unabhängigkeit des Richters in den Augen Dritter gefährdet, da ohne Beschränkung der Adressaten die Information faktisch nicht auf einen engeren Freundeskreis beschränkt ist oder bleibt.

2. Ergebnis

R wird durch die Anordnung des D, den Beitrag nicht unter Berufung auf sein Richteramt zu veröffentlichen, nicht in seinem Recht auf freie Meinungsäußerung verletzt.

Lösung der Abwandlung

Die Veröffentlichung des Artikels in der bezeichneten Form könnte sowohl durch das Recht des R auf freie Meinungsäußerung (Art. 5 Abs. 1 Satz 1 GG) als auch durch die Wissenschaftsfreiheit (Art. 5 Abs. 3 Satz 1) geschützt sein.

A. Abgrenzung der Schutzbereiche von Meinungsfreiheit und Wissenschaftsfreiheit

Die juristische Würdigung eines Parteiprogramms im Rahmen einer gutachtlichen Stellungnahme ist ein Werturteil und könnte damit als Meinungsäußerung i.S.d. Art. 5 Abs. 1 Satz 1 GG geschützt sein.

Fraglich ist, ob R sich zudem oder gar ausschließlich auf die Wissenschaftsfreiheit gem. Art. 5 Abs. 3 Satz 1 GG berufen kann. Wissenschaft wird vom Bundesverfassungsgericht definiert als der nach Inhalt und Form ernsthafte und planmäßige Versuch zur Ermittlung der Wahrheit.[9] Darunter fällt auch die juristisch-methodische Analyse eines Parteiprogramms. Subjektive Wertsetzungen, die in diese Beurteilung mit einfließen, schließen die Wissenschaftlichkeit nicht aus. Auch knüpft die Wissenschafts-

---

9 Ständige Rechtsprechung, vgl. BVerfGE 35, 79, 113 „Niedersächsisches Vorschaltgesetz"; BVerfGE 47, 327, 367 „Hessisches Universitätsgesetz"; BVerfGE 90, 1, 12 „Jugendgefährdende Schriften".

freiheit nicht an eine bestimmte Berufsgruppe oder an ein bestimmtes institutionelles Umfeld an. Sie steht grundsätzlich jedermann zu, der wissenschaftlich tätig ist oder tätig werden will, wenn ein Mindestmaß an methodischem Vorgehen gewährleistet ist,[10] mithin auch dem Volljuristen R. Die Unterzeichnung des Artikels mit dem Zusatz „Richter am Amtsgericht" ist angesichts der wissenschaftlichen Gepflogenheit, den beruflichen Hintergrund eines Autors anzugeben, Bestandteil der wissenschaftlichen Äußerung.

Bei der Frage nach dem Verhältnis von Meinungsfreiheit und Wissenschaftsfreiheit ist auf den inhaltlichen Schwerpunkt der Betätigung abzustellen. Dabei wird berücksichtigt, dass die Wissenschaftsfreiheit als sogenanntes geschlossenes Grundrecht vom Verfassungsgeber stärker ausgestaltet ist als die Meinungsfreiheit. Enthält eine Äußerung sowohl meinungs- als auch wissenschaftsrelevante Gehalte, so kommt ein sich gegenseitig verstärkendes Nebeneinander der beiden Schutzbereiche in Betracht.

Im vorliegenden Fall will sich R jedoch nicht vor einem allgemeinen Publikum äußern. Es geht ihm vielmehr darum, mit einer spezifisch rechtswissenschaftlichen Äußerung in der Fachöffentlichkeit Beachtung zu finden. Soweit R auch allgemein meinungsrelevante Ziele verfolgt, treten diese bei wertender Betrachtung hinter dem wissenschaftlichen Anliegen zurück. Damit ist für den vorgesehenen Beitrag allein der Schutzbereich der Wissenschaftsfreiheit maßgeblich.

B. Schranken der Wissenschaftsfreiheit

I. Treue zur Verfassung

Die Freiheit der Wissenschaft steht unter dem ausdrücklichen Vorbehalt der Treue zur Verfassung. Die Streitfrage, ob es sich hierbei um eine ungeschriebene Begrenzung des Schutzbereichs oder aber um eine Schrankenbestimmung handelt, kann hier dahinstehen. Dieser Vorbehalt betrifft jedenfalls den Inhalt der wissenschaftlichen Betätigung, die sich nicht gegen die „freiheitlich demokratische Grundordnung" richten darf.[11] Die Bestimmung äußert sich aber nicht zur Frage, ob R aufgrund seiner Dienststellung als Richter die Veröffentlichung des Artikels zu unterlassen hat.

---

10 Vgl. BVerfGE 35, 79, 112 „Niedersächsisches Vorschaltgesetz".
11 BVerfGE 2, 1, 12 f. „SRP-Verbot". Zu den Merkmalen der „freiheitlich demokratischen Grundordnung" gehören die Achtung der Menschenrechte, die Volkssouveränität, die Gewaltenteilung, die Unabhängigkeit der Gerichte, die Verantwortlichkeit der Regierung und das Mehrparteienprinzip.

II. Immanente Schranken

Die Schrankentrias des Art. 5 Abs. 2 GG ist auf die Wissenschaftsfreiheit nicht anwendbar. Indessen gelten auch für die wissenschaftliche Tätigkeit die allen Grundrechten immanenten Schranken der verfassungsrechtlichen Rechte Dritter und anderer überwiegender Verfassungswerte wie der Schutz des Staates und seiner Funktionen, wozu auch die Funktionsfähigkeit der Rechtspflege gehört. Insoweit kann auf die obigen Ausführungen zum Normzweck des § 39 DRiG verwiesen werden.

III. Schranken-Schranken

Fraglich ist indessen, ob durch die rechtswissenschaftliche Äußerung des R zur Verfassungswidrigkeit der Z-Partei überhaupt der berechtigte Eindruck in der Öffentlichkeit entstehen kann, R werde bei seiner Amtsführung Anhänger der Z-Partei in Verletzung des Gebots richterlicher Unabhängigkeit benachteiligen. Diese Frage ist unter Heranziehung der oben dargestellten Grundsätze der Wechselwirkungslehre zu beantworten. Am rechtswissenschaftlichen Diskurs in Deutschland beteiligen sich traditionell und anerkannter Maßen auch Richter mit außerdienstlichen publizistischen Äußerungen. Eine solche Betätigung der Richter liegt grundsätzlich im allgemeinen Interesse, da sie den Austausch zwischen Praxis und Wissenschaft fördert und damit der Qualität der Rechtspflege insgesamt zugutekommt. Keine andere Beurteilung ergibt sich im vorliegenden Fall daraus, dass es allein Sache des Bundesverfassungsgerichts ist, über die Verfassungswidrigkeit einer politischen Partei im Rahmen des für das Parteiverbot vorgesehenen Verfahrens (Art. 21 Abs. 2 Satz 2, Abs. 3 GG i.V.m. §§ 13 Nr. 2, 43 ff. BVerfGG) zu entscheiden. Wissenschaftliche Äußerungen eines Richters begründen regelmäßig nicht die Besorgnis seiner Befangenheit.[12] Die wissenschaftliche, d.h. vorurteilsfreie Beschäftigung mit einer Rechtsfrage allein kann eine solche Befürchtung in den Augen eines verständigen Prozessbeteiligten nicht hervorrufen. Im Einzelfall kann dies beim Hinzutreten besonderer Umstände anders sein, wenn beispielsweise ein Richter sich durch vorangehende publizistische Äußerungen derart auf eine bestimmte Rechtsansicht „fixiert" hat, dass die Befürchtung besteht, er werde im gerichtlichen Verfahren anderen Argumenten von vornherein nicht mehr zugänglich sein.

> Wie das Bundesverfassungsgericht zu gutachterlichen Äußerungen ausgeführt hat, die ein Richter im Rahmen seiner früheren Tätigkeit als Wissenschaftler abgegeben hat, können Zweifel an der Unparteilichkeit des Richters dann vorliegen, wenn die Nähe seiner früheren wissenschaftlichen Äußerungen zu der nun von einem Prozessbeteiligten vertretenen Rechtsauffassung offensichtlich ist und überdies die wis-

---

12 Vgl. BVerfG NNW 1999, S. 2801 zu §§ 18, 19 BVerfGG „Befangenheit".

senschaftliche Tätigkeit des Richters vom Standpunkt anderer Prozessbeteiligter aus die Unterstützung dieses Beteiligten bezweckt.[13]

Allein aus der rechtswissenschaftlichen Würdigung des Parteiprogramms der Z-Partei seitens R kann sich demnach in der Öffentlichkeit nicht der Eindruck ergeben, R sei in der Weise voreingenommen, dass er bei seiner Amtsführung die Anhänger der Z-Partei nicht mehr unparteiisch behandeln werde. Überwiegt folglich das grundrechtlich geschützte Interesse des R, sich in der vorliegenden Form wissenschaftlich zu betätigen, so scheidet eine dienstrechtliche Pflichtverletzung aus.

C. Ergebnis

R kann den Artikel wie beabsichtigt in der Fachzeitschrift veröffentlichen.

---

13 BVerfGE 101, S. 46 m.w.N.

Fall 8: Blogger gegen Privatsender

Seit einigen Tagen ist in der Stadt S ein privater Lokalhörfunkanbieter P auf Sendung. Betrieben wird der Sender von Unternehmer U. Blogger B betreibt einen Blog, in dem er in unregelmäßigen Abständen über seine Erlebnisse berichtet. Da er U noch aus der Schulzeit kennt und dieser ihm die Freundin ausgespannt hat, stellt er in seinem Blog allerlei Behauptungen über U auf. Unternehmer U, der den Privatsender betreibt, habe die Sendelizenz „erschlichen", da er über kein eigenes Kapital verfüge, sondern nur über Schulden, denn er habe das erforderliche Kapital nur „auf Pump" zusammenbekommen. Wörtlich schreibt er: „Geschäftsleute von S: Platzieren Sie keine Werbung mehr beim Sender P!". U sei ein „halbseidener Geschäftsmann ohne Zahlungsmoral". „U hat lange Jahre im Rotlichtmilieu gearbeitet. Wegen dunkler Geschäfte hat er neun Monate hinter schwedischen Gardinen verbracht." B weiß sehr wohl, dass Teile der Vorwürfe nicht der Wahrheit entsprechen, möchte aber die Bevölkerung vor den „Machenschaften" des U bewahren.

U sieht im Vorgehen des B eine „unhaltbare Kampagne" gegen ihn und sein Unternehmen. Er habe zwar einen Kredit aufgenommen, um den Privatsender aufzubauen, bezahle diesen Kredit indessen regelmäßig zurück, so dass die finanziellen Voraussetzungen für eine dauerhafte Veranstaltung und Verbreitung seines Programms erfüllt seien. Im Gefängnis sei er nie gewesen, was sich auch nachweisen lässt. Hingegen kann er die Behauptung, er habe im „Rotlichtmilieu" gearbeitet, nicht widerlegen, vielmehr kann B die Wahrheit dieser Behauptung beweisen.

U und der Privatsender P möchten gegen B vorgehen. Wie sind die Erfolgsaussichten?

Frage 1

Kann sich B auf ein Grundrecht berufen und hat dieses Vorrang vor dem Grundrecht des U?

Frage 2

Prüfen Sie, ob U mit einer Strafanzeige gegen B erfolgreich wäre.

Frage 3

U fordert, die Aussagen über ihn aus dem Internet zu entfernen und verlangt Schadensersatz. Prüfen Sie, ob diese Ansprüche bestehen. Gehen Sie bei der Bearbeitung des Falles davon aus, dass U infolge der Äußerungen des B ein Schaden i.H.v. 10.000,– € entstanden ist.

Lösung

Wie aus der unterschiedlichen Fragestellung bzgl. Frage 1 und 2 deutlich wird, kann der vorliegende Fall zum einen lediglich auf grundrechtlicher Ebene (Frage 1) oder zum anderen auf einfachgesetzlicher Ebene (Frage 2) zu lösen sein. Im Folgenden werden beide Varianten aufgezeigt, um deutlich zu machen, was praktisch unter dem Begriff „Drittwirkung der Grundrechte" zu verstehen ist. Der Bearbeiter soll erkennen, dass die Grundrechte auch bei der einfachgesetzlichen Falllösung Beachtung finden. Anderseits kann die gesamte Problematik in einer Klausur auch lediglich auf grundrechtlicher Ebene abzuprüfen sein. Es ist immer genau die Fragestellung zu beachten.

Frage 1
Verfassungsrechtliche Würdigung des Sachverhalts – Grundrechtsverletzungen

A. Boykottaufruf

Indem B die Geschäftsleute der Stadt S dazu auffordert, bei P nicht mehr zu werben, ruft er zum Boykott auf. Fraglich ist, inwieweit ein Boykott von grundrechtlichen Positionen geschützt wird bzw. die Äußerungen unverhältnismäßig stark in die Rechte des P eingreifen.

Da B nicht einer staatlichen Stelle gegenübersteht, kommen die Grundrechte hier nur im Wege der mittelbaren Drittwirkung zur Anwendung.

Anders wäre es, wenn U bereits ein Urteil gegen B erwirkt hätte, gegen das sich B zur Wehr setzt. In diesem Falle kämen die Grundrechte zu direkter Anwendung und es wäre nach der Dreischrittprüfung vorzugehen. So muss zunächst der Schutzbereich des Grundrechts des B, sodann die Eröffnung eines grundrechtlichen Schutzbereichs auf Seiten des U geprüft und sodann eine Abwägung zwischen beiden Grundrechten vorgenommen werden.

I. Meinungsfreiheit, Art. 5 Abs. 1 Satz 1, 1. Var. GG

Zu untersuchen ist, ob sich B erfolgreich auf die Meinungsfreiheit, Art. 5 Abs. 1 Satz 1 GG berufen kann. Fraglich ist, ob bei einem Blogger nicht die Medienfreiheit, d.h. die Presse- oder Rundfunkfreiheit das speziellere Grundrecht ist.

1. Verhältnis von Meinungsfreiheit und Medienfreiheit

Grundsätzlich ist es denkbar, dass sich auch ein Blogger auf die Medienfreiheit beruft. Während ein Teil der Literatur dies verneint, weil es sich nicht „Presse" oder „Rundfunk" im herkömmlichen Sinne handelt, ist ein anderer Teil der Literatur der Auffassung, dass auch ein Blogger, der journalistisch-redaktionell arbeitet, hinsichtlich der redaktionellen und organisatorischen Aspekte seiner Arbeit geschützt sein muss, die über die reine Meinungsäußerung hinausgehen. Im vorliegenden Fall handelt es sich indes nicht um ein journalistisch-redaktionelles Angebot, da B ausschließlich über eigene Erlebnisse berichtet und auch das nur sporadisch.

Letztlich kann die Frage hier offenbleiben, da lediglich die Meinungsäußerung des B infrage steht, nicht aber eine etwaige, redaktionelle Arbeit.

Das Bundesverfassungsgericht unterwirft jede Meinungsäußerung, auch wenn sie in einem Druckerzeugnis enthalten ist, der Meinungsfreiheit.[1] Die Medienfreiheit/ Pressefreiheit bzw. Rundfunkfreiheit ist demgegenüber berührt, wenn es um die in den Medien tätigen Personen in Ausübung ihrer Funktion, um ein Medienerzeugnis selbst oder um seine institutionell-organisatorischen Voraussetzungen und Rahmenbedingungen geht.[2] Art. 5 Abs. 1 Satz 2 GG wurde vom Bundesverfassungsgericht danach bisher vor allem als Schutz für diejenigen Tätigkeiten von Presse und Rundfunk verstanden, die gegeben sein müssen, damit sie ihre Aufgabe im Kommunikationsprozess erfüllen können.[3]

Art. 5 Abs. 1 Satz 1 GG (Meinungsfreiheit) und Art. 5 Abs. 1 Satz 2 GG (Medienfreiheit) haben die identischen Schrankenbestimmungen gem. Art. 5 Abs. 2 GG, so dass der Streit für das Fallergebnis nicht von Belang ist. Der Bearbeiter sollte daher die zur Meinungsfreiheit entwickelten Abwägungskriterien auch im Rahmen einer Meinungsäußerung in einem Presseerzeugnis heranziehen, soweit er dies im Rahmen des Art. 5 Abs. 1 Satz 2 GG prüft.

Aus klausurtaktischen Gründen, nicht zuletzt im Hinblick auf die knappe Bearbeitungszeit, ist es ratsam, die Problematik der Verhältnisse beider Grundrechte be-

---

1 BVerfGE 85, 1, 11 „Bayer Aktionäre" → Fechner, E 37; auch zur Thematik: Kingreen/Poscher, Grundrechte, Rdnr. 673.
2 Das Bundesverfassungsgericht interpretiert den Schutzbereich der Pressefreiheit also institutionell – dazu BVerfGE 85, 1, 11 „Bayer-Aktionäre" → Fechner, E 37.
3 Vergl. BVerfGE 85, 1, 12 „Bayer-Aktionäre" → Fechner, E 37; E 86, 122, 128 „Schülerzeitung".

reits am Beginn der Aufgabe zu erörtern und danach nur eines der Grundrechte zu prüfen. Im vorliegenden Fall ist die Meinungsfreiheit einschlägig.

2. Schutzbereich der Meinungsfreiheit

a) Werturteile

Fraglich ist, ob der Boykottaufruf des B der Meinungsfreiheit unterfällt. Die Meinungsfreiheit umfasst die Freiheit der Meinungsbildung und der Meinungsäußerung.[4] Der Begriff ist weit zu verstehen, wobei Meinungsäußerungen in erster Linie Werturteile sind. Deren Wahrheitsgehalt ist der objektiven Nachprüfung nicht zugänglich, sondern ist von den Elementen einer Stellungnahme und des Dafürhaltens gekennzeichnet. Wert oder Unwert, Wahrheit oder Unrichtigkeit einer Äußerung sind unmaßgeblich, auch gleichgültige oder banale Äußerungen sind geschützt. Meinungen im Sinne des Art. 5 Abs. 1 Satz 1 GG sind demnach Ansichten, Auffassungen, Überzeugungen, Wertungen, Urteile, Einschätzungen, Stellungnahmen zu allen möglichen sachlichen Gegenständen und Personen. B ruft die Geschäftsleute der Stadt S dazu auf, keine Werbung bei P zu plazieren. Dies ist nach dem eben Gesagten als Meinung, als Werturteil zu qualifizieren.

b) Tatsachenbehauptungen

Den Boykottaufruf stützt B auf die angeblichen Verfehlungen des U. Diese Äußerungen des B stellen Tatsachenbehauptungen dar, da sie dem Beweis zugänglich sind.[5] Fraglich ist, inwieweit auch Tatsachenbehauptungen dem Schutzbereich der Meinungsfreiheit unterfallen, weil diese gerade keine Werturteile und somit keine „Meinungen" sind. Jedoch gibt es Tatsachenbehauptungen, die für die Meinungsbildung relevant sind und daher vom Begriff der Meinung umfasst werden sollen.[6]

Zu differenzieren ist dabei zwischen den wahren und unwahren Tatsachenbehauptungen. Mit Blick auf die Tatsachenbehauptungen des B, U sei im Gefängnis gewesen und habe sich die Sendelizenz erschlichen, handelt es sich um unwahre Tatsachenbehauptungen. Fraglich ist, ob derartige unwahre Tatsachenbehauptungen vom Schutzbereich der Meinungsfreiheit umfasst sind.

Nach der Auffassung des Bundesverfassungsgerichts[7] und Teilen der Literatur[8] unterfallen erwiesen unwahre sowie bewusst unwahre Tatsachenbehauptungen nicht dem Schutzbereich der Meinungsfreiheit. Die Vertreter dieser Auffassung verweisen auf die fehlende Funktion derartiger Behauptungen für die verfassungsrechtlich vor-

---

4 Fechner, Medienrecht, 3 Rdnr. 50; ders. in Stern/Becker, Art. 5 Rdnr. 86 ff. auch zum Weiteren.
5 Vgl. Fechner, Medienrecht, 4 Rdnr. 114.
6 BVerfGE 61, 1, 8 „NPD von Europa"; E 65, 1, 41 „Volkszählung" → Fechner, E 6.
7 BVerfGE 85, 1, 15 „Bayer-Aktionäre" → Fechner, E 35.
8 Bethge, in: Sachs, GG, Art. 5 Rdnr. 28.

ausgesetzte Meinungsbildung. Eine unrichtige Information sei kein schützenswertes Gut.[9] Andere Autoren[10] verlangen eine differenzierte Betrachtungsweise, denn auch in einer erwiesen unwahren oder bewusst unwahren Behauptung kann eine persönliche Meinung des Äußernden liegen.

Folgt man dem Bundesverfassungsgericht, fallen die Äußerungen bzgl. der Vorstrafen und der erschlichenen Sendelizenz nicht in den Schutzbereich der Meinungsfreiheit mit der Folge, dass sich B nicht auf die Meinungsfreiheit berufen kann. Folgt man der gegenteiligen Auffassung in der Literatur, so sind auch solche Äußerungen vom Schutzbereich der Meinungsfreiheit umfasst. Jedoch berücksichtigt diese Ansicht die Unwahrheit der Behauptung im Rahmen der Abwägung, also der praktischen Konkordanz. Die letztgenannte Ansicht überzeugt. Der Wahrheitsgehalt einer Behauptung ist im Rahmen der Abwägung und nicht im Rahmen des Schutzbereichs zu berücksichtigen. Wäre ein genereller Wahrheitsbeweis für die Eröffnung des Schutzbereichs erforderlich, könnte über nicht erweislich wahre Tatsachen keine öffentliche Diskussion stattfinden und der öffentliche Meinungsbildungsprozess würde erst nach verfahrensfester Wahrheitsprüfung einsetzen. Zudem ist die Beurteilung einer Tatsache als „wahr" oder „falsch" sowie das Problem der Abgrenzung von objektiver Wahrheit und subjektiver Wahrhaftigkeit sehr schwer.

Im Ergebnis ist somit auch für diese Behauptungen der Schutzbereich eröffnet.

Zu einem anderen Ergebnis könnte man kommen, wenn es sich bei den Äußerungen des B um eine reine Schmähkritik handeln würde. Dafür spricht, dass B sich offenbar an U rächen will. Allerdings ist das Charakteristikum der Schmähkritik, dass es nicht um eine Auseinandersetzung in der Sache geht, sondern nur um die Verunglimpfung des anderen. B verfolgt hier auch die Absicht, die Allgemeinheit vor den Machenschaften des U zu warnen, so dass von Schmähkritik nicht gesprochen werden kann. Ein Aufruf ist vom Schutzbereich der Meinungsfreiheit umfasst, wenn ihm nicht lediglich eine private Auseinandersetzung oder ein Konkurrenzverhältnis zugrunde liegt, sondern die Sorge um politische, wirtschaftliche, soziale oder kulturelle Belange der Allgemeinheit.[11]

Die Aussagen des B dienen der Bildung einer Meinung über U und damit dessen Unternehmen P. Insofern ist für die fraglichen Äußerungen der Schutzbereich eröffnet.

c) Ergebnis

Der Boykottaufruf des B unterfällt dem Schutzbereich der Meinungsfreiheit.

---

9 BVerfG NJW 1994, S. 1779 „Auschwitzlüge" → Fechner, E 36.
10 Kimms/Schlünder, Verfassungrecht II, § 7 Rdnr. 10 ff.; auch differenzierend Kingreen/Poscher, Grundrechte, Rdnr. 652 ff m.w.N.
11 Vgl. BVerfGE 7, 198, 217 ff. „Lüth" → Fechner, E 31; auch Manssen, Staatsrecht II, Rdnr. 360.

II. Grundrechtlicher Schutz des U

Jedes Grundrecht kann durch Verfassungsgüter bzw. kollidierende Grundrechte Dritter eingeschränkt werden.

1. Allgemeines Persönlichkeitsrecht des U

U kann sich auf sein allgemeines Persönlichkeitsrecht (Art. 2 Abs. 1 i.V.m. Art. 1 Abs. 1 GG) berufen. In Betracht kommen die Fallgruppen Recht der persönlichen Ehre sowie das Verfügungsrecht der Darstellung der eigenen Person in der Öffentlichkeit.

2. Eigentumsfreiheit, Art. 14 Abs. 1 GG

Durch den Boykottaufruf mit wirtschaftlichen Folgen könnte das Eigentumsrecht des P gem. Art. 14 Abs. 1 GG unverhältnismäßig eingeschränkt sein. Das Recht am eingerichteten und ausgeübten Gewerbebetrieb ist dabei eine Fallgruppe des Art. 14 GG.[12] Umfasst ist alles, was den wirtschaftlichen Wert des Betriebs ausmacht, wobei nur der Bestand des Eigentums und nicht der Erwerb, also Erwerbs- und Gewinnchancen, geschützt werden.[13] Durch den Boykottaufruf könnte der wirtschaftliche Bestand des Unternehmens des U gefährdet sein, der Schutzbereich des Art. 14 GG ist somit betroffen.

3. Berufsfreiheit, Art. 12 GG auf Seiten des U

Der Boykottaufruf könnte auch die Berufsausübungsfreiheit des U gem. Art. 12 Abs. 1 GG unverhältnismäßig einschränken. Der Schutzbereich des Art. 12 Abs. 1 GG ist nicht nur betroffen, wenn eine berufliche Tätigkeit unterbunden wird, sondern auch, wenn der Markterfolg behindert wird.[14] Das Verhalten im Wettbewerb gehört zur Berufsausübung und zum Schutzbereich der Berufsfreiheit.[15] Durch den Boykottaufruf des B sollen Firmen der Stadt S von Werbeaufträgen bei P abgehalten werden, wodurch der Markterfolg beeinflusst und in den Wettbewerb eingegriffen wird. Der Schutzbereich der Berufsfreiheit ist somit betroffen.

---

12 Uneinigkeit besteht in der Rechtsprechung von BGH, BVerwG und BVerfG zum Schutzbereich dieser Fallgruppe – vgl. zum Ganzen Kingreen/Poscher, Grundrechte, Rdnr. 1040 m.w.N. auch zum Weiteren.

13 Vgl. Kingreen/Poscher, Grundrechte Rdnr. 1042 – Faustformel: Art. 14 GG schützt das Erworbene, das Ergebnis einer Betätigung; den Erwerb, die Betätigung selbst wird dagegen durch Art. 12 GG geschützt – vgl. auch BVerfGE 88, 366, 377 „Tierzuchtgesetz II".

14 BVerfG NJW-RR 2004, S. 1711, 1712.

15 Vgl. Kingreen/Poscher, Grundrechte, Rdnr. 941 f.

4. Abwägung

Laut Bearbeitervermerk sind die kollidierenden Grundrechtspositionen miteinander abzuwägen. Der Konflikt von aufeinanderprallenden Grundrechten wird in der Rechtswissenschaft über die sog. praktische Konkordanz im Sinne Konrad Hesses[16] gelöst. Dazu hat das Bundesverfassungsgericht folgendes festgestellt:

Die Lösung eines Konflikts zwischen Grundrechten hat davon auszugehen, dass nach dem Willen der Verfassung beide Verfassungswerte essenzielle Bestandteile der freiheitlichen demokratischen Grundordnung des Grundgesetzes bilden, so dass keiner von ihnen einen grundsätzlichen Vorrang beanspruchen kann. Beide Verfassungswerte müssen daher im Konflikt nach Möglichkeit zu einem Ausgleich gebracht werden, lässt sich ein solcher nicht erreichen, ist unter Berücksichtung der falltypischen Gestaltung und der besonderen Umstände des Einzelfalls zu entscheiden, welches Interesse zurückzutreten hat.

Die Meinungsfreiheit des B gem. Art. 5 Abs. 1 Satz 1 GG sowie das allgemeine Persönlichkeitsrecht des U gem. Art. 2 Abs. 1 i.V.m. Art. 1 Abs. 1 GG sowie Art. 12, 14 GG auf Seiten von U sind im Sinne der praktischen Konkordanz gegeneinander abzuwägen.

Zwar muss im Rahmen der praktischen Konkordanz die Meinungsfreiheit des B hinter dem allgemeinen Persönlichkeitsrecht des U zurücktreten. Unwahre Behauptungen, wie die angebliche Gefängnisstrafe oder das Erschleichen der Sendelizenz, können nicht tauglich zur öffentlichen Meinungsbildung beitragen. Das allgemeine Persönlichkeitsrecht, hier insbesondere der Ehrenschutz des U, überwiegen.

Allerdings ist die Äußerung des B über die Tätigkeiten des U im Rotlichtmilieu eine wahre Tatsachenbehauptung, die durchaus zur Meinungsbildung beitragen kann. Insofern überwiegt bzgl. dieser Behauptung die Meinungsfreiheit, gestärkt durch das Informationsinteresse der Allgemeinheit an dieser Information.

Ein Blogger kann auf Missstände in Politik und Gesellschaft hinweisen und nimmt dann eine ähnliche Funktion ein wie die „klassischen" Medien. Der Boykottaufruf selbst ist auch nicht unverhältnismäßig weit gefasst, beschränkt er sich doch auf die Werbekunden des P. Er hat insofern einen relativ schwachen wirtschaftlichen Bezug, Art. 14 und Art. 12 GG sind lediglich im Schutzbereich in einer leichten Form berührt. Die Rezipienten des P werden nicht direkt einbezogen.

Aus diesen Gründen treten die Grundrechtspositionen der Art. 12, 14 GG hinter denen des Art. 5 Abs. 1 Satz 1 GG zurück.

Rechtsprechung und Literatur haben Abwägungskriterien entwickelt, wenn die Meinungsfreiheit berücksichtigt werden muss. So kommt es darauf an, ob es sich um Werturteile oder Tatsachenbehauptungen handelt, ob die Tatsachenbehauptungen

---

16 Vgl. Hesse, Verfassungsrecht, Rdnr. 72; Kingreen/Poscher, Grundrechte, Rdnr. 376 ff.

unwahr oder wahr sind, ob das Werturteil Schmähkritik ist oder ob es sich um eine Auseinandersetzung in einer die Öffentlichkeit wesentlich berührenden Frage handelt. Ferner ist immer an die Bedeutung der Meinungsfreiheit für Demokratie und Politik zu erinnern sowie die Wechselwirkungslehre zu beachten.

Bei der Abwägung überwiegt die Meinungsfreiheit des B, soweit der Boykottaufruf sich auf die wahren Tatsachenbehauptungen stützt.

III. Ergebnis

Im vorliegenden Fall ist der Boykottaufruf des B durch die Meinungsfreiheit gem. Art. 5 Abs. 1 Satz 1 GG gedeckt. Allerdings kann er diese nicht auf die unwahren Tatsachenbehauptungen (Gefängnisstrafe und Sendelizenz) stützten, sondern nur auf die Tätigkeit des U im Rotlichtmilieu.

Frage 2

Teil 1: Strafrechtliche Würdigung

A. Vorwürfe gegenüber Unternehmer U

Die pauschalen Vorwürfe gegen U könnten Ehrschutzdelikte des StGB erfüllen. In Betracht kommen Beleidigung (§ 185 StGB), üble Nachrede (§ 186 StGB) sowie Verleumdung (§ 187 StGB).

Die Prüfung der Ehrschutzdelikte hat vom spezielleren zum allgemeineren Straftatbestand zu erfolgen, d.h. in umgekehrter Reihenfolge wie die drei Normen im StGB aufgeführt sind. § 187 StGB ist das speziellste Delikt, da es voraussetzt, dass die verbreitete Tatsache erweislich unwahr ist. Lässt sich die Unwahrheit der Tatsache nicht nachweisen, ist indessen der Täter auch nicht in der Lage, deren Wahrheit zu beweisen, so ist § 186 StGB hinsichtlich seiner weiteren Voraussetzungen zu prüfen. Der Auffangtatbestand des § 185 StGB ist hingegen allgemeiner und greift auch bei Werturteilen.

I. § 187 StGB (Verleumdung)

In Betracht kommt eine Strafbarkeit des B gem. § 187 StGB. Demnach müsste B in seinem Blog eine unwahre Tatsache gegenüber einem Dritten vorsätzlich behauptet oder verbreitet haben, die geeignet ist, U verächtlich zu machen.

1. Tatbestand

a) Unwahre Tatsachenbehauptung

Zunächst bedarf es einer unwahren Tatsachenbehauptung. Die Äußerungen des B sind dahingehend zu untersuchen, ob es sich um Tatsachenbehauptungen oder Werturteile handelt. Tatsachenbehauptungen sind dann gegeben, wenn die geäußerten Tatsachen nachprüfbar und somit dem Beweis zugänglich sind. Ein Werturteil hingegen ist eine Meinungsäußerung, deren Wahrheitsgehalt der objektiven Nachprüfung nicht zugänglich ist, sondern von den Elementen einer Stellungnahme und des Dafürhaltens gekennzeichnet ist. Die Äußerungen des B bzgl. der angeblich erschlichenen Sendelizenz, das Engagement im Rotlichtmilieu sowie der Gefängnisstrafe sind alle einer Prüfung vor Gericht zugänglich und sind somit als Tatsachenbehauptungen zu qualifizieren.

Ferner müssen diese Tatsachenbehauptungen unwahr sein. Bzgl. der vorgeworfenen Gefängnisstrafe ist dies zu bejahen, da U belegen kann, dass er keine Gefängnisstrafe verbüßt hat. Ähnliches gilt bzgl. der Sendelizenz. Mit Blick auf die Behauptung der Tätigkeit Us im Rotlichtmilieu stellt sich die Tatsachenbehauptung als wahr heraus und fällt somit aus dem Tatbestand des § 187 StGB heraus.

B verbreitet mit seinen Äußerungen zur Gefängnisstrafe und zum Erschleichen der Sendelizenz unwahre Tatsachenbehauptungen.

Im Unterschied zu § 186 StGB ist hier die „Unwahrheit" ein Tatbestandsmerkmal, das dem Täter nachgewiesen werden muss. [17]

b) Ehrenrührig

Nach der ersten Variante des § 187 StGB muss die Tatsachenbehauptung ehrenrührig sein. Die Tatsachenbehauptung ist dann ehrenrührig, wenn sie geeignet ist, den Betroffenen verächtlich zu machen oder in der öffentlichen Meinung herabzuwürdigen.[18] Die Behauptungen des B führen zu einer Herabwürdigung des U in der öffentlichen Meinung.

c) Subjektiver Tatbestand

Der Vorsatz des Täters muss sich bei § 187 StGB zum einen auf die Ehrenrührigkeit seiner Behauptung beziehen, erforderlich ist zum anderen aber auch das sichere Wis-

---

17 Eisele/Schittenhelm, in: Schönke/Schröder, StGB, § 187 Rdnr. 2; da Privatklageweg eröffnet wäre, läge die Beweislast für die Unwahrheit der Tatsachenbehauptung bei U.
18 Eisele/ Schittenhelm, in: Schönke/Schröder, StGB, § 187 Rdnr. 3 und §186 Rdnr. 5.

sen von der Unwahrheit der Tatsachen.[19] Beides ist vorliegend bei B zu bejahen. Laut Sachverhalt ist B die Unwahrheit der behaupteten und verbreiteten Tatsachen bekannt.

Bedingter Vorsatz reicht bei § 187 StGB nicht aus. Dies ist ein entscheidender Unterschied zu § 186 StGB – dort ist nur ein Vorsatz bzgl. der Ehrenrührigkeit der Aussage notwendig, bei § 187 StGB wird darüber hinaus verlangt, dass der Täter bzgl. der Unwahrheit der Aussage vorsätzlich handelt, mithin von der Unwahrheit überzeugt ist.

2. Rechtfertigung

Eine Rechtfertigung kommt gem. § 193 StGB nicht in Betracht, da dieser bei § 187 StGB grundsätzlich keine Anwendung findet.[20] Das ist konsequent, kann doch an der Verbreitung unwahrer Tatsachen kein Interesse bestehen.

3. Qualifikation

Der Qualifikationstatbestand des § 187 Halbsatz 2 StGB ist hier zu bejahen, da die unwahren Tatsachenbehauptungen im Internet verbreitet und damit öffentlich begangen wurden.[21]

4. Ergebnis

B hat sich einer Verleumdung gem. § 187 strafbar gemacht.

II. Üble Nachrede, § 186 StGB

Ferner könnten sich B einer üblen Nachrede gem. § 186 StGB strafbar gemacht haben. Dann müsste er vorsätzlich eine ehrenrührige Tatsache in Beziehung auf einen anderen (hier U) einem Dritten gegenüber behauptet oder verbreitet haben, die nicht erweislich wahr ist.

1. Tatbestand

Gem. § 186 StGB müsste B eine ehrenrührige Tatsache über U gegenüber einem Dritten geäußert haben.

---

19 Tröndle/Fischer, StGB, § 187 Rdnr. 4 (Prägnant dazu Löffler/Ricker, Presserecht, 53. Kapitel, Rdnr. 19, 20.

20 Tröndle/Fischer, StGB, § 193 Rdnr. 4, sowie Eisele/Schittenhelm, in: Schönke/Schröder, StGB, § 193 Rdnr. 2 – jeweils mit Hinweis auf einzelne Ausnahmen von diesem Grundsatz.

21 Heckmann in: Heckmann, jPK Internetrecht, Kapitel 8 Rdnr. 391.

a) Tatsachenbehauptung

Wie oben bereits dargelegt, sind alle von B über U erhobenen Vorwürfe Tatsachenbehauptungen. T hat diese Tatsachen sowohl behauptet als auch verbreitet.

b) Ehrenrührig

Die Tatsachenbehauptung ist dann ehrenrührig, wenn sie geeignet ist, U verächtlich zu machen oder in der öffentlichen Meinung herabzuwürdigen.[22]

c) Subjektiver Tatbestand

B weiß, dass die von ihm veröffentlichten Behauptungen ehrenrührig sind. Er handelte diesbezüglich vorsätzlich.[23]

2. Objektive Strafbarkeitsbedingung / Strafausschließungsgrund

Bei § 186 StGB kommt es nicht darauf an, ob die Tatsachenbehauptung unwahr ist. Insoweit kommt neben den Tatsachenbehauptungen bzgl. der erschlichenen Sendelizenz und der Gefängnisstrafe hier auch die Tatsachenbehauptung bzgl. der Betätigung im Rotlichtmilieu als Tathandlung in Betracht. Entscheidend ist nach § 186 StGB, ob sich die Wahrheit beweisen lässt. Eine Nichterweislichkeit der Wahrheit geht zu Lasten des Täters, hier also des B.[24] Wenn B nicht beweisen kann, dass die aufgestellten Behauptungen stimmen, geht dies zu seinen Lasten und § 186 StGB ist einschlägig.

Laut Sachverhalt kann U beweisen, dass er nicht im Gefängnis war. Zudem könnte U seine Kreditzahlungen sehr einfach nachweisen (bzgl. der Behauptungen über die Sendelizenz), sodass in Bezug auf diese beiden Äußerungen ein Gegenbeweis des B wohl misslingt. Davon ist im Folgenden auszugehen, wodurch zumindest die Behauptungen der Gefängnisstrafe und des Erschleichens der Sendelizenz als „nicht erweislich wahr" zu werten sind. Insofern ist die objektive Strafbarkeitsbedingung des § 186 StGB erfüllt. Im Hinblick auf die Behauptung, U habe sich im Rotlichtmilieu betätigt, gelingt B laut Sachverhalt der Wahrheitsbeweis, so dass diesbezüglich die objektive Strafbarkeitsbedingung nicht erfüllt ist und eine Strafbarkeit nach § 186 StGB ausscheidet.

---

22 Eisele/Schittenhelm, in: Schönke/Schröder, StGB, § 186 Rdnr. 5.

23 Sowie bzgl. der folgenden Problematik vgl. Tröndle/Fischer, § 186 Rdnr. 13 ff.

24 Vorliegend dreht das Gesetz die Beweislast um und nimmt den Täter in die Pflicht, seine Tatsachenbehauptung zu beweisen. Der Täter und nicht das Opfer trägt also das Beweisrisiko. Vgl. zum Ganzen Lenckner, in: Schönke/Schröder, StGB, § 186 Rdnr. 10, 13 ff. Diese Beweislastregel (Beweislastumkehr) findet auch in zivilrechtlichen Fallkonstellationen Anwendung, vgl. dazu Prinz/Peters, Medienrecht, Rdnr. 261.

3. Rechtfertigung

Als Rechtfertigungsgrund kommt § 193 StGB, Wahrnehmung berechtigter Interessen, in Betracht. Das Bundesverfassungsgericht versteht § 193 StGB als eine besondere Ausprägung des Grundrechts der Meinungsfreiheit. Dabei folgt die Rechtsprechung der sog. „Wechselwirkungslehre", derzufolge allgemeine Gesetze i.S.d. Art. 5 Abs. 2 GG in ihrer, das Grundrecht beschränkenden Wirkung, ihrerseits im Licht der Bedeutung des Grundrechts interpretiert werden müssen.[25]

Die Wahrnehmung berechtigter Interessen steht im engen Zusammenhang mit dem Informationsinteresse der Allgemeinheit. Notwendig ist ein berechtigtes Informationsinteresse. Entscheidend fällt die Bedeutung der Angelegenheit für die Allgemeinheit ins Gewicht. Bei wichtigen Themen aus Politik, Wirtschaft, Kultur und Zeitgeschehen ist ein berechtigtes Informationsinteresse prinzipiell gegeben. Das reine Interesse an Unterhaltung, bloße Neugier und Sensationslust werden hingegen nicht als schützenswert anerkannt.

Ob der Rechtfertigungsgrund letztlich durchgreift, ist in jedem Einzelfall im Rahmen einer Wertung zwischen dem Informationsinteresse der Allgemeinheit und dem allgemeinen Persönlichkeitsrecht des Betroffenen abzuwägen.

Im vorliegenden Fall hat B über U verbreitet, er sei vorbestraft. Dies ist eine unwahre Tatsachenbehauptung, die B vorsätzlich verbreitet hat. Gleiches gilt für die Behauptung, U habe sich die Sendelizenz erschlichen. An unwahren Tatsachenbehauptungen besteht kein Informationsinteresse der Allgemeinheit. Diese Äußerungen verletzten das Recht der persönlichen Ehre des U. Die ehrenrührigen Vorwürfe wiegen dabei besonders schwer (Gefängnisstrafe und Betrug) und sind im Internet jedermann zugänglich. Zudem dienen sie weder dem öffentlichen Meinungskampf (z.B. Wahlkampf) noch entsprechen sie der Wahrheit. Im Ergebnis kann sich B nicht auf berechtigte Interessen i.S.d. § 193 StGB berufen, da das Recht der persönlichen Ehre des U vorliegend überwiegt.

4. Qualifikation

Da die üble Nachrede öffentlich begangen wurde, ist zudem der Qualifikationstatbestand des § 186, 2. Halbs. StGB erfüllt.

5. Ergebnis

B hat sich einer üblen Nachrede gem. § 186 StGB strafbar gemacht, die nicht durch § 193 StGB gerechtfertigt ist.

---

25 Vgl. Tröndle/Fischer, StGB, § 193 Rdnr. 17.

III. Beleidigung, § 185 StGB

1. Tatbestand

Durch die oben bezeichneten Äußerungen des B gegenüber U könnte sich B gem. § 185 StGB strafbar gemacht haben. Eine Beleidigung i.S.d. § 185 StGB liegt zum einen in der Kundgabe der Missachtung durch eine vorsätzliche Äußerung unwahrer Tatsachen gegenüber dem Beleidigten (1. Möglichkeit). Zum anderen kann eine Beleidigung i.S.d. § 185 StGB durch die Äußerung eines negativen Werturteils in Bezug auf den Ehrträger gegenüber dem Beleidigten selbst (2. Möglichkeit) oder gegenüber einem Dritten (3. Möglichkeit) erfolgen.

a) Unwahre Tatsachenbehauptung

Um festzustellen, welche Variante im vorliegenden Fall einschlägig ist, sind die Äußerungen des B dahingehend zu untersuchen, ob es sich um Tatsachenbehauptungen oder Werturteile handelt.

Wie bereits dargestellt, handelt es sich bei allen Äußerungen um Tatsachenbehauptungen. Auch wurde bereits festgestellt, dass die Äußerungen über die Gefängnisstrafe sowie die erschlichene Sendelizenz unwahr sind.

Mit Blick auf die Behauptung der Tätigkeit Us im Rotlichtmilieu stellt sich die Tatsachenbehauptung als wahr heraus und fällt somit aus dem Tatbestand des § 185 StGB heraus.

b) Begehungsformen i.S.d. § 185 StGB

Gem. § 185 StGB kommt als Begehungsvariante nur die erste oben beschriebene Möglichkeit in Betracht, da es sich bei den Äußerungen des B um Tatsachenbehauptungen handelt. Eine Beleidigung i.S.d. § 185 StGB ist aber nur möglich, wenn die unwahre Tatsachenbehauptung gegenüber dem Ehrträger (in diesem Fall also U) erfolgt. Bei Tatsachenbehauptungen gegenüber Dritten sind §§ 186, 187 StGB einschlägig. Da B die unwahren Tatsachen gegenüber Dritten verbreitet, hat er den Tatbestand einer Beleidigung gem. § 185 StGB nicht erfüllt.

2. Ergebnis

B hat sich nicht gem. § 185 StGB strafbar gemacht.

IV. Konkurrenzen / Strafantrag

B hat sich gem. § 186 und nach § 187 StGB strafbar gemacht. Beide Delikte können in Idealkonkurrenz stehen, soweit unterschiedliche Rechtsgüter betroffen sind.[26] Vorliegend ist aber in Tateinheit beide Male das Rechtsgut Ehre des U betroffen, so dass es vertretbar erscheint, dass § 186 StGB von § 187 StGB konsumiert wird, da dieser eine höhere Strafandrohung enthält.

Mit Blick auf das Prozessrecht ist an das Strafantragserfordernis gem. § 194 StGB sowie die allgemeinen Strafantragsregeln der §§ 77 ff. StGB zu denken. Ferner ist daran zu erinnern, dass derartige Delikte in der Regel auf dem Privatklageweg gem. § 374 Abs. 1 Nr. 2 StPO verfolgt werden müssen.[27]

Frage 3: Ansprüche des Unternehmers U gegen B

I. Schadensersatz gem. § 823 Abs. 1 BGB

Durch die Behauptung des B, U habe sich eine Sendelizenz erschlichen, eine Gefängnisstrafe verbüßt und sei im Rotlichtmilieu tätig gewesen, könnte sie sich ihm gegenüber gem. § 823 Abs. 1 BGB schadensersatzpflichtig gemacht haben. Dann müsste U ein materieller Schaden entstanden sein und B durch seine Äußerungen ein Rechtsgut des U widerrechtlich verletzt haben.

1. Schaden und Kausalität

Der Schaden kann auch, wie dies häufig in zivilrechtlichen Büchern gelehrt wird, nach dem Verschulden geprüft werden. Im Medienrecht bietet es sich indessen in vielen Fällen an, den Schaden an erster Stelle zu prüfen, um die richtige Einordnung zwischen Schadensersatz und Geldentschädigung zu finden. Wie bei allen Schemata sollten diese nicht mechanisch angewendet werden, sondern unter Berücksichtigung der klausurtaktischen Effektivität.

Tatbestandsvoraussetzung ist zunächst das Vorliegen eines materiellen d.h. in Geld messbaren Schadens. Dieser berechnet sich grundsätzlich nach der Differenzhypothese. Ferner bedarf es des Nachweises der Kausalität zwischen dem Schadensereignis und dem eingetreten Schaden, also eines Zusammenhangs zwischen der Berichterstattung und deren wirtschaftlichen Folgen. Die Beweislast für Schaden und Kausalität

---

26 Tröndle/Fischer, StGB, § 187 Rdnr. 6; Lenckner, in: Schönke/Schröder, StGB, § 187 Rdnr. 8.
27 Es sei denn, die Staatsanwaltschaft erblickt ein „öffentliches Interesse" i.S.d. § 376 StPO.

trägt der Geschädigte.[28] Laut Bearbeitervermerk ist U durch die Berichterstattung ein kausaler Schaden i.H.v. 10.000,– € entstanden. Somit ist ein Schaden i.S.d. § 823 Abs. 1 BGB zu bejahen.

2. Tatbestandsmäßigkeit

a) Rechtsgutverletzung

In Betracht kommt die Verletzung des Rechts am eingerichteten und ausgeübten Gewerbebetrieb als eines sonstigen Rechts i.S.d. § 823 Abs. 1 BGB. Auch der Betriebsinhaber kann sich auf das Recht am eingerichteten und ausgeübten Gewerbebetrieb berufen.[29] Die Rechtsprechung knüpft allerdings verstärkt an die gewerbliche Tätigkeit der natürlichen Person an, damit diese sich auf das Recht am eingerichteten und ausgeübten Gewerbebetrieb berufen kann.[30] Diesbezüglich macht der Sachverhalt keine detaillierten Angaben, doch ist U als Unternehmer, der den Privatsender P betreibt, Unternehmer i.S.d. § 14 BGB. U kann sich daher auf das Recht am eingerichteten und ausgeübten Gewerbebetrieb berufen. Das Recht am eingerichteten und ausgeübten Gewerbebetrieb ist subsidiär gegenüber dem allgemeinen Persönlichkeitsrecht, so dass bei natürlichen Personen regelmäßig auf das allgemeine Persönlichkeitsrecht abzustellen ist.

Die im Folgenden aufgezeigten Probleme wären bei einer Prüfung des Rechts am eingerichteten und ausgeübten Gewerbebetrieb spiegelbildlich zu erörtern. Das Recht am eingerichteten und ausgeübten Gewerbebetrieb ist grundsätzlich subsidiär, steht also hinter dem allgemeinen Persönlichkeitsrecht zurück[31].

Die Äußerungen des B über den U greifen in das Recht der persönlichen Ehre sowie in das Verfügungsrecht über die Darstellung der eigenen Person des U ein. Beides sind anerkannte Fallgruppen des allgemeinen Persönlichkeitsrechts und fallen somit in dessen Schutzbereich.

b) Kausalität

Die Rechtsgutsbeeinträchtigung erfolgte durch positives Tun des B. B hat den Blogbeitrag über den U veröffentlicht, der somit für die Verletzung des allgemeinen Persönlichkeitsrechts kausal war.

---

28 Vgl. dazu Rehbock, Medien- und Presserecht, § 3, Rdnr. 239, 275 ff.
29 Sprau, in: Palandt, § 823 Rdnr. 127; Prinz/Peters, Medienrecht, Rdnr. 199.
30 So BGH NJW 2006, S. 830, 839 „Kirch" dazu Kort, NJW 2006, S. 1098, 1099 sowie Möllers/Beutel, NZG 2006, S. 338, 339.
31 Wagner, in MüKo BGB, § 823 Rdnr. 372.

3. Rechtswidrigkeit

Fraglich ist, ob die Verletzung des allgemeinen Persönlichkeitsrechtes rechtswidrig erfolgte. Die Veröffentlichungen der B könnten durch die Presse- bzw. Meinungsfreiheit des Art. 5 Abs. 1 GG gerechtfertigt sein. Vorliegend kollidieren die Rechtspositionen des U aus dem allgemeinen Persönlichkeitsrecht mit der Meinungsfreiheit des B gem. Art. 5 Abs. 1 GG. Um einen interessengerechten Ausgleich herzustellen, wird von der Rechtsprechung zunächst zwischen Tatsachenbehauptungen und Werturteilen unterschieden, um sodann Kriterien für beide Gruppen zu entwickeln.[32] Bei Tatsachenbehauptungen hängt die Abwägung von ihrem Wahrheitsgehalt ab. Enthält eine Äußerung erwiesenermaßen falsche oder bewusst unwahre Tatsachenbehauptungen, so tritt das Grundrecht der Meinungsfreiheit regelmäßig hinter dem allgemeinen Persönlichkeitsrecht zurück. Bei allen Äußerungen des B handelt es sich um Tatsachenbehauptungen.

a) Äußerungen bzgl. Sendelizenz und Gefängnisstrafe

Bzgl. der Äußerungen über eine angeblich erschlichene Sendelizenz sowie einer Gefängnisstrafe, verbreitet B bewusst unwahre Tatsachen, die keinen nützlichen Beitrag zum Prozess der öffentlichen Meinungsbildung liefern. Bei diesen Äußerungen tritt die Meinungs- und Pressefreiheit des B gem. Art. 5 Abs. 1 GG hinter dem allgemeinen Persönlichkeitsrecht des U zurück, eine Verletzung der Rechtsposition des U ist mithin zu bejahen.

b) Äußerungen bzgl. Rotlichtmilieu

Bzgl. der Äußerungen über eine eventuelle Tätigkeit des U im Rotlichtmilieu handelt es sich um keine unwahre Tatsachenbehauptung. Auch wenn die Äußerung das Persönlichkeitsrecht des P beeinträchtigt, überwiegt bei der wahren Behauptung über eine frühere Tätigkeit des P doch die Meinungsfreiheit des B.

c) Zwischenergebnis

Ein rechtswidriger Eingriff in den Schutzbereich des allgemeinen Persönlichkeitsrechts als sonstiges Recht i.S.d. § 823 Abs. 1 BGB liegt hinsichtlich der Äußerungen des B über die Sendelizenz und die Gefängnisstrafe vor.

---

32 Vgl. Wagner, in MüKo BGB, § 823 Rdnr. 388 ff. (auch zum Weiteren) sowie im Einzelnen Prinz/Peters, Medienrecht, Rdnr. 202 ff.; diese Kriterien wurden zwar zum „Recht am eingerichteten und ausgeübten Gewerbebetrieb" entwickelt, entfalten aber gleichfalls Wirksamkeit beim „allgemeinen Persönlichkeitsrecht" als sonstiges Recht im Rahmen des § 823 Abs. 1 BGB – so BGH NJW 2006, S. 830, 841 m.w.N.

4. Verschulden

Verschulden bedeutet die endgültige Beurteilung der Verantwortlichkeit des Schädigers für sein normwidriges Verhalten i.S.d. Vorwerfbarkeit.[33] Ein Verschulden ist dann zu bejahen, wenn das Verhalten des B vorsätzlich oder fahrlässig war. Die Begriffsdefinitionen sind dabei § 276 BGB zu entnehmen, der insgesamt allerdings aufgrund des schuldrechtlichen Ursprungs nicht automatisch im Deliktsrecht gilt.[34] Bei Presseveröffentlichungen wird die gebotene Sorgfaltspflicht in § 5 MPresseG umschrieben, die sog. journalistische Sorgfaltspflicht.[35] Ein Verstoß gegen die journalistische Sorgfaltspflicht ist demnach fahrlässig und führt zu einem Verschulden i.S.d. § 823 BGB. Um der journalistischen Sorgfaltspflicht zu genügen, hätte U angehört bzw. ihm hätte Gelegenheit zur Stellungnahme gegeben werden müssen. B ist allerdings kein Journalist, weshalb § 5 MPresseG nicht direkt ihn anwendbar ist. Gefragt werden könnte, ob diese Norm zumindest analog auf B angewendet werden muss. Voraussetzung der Analogiebildung ist eine planwidrige Regelungslücke. Das nicht zu bejahen, seit durch den Medienstaatsvertrag die Adressaten journalistischer Sorgfaltspflichten erweitert worden sind. § 19 Abs. 1 Satz 1 MStV regelt, dass die anerkannten journalistischen Grundsätze für Telemedien mit journalistisch-redaktionell gestalteten Angeboten anzuwenden sind, in denen insbesondere vollständig oder teilweise Inhalte periodischer Druckerzeugnisse in Text oder Bild wiedergeben werden. Satz 2 dieser Norm dehnt den Anwendungsbereich indes auch auf „andere geschäftsmäßig angebotene, journalistisch-redaktionell gestaltete Telemedien" aus, „in denen regelmäßig Nachrichten oder politische Informationen enthalten sind und die nicht unter Satz 1 fallen". Auch diese Regelung trifft auf B nicht zu, da er seinen Blog nicht regelmäßig betreibt und auch für ein geschäftsmäßiges Angebot dem Sachverhalt kein Hinweis zu entnehmen ist. Mit der klaren Regelung des § 19 Satz 2 MStV verbleibt kein Raum mehr für eine Analogiebildung auch auf „Laienjournalisten", die nicht regelmäßig oder nicht geschäftsmäßig bloggen. B betreibt zwar einen Blog und ist daher „Contentschaffender", indes berichtet er lediglich über persönliche Erlebnisse, hat es sich also nicht zur Aufgabe gemacht, über Ereignisse von politischer oder gesellschaftlicher Relevanz zu berichten. Da B weiß, dass Teile seiner Berichterstattung nicht der Wahrheit entsprechen, hat er diesbezüglich vorsätzlich gehandelt.

---

33 Sprau, in: Palandt, BGB, § 823 Rdnr. 40.
34 Vorsatz ist Wissen und Wollen der Tatbestandsverwirklichung im Bewusstsein der Rechtswidrigkeit des Tuns. Fahrlässigkeit ist das Außerachtlassen der „im Verkehr erforderlichen Sorgfalt" § 276 Abs. 2 BGB.
35 Zu Recht wird in der Literatur darauf hingewiesen, dass sich die Problematik eines Verstoßes gegen die journalistische Sorgfaltspflicht nicht klar einem der Prüfungspunkte „Rechtswidrigkeit" oder „Verschulden" zuordnen lässt, da sie bereits bei der Tatbestandsprüfung des § 193 StGB relevant ist.

5. Ergebnis

U hat gegen B einen Schadensersatzanspruch gem. § 823 Abs. 1 BGB.

II. § 823 Abs. 2 BGB i.Vm. §§ 186, 187 StGB

B könnte sich durch die veröffentlichten Behauptungen über U ferner gem. § 823 Abs. 2 BGB i.V.m. §§ 186, 187 StGB schadensersatzpflichtig gemacht haben. Dann müssten folgende Tatbestandsvoraussetzungen erfüllt sein:

1. Materieller Schaden

Wie dem Bearbeitervermerk zu entnehmen ist, entstand U ein materieller, kausaler Schaden i.H.v. 10.000,– €. Ferner ist auch die Kausalität zwischen dem verursachten Schaden und der Schutzgesetzverletzung nachzuweisen.

2. Tatbestandsmäßigkeit

Gem. § 823 Abs. 2 BGB müsste eine Schutzgesetzverletzung vorliegen. §§ 185 ff. StGB sind Schutzgesetze i.S.d. § 823 Abs. 2 BGB, da sie Normen sind, die nach ihrem Zweck und Inhalt auch dazu dienen sollen, den Einzelnen gegen die Verletzung eines bestimmten Rechtsguts (hier die persönliche Ehre) zu schützen.[36] Gegen §§ 186, 187 StGB wurde, wie oben festgestellt, verstoßen. Eine Schutzgesetzverletzung liegt somit vor.

3. Rechtswidrigkeit

Die Rechtswidrigkeit wird durch die Schutzgesetzverletzung indiziert und ist folglich zu bejahen.

4. Verschulden

Das Verschulden bezieht sich auf die Schutzgesetzverletzung. Im Grundsatz ist der subjektive Tatbestand des Schutzgesetzes (Vorsatz oder Fahrlässigkeit) auch für die Schadensersatzpflicht gem. § 823 Abs. 2 BGB maßgeblich.[37] Da B bei der Verletzung der §§ 186, 187 StGB vorsätzlich gehandelt hat, ist ein Verschulden im Rahmen des § 823 Abs. 2 BGB zu bejahen.

Bei einer Verletzung der §§ 185 ff. StGB führt die besondere Beweislastverteilung des § 186 StGB im Zivilrecht zu einer sog. Beweislastumkehr, so dass B die Richtigkeit der von ihm behaupteten Tatsachen beweisen muss.

---

36 Sprau, in: Palandt, BGB, § 823 Rdnr. 57 ff., 69.
37 Sprau, in: Palandt, BGB, § 823 Rdnr. 60.

5. Ergebnis

B hat sich gegenüber U gem. § 823 Abs. 2 BGB i.V.m. §§ 186, 187 StGB schadensersatzpflichtig gemacht.

III. § 824 BGB

Die Behauptungen des B über U könnten ferner den Tatbestand des § 824 BGB verwirklicht haben. Dann müsste B über U unwahre Tatsachen rechtswidrig und schuldhaft behauptet oder verbreitet haben, die geeignet sind, den Ruf des U zu gefährden.

1. Behauptung oder Verbreitung unwahrer Tatsachen

Die Äußerungen über den U bzgl. der Sendelizenz und der Gefängnisstrafe sind unwahre Tatsachenbehauptungen durch die U einen materiellen Schaden erlitten hat. B hat diese in seinem Blog behauptet und damit verbreitet.

2. Rufgefährdung

Die Tatsachenbehauptung muss nicht ehrenrührig sein, sondern lediglich geeignet sein, die wirtschaftliche Wertschätzung von Personen und Unternehmen, vor allem das Vertrauen in sie, zu gefährden. Die Behauptungen des B sind geeignet, das Vertrauen zwischen U und seinen „Geschäftspartnern", hier den Werbetreibenden, zu gefährden. Eine Rufgefährdung ist mithin zu bejahen.

3. Rechtswidrigkeit / Ausschluss des Schadensersatzanspruchs

Das Verhalten des B müsste rechtswidrig sein, insbesondere darf die Haftungsbeschränkung des § 824 Abs. 2 BGB nicht eingreifen. § 824 Abs. 2 BGB ist § 193 StGB nachgebildet, wobei es im Unterschied zu § 193 StGB nicht nur auf das Interesse des Mitteilenden ankommt. § 824 Abs. 2 BGB setzt voraus, dass dem Mitteilenden die Unwahrheit der Behauptung unbekannt war. Dies ist im vorliegenden Fall gerade nicht zu bejahen, da B wusste, dass Teile seiner Behauptungen falsch sind. Die Meinungsfreiheit des B scheidet als Rechtfertigungsgrund aus, da sie im Rahmen der Abwägung bei unwahren Tatsachenbehauptungen gegenüber dem allgemeinen Persönlichkeitsrecht des U zurücktritt. Das Verhalten des B war somit rechtswidrig.

4. Verschulden

Erneut bestimmt sich das Verschulden danach, ob das Handeln des B vorsätzlich oder fahrlässig war. Wie festgestellt, wusste B, dass Teile seiner Behauptungen unwahr sind. Er handelte insoweit vorsätzlich.

5. Ergebnis

U hat gegen B auch aus § 824 BGB einen Schadensersatzanspruch.

Die Rechtsfolge des § 824 BGB kann auch eine Unterlassung oder ein Widerruf (Berichtigung) sein.[38]

IV. § 826 BGB

Die Äußerungen des B über U könnten die Tatbestandsvoraussetzungen des § 826 BGB verwirklichen.

1. Verstoß gegen die guten Sitten

Bei § 826 BGB handelt es sich um einen offenen Tatbestand, sodass das Sittenwidrigkeitsurteil an der im Grundgesetz gewährleisteten Meinungs- und Medienfreiheit (Art. 5 Abs. 1 GG) zu messen ist. Erforderlich ist eine Einzelfallbetrachtung. Sittenwidrigkeit ist gegeben, wenn die Handlung gegen das Anstandsgefühl aller billig und gerecht Denkenden verstößt. So kann eine sittenwidrige Schädigung vorliegen, wenn ein Blogger wahrheitswidrige Behauptungen verbreitet, bei denen klar ist, dass sie zu erheblichen wirtschaftlichen Schäden führen können. Gerade die Äußerungen des B bzgl. der Kreditwürdigkeit bzw. der finanziellen Situation des U begründen eine so zu verstehende Sittenwidrigkeit. Ferner bedarf es wiederum einer Kausalität zwischen Handlung und Schädigung.

2. Vorsätzliche Schadenszufügung

Für den Vorsatz bedarf es des Bewusstseins des Handelnden, dass seine Handlung den schädlichen Erfolg herbeiführen kann, er muss dies wollen bzw. in Kauf nehmen.

Fahrlässigkeit, selbst grobe Fahrlässigkeit, genügt für die Verwirklichung des Tatbestands des § 826 BGB nicht.[39]

Da B weiß, dass die Behauptungen über den U teils unwahr sind, kann angenommen werden, dass er sich des schädlichen Erfolgs seiner Äußerungen bewusst ist.

3. Schaden

Auf die oben gemachten Ausführungen wird verwiesen. Ein Schaden ist zu bejahen.

---

38 Sprau, in: Palandt, BGB, § 824 Rdnr. 14; Teichmann, in: Jauernig, BGB, § 824 Rdnr. 14.
39 Teichmann, in: Jauernig, BGB, § 826 Rdnr. 5, 10.

4. Ergebnis

B hat gegenüber U Schadensersatz gem. § 826 BGB zu leisten.

V. §§ 9, 3, 4 Nr. 8 UWG

B könnte durch die Äußerungen über U gegen § 3 Abs. 1 i.V.m. § 5 Abs. 1 Nr. 3 UWG verstoßen und sich somit i.S.d. § 9 UWG schadensersatzpflichtig gemacht haben. Dann müsste zunächst eine unlautere geschäftliche Handlung vorliegen.

1. Geschäftliche Handlung i.S.d. § 2 Abs. 1 Nr. 1 UWG

Das Gesetz definiert geschäftliche Handlung als jedes Verhalten einer Person zugunsten des eigenen oder eines fremden Unternehmens (…), das u.a. mit der Förderung des Absatzes von Waren objektiv zusammenhängt. Vereinfacht ist dies jede Handlung, bei der ein Zusammenhang zwischen Handlung und Absatzförderung besteht (objektive Zusammenhang), die Handlung muss also einen Marktbezug haben. Im Hinblick auf die Meinungsfreiheit des Art. 5 Abs. 1 Satz 1, 1. Var. GG kann im vorliegenden Fall nicht von einem „objektive Zusammenhang" zwischen Handlung und Absatzförderung ausgegangen werden. B, der in keinem Wettbewerbsverhältnis zu U steht, verfolgt, soweit er nicht nur die Allgemeinheit über die „Machenschaften" des U informieren möchte, allenfalls persönliche Ziele, so dass das UWG insoweit nicht anwendbar ist.

2. Ergebnis

U hat gegen B keinen Anspruch auf Schadensersatz gem. § 9 i.V.m. §§ 3 Abs. 1, 5 Abs. 1 Nr. 3 UWG.

VI. Beseitigung gem. § 1004 Abs. 1 BGB analog

U könnte einen Anspruch gegen B auf Unterlassung der Behauptungen bzgl. des Erschleichens einer Sendelizenz, einer Gefängnisstrafe sowie einer Tätigkeit im Rotlichtmilieu haben. Fraglich sind zunächst die richtige Rechtsgrundlage sowie die sich daraus ergebenden Tatbestandsvoraussetzungen.

1. Anwendungsbereich / Rechtsgrundlage

Wie oben bereits festgestellt und hergeleitet, ist die richtige Anspruchsgrundlage § 1004 analog BGB.

2. Rechtsbeeinträchtigung bzw. Rechtsverletzung

Als verletzte Rechtsgüter kommen wiederum das allgemeine Persönlichkeitsrecht sowie das Recht am eingerichteten und ausgeübten Gewerbebetrieb in Betracht. Diesbezüglich ist auf die oben gemachten Ausführungen zu verweisen und eine Rechtsverletzung zu bejahen. Da die Verletzung durch den Blogbeitrag noch anhält, ist nicht die Unterlassung, sondern die Beseitigung die angestrebte Rechtsfolge.

3. Wiederholungsgefahr oder Erstbegehungsgefahr

Da der Blogbeitrag sich weiterhin im Internet abrufbar ist, hält die Rechtsverletzung noch an.

Es muss daher hier nicht wie bei der Unterlassung eine Erstbegehungsgefahr oder eine Wiederholungsgefahr geprüft werden.

4. Keine Duldungspflicht (§ 1004 Abs. 2 BGB)

U hätte den Eingriff in sein Persönlichkeitsrecht hinzunehmen, wenn er ihn i.S.d. § 1004 Abs. 2 BGB analog zu dulden hätte. Zu dulden hat er einen Eingriff dann, wenn sich B auf Rechtfertigungsgründe berufen kann, sein Verhalten mithin nicht rechtswidrig ist. B kann sich allerdings nicht erfolgreich auf Art. 5 Abs. 1 S. 1 GG (Meinungsfreiheit) berufen, da es sich bzgl. der Sendelizenz und der Gefängnisstrafe um bewusst unwahre Tatsachenbehauptungen handelt.

Auf ein Verschulden, also ein vorsätzliches oder fahrlässiges Handeln des B, kommt es beim Unterlassungsanspruch gerade nicht an. Im Rahmen der Interessenabwägung zwischen dem allgemeinen Persönlichkeitsrecht des U und der Meinungsfreiheit des B ist dies aber von Bedeutung, da Art. 5 Abs. 1 GG regelmäßig nur dann hinter Art. 2 Abs. 1 i.V.m. Art. 1 Abs. 1 GG zurücktritt, wenn die behaupteten Tatsachen erwiesen falsch oder bewusst unwahr sind.[40]

5. Ergebnis

U hat gegen B einen Unterlassungsanspruch gem. § 1004 Abs. 1 BGB analog bzgl. der Äußerungen über eine angeblich erschlichene Sendelizenz und der angeblichen Gefängnisstrafe.

---

40 BGH NJW 2006, S. 830, 839 „Kirch" m.w.N.

VII. Konkurrenzen

Bzgl. der unwahren Tatsachenbehauptungen des B (erschlichene Sendelizenz und Gefängnisstrafe) stellt § 824 BGB eine abschließende Haftungsregel dar und verdrängt
die subsidiären Ansprüche aus §§ 823 Abs. 1 und Abs. 2 BGB.[41] Ansprüche aus § 824
BGB können neben solchen aus § 826 BGB zur Anwendung kommen.

In Betracht kommt zudem ein Anspruch auf Geldentschädigung des U gegen B in
Betracht. Doch ist dieser laut Bearbeitervermerk nicht zu prüfen. Zur Prüfung eines
Geldentschädigungsanspruchs vgl. Fall 1.

---

41 BGH NJW 2006, S. 830, 839 „Kirch" m.w.N.

Fall 9: Der betrunkene Straßenbahnfahrer

In der Stadt S kommt es zu einem schweren Verkehrsunfall, weil eine Straßenbahn auf einen haltenden PKW auffährt, wodurch der Fahrer des PKW verletzt wird. Volontär V, der immer wieder einmal Artikel für die Z-Zeitung schreibt (die als Aktiengesellschaft [AG] organisiert ist), soll über den Unfall recherchieren. Er befragt Fahrgäste, die ihm berichten, die Bahn sei vom Straßenbahnfahrer A gesteuert worden, der schon mehrfach ein auffälliges Verhalten gezeigt habe und auch an diesem Tag wieder „eine Fahne" gehabt habe. V will den Dingen auf den Grund gehen und fragt bei den städtischen Verkehrsbetrieben, die als Aktiengesellschaft organisiert sind, nach, welcher Fahrbedienstete die Bahn gesteuert hat, ob bei ihm Alkohol im Blut festgestellt wurde und ob er bereits zuvor wegen Unzuverlässigkeit aufgefallen war. V erhält als Antwort, die Verkehrsbetriebe könnten ihm keine Auskunft erteilen, da ihre Mitarbeiter sonst vor Racheakten aus der Bevölkerung nicht sicher seien. Zudem habe V gar kein Recht, die Verkehrsbetriebe, eine Aktiengesellschaft, zu befragen. V wendet sich daraufhin mit seinen Fragen an die „eigentlich für den Straßenbahnbetrieb zuständige" Verwaltung der Stadt S, wird dort allerdings ebenfalls abgewiesen.

Frage 1

V ist empört und fragt Sie, ob er gegen die Verkehrsbetriebe oder die Stadt S einen Anspruch auf Auskunftserteilung hat.

Frage 2

Unterstellen Sie, V hätte einen Auskunftsanspruch gegen die Verkehrsbetriebe bzw. Stadt S und beide verweigern die Auskunft weiterhin. Wäre eine Klage der Z-Zeitung zulässig? Beachten Sie dabei, dass es der Z-Zeitung darauf ankommt, den Auskunftsanspruch möglichst schnell gerichtlich durchzusetzen.

Frage 3

Der Automobilhersteller A-AG stellt in einer Werkspräsentation vor geladenen Gästen seinen neuen Autotyp „Speedy" vor. Journalist J, der bei der Autozeitschrift „Gute Fahrt" beschäftigt ist, soll für dieses Blatt über „Speedy" berichten. Als J den Präsentationsraum auf dem Werksgelände zusammen mit den anderen Medienvertretern betreten will, wird ihm von Mitarbeitern der A-AG der Zugang verwehrt. Als Grund wird J zu verstehen gegeben, er habe sich früher einmal in einem Artikel abschätzig über ein anderes Modell der A-AG geäußert, in dem er dieses als „unzeitgemäßen Spritfresser" bezeichnete. J beruft sich demgegenüber auf sein „journalistisches Zutrittsrecht". Wie ist die Rechtslage?

Rechtstext (Landespressegesetze der Länder – Mustergesetz):[1]

§ 4 Informationsanspruch der Presse.
(1) Die Behörden sind verpflichtet, den Vertretern der Presse die der Erfüllung ihrer öffentlichen Aufgaben dienenden Auskünfte zu erteilen.
(2) Auskünfte können verweigert werden, soweit
1. hierdurch die sachgemäße Durchführung eines schwebenden Verfahrens vereitelt, erschwert, verzögert oder gefährdet werden könnte oder
2. Vorschriften über die Geheimhaltung entgegenstehen oder
3. ein überwiegendes öffentliches oder schutzwürdiges privates Interesse verletzt würde.
(3) Anordnungen, die einer Behörde Auskünfte an die Presse allgemein verbieten, sind unzulässig.
(4) Der Verleger einer Zeitung oder Zeitschrift kann von den Behörden verlangen, dass ihm deren amtliche Bekanntmachungen nicht später als seinen Mitbewerbern zur Verwendung zugeleitet werden.

Lösung des Ausgangsfalls

Frage 1

Zunächst sind die speziellen vor der allgemeinen Norm zu prüfen. Darüber hinaus kann an einen verfassungsunmittelbaren Auskunftsanspruch gedacht werden, der aus Art. 5 Abs. 1 Satz 2, 1. Alt. GG sowie aus der Informationsfreiheit gem. Art. 5 Abs. 1 Satz 1, 2. Halbs. GG bzw. Art. 10 EMRK abgeleitet werden könnte. Ein solcher Anspruch ist vom BVerwG bejaht worden, bisher allerdings nicht vom BVerfG.[2]

---

1 Siehe Fechner/Mayer, Medienrecht Vorschriftensammlung, Pressegesetz (Mustergesetz), S. 609 ff. m.w.N..
2 Das BVerfG hat in mehreren Entscheidungen bewusst von einer Positionierung Abstand ge-

Doch auch nach der Rechtsprechung ist der Anspruch auf tatsächlich vorhandene Informationen begrenzt.

I. Auskunftsanspruch gem. § 4 Abs. 1 Landespressegesetz (LPresseG)[3]

Ein Auskunftsanspruch des V gegen die Verkehrsbetriebe der Stadt S könnte sich aus dem Landespressegesetz ergeben. Einschlägig ist das Landespressegesetz des Bundeslandes, in dessen Gebiet die Stadt S liegt. § 4 Abs. 1 LPresseG verpflichtet die Behörden, den Vertretern der Presse die der Erfüllung ihrer öffentlichen Aufgabe dienenden Auskünfte zu erteilen. Dann müsste zunächst das LPresseG anwendbar sein, es sich bei den Verkehrsbetrieben der Stadt um eine „Behörde" i.S.d. § 4 Abs. 1 LPresseG handeln sowie V ein Vertreter der Presse sein. Ferner muss der Umfang der Auskunftspflicht bestimmt werden und es dürfen keine Auskunftsverweigerungsgründe des § 4 Abs. 2 LPresseG einschlägig sein.

1. Anwendungsbereich LPresseG

Zunächst müsste das Landespressegesetz nicht nur auf Behörden „des Landes", sondern auch auf städtische Behörden anwendbar sein. Zu den Einrichtungen des Bundeslandes gehören auch dessen Gemeinden als Untergliederungen des Landes. Die Verkehrsbetriebe der Stadt S sind ein kommunales Unternehmen und unterfallen insoweit dem Anwendungsbereich des entsprechenden Landespressegesetzes.

2. Anspruchsvoraussetzungen

a) Anspruchsverpflichteter – Behörde

Fraglich ist, ob es sich bei den Verkehrsbetrieben der Stadt S, die in Form einer Aktiengesellschaft organisiert sind, um eine „Behörde" i.S.d. § 4 Abs. 1 LPresseG handelt. Eine Aktiengesellschaft ist eine privatrechtliche Organisationsform und damit nicht Teil der Verwaltung. Zwar handelt es sich bei den Verkehrsbetrieben um ein kommunales Unternehmen, sogar einen Betrieb der Daseinsvorsorge, doch haben die Verkehrsbetriebe keinerlei öffentlich-rechtliche Befugnisse. Sie sind somit nicht vom allgemeinen Behördenbegriff des § 1 Abs. 4 VwVfG erfasst.[4] Fraglich ist, ob § 4 Abs. 1 LPresseG den gleichen Behördenbegriff wie das Verwaltungsverfahrensgesetz zu Grunde legt. Dies ist durch Auslegung zu ermitteln. Die teleologische Auslegung des

---

nommen, gleichsam dabei immer die grundrechtliche Dimension der Pressefreiheit betont. Exemplarisch: BGH NJW 2014, S. 3711 ff.

3 Alle Landespressegesetze kennen einen Auskunfts- oder Informationsanspruch der Presse. Im Folgenden wird das Musterpressegesetz aus Fechner/Mayer, Vorschriftensammlung Medienrecht (S. 609 ff.) zu Grunde gelegt.

4 Kopp/Ramsauer, VwVfG, § 1 Rdnr. 60.

§ 4 Abs. 1 LPresseG verlangt eine Einbeziehung von Betrieben der Daseinsvorsorge auch dann, wenn sie privatrechtlich organisiert sind. Das Landespressegesetz soll umfassend einen Auskunftsanspruch der Presse gegenüber staatlichen und kommunalen Einrichtungen gewähren, unabhängig von der jeweiligen Organisationsform. Insoweit gilt der Grundsatz „keine Flucht ins Privatrecht",[5] die Informationspflicht darf also nicht durch Wahl einer privatrechtlichen Organisationsform umgangen werden. Auch die Rechtsprechung folgt dieser Sichtweise und bestimmt den Behördenbegriff in § 4 Abs. 1 LPresseG aus verfassungsrechtlichen Gründen nicht organisationsrechtlich, sondern unabhängig vom Verwaltungsverfahrensgesetz.[6] Ausschlaggebend ist die Funktion des Auskunftsanspruchs, der enge Bezüge zur grundgesetzlichen Pressefreiheit sowie zum Demokratiegebot aufweist. Ein Informationsbedürfnis entsteht insbesondere dort, wo öffentliche Mittel zur Wahrnehmung staatlicher Aufgaben eingesetzt werden, also gerade bei privatrechtlichen Organisationsformen.

Der Anspruch aus § 4 Abs. 1 LPresseG ist somit auch direkt gegen den städtischen Verkehrsbetrieb gerichtet. Der Anspruchsberechtigte muss nicht erst gegen die Gemeinde selbst vorgehen, damit diese dann versucht, von „ihrem" Unternehmen Auskunft über den entsprechenden Sachverhalt zu erhalten.

Im Ergebnis sind die Verkehrbetriebe der Stadt S als Behörden i.S.d. § 4 Abs. 1 LPresseG anzusehen.

b) Anspruchsberechtigter – Vertreter der Presse

Bei V müsste es sich um einen „Vertreter der Presse" handeln. V ist lediglich Volontär bei der Z-Zeitung. Wie sich aus dem weiteren Wortlaut des § 4 Abs. 1 LPresseG ergibt, geht es darum, dass der Presse die Auskünfte zu erteilen sind, die der Erfüllung ihrer öffentlichen Aufgabe dienen. Daher ist die Frage, welchen Status ein Journalist innerhalb eines Presseunternehmens hat, für die Auskunftserteilung unerheblich. Maßgeblich ist, inwieweit tatsächlich zur Erfüllung der öffentlichen Aufgabe der Presse recherchiert wird.

> In der Praxis wird für zulässig angesehen, wenn sich eine Behörde einen Nachweis darüber vorlegen lässt, dass der Auskunftsverlangende mit einer entsprechenden Recherche betraut ist.

Im Ergebnis ist V als „Vertreter der Presse" i.S.d. § 4 Abs. 1 LPresseG Anspruchsberechtigter.

---

5 Zu diesem Grundsatz vgl. Maurer, Verwaltungsrecht, § 3 Rdnr. 26.
6 Zum Ganzen OVG Saarlouis AfP 1997, S. 837; BGH NJW 2005, S. 1720 sowie Sydow/Gebhardt, NVwZ 2006, S. 986, 990 auch zum Weiteren.

c) Weitere Voraussetzungen sowie Umfang des Auskunftsanspruchs

Die Auskünfte über den Fahrer der Straßenbahn dienen der Erfüllung der öffentlichen Aufgabe der Presse, da es zu deren elementaren Aufgaben gehört, über Missstände, insbesondere in der Verwaltung, aber auch in Betrieben und in der Gesellschaft aufzuklären. Der Umfang des Auskunftsanspruchs gem. § 4 Abs. 1 LPresseG ist grundsätzlich umfassend.

3. Auskunftsverweigerungsgründe gem. § 4 Abs. 2 LPresseG

Fraglich ist, ob die Behörde sich auf ein Auskunftsverweigerungsrecht berufen kann. Auskunftsverweigerungsgründe sind in § 4 Abs. 2 LPresseG aufgeführt. Auskünfte können u.a. gem. § 4 Abs. 2 Nr. 3 LPresseG dann verweigert werden, wenn ein schutzwürdiges privates Interesse durch die Auskunftserteilung verletzt würde. Bei § 4 Abs. 2 LPresseG, der die Auskunftsverweigerungsgründe normiert, handelt es sich um eine Ermessensvorschrift. Auch wenn es sich nicht um eine Behörde im engeren Sinne handelt, sind die Grundsätze des Ermessensfehlgebrauchs entsprechend anwendbar. Ein Ermessensfehler ist hier nicht erkennbar. Die Verkehrsbetriebe haben von dem ihnen eingeräumten Ermessen Gebrauch gemacht und ihre Entscheidung mit einem weder sachwidrigen noch unlogischen Argument begründet.

§ 4 Abs. 2 LPresseG erfordert eine Güterabwägung zwischen dem mit der Gewährleistung der Medienfreiheit in Art. 5 Abs. 1 Satz 2 GG korrelierenden Informationsanspruch und den entgegenstehenden Interessen in § 4 Abs. 2 LPresseG. Bei § 4 Abs. 2 Nr. 3 LPresseG ist dies das allgemeine Persönlichkeitsrecht. Der Grundsatz der Verhältnismäßigkeit ist zu berücksichtigen.

Es empfiehlt sich, die in § 4 Abs. 2 Nr. 3 LPresseG geforderte Güterabwägung zwischen der Pressefreiheit (Art. 5 Abs. 1 Satz 2 GG) und dem allgemeinen Persönlichkeitsrecht (Art. 1 Abs. 1 i.V.m. Art. 2 Abs. 1 GG) im Rahmen der Verhältnismäßigkeitsprüfung darzustellen. Die Medienfreiheit erfährt ihre Ausprägung vorliegend im Auskunftsanspruch, gerade auch, um das Informationsinteresse der Allgemeinheit zu befriedigen. Auf die Darstellung des Schutzbereichs des allgemeinen Persönlichkeitsrechts wird im Folgenden verzichtet. Für die Klausurbearbeitung ist es jedoch sinnvoll, an dieser Stelle aufzuzeigen, inwieweit eine Auskunft und die somit resultierende Berichterstattung in das allgemeine Persönlichkeitsrecht des A eingreifen würden.

Vorliegend ist fraglich, ob die Entscheidung, die Auskunft zu verweigern, verhältnismäßig war, also geeignet, erforderlich und angemessen.[7] Hinsichtlich eines Schutzes

---

7 Zur Prüfung der Verhältnismäßigkeit vgl. grundlegend Kingreen/Poscher, Grundrechte, Rdnr. 330 ff.

der Gesundheit des A (Art. 2 Abs. 1 GG), seiner Krankengeschichte als ein Kernbereich seines privaten Lebens sowie seiner zentralen Position etwaiger Ermittlungs-/ und Strafverfahren erscheint eine Auskunftsverweigerung im konkreten Fall geeignet und erforderlich.

Problematisch ist die Angemessenheit – also die Zweck-Mittel-Relation – der Auskunftsverweigerung. Es handelt sich um eine die Öffentlichkeit zentral berührende Angelegenheit, und zwar die Sicherheit im Straßenverkehr, über die die Medien jederzeit berichten dürfen (Art. 5 Abs. 1 Satz 2 GG). Bei möglichen Missständen in einem Verkehrsbetrieb, die zu Gefahren für die Allgemeinheit führen, besteht ein gesteigertes Interesse der Allgemeinheit an einer Aufklärung. Die Pressefreiheit wird hier durch das Informationsinteresse der Allgemeinheit verstärkt.[8] Demgegenüber liegt in der namentlichen Nennung einer Person im Zusammenhang mit einem Fehlverhalten, das möglicherweise eine Straftat darstellt, ein erheblicher Eingriff in deren Persönlichkeitsrecht aus Art. 2 Abs. 1 i.V.m. Art. 1 Abs. 1 GG. Dies rechtfertigt indessen nicht jedwede Verweigerung einer Auskunft. Um beiden Grundrechtspositionen hinreichend Rechnung zu tragen, müssen die Verkehrsbetriebe zumindest darlegen, ob es bereits ähnliche Vorkommnisse gegeben hat und welche Maßnahmen ergriffen werden, um künftige Gefährdungen der Allgemeinheit auszuschließen. Die Benennung des Fahrers ist hierfür gänzlich irrelevant, wodurch die städtischen Verkehrsbetriebe ihn nicht nennen müssen.

Im Ergebnis besteht hinsichtlich des Namens des Straßenbahnführers ein Auskunftsverweigerungsrecht gem. § 4 Abs. 2 Nr. 3 LPresseG.

4. Ergebnis

Die städtischen Verkehrsbetriebe sind gem. § 4 Abs. 1 LPresseG verpflichtet, V Auskunft über ähnliche Vorkommnisse und ihre Reaktion auf diese zu geben. Bzgl. des Namens des Straßenbahnführers steht den Verkehrsbetrieben ein Auskunftsverweigerungsrecht gem. § 4 Abs. 2 Nr. 3 LPresseG zu.

II. Auskunftsanspruch gem. § 1 Abs. 1 Informationsfreiheitsgesetz (IFG)

Fraglich ist, ob V einen Anspruch aus § 1 Abs. 1 IFG gegen die städtischen Verkehrsbetriebe geltend machen kann. Dann müsste V „jedermann" und die städtischen Verkehrsbetriebe eine Behörde des Bundes sein. Breits am letztgenannten Tatbestandsmerkmal scheitert der Auskunftsanspruch. Zwar stellt § 1 Abs. 1 Satz 2 IFG klar, dass auch juristische Personen des Privatrechts Behörden i.S.d. § 1 Abs. 1 Satz 1 IFG sein können, doch sind die städtischen Verkehrsbetriebe nicht Behörden des Bundes. Die

---

8 Dazu Fechner, Medienrecht, 3 Rdnr. 104 ff. sowie Fechner/Popp, AfP 2006, S. 213.

städtischen Verkehrsbetriebe sind der Kommune und nicht dem Bund zuzuordnen. Ein Anspruch aus dem IFG scheidet somit aus.

Ferner ginge der Auskunftsanspruch des LPresseG gem. § 1 Abs. 3 IFG dem des IFG vor. Unklar bleibt, ob der presserechtliche Auskunftsanspruch als spezialgesetzliche Regel Ansprüche des IFG verdrängt oder Ansprüche aus dem IFG lediglich subsidiär, also letztlich doch parallel anwendbar sind. Ersteres ist jedenfalls im Hinblick auf ein möglicherweise bestehendes Landes-Informationsfreiheitsgesetz[9] anzunehmen.

Welche der zahlreichen einfachgesetzlich normierten Auskunftsansprüche bestehen, richtet sich in erster Linie danach, welche Person Auskunft begehrt (Auskunftsberechtigter) und gegen wen sich das Auskunftsbegehren richtet (Auskunftsverpflichteter). Unterschiedlich sind zudem die Rechtsfolgen. So geht der Anspruch aus dem IFG über die reine Auskunftserteilung hinaus, indem – grundsätzlich nach Wahl des Anspruchsstellers – zusätzlich Akteneinsicht oder eine Informationserteilung auf andere Weise verlangt werden kann.

Frage 2

Der Auskunftsanspruch gem. § 4 Abs. 1 LPresseG ist ein einklagbarer Anspruch, der notfalls gerichtlich durchgesetzt werden kann. Die Z-Zeitung begehrt laut Aufgabenstellung eine möglichst schnelle gerichtliche Durchsetzung des Auskunftsanspruchs. Dieses Begehren kann effektiv nur im Weg des einstweiligen bzw. vorläufigen Rechtsschutzes durchgesetzt werden. Dabei ist die Z-Zeitung aktivlegitimiert, da auch der Verleger zu den „Vertretern der Presse" i.S.d. § 4 Abs. 1 LPresseG zählt und somit einen Informationsanspruch haben kann.

I. Eröffnung des Verwaltungsrechtswegs

Zunächst müsste der Verwaltungsrechtsweg eröffnet sein, was dann der Fall ist, wenn für die Hauptsache der Verwaltungsrechtsweg beschritten werden könnte. Dann müsste es sich um eine öffentlichrechtliche Streitigkeit handeln. Diese Frage richtet sich in der Regel danach, ob die streitentscheidende Norm dem öffentlichen Recht zugeordnet werden kann. Streitentscheidende Norm ist vorliegend § 4 Abs. 1 LPresseG. Es handelt sich um eine Norm des öffentlichen Rechts, da sie die Beziehung zwischen Staat und Bürger, also nicht zwischen gleichgestellten Privatrechtssubjekten regelt und da ausschließlich ein Hoheitsträger Auskunftspflichten von Behörden festlegen kann. Dennoch ist die Eröffnung des Verwaltungsrechtswegs für Auskunftsklagen gegen kommunale Unternehmen in Privatrechtsform umstritten. Teile der Rechtsprechung

---

9 Übersicht über die Informationsfreiheitsgesetze der Länder → Fechner/Mayer, T 18, Anhang.

sowie der Literatur verlangen in den Fällen, in denen auf beiden Seiten Privatrechts-subjekte handeln – wie hier – das Vorliegen eines zusätzlichen Kriteriums.[10] Demnach soll der Verwaltungsrechtsweg nur dann eröffnet sein, wenn das am Streit beteiligte Kommunalunternehmen in Privatrechtsform mit Hoheitsrechten beliehen wurde. Andere Stimmen sind demgegenüber der Ansicht, dass es für den Rechtsweg nicht entscheidend sein kann, ob der Staat seine öffentlich-rechtliche Aufgabe der Daseinvorsorge selbst oder durch ein privatrechtlich organisiertes Unternehmen erfüllt,[11] bei § 4 Abs. 1 LPresseG – eine Norm des öffentlichen Rechts – ist dieser Ansicht zufolge grundsätzlich der Verwaltungsrechtsweg eröffnet.

Eine Entscheidung des Meinungsstreits ist notwendig, da die städtischen Verkehrsbetriebe nicht mit Hoheitsrechten beliehen wurden.[12] So käme die erste Ansicht zur Eröffnung des Zivilrechtswegs, die letztgenannte Ansicht zur Zulässigkeit des Verwaltungsrechtswegs. Die erstgenannte Auffassung überzeugt, da kein Grund ersichtlich ist, bei einem Streit zwischen zwei Personen des Privatrechts das Verwaltungsgericht anzurufen.[13] Ausnahmsweise ist dieses nur dann zuständig, wenn eine der Parteien mit Hoheitsrechten ausgestattet wurde, also Beliehener ist.

Richtet sich die Klage bzw. der Antrag direkt gegen die städtischen Verkehrsbetriebe, so ist der Zivilrechtsweg gem. § 13 GVG eröffnet. Richtet sich die Klage bzw. der Antrag aber gegen die Stadt, mit dem Ziel, auf die Auskunftserteilung hinzuwirken bzw. selbst die Auskunft zu erteilen, so ist der Verwaltungsrechtsweg eröffnet, denn dann ist eine der Parteien zweifelsohne öffentlich-rechtlich organisiert. Unterstützt wird dieses Ergebnis durch die Zwei-Stufen-Theorie,[14] die auch dann Anwendung findet, wenn der Staat im Rahmen der Daseinsvorsorge mittels eines Privatrechtssubjekts handelt.[15] Denn die Frage „ob" der Auskunftsanspruch besteht, ist immer eine solche des öffentlichen Rechts, die Frage „wie" der Auskunftsanspruch geltend gemacht wird, kann privatrechtlich (Klage direkt gegen das kommunale Unternehmen) oder öffentlich-rechtlich (Klage gegen die Gemeinde) entschieden werden. Im vorliegenden Fall will V auch eine Stellungnahme der Stadt S selbst erwirken und nicht nur der Verkehrsbetriebe.

> Z hat hier die Wahl, gegen wen sie den Auskunftsanspruch geltend macht und kann damit den Rechtsweg bestimmen. Die gerichtliche Geltendmachung des Auskunfts-

---

10 Auch zum Weiteren BVerwG NVwZ 1990, S. 754 sowie NVwZ 1991, S. 59; BGH NJW 2000, S. 1042 f.; Sydow/Gebhardt, NVwZ 2006, S. 986, 990 ff.; Rennert, in: Eyermann, VwGO, § 40 Rdnr. 87; Gundel, AfP 2001, S. 194, 195 ff.

11 Löffler/Ricker, Presserecht, 22. Kapitel, Rdnr. 1 m.w.N.; Soehring, Presserecht, § 4. Rdnr. 76; Burkhardt, in: Löffler, Kommentar Presserecht, § 4 Rdnr. 169 ff.

12 Dazu vgl. Maurer, Verwaltungsrecht, § 23 Rdnr. 56 ff. sowie Kopp/Ramsauer, VwVfG, § 1 Rdnr. 58.

13 BVerwG NVwZ 1990, S. 754.

14 Schenke, Verwaltungsprozessrecht, Rdnr. 116 ff.

15 Dazu BVerwG NVwZ 1991, S. 59.

anspruchs direkt gegen das kommunale Unternehmen (hier die städtischen Verkehrsbetriebe) hätte auf dem Zivilrechtsweg zu erfolgen. In der Praxis erscheint im seltenen Fall einer echten Wahlmöglichkeit meist auch der Verwaltungsrechtsweg attraktiver, da dem Kläger gemäß § 86 Abs. 1 VwGO der Amtsermittlungsgrundsatz entgegenkommt.

Im Ergebnis ist der Verwaltungsrechtsweg für die Hauptsache eröffnet.

Bei Auskunftsverlangen gegenüber Staatsanwaltschaften und Gerichten ist ebenfalls der Rechtsweg umstritten.[16] Dabei steht die Anwendbarkeit des § 23 EGGVG im Mittelpunkt der Auseinandersetzung.

II. Statthaftigkeit des Antrags

Ob ein Antrag gem. § 80 Abs. 5 VwGO statthaft ist oder eine einstweilige Anordnung gem. § 123 VwGO, richtet sich nach der Klageart des Hauptsacheverfahrens, da gem. § 123 Abs. 5 VwGO die einstweilige Anordnung bei Anfechtungsklagen subsidiär ist.[17] In der Hauptsache würde die Zeitung Z ihren Auskunftsanspruch im Wege einer allgemeinen Leistungsklage gem. § 43 Abs. 2 VwGO[18] durchsetzen. Eine Auskunftserteilung ist kein Verwaltungsakt, sondern ein Realakt, da es an einer Regelung i.S.d. § 35 VwVfG fehlt.[19] Eine Anfechtungsklage scheidet somit aus. Handelt es sich im Hauptsacheverfahren um eine allgemeine Leistungsklage, sind einstweilige Anordnungen gem. § 123 VwGO im Rahmen des vorläufigen Rechtsschutzes statthaft. Unterschieden wird dabei ferner zwischen einer Sicherungsanordnung gem. § 123 Abs. 1 Satz 1 VwGO und einer Regelungsanordnung gem. § 123 Abs. 1 Satz 2 VwGO. Zielt erstere auf die Sicherung eines bestehenden Zustands ab, wird mit der anderen die Regelung eines vorläufigen Zustands (in Bezug auf ein streitiges Rechtsverhältnis) begehrt.[20] Die Sicherungsanordnung dient somit der Erhaltung des status quo, während die Regelungsanordnung die (vorläufige) Erweiterung einer Rechtsposition zum Ziel hat. Somit begehrt vorliegend Z eine Regelungsanordnung i.S.d. § 123 Abs. 1 Satz 2 VwGO, da sie eine Erweiterung ihrer Rechtspositionen erreichen will.[21]

Die Unterscheidung von Sicherungs- und Regelungsanordnung macht sich lediglich im Rahmen des Anordnungsgrundes bemerkbar, ansonsten gibt es keine praktisch

---

16 Vgl. im Einzelnen Löffler/Ricker, Presserecht, 22. Kapitel, Rdnr. 1.
17 Kopp/Schenke, VwGO, § 123 Rdnr. 4.
18 Zur Herleitung und den Voraussetzungen dieser Klageart vgl. Kopp/Schenke, VwGO, Vorb. § 40 Rdnr. 8a; Schenke, Verwaltungsprozessrecht, Rdnr. 343 ff.
19 Maurer, Verwaltungsrecht, § 9 Rdnr. 62; Löffler/Ricker, Presserecht, 22. Kapitel, Rdnr. 3.
20 Zu den Begriffen: Schenke, Verwaltungsprozessrecht, Rdnr. 1025 ff., auch zum Weiteren.
21 So im Ergebnis auch: Löffler/Ricker, Presserecht, 22. Kapitel, Rdnr. 5.

relevanten Unterschiede in den Voraussetzungen ihres Erlasses.[22] Die Rechtsprechung unterscheidet daher regelmäßig nicht zwischen beiden Anordnungstypen, dennoch sollte der Klausurbearbeiter eine Abgrenzung erkennen lassen.

III. Antragsbefugnis

Im Rahmen der Antragsbefugnis (§ 42 Abs. 2 VwGO analog) muss der Antragsteller Anordnungsanspruch und Anordnungsgrund geltend machen.[23] Anordnungsanspruch der Zeitung Z ist vorliegend § 4 Abs. 1 LPresseG. Im Rahmen des Anordnungsgrundes ist die besondere Eilbedürftigkeit zu begründen. Da Z eine Regelungsverfügung gem. § 123 Abs. 1 Satz 2 VwGO begehrt, ist aufzuzeigen, dass diese notwendig ist, um wesentliche Nachteile abzuwehren.[24] Dies ist mit Blick auf Funktion und Aufgabe der Presse zu bejahen. Die Presse lebt von der Aktualität der Nachrichten und Ereignisse. Es wäre ein großer Nachteil für die Pressearbeit und somit ein starker Eingriff in die Pressefreiheit, wenn die Presse nur die Möglichkeit eines jahrelangen Hauptsacheverfahrens bzgl. ihrer Auskunftsansprüche hätte. Ein Anordnungsgrund ist somit gegeben.

IV. Allgemeines Rechtschutzbedürfnis

Für die Zulässigkeit des einstweiligen Rechtsschutzes ist es erforderlich, Anordnungsanspruch und Anordnungsgrund plausibel zu behaupten. Eine Glaubhaftmachung dieser Punkte ist für die Bewertung der Zulässigkeit im Gegensatz zu der Prüfung der Begründetheit nicht erforderlich. Wesen und Zweck des vorläufigen Rechtsschutzes ist es, dass lediglich eine vorläufige Entscheidung in der streitigen Sache gefällt wird. Deshalb darf die einstweilige Anordnung grundsätzlich nicht zu einer Vorwegnahme der Hauptsache führen.[25] Würde das Gericht dem Antrag der Zeitung Z auf Auskunftserteilung aber stattgeben, bekäme Z genau das, was sie auch im Hauptsacheverfahren begehren würde. Dem Auskunftsverlangen der Z steht insofern der Grundsatz „Keine Vorwegnahme der Hauptsache" entgegen. Dieser Grundsatz erfährt mit Blick auf das Gebot des effektiven Rechtsschutzes gem. Art. 19 Abs. 4 GG unter anderem im Medienrecht Ausnahmen.[26] Im vorliegenden Fall würde eine Entscheidung in der Hauptsache mit hoher Wahrscheinlichkeit zu spät kommen. Damit die Presse effektiv ihre

---

22 Auch zum Weiteren: Happ, in: Eyermann, VwGO, § 123 Rdnr. 20.
23 Zu den Begrifflichkeiten: Schenke, Verwaltungsprozessrecht, Rdnr. 1032.
24 Schenke, Verwaltungsprozessrecht, Rdnr. 1032 ff.; speziell für diesen Fall vgl. Löffler/Ricker, Presserecht, 22. Kapitel, Rdnr. 5, auch zum Weiteren.
25 Dazu und zum Weiteren: Schenke, Verwaltungsprozessrecht, Rdnr. 1034 ff. sowie Kopp/Schenke, VwGO, § 123 Rdnr. 13 ff.
26 Vgl. diese bei Kopp/Schenke, VwGO, § 123 Rdnr. 14.

Funktionen und Aufgaben, allen voran ihre Kontroll- und Informationsfunktion, wahrnehmen kann, ist es notwendig, dass sie zeitnah Auskünfte über aktuelle Ereignisse erhält. Der presserechtliche Auskunftsanspruch würde sinnentleert bzw. teilweise leerlaufen, wenn die Presse langjährige Prozesse um die Erteilung von Auskünften abwarten müsste. Insofern gebietet Art. 19 Abs. 4 GG sowie Art. 5 Abs. 1 Satz 2 GG im vorliegenden Fall, die Hauptsacheentscheidung im Rahmen des einstweiligen Rechtsschutzes ausnahmsweise bereits vorwegzunehmen. Zusätzlich kann das Informationsinteresse der Allgemeinheit als Argument für dieses Ergebnis herangezogen werden. Ein Rechtschutzbedürfnis der Zeitung Z ist somit zu bejahen.

V. Passivlegitimation

Antragsgegner ist der Auskunftsverpflichtete. Dies kann, wie oben festgestellt, der städtische Verkehrsbetrieb selbst oder die Gemeinde sein. Da im Rahmen der Rechtswegeröffnung auf eine Klage gegen die Stadt abgestellt wurde, ist diese passivlegitimiert.

Soweit die Passivlegitimation als Frage der Begründetheitsprüfung einer Klage bzw. eines Antrags begriffen wird, ist dies der erste Prüfungspunkt im Rahmen der Begründetheit.

VI. Beteiligten- und Prozessfähigkeit

Zeitung Z wäre als juristische Person gem. § 61 Nr. 1 VwGO beteiligtenfähig, jedoch nicht prozessfähig, vielmehr handelt für sie gem. § 62 Abs. 3 VwGO ihr gesetzlicher Vertreter. Die Gemeinde ist als Körperschaft des öffentlichen Rechts eine juristische Person i.S.d. § 61 Nr. 1 VwGO und somit beteiligtenfähig. Für sie handelt gem. § 62 Abs. 3 VwGO ihr gesetzlicher Vertreter, in der Regel der Bürgermeister.

VII. Zuständiges Gericht

Sachlich ist gem. § 45 VwGO das Verwaltungsgericht zuständig. Die örtliche Zuständigkeit ergibt sich aus § 52 VwGO.

VIII. Ergebnis

Der Antrag auf Erlass einer einstweiligen Anordnung gem. § 123 VwGO ist zulässig.

Im Rahmen der Begründetheitsprüfung sind zunächst Anordnungsanspruch (Erfolgsaussichten in der Hauptsache) und, sofern die Voraussetzungen des Anordnungsanspruchs glaubhaft gemacht wurden (§ 123 Abs. 3 VwGO i.V.m. §§ 920 Abs. 2,

294 ZPO), Anordnungsgrund aufgrund einer umfassenden Interessenabwägung zu prüfen. Bei Bejahung beider Punkte steht fest, dass eine einstweilige Anordnung zu ergehen hat (betrifft das „ob"). Bezüglich des „wie", also des Inhalts, der Reichweite und der Ausgestaltung der einstweiligen Anordnung hat das Gericht Ermessen.

Begrifflichkeiten und Aufbau ähneln sehr dem einstweiligen bzw. vorläufigen Rechtsschutz vor den Zivilgerichten. Insofern wird auf die detaillierten Ausführungen in Fall 6 „Fußball für alle" verwiesen.

Lösung der Abwandlung

Es ist zu prüfen, ob J ein Anspruch gegen die A-AG auf Zulassung zur Teilnahme an der Präsentation des „Speedy" zusteht.

Ein Anspruch des J gegen die A-AG aus § 6 Abs. 2 VersG scheidet von vornherein aus, da es sich nicht um eine „öffentliche Versammlung" handelt, sondern nur geladene Gäste Zutritt haben.

Anspruch gem. § 4 Abs. 1 MPresseG

Ein Auskunftsanspruch, aus dem sich möglicherweise ein Teilnahmeanspruch des J an der Präsentationsveranstaltung ergeben könnte, gewährt das Landespressegesetz Presseangehörigen nur gegenüber Behörden. Der Behördenbegriff umfasst alle nach außen handelnden Organe juristischer Personen des öffentlichen Rechts. Dabei ist es unerheblich, ob die Institution öffentlich oder privatrechtlich handelt. Gegen private Gesellschaften besteht dann ein Informationsanspruch, wenn sich die Gesellschaftsanteile überwiegend im Eigentum einer juristischen Person des öffentlichen Rechts befinden.

Der presserechtliche Behördenbegriff ist mit jenem der Verwaltungsverfahrensgesetze (§ 1 Abs. 4 LVwVfG bzw. BVwVfG) nicht identisch. Einige Fälle sind nicht eindeutig geklärt und in einer Klausur daher gegebenenfalls zu problematisieren. Umstritten ist etwa, inwieweit die öffentlich-rechtlich organisierten Kirchen- und Religionsgemeinschaften als „Behörden" anzusehen sind. Die teilweise vorgeschlagene Differenzierung zwischen religiösen und weltlichen Angelegenheiten – nur bei Letzteren soll ein Informationsrecht bestehen – lässt sich kaum trennscharf praktizieren. Jedenfalls besteht ein entsprechender Anspruch im Bereich der Kirchensteuer.[27] Ähnlich verhält es sich bei den öffentlich-rechtlichen Rundfunkanstalten, die grundsätzlich keine „Behörden" sind. Allerdings ist im Bereich des Gebühreneinziehungs-

---

27 Löffler/Ricker, Presserecht, 19. Kapitel, Rdnr. 11; Groß, Presserecht, Rdnr. 446.

zugs, der mit hoheitlichen Zwangsmitteln durchgesetzt werden kann, ein Auskunftsanspruch anzunehmen.

Ein Informationsanspruch des J gegen den Autohersteller A-AG gem. § 4 MPresseG
besteht nicht.

Selbst, wenn ein Auskunftsanspruch für Vertreter der Medien gegenüber Behörden
unmittelbar aus der Pressefreiheit gem. Art. 5 Abs. 1 Satz 2 GG abgeleitet wird, kann
sich hieraus kein Informationsanspruch gegen Private ergeben. Ebenso wenig lässt
sich ein solcher Anspruch aus § 826 BGB unter dem Aspekt der sittenwidrigen Aus-
nutzung einer Monopolstellung begründen.[28]

An dieser Stelle ist noch einmal daran zu erinnern, dass die Informationsfreiheits-
gesetze des Bundes sowie einiger Bundesländer,[29] auf die sich auch Angehörige der
Massenmedien berufen können, nur Rechte gegen Behörden, nicht aber gegenüber
Privaten begründen.

---

[28] Nachweise etwa bei: Mertens, in: MüKo, BGB, § 826 Rdnr. 134.
[29] Fechner/Wössner, Journalistenrecht, 2. Aufl. 2012 bei Frage 17. Überblick zu den Informa-
tionsansprüchen nach den Umweltinformations-, Verbraucherinformations- und Informations-
freiheitsgesetzen bei: Fluck, DVBl 2006, S. 1406 ff.

Fall 10: Vorteilhafter Freibadbau

Stadt S plant, ein großes Freibad mit verschiedenen Sport- und Spieleinrichtungen zu bauen. Mitarbeiter M des Bauverwaltungsamtes erreicht es durch geschickte Manipulation der Angebote, dass Unternehmer U den Zuschlag für den Bau erhält. Seine Kollegin K meldet sich eines Tages bei dem Journalisten J der Z-Zeitung und berichtet ihm, sie habe, als sie M eine Akte habe bringen wollen, zufällig ein Gespräch zwischen M und U über den Freibadbau unbemerkt mit angehört. In diesem Gespräch habe der Unternehmer dem Mitarbeiter des Bauamts versprochen, ihm kostenlos ein Schwimmbecken in seinen Garten zu bauen, falls seine Firma den Auftrag erhalte.

J fährt zum Wohnhaus des M und stellt vor Ort fest, dass der Garten des M nicht einsehbar ist, da auf der einen Seite das Haus und eine Mauer, auf der anderen Seite dichter Bewuchs den Einblick verhindern. Daraufhin kehrt J mit einer Fotodrohne zurück, mit deren Hilfe es ihm möglich ist, Einblick in den Garten des M zu nehmen. Dort ist tatsächlich ein neu erbauter Swimmingpool zu sehen. Daneben stehen Baumaschinen, die mit Logos von US-Unternehmen beschriftet sind. J macht vom Garten des M mehrere Fotos, um seinen Artikel zu illustrieren. Auf diesen ist auch M zu sehen, wie er gerade unbekleidet ins Wasser steigt. Erschrocken bemerkt der M die Drohne.

Drei Tage später erscheint die Polizei mit einem Gemeindebeamten im Büro des J bei der Z-Zeitung und fordert die Herausgabe der Aufnahmen und der Datenträger, wobei J mitgeteilt wird, dass die Staatsanwaltschaft auf einen Strafantrag des M hin gegen J ein Ermittlungsverfahren wegen Verletzung des höchstpersönlichen Lebensbereichs durch Bildaufnahmen eingeleitet habe. J verweigert die Herausgabe unter Berufung auf die Pressefreiheit. Daraufhin weist die Polizei eine entsprechende richterliche Durchsuchungs- und Beschlagnahmeanordnung vor, durchsucht das Büro des J und beschlagnahmt schließlich die Fotos mitsamt den Datenträgern. Ist das polizeiliche Vorgehen rechtmäßig?

Abwandlung

Im Verfahren gegen M und U wegen Bestechlichkeit und Bestechung in einem besonders schweren Fall soll J als Zeuge vor Gericht aussagen, wer ihm Informationen über M gegeben habe. Kann J vor Gericht die Aussage verweigern?

Lösung des Ausgangsfalls

I. Rechtmäßigkeit der Durchsuchung gem. § 102 StPO

Gem. § 102 StPO kann bei demjenigen, der als Täter einer Straftat verdächtig ist, eine Durchsuchung der Wohnung und anderer Räume vorgenommen werden, wenn zu vermuten ist, dass die Durchsuchung zur Auffindung von Beweismitteln führen werde. J müsste also als Täter oder wenigstens Teilnehmer verdächtig sein. Der Verdacht muss sich dabei auf tatsächliche Anhaltspunkte (Indizien) stützen und/oder nach kriminalistischer Erfahrung auf einer Möglichkeit beruhen, dass eine Straftat durch den Verdächtigen begangen worden ist.

In Betracht kommt eine Strafbarkeit nach § 201a Abs. 1 StGB ("Verletzung des höchstpersönlichen Lebensbereichs durch Bildaufnahmen"). Nach dieser Vorschrift ist strafbar, wer von einer anderen Person, die sich in einer Wohnung oder einem gegen Einblicke besonders geschützten Raum befindet, unbefugt Bildaufnahmen herstellt oder überträgt und dadurch ihren höchstpersönlichen Lebensbereich verletzt.

> Es liegt keine Strafbarkeit wegen Hausfriedensbruchs gem. § 123 StGB vor, da es an einem "Eindringen" fehlt. Hierzu müsste der Täter mit einem Teil seines Körpers in den Raum gelangt sein.
> § 33 KUG regelt die Strafbarkeit der gegen §§ 22, 23 KUG vorgenommenen Verbreitung und öffentlichen Zurschaustellung des unbeweglichen Personenbildnisses. Es handelt sich um ein Privatklagedelikt gem. § 374 Abs. 1 Nr. 8 StPO.

1. Verdacht einer Strafbarkeit des J gem. § 201a StGB

a) Herstellung von Bildaufnahmen einer anderen Person

J hat Fotos von M angefertigt.

b) Gegen Einblicke besonders geschützter Raum

J hat den M in seinem Garten aufgenommen. Fraglich ist, ob unter "Raum" nur ein umbauter Raum zu verstehen ist. Bei der Interpretation der Strafbestimmung ist zu beachten, dass eine Analogiebildung zu Lasten des Täters wegen des Prinzips *„nulla poena sine lege"* (Art. 103 Abs. 2 GG) unzulässig ist. Das Wort "Raum" bezeichnet im allgemeinen Sprachgebrauch nicht nur umbaute Räume. Zudem ergibt sich aus der Gesetzesbegründung zur Einführung des § 201a StGB, dass im Einzelfall auch ein Garten als "Raum" im Sinne des Gesetzes anzusehen ist, etwa dann, wenn er durch eine hohe, undurchdringliche Hecke oder einen hohen Zaun bzw. eine Mauer gegen den Einblick unberechtigter Personen geschützt wird. Diese Auslegung stellt keine unzulässige Analogie dar, da sie sich noch in den Grenzen des Wortlauts hält.

c) Verletzung des höchstpersönlichen Lebensbereichs

Nach der Rechtsprechung der Zivilgerichte zur Aufnahme von „Prominentenvillen" wäre ein Eingriff in das allgemeine Persönlichkeitsrecht (das in richterlicher Rechtsfortbildung auf der Grundlage von Art. 2 Abs. 1 i.V.m. Art. 1 Abs. 1 GG in das Zivilrecht eingeführt wurde) bereits dadurch gegeben, dass J sich besonderer Hilfsmittel bediente (wie vorliegend einer Drohne), um in kommerzieller Absicht Aufnahmen vom Garten des M anzufertigen. Wie der BGH betont, muss es grundsätzlich niemand hinnehmen, dass seine Privatsphäre gegen seinen Willen unter Überwindung bestehender Hindernisse oder mit geeigneten Hilfsmitteln (z.B. Teleobjektiv, Leiter, Flugzeug) gleichsam „ausgespäht" wird, um daraus ein Geschäft zu machen und die so gewonnenen Einblicke Dritten gegen Bezahlung zur Verfügung zu stellen.[1] Für eine Strafbarkeit reicht jedoch die Aufnahme des Gartens allein nicht aus. Es müssen vielmehr von einer Person Bildaufnahmen angefertigt werden und es muss dadurch deren höchstpersönlicher Lebensbereich verletzt werden. Hierfür genügt es nicht, wenn die Person lediglich in ihrem neutralen Verhalten (d.h. in Alltagssituationen) im Garten abgebildet wird, da es sich beim „höchstpersönlichen Lebensbereich" um ein eigenständiges Tatbestandsmerkmal neben „Wohnung oder einen gegen Einblicke besonders geschützten Raum" handelt. Der „höchstpersönliche Lebensbereich" bezeichnet vor allem Intimes unter den Aspekten Gesundheit, Tod, Sexualität, darüber hinaus aber auch die Gedanken- und Gefühlswelt sowie das interne Familienleben. Indem J Aufnahmen von M in unbekleidetem Zustand anfertigte, hat er jedenfalls dessen „höchstpersönlichen Lebensbereich" verletzt.

> Eine Veröffentlichung der Fotos ist bei § 201a StGB im Gegensatz zu den Vorschriften zum Recht am eigenen Bild in § 33 KUG nicht erforderlich. So würde etwa die Einlassung des J, er habe M vor der Veröffentlichung noch wegretuschieren wollen, nichts an der Tatbestandsmäßigkeit seines Handelns ändern.

d) Subjektiver Tatbestand

J handelte bezüglich aller objektiven Tatbestandsmerkmale vorsätzlich. Soweit er annahm, zu den Aufnahmen als Journalist befugt zu sein, lässt dies seinen Vorsatz nicht entfallen. Insoweit läge ein vermeidbarer Verbotsirrtum gem. § 17 StGB vor. Anders

---

1 BGH AfP 2004, S. 116 „Prominentenvilla" → Fechner, E 17. Im Einzelfall kann die Veröffentlichung von Luftbildaufnahmen der Gebäude oder Grundstücke Prominenter *ohne Orts- bzw. Wegbeschreibung* durch die Pressefreiheit gedeckt sein.

wäre dies nur, wenn J von einer Einwilligung des M in die Bildaufnahme ausgegangen wäre, was hier offensichtlich nicht der Fall ist.

Nach einer Ansicht in der Literatur kommt dem Merkmal „unbefugt" bei § 201a StGB eine doppelte Funktion zu: einmal ist es Tatbestandsmerkmal, soweit es sich auf das Nichtvorliegen der Einwilligung des Betroffenen bezieht. Denn bei Einwilligung des Betroffenen kann eine Verletzung des höchstpersönlichen Lebensbereichs nicht angenommen werden. Zum anderen ist es allgemeines Rechtswidrigkeitsmerkmal, das den Rechtsanwender an die Prüfung von Rechtfertigungsgründen erinnern soll. Nach der Gegenauffassung verweist das Merkmal „unbefugt" lediglich auf die allgemeinen Rechtfertigungsgründe.[2]

e) Rechtswidrigkeit

A kann sich möglicherweise entsprechend § 193 StGB auf die Wahrnehmung berechtigter Interessen und damit indirekt auf die Pressefreiheit und das Informationsinteresse der Allgemeinheit berufen. Zu den wichtigsten Aufgaben der Presse im demokratischen Staat gehört es, Missstände in Staat und Gesellschaft aufzudecken. Im vorliegenden Fall besteht gegen M der Verdacht der Bestechlichkeit gem. § 332 Abs. 1 StGB. Der Straftatbestand ist u.a. dann erfüllt, wenn ein Amtsträger oder ein für den öffentlichen Dienst besonders Verpflichteter sich einen Vorteil als Gegenleistung dafür versprechen lässt oder annimmt, dass er eine Diensthandlung vorgenommen hat oder künftig vornehme und dadurch seine Dienstpflichten verletzt. Nach den von K an J gemachten Mitteilungen hat M tatbestandsmäßig gehandelt, indem er sich von U ein kostenloses Schwimmbecken hat versprechen lassen als Gegenleistung für die Auftragserteilung zum Bau des städtischen Freibads.

In der Diskussion über die Grenzen des Bildjournalismus wird darauf hingewiesen, dass im Ausnahmefall auch die Recherche mit versteckter Kamera und ähnlichen Mitteln möglich sein muss, um Missstände aufzudecken.[3] Was allerdings die Aufklärung von Straftaten anbetrifft, so ist dies im Rechtsstaat grundsätzlich Sache der Strafverfolgungsbehörden. Allenfalls bei besonders schweren Straftaten oder bei Gefahr im Verzug kann sich daher eine Rechtfertigung aus den Medienfreiheiten des Art. 5 Abs. 1 Satz 2 GG ergeben. Ob im Einzelfall die Aufklärung einer Vorteilsannahme im Amt angesichts der mit dieser Straftat verbundenen Nachteile für den Staat und das Gemeinwesen eine Verletzung des höchstpersönlichen Lebensbereichs eines potenziellen Täters rechtfertigen kann, muss indessen hier nicht entschieden werden. Im vorliegenden Fall war es jedenfalls für eine plausible journalistische Darstellung des Sachverhalts nicht erforderlich, ein Foto des unbekleideten M anzufertigen. Hierfür hätte eine Aufnahme des Schwimmbads bzw. Grundstücks ohne M ausgereicht.

---

2 Meinungsstand bei Lenckner/Eisele, in: Schönke/Schröder, StGB, § 201a, Rdnr. 12.

3 Fechner/Wössner, Journalistenrecht, Frage 11.

Anzumerken ist allerdings, dass auch dann eine Verletzung des zivilrechtlichen allgemeinen Persönlichkeitsrechts nach den jeweiligen Umständen denkbar ist, wenn kein Straftatbestand erfüllt ist. In diesem Fall sind jedenfalls zivilrechtliche Gegenansprüche wie Unterlassung und Geldentschädigung denkbar.

f) Schuld

Entschuldigungsgründe, etwa ein unvermeidbarer Verbotsirrtum, liegen nicht vor.

g) Verdachtsgrad zum Zeitpunkt der Maßnahme

Bei jeder Durchsuchungsmaßnahme muss gemäß § 102 StPO bereits ein Verdacht vorliegen. Da Durchsuchungsmaßnahmen regelmäßig am Anfang der Ermittlungen stehen, ist als Maßstab ein Anfangsverdacht anzusetzen; soweit die begründete Aussicht besteht, Beweismittel aufzufinden, ist dies ausreichend, jedoch darf die Maßnahme nicht lediglich auf vagen Vermutungen basieren.[4]

M hatte bereits einen Strafantrag gestellt und demnach eine den J belastende Äußerung gegenüber der Polizei getätigt, bevor über die Durchsuchung entschieden wurde. Der Inhalt der Aussage ist zwar im Einzelnen nicht bekannt, dürfte jedoch bei Schilderung der von M bemerkten Umstände jedenfalls dazu dienen, einen nötigen Verdacht der vorangehend geprüften Straftat zu begründen. Die Maßnahme stützt sich daher auf tatsächliche Anhaltspunkte, sodass der nötige Anfangsverdacht zu bejahen ist.

h) Zwischenergebnis

J ist verdächtigt, sich einer Verletzung des höchstpersönlichen Lebensbereichs durch Bildaufnahmen nach § 201a Abs. 1 StGB strafbar gemacht zu haben.

2. Die übrigen Voraussetzungen der Durchsuchung bei J

a) Kein unbehebbares Verfahrenshindernis

M hat gegen J Strafantrag gem. § 205 Abs. 1 StGB gestellt, so dass jedenfalls kein unbehebbares Verfahrenshindernis gegeben ist, das möglicherweise zur Unstatthaftigkeit der Durchsuchung führen könnte.

b) Wahrscheinlichkeit der Auffindung von Beweismitteln

Es war zu vermuten, dass die Durchsuchung der Redaktionsräume zur Auffindung von Beweismitteln, d.h. der Aufnahmen des J, führen würde, wie dies § 102 StPO verlangt. Auf die Eigentums- oder Besitzrechtslage der untersuchten Räume kommt es nicht an. Maßgeblich ist, dass J die Redaktionsräume faktisch benutzt.

---

4 Hauschild, in: MüKo zur StPO, § 102 Rdnr. 8.

c) Richterliche Durchsuchungsanordnung

Die nach § 105 Abs. 1 StPO erforderliche Durchsuchungsanordnung durch den Richter lag vor. Im Übrigen wurde auch ein Gemeindebeamter hinzugezogen (§ 105 Abs. 2 Satz 1 StPO).

d) Verhältnismäßigkeit

Eine Durchsuchung stellt generell einen schwerwiegenden Eingriff in den grundrechtlich geschützten Lebensbereich des Betroffen dar und steht deshalb unter dem allgemeinen Rechtsgrundsatz der Verhältnismäßigkeit.[5] So muss die Durchsuchung auch in angemessenem Verhältnis zur Schwere der Straftat stehen. Dies gilt insbesondere für die Zulässigkeit einer Untersuchung gegen Medienmitarbeiter im Hinblick auf die Bedeutung des in Art. 5 Abs. 1 Satz 2 GG geschützten Vertrauensverhältnisses zwischen Presse und privaten Informanten.[6] Der Schutz des Redaktions- bzw. Pressegeheimnisses findet für die Pressebeschlagnahme seinen Ausdruck in § 97 Abs. 5 StPO. Nach dieser Norm gilt insoweit ein Beschlagnahmeverbot von Schriftstücken, Ton-, Bild- und Datenträgern, Abbildungen und anderen Darstellungen, die sich im Gewahrsam von Presse- bzw. Rundfunkangehörigen oder einer Redaktion befinden, als ein Zeugnisverweigerungsrecht gem. § 53 Abs. 1 Nr. 5 StPO dieser Personen besteht. § 97 Abs. 5 StPO lässt sich aber auf die Durchsuchung beim Verdächtigen nicht übertragen. Dem selbst verdächtigen Journalisten steht kein Zeugnisverweigerungsrecht zu, da er durch die Einleitung eines gegen ihn gerichteten Ermittlungsverfahrens zum Beschuldigten wird.[7] Mit seinem Aussageverweigerungsrecht gem. § 136 Abs. 1 Satz 2 StPO kann J die Durchsuchung nicht abwenden.

Bedenken gegen die Verhältnismäßigkeit der Untersuchung könnten sich indessen dann ergeben, wenn der staatliche Strafanspruch im vorliegenden Fall gering zu bewerten wäre. Hierfür spricht jedenfalls nicht bereits das Vorliegen eines Antragsdelikts mit einem Strafrahmen von lediglich bis zu einem Jahr (§§ 201a Abs. 1, § 205 Abs. 1 StGB). Es mag durchaus Fälle geben, in denen die Verletzung des höchstpersönlichen Lebensbereichs gem. § 201a Abs. 1 StGB durch Angehörige der Bildpresse und der damit verbundene Schuldvorwurf nicht hinreichend gravierend sind, um eine Durchsuchung des verdächtigen Journalisten als Eingriff in die Pressefreiheit zu rechtfertigen. Davon ist im vorliegenden Sachverhalt jedoch nicht auszugehen, da an der Aufnahme des nackten M ganz offensichtlich kein Informationsinteresse der Allgemeinheit bestand und insoweit den V ein erheblicher Schuldvorwurf trifft.

---

5 BVerfGE 20, 162, 186 ff. „Spiegel" → Fechner, E 46.
6 BVerfGE 36, 193, 204 „Journalisten".
7 BVerfGE 20, 162, 218 „Spiegel" → Fechner, E 46.

3. Ergebnis

Die Durchsuchung ist nach § 102 StPO rechtmäßig.

Im vorliegenden Fall richtet sich die Durchsuchung ausweislich der ihr zu Grunde liegenden richterlichen Anordnung gegen J als Verdächtigem einer Straftat nach § 201a Abs. 1 StGB. Insoweit ist nicht zu prüfen, ob die Durchsuchung des Büros von J auch zur Auffindung von Beweismitteln gegen M bzw. U als Verdächtige einer Straftat nach den §§ 333 bzw. 334 StGB gem. § 103 StPO („Durchsuchung bei einer unverdächtigen Person") zulässig gewesen wäre. Im Rahmen des § 103 StPO kann die unverdächtige Person gegen die Durchsuchung kein Zeugnisverweigerungsrecht einwenden. Aufgrund der Fernwirkung des § 97 StPO darf lediglich nicht gezielt nach Gegenständen geforscht werden, die dem Beschlagnahmeverbot des § 97 unterliegen.[8]

II. Rechtmäßigkeit der Beschlagnahme

Die Rechtmäßigkeit der Beschlagnahme von Fotografien und Datenträgern könnte sich aus den Vorschriften über die „verfahrenssichernde" Beschlagnahme der §§ 94 Abs. 2, 97 Abs. 1 i.V.m. Abs. 2 StPO ergeben. Insoweit ist auf die obigen Ausführungen zu verweisen. Dies gilt auch für das Beschlagnahmeverbot von Druckwerken in § 97 Abs. 5 StPO, auf die sich der verdächtige J, der über kein Zeugnisverweigerungsrecht nach § 53 Abs. 1 Nr. 5 StPO verfügt, nicht stützen kann.

Ergebnis

Die Beschlagnahme war zulässig.

III. Recht auf Verweigerung der Namensnennung des Informanten

Als Beschuldigter hat J das Recht zur Aussageverweigerung gem. § 136 Abs. 1 Satz 2 StPO. J muss damit den Namen seiner Informantin K nicht nennen.

Lösung der Abwandlung

Es ist zu prüfen, ob J ein Zeugnisverweigerungsrecht gem. § 53 Abs. 1 Nr. 5 StPO zusteht.

---

8 Nack, in: Karlsruher Kommentar, StPO, § 103 Rdnr. 7.

Das Zeugnisverweigerungsrecht ist vom Aussageverweigerungsrecht zu unterscheiden. J könnte als Zeuge vor Gericht gem. § 55 Abs. 1 StPO die Auskunft auf solche Fragen verweigern, deren Beantwortung ihm die Gefahr zuziehen würde, wegen einer Straftat oder Ordnungswidrigkeit verfolgt zu werden. Eine solche Gefahr ist im vorliegenden Fall nicht zu erkennen. Zudem ist das Zeugnisverweigerungsrecht für J vorteilhafter, da es sich auf die gesamte Aussage im Hinblick auf seinen oder seine Informanten bezieht, wohingegen das Auskunftsverweigerungsrecht sich lediglich auf die Fragen bezieht, deren Beantwortung auf eine Strafbarkeit des J schließen lassen könnte.

Nach § 53 Abs. 2 Satz 2 StPO entfällt die Berechtigung des Journalisten zur Zeugnisverweigerung über den Inhalt selbst erarbeiteter Materialien und den Gegenstand entsprechender Wahrnehmungen, wenn die Aussage zur Aufklärung eines Verbrechens oder bestimmter besonders schwerer Straftaten beitragen soll. Denn dann hat das durch Art. 5 Abs. 1 Satz 2 GG geschützte Redaktionsgeheimnis hinter das öffentliche Strafverfolgungsinteresse zurückzutreten. Indes ist zu beachten: J soll hier vor allem seinen Informanten offenbaren. Für diesen Fall bestimmt § 52 Abs. 2 Satz 3 StPO, dass das Recht zur Verweigerung der Aussage nicht entfällt. Im Übrigen geht es auch nicht um die Aufklärung eines Verbrechens. Verbrechen sind gem. § 12 Abs. 1 StGB rechtswidrige Taten, die mit einer Mindeststrafe von einem Jahr oder darüber bedroht sind. Straftaten, die mit einem Mindestmaß unter dieser Freiheitsstrafe oder mit Geldstrafe bewährt sind, ordnet § 12 Abs. 2 StGB als Vergehen ein. Hierzu gehören indes die besonders schweren Fälle der Bestechlichkeit und der Bestechung gem. § 335 StGB, da es sich dabei nur um eine Strafschärfung des Regelstrafrahmens handelt. Demnach kann J sich auf sein Zeugnisverweigerungsrecht als Journalist berufen.

Fall 11: Der einseitige Verleger

Verleger V, der die einzige Tageszeitung (V-GmbH) in der Region besitzt, ist mit Bauunternehmer U, Eigentümer der U-AG, verfeindet. Im Hintergrund steht die Rivalität von V und U um die Präsidentschaft im örtlichen Karnevalsverein. Als die U-AG wegen eines Auftrags zum Abdruck einer Werbeanzeige an die V-GmbH herantritt, lehnt die Redaktion die Annahme ohne Begründung ab. Auch auf Nachfrage der U-AG ist die V-GmbH nicht bereit, Gründe für die Ablehnung zu nennen. Kann die U-AG den Abdruck der Anzeige verlangen?

Abwandlung

Die P-Partei, die sich seit Jahren um den Einzug in den Bundestag bewirbt, tritt für die Einführung der direkten Demokratie ein. Vor der Bundestagswahl will sie eine großformatige Anzeige von der V-GmbH abdrucken lassen, in der sie sich für Volksabstimmungen in allen wichtigen staatlichen Angelegenheiten und für eine Volkswahl des Bundeskanzlers einsetzt. Die V-GmbH weist den Auftrag mit dem Bemerken zurück, sie drucke keine Anzeigen verfassungswidriger Parteien. Zudem halte die Redaktion nichts von direkter Demokratie und wolle daher nicht zu deren Unterstützung beitragen. Die Vertreter der P sind dagegen der Auffassung, V sei zum Abdruck der Anzeige verpflichtet, zumal diese auch Wahlwerbung konkurrierender Parteien veröffentliche. Hat die P-Partei Recht?

Lösung des Ausgangsfalls
Ansprüche der U-AG gegen die V-GmbH auf Abdruck der Anzeige

I. Anspruch gem. § 19 Abs. 1 GWB i.V.m. § 249 BGB

1. Tatbestand des § 19 Abs. 1 GWB

Im Zivilrecht gilt grundsätzlich die Vertragsfreiheit, die sich aus der Privatautonomie ableitet. Aufgrund der Vertragsfreiheit können die Rechtssubjekte frei bestimmen, ob sie einen Vertrag abschließen wollen, mit wem und mit welchem Inhalt. Ausnahmen von diesem Grundsatz bestehen, wenn ein Gesetz einen Kontrahierungszwang vorsieht. Ein solcher Abschlusszwang könnte sich hier aus § 19 Abs. 1 GWB ergeben.

Nach § 19 Abs. 1, Abs. 2 Nr. 1 GWB darf ein marktbeherrschendes Unternehmen ein anderes Unternehmen in einem Geschäftsverkehr, der gleichartigen Unternehmen üblicherweise zugänglich ist, nicht unbillig behindern oder gegenüber gleichartigen Unternehmen ohne sachlichen Grund unterschiedlich behandeln. Daraus könnte sich in Verbindung mit § 249 Satz 1 BGB ein mittelbarer Kontrahierungszwang ergeben. Ein solcher Abschlusszwang besteht nach dem Gedanken der Naturalrestitution, wenn – wie im Falle des § 19 Abs. 1 GWB oder § 826 BGB – eine Ablehnung des Vertragsschlusses wettbewerbs- oder sittenwidrig wäre. Die V-GmbH verfügt als einziges Presseorgan in der Region über eine Monopolstellung. Ungeachtet der Frage, wann eine „unbillige Benachteiligung" im Einzelfall vorliegt, scheidet ein Anspruch auf Vertragsabschluss nach dieser Vorschrift jedenfalls aus, wenn die Grundsätze zum Kontrahierungszwang auf Presseunternehmen nicht anwendbar sind.

2. Verfassungsmäßigkeit des Kontrahierungszwangs im Anzeigengeschäft?

a) Beachtlichkeit der Pressefreiheit bei der Auslegung

Im Hinblick auf die Pressefreiheit gem. Art. 5 Abs. 1 Satz 2 GG erscheint die Annahme eines Kontrahierungszwangs im Anzeigengeschäft zu Lasten von Presseunternehmen nicht unbedenklich. Der Tendenzschutz des Presseunternehmens umfasst außer dem Bestimmungsrecht über den redaktionellen Teil auch die Freiheit, über den Abdruck von Werbeinseraten zu entscheiden.

Die Pressefreiheit wirkt nicht nur als subjektiv-öffentliches Abwehrrecht gegen den Staat, sie enthält darüber hinaus Wertentscheidungen für die gesamte Rechtsordnung. Mit ihren objektiven Gehalten entfalten die Grundrechte Wirkungen im Privatrechtsverhältnis vor allem dadurch, dass sie von den Gerichten bei der Auslegung unbestimmter Rechtsbegriffe und Generalklauseln sowie bei der richterlichen Rechtsfortbildung zu beachten sind (Lehre von der mittelbaren Drittwirkung).[1] Demnach kann § 19 Abs. 1 GWB nicht ohne Rücksicht auf die Wertentscheidung der Pressefreiheit als Grundrecht ausgelegt werden.

b) Abwägung der widerstreitenden Interessen

Die Ableitung einer Abschlusspflicht im Anzeigengeschäft aus § 19 Abs. 1 GWB könnte indessen die Pressefreiheit unverhältnismäßig einschränken.

Nach überwiegender Auffassung hat das rechtliche Interesse eines Wirtschaftsunternehmens, Werbeanzeigen in der regionalen Tagespresse schalten zu können, regelmäßig keinen Vorrang gegenüber der freien Betätigung der Presse. Zutreffend er-

---

1 Seit BVerfGE 7, 198, 205 „Lüth" ständige Rechtsprechung → Fechner, E 31.

scheint es, das gesetzliche Tatbestandsmerkmal der unbilligen Behinderung einer auf
den Einzelfall bezogenen differenzierenden Betrachtung zu unterziehen. Dabei ist auf
den Zweck des verlegerischen Tendenzschutzes abzustellen. Dieser umfasst vor allem
die freie ökonomisch-unternehmerische Betätigung und das Recht, die weltanschauliche Richtung des Presseorgans zu bestimmen. Andererseits ist zu berücksichtigen,
dass die U-AG zur Entfaltung ihrer Unternehmensfreiheit am Markt auf die Schaltung
von Werbeanzeigen in der regionalen Tagespresse angewiesen ist. Stellt man auf die
üblichen Umstände ab, so kann der Werbeeffekt solcher Anzeigen nicht ohne Weiteres
durch alternative Maßnahmen (Direktwerbung wie z.B. Postwurfsendungen; Plakate,
Rundfunkwerbung etc.) kompensiert werden. Bei Abwägung der widerstreitenden Interessen erscheinen jedenfalls solche Belange des Verlegers nicht schützenswert, die
außerhalb der eigentlichen unternehmerischen und tendenzbezogenen Motivation liegen. Hierzu gehört etwa die Absicht, einem gesellschaftlichen oder privaten Rivalen zu
schaden. Dies ergibt sich auch aus dem allgemeinen Gedanken des Rechtsmissbrauchs.

Hat jedoch, wie dargelegt, die Vertragsfreiheit des Presseunternehmens im Anzeigengeschäft regelmäßig den Vorrang, so trifft den Werbewilligen grundsätzlich die
Beweislast hinsichtlich der rechtsmissbräuchlichen Motive des Verlegers, die ausnahmsweise eine Abschlusspflicht begründen könnten. Im vorliegenden Fall ist die
Anzeigenofferte der U-AG ohne Begründung zurückgewiesen worden. Auch auf
Nachfrage seitens der U-AG blieb die V-GmbH jede Begründung schuldig. Unter diesen Umständen liegt es nahe, dass die Anzeigenbestellung weder aus Gründen der verlegerischen Tendenz noch aus sonstigen wirtschaftlich nachvollziehbaren Gründen
abgelehnt wurde. Vielmehr ist hier von einer rechtsmissbräuchlichen Zurückweisung
auszugehen. Die persönliche Rivalität von V und U im örtlichen Karnevalsverein – ein
anderes Motiv ist nicht ersichtlich – stellt keinen billigenswerten Ablehnungsgrund
dar.

3. Zwischenergebnis

Die U-AG kann von der V-GmbH den Abdruck der Anzeige verlangen.

II. Anspruch gem. §§ 826, 249 BGB

Ein Kontrahierungszwang der V-GmbH wäre zu bejahen, wenn die Zurückweisung
der Anzeigenofferte eine vorsätzliche sittenwidrige Schädigung zu Lasten der U-AG
darstellte. Insoweit kann auf die obigen Ausführungen zu § 19 Abs. 1 GWB verwiesen
werden: § 826 BGB ist ein allgemeines Gesetz im Sinne der Schrankenregelung des
Art. 5 Abs. 2 GG, da die Vorschrift sich nicht gegen eine Meinung als solche richtet,
sondern allgemein dem Schutz rechtsethischer Standards im Zivilrecht als Gemeinschaftswert dient. Die Auslegung des Tatbestandsmerkmals der Sittenwidrigkeit führt
zu dem Ergebnis, dass die Ablehnung des Anzeigenabdrucks nicht gerechtfertigt ist,

da sie nicht durch die weltanschauliche bzw. unternehmerische Tendenzverfolgung motiviert war.

III. Ergebnis

Die U-AG kann den Abdruck des Werbeinserats von der V-GmbH verlangen.

Lösung der Abwandlung
Ansprüche der P-Partei gegen die V-GmbH auf Abdruck der Anzeige

I. Anspruch gem. § 19 Abs. 1 GWB i.V.m. § 249 BGB

Aus der genannten Vorschrift kann sich kein Recht der P-Partei ergeben, da § 19 Abs. 1 GWB nur Unternehmen – also gewinnorientierte Organisationen und Vereinigungen – schützt, zu denen die P als politische Partei nicht gehört.

II. Anspruch gem. § 826 i.V.m. § 249 BGB

Es ist zu prüfen, ob in der Ablehnung des Abdrucks der Wahlwerbung eine sittenwidrige Schädigung gem. § 826 BGB seitens der V-GmbH zu Lasten der P-Partei liegt. Dies könnte sich aus der faktischen Monopolstellung des Verlegers V ergeben, der die einzige Tageszeitung in der Region besitzt, wenn V diese in sittenwidriger Weise gem. § 826 BGB ausgenutzt hätte. Bei § 826 BGB handelt es sich um eine interpretationsoffene Generalklausel des Zivilrechts. Bei der Interpretation des Begriffs der Sittenwidrigkeit müssen daher die widerstreitenden Grundrechte der Betroffenen berücksichtigt werden.

Die V-GmbH beruft sich auf die Freiheit, die weltanschauliche Tendenz ihres Presseorgans zu bestimmen (Art. 5 Abs. 1 Satz 2 GG). Der Tendenzschutz besteht grundsätzlich ungeachtet der Vernünftigkeit der vertretenen politischen Überzeugung und der sie tragenden Argumente. Insbesondere ist das entsprechende Ablehnungsrecht nicht etwa auf verfassungswidrige Werbeanzeigen – eine solche liegt hier freilich nicht vor – beschränkt.

Demgegenüber steht das Interesse der P-Partei an einem effektiven Wahlkampf, zu dem regelmäßig auch die Präsenz mit Werbeanzeigen in der regionalen Tagespresse gehört. Gem. Art. 21 Abs. 1 Satz 1 GG hat die P-Partei das Recht, an der politischen Willensbildung des Volkes mitzuwirken. Diese Garantie richtet sich zwar gegen den Staat, könnte jedoch als objektiver Gemeinschaftswert bei der Abwägungsentscheidung erheblich sein. Dagegen wird jedoch plausibel auf die Gefahr hingewiesen, dass der Verleger faktisch gezwungen sein könnte, sich im redaktionellen Teil mit den tendenziell abweichenden Inseraten politischer Parteien auseinanderzusetzen, um eine Abwanderung seiner Leser zu verhindern.

Für die Wahlwerbung politischer Parteien ist ferner § 68 Abs. 2 Satz 1 MStV zu beachten. Danach ist Parteien während ihrer Beteiligung an Bundestagswahlen gegen Erstattung der Selbstkosten angemessene Sendezeit im bundesweit verbreiteten privaten Rundfunk einzuräumen, wenn mindestens eine Landesliste für sie zugelassen wurde. Im Bereich des öffentlich-rechtlichen Rundfunks ergibt sich ein Anspruch wahlwerbender Parteien auf angemessene Teilhabe an der Sendezeit aus Art. 3 Abs. 1 i.V.m. Art. 21 Satz 1 GG, die ihre spezialrechtlichen Ausgestaltung in den Normen über die Sendeanstalten finden.[2] Entsprechende Normen gibt es in den Pressegesetzen jedoch nicht. Der Tendenzschutz zu Gunsten der Presse geht weiter als jener des privaten Rundfunks. Keinesfalls ist die Presse (wie der öffentlich-rechtliche Rundfunk) zur Neutralität im Wahlwettbewerb der politischen Parteien verpflichtet. Mit anderen Worten: Die Pressefreiheit ist im Gegensatz zur Rundfunkfreiheit gerade keine „dienende Freiheit". Die Freiheitswahrnehmung der Presse ist individueller Art, auch wenn sie eine für das Gemeinwesen unverzichtbare Funktion erfüllt. Mangels einer „planwidrigen Lücke" verbietet sich eine Übertragung des Drittsenderechts der Parteien auf die Presse im Wege der Rechtsanalogie. Diese Lösung unterstreicht auch § 5 PartG, der lediglich Träger öffentlicher Gewalt zur Gleichbehandlung von Parteien verpflichtet.

Ein Presseorgan darf selbst dann den Abdruck von Anzeigen und Leserzuschriften verweigern, wenn es der entgegengesetzten Meinung zuvor Raum zur Verfügung gestellt hat. Auch bei regionaler Monopolstellung einer Tageszeitung hat das Bundesverfassungsgericht einen Anspruch auf Abdruck von Wahlwerbung abgelehnt.[3] Der Vorsprung der Gegenparteien durch Anzeigen könne durch Plakate und Flugblätter ausgeglichen werden. Hinzu tritt die Möglichkeit der Wahlwerbung im Internet und in den sozialen Medien. Mögen sich hieraus auch faktisch Nachteile für die betroffenen Parteien ergeben, sind diese doch im Hinblick auf die Bedeutung der Pressefreiheit gerade im Zusammenhang der freien und unabhängigen Meinungsbildung der Bevölkerung nicht zuletzt im Zusammenhang mit Wahlen hinzunehmen.

Vertragsfreiheit und Pressefreiheit haben Vorrang vor den durch Art. 21 Abs. 1 GG geschützten Interessen politischer Parteien. Die Ablehnung der Werbeanzeige seitens der V-GmbH ist demnach nicht rechtswidrig.

---

2 Z.B. § 3 Ziffer 6 Gesetz über den Hessischen Rundfunk.

3 BVerfGE 42, 53, 62 „Montabaur" = NJW 1976, 1627; vgl. auch BVerfGE 48, 271, 278 „Einspruch gegen Bundestagswahl", wo offengelassen wurde, ob vom Grundsatz der Vertragsfreiheit abzuweichen ist, wenn dem Zeitungsverlag eine Monopolstellung zukommt. Zu der sich aus dem „Institut freie Presse" (Art. 5 Abs. 1 Satz 2 GG) ergebenden Pflicht des Staates, gegen Monopolbildungen in der Presse einzuschreiten, welche die freie Meinungsäußerung vereiteln, siehe BVerfGE 20, 162, 175 ff. „Spiegel" → Fechner, E 46.

III. Ergebnis

Die V-GmbH ist zum Abdruck der Wahlwerbung nicht verpflichtet.

Anders wäre der Fall zu lösen, wenn die Partei Wahlwerbung bei einem Rundfunksender schalten wollte. Der „Kauf" von Sendezeit für politische Werbung ist dort gem. § 8 Abs. 9 MStV verboten. Allerdings haben politische Parteien gegenüber Privatsendern gem. § 68 Abs. 2 MStV einen Anspruch auf angemessene Sendezeit, für die sie jedoch dem Sender die Selbstkosten zu erstatten haben. Im öffentlich-rechtlichen Rundfunk besteht ein Anspruch auf Sendezeit aus dem einschlägigen Rundfunkgesetz bzw. Staatsvertrag. Hierbei ist der Grundsatz der Chancengleichheit politischer Parteien aus § 5 PartG zu beachten. Dieser Grundsatz wird indes nicht als formale Gleichheit verstanden, vielmehr wird die Dauer der Sendezeit nach der politischen Bedeutung der Parteien bemessen. Maßgeblich ist insoweit das Prinzip der abgestuften Chancengleichheit.[4]

---

4 Näher Fechner, Medienrecht, *10*, Rdnr. 111 ff.

Fall 12: Anleitung zum Selbstmord

Student S hatte 2010 im Selbstverlag sein Erstlingswerk „Protokoll eines Freitods" veröffentlicht. Darin schildert der Autor äußerst realistisch und genau, wenn auch mit den literarischen Mitteln des Romans, wie der 16jährige Protagonist sich auf den Suizid vorbereitet. Detailliert werden die Gedanken des Protagonisten in inneren Monologen dargestellt, ob und auf welche Weise sein Freitod ihm Gelegenheit geben könne, an seiner untreuen Freundin und an einigen Lehrern, die ihn in der Schule verkannt hätten, dadurch Rache zu üben, dass er sie mit in den Tod reißt. Nach dem Klappentext will der Autor zur „Enttabuisierung des Freitods beitragen".

In späteren Veröffentlichungen distanziert sich S, der mittlerweile Oberstudienrat am X-Gymnasium geworden ist, von der Schrift, deren Anliegen falsch gewesen sei. Im Hinblick auf das Gefährdungspotenzial des Romans für Jugendliche bedauere er, das Werk geschrieben zu haben.

Als die Bundesprüfstelle für jugendgefährdende Medien (mit Sitz in Bonn) 2021 auf den Roman aufmerksam wird, indiziert sie ihn, obwohl zu diesem Zeitpunkt nur noch wenige Exemplare existieren, die vorwiegend antiquarisch und in einzelnen Fachbibliotheken zugänglich sind. Den Rest der Auflage hat S bereits vor Jahren selbst vernichtet. Aus der Begründung der Indizierungsentscheidung ist nicht ersichtlich, dass sich die Prüfstelle mit dem Kunstcharakter des Romans auseinandergesetzt hätte.

S, der nicht möchte, dass sein Jünglingswerk zumal durch ein solches amtliches Unwerturteil wieder zum Gegenstand der Aufmerksamkeit wird, fragt Sie, ob die Indizierungsentscheidung der Bundesprüfstelle rechtmäßig ist und ob er dagegen klagen kann.

Erste Abwandlung

Der 17-jährige Schüler P am X-Gymnasium hat gerüchteweise erfahren, dass S Leiter seiner Schule werden soll, obwohl er in seinem Jugendwerk den Suizid Jugendlicher verherrlicht habe. Um sich selbst ein Bild zu verschaffen, will P das Buch in der Stadtbibliothek entleihen. Auf seinen Ausleihantrag hin teilt ihm die Bibliotheksverwaltung mit, das Buch stehe nur noch für wissenschaftliche Untersuchungen zur Verfügung und dürfe daher nur an Personen herausgegeben werden, die nachweislich an einem themenbezogenen Forschungsvorhaben arbeiteten. P fragt, ob er sich diese Antwort gefallen lassen muss.

Zweite Abwandlung

Als der amtierende Schulleiter vom Plan des P erfährt, in der Schülerzeitung über die „Jugendsünde unseres künftigen Rektors" zu berichten, verbietet er dem P dies unter Berufung auf das Schulgesetz seines Bundeslandes, demzufolge der Schulleiter für einen geordneten Schulbetrieb verantwortlich ist. P fragt Sie, ob er sich diese Restriktion als „junger Grundrechtsträger" gefallen lassen müsse.

Lösung des Ausgangsfalls

I. Rechtmäßigkeit der Indizierung der Schrift durch die Bundesprüfstelle für jugendgefährdende Medien

Die Indizierung des Romans „Protokoll eines Freitods" ist rechtmäßig, wenn die Bundesprüfstelle sich auf eine Ermächtigungsgrundlage berufen kann, diese verfassungsmäßig ist und rechtmäßig angewendet wurde.

Gem. § 18 Abs. 1 Satz 1 JuSchG hat die Bundesprüfstelle für jugendgefährdende Medien (BPjM) Träger- und Telemedien,[1] die geeignet sind, die Entwicklung von Kindern und Jugendlichen oder ihre Erziehung zu einer eigenverantwortlichen und gemeinschaftsfähigen Persönlichkeit zu gefährden, in eine Liste jugendgefährdender Medien aufzunehmen. Hierzu zählen insbesondere unsittliche, verrohend wirkende, zu Gewalttätigkeit, Verbrechen oder Rassenhass anreizende Medien (§ 18 Abs. 1 Satz 2).

1. Schwer jugendgefährdend i.S.d. § 15 Abs. 2 JuSchG?

Eine Indizierung durch die Bundesprüfstelle kann (aus Klarstellungsgründen) – muss aber nicht – erfolgen, wenn die Schrift des S schwer jugendgefährdend i.S.d. § 15 Abs. 2 JuSchG ist. Bei schwer jugendgefährdenden Trägermedien treten die Beschränkungen (Verbot der Präsentation, Abgabe und Werbung), die bei schlicht jugendgefährdenden Medien an die Indizierung geknüpft sind, ohne weiteres von selbst ein, ohne dass es einer Aufnahme in die Liste bedürfte.

Ein schwer jugendgefährdendes Medium darf einem Kind oder Jugendlichen weder angeboten, überlassen oder sonst zugänglich gemacht werden (§ 15 Abs. 1 Nr. 1

---

[1] „Trägermedien" (z.B. Bücher) und „Telemedien" sind legaldefiniert in § 1 Abs. 2 bzw. Abs. 3 JuSchG.

JuSchG). Zudem ist u.a. seine Einführung im Wege des Versandhandels nicht gestattet (§ 15 Abs. 1 Nr. 5 JuSchG). Gem. § 27 Abs. 1 Nr. 1 JuSchG wird mit Freiheitsstrafe bis zu einem Jahr oder mit Geldstrafe bestraft, wer ein schwer jugendgefährdendes Trägermedium entgegen den Beschränkungen des § 15 Abs. 1 JuSchG anbietet, überlässt, zugänglich macht oder anpreist. Ein entsprechendes Verpflichtungsgeschäft ist nach § 134 BGB unwirksam.

a) Darstellung eines sterbenden Menschen gem. § 15 Abs. 2 Nr. 3 JuSchG?

Der Tatbestand regelt nur die Darstellung realer Geschehnisse und ist deshalb auf die fiktionale Schilderung der Selbsttötung im Werk des S nicht anwendbar.

b) Offensichtlich schwer jugendgefährdend gem. § 15 Abs. 2 Nr. 5 JuSchG?

Eine entsprechende Gefährdungslage setzt das „Risiko gravierender sozialethischer Desorientierung" von Jugendlichen voraus, wobei eine naheliegende Gefahr zu fordern ist. „Offensichtlich" ist das, was jedermann ohne Mühe erkennen kann. Hierbei ist auf eine Person abzustellen, die für den Jugendschutz aufgeschlossen ist und die Wirkung von Medien auf Minderjährige sachgemäß beurteilen kann. Der Tatbestand kann auch Aufforderungen zur Selbsttötung erfassen. Allerdings ist eine romanhafte Darstellung einer Selbsttötung als solche wohl noch nicht offensichtlich schwer jugendgefährdend. Konkrete Anhaltspunkte darauf, dass dies im vorliegenden Fall anders zu bewerten ist, sind dem Sachverhalt nicht zu entnehmen.

c) Schlicht jugendgefährdend gem. § 18 Abs. 1 JuSchG?

Medien, die zwar nicht schwer jugendgefährdend sind, die aber dennoch geeignet sind, die Entwicklung von Kindern oder Jugendlichen oder ihre Erziehung zu einer eigenverantwortlichen und gemeinschaftsfähigen Persönlichkeit zu gefährden, sind indessen gem. § 18 Abs. 1 JuSchG in eine Liste jugendgefährdender Medien aufzunehmen, d.h. zu indizieren. Dies ist insbesondere der Fall, wenn es sich um unsittliche, verrohend wirkende, zu Gewalttätigkeit, Verbrechen oder Rassenhass anreizende Medien handelt (§ 18 Abs. 1 Satz 2 JuSchG) oder um andere Inhalte von ähnlichem Gefährdungspotenzial.

Ob die erforderliche Gefährdung im Falle der Schrift des S gegeben ist, lässt sich nur schwer beantworten. Sie würde jedenfalls nicht bereits aufgrund der Tatsache entfallen, dass die wenigen noch existierenden Werkexemplare nur antiquarisch und in Bibliotheken erhältlich bzw. zugänglich sind.

Im vorliegenden Fall ist weniger die Schilderung des Suizids selbst problematisch als die Gedanken des Protagonisten, weitere Menschen mit in den Tod zu reißen. Maßgeblich ist insoweit auch die Darstellung in ihren Einzelheiten.

Die BPjM hat für die Entscheidung, ob sie eine Schrift indiziert, keinen Ermessensspielraum, da jugendgefährdende Medien gem. § 18 Abs. 1 Satz 1 JuSchG zu indizieren sind. Die Beurteilung der Jugendgefährdung und deren Gewichtung ist als unbestimmter Rechtsbegriff gerichtlich überprüfbar. Die der Indizierungsentscheidung zu Grunde liegenden Erwägungen sind jedoch als sachverständige Aussagen zu behandeln.[2] Insoweit ist nur überprüfbar, ob die Behörde von einem zutreffenden Inhalt der Schrift ausgegangen ist, keine fernliegende Deutung des Inhalts vorgenommen hat und nicht willkürlich entschieden hat. Wenn die Prüfstelle im Rahmen des ihr zukommenden Beurteilungsspielraums zu der Einschätzung gelangt, dass das Werk des S jugendgefährdend ist, sind insoweit keine Rechtsfehler erkennbar.

2. Anwendbarkeit des Kunstvorbehalts?

Soweit von dem Werk eine schlichte Jugendgefährdung ausgeht, hat die BPjM die Schrift grundsätzlich zu indizieren. Zu beachten ist allerdings der Vorbehalt des § 18 Abs. 3 JuSchG, demzufolge „allein wegen seines politischen, sozialen, religiösen oder weltanschaulichen Inhalts" ein Medium nicht in die Liste aufgenommen werden darf (§ 18 Abs. 3 Nr. 1). Ebenfalls muss die Indizierung unterbleiben, falls das Medium „der Kunst oder der Wissenschaft (…)" dient (§ 18 Abs. 3 Nr. 2). Schließlich darf die Aufnahme in die Liste auch nicht gegen das öffentliche Interesse verstoßen, es sei denn, dass das Medium hinsichtlich der Art der Darstellung zu beanstanden ist (§ 18 Abs. 3 Nr. 3).

Die Rechtmäßigkeit der Entscheidung der Prüfstelle hängt zunächst davon ab, ob das „Protokoll eines Freitods" überhaupt der Kunst zugerechnet werden kann. Der Kunstbegriff des Jugendschutzgesetzes entspricht dem in Art. 5 Abs. 3 Satz 1 GG. Nach der Rechtsprechung ist grundsätzlich jede freie eigenschöpferische Gestaltung als Kunst zu werten.[3] Insbesondere eine Darstellung in Form eines Romans, in der S offensichtlich seine Gedanken zur Selbsttötung in freier schöpferischer Gestaltung umgesetzt hat, unterfällt dem Kunstbegriff. Auf den ethischen Wert bzw. „Nichtwert" der Gestaltung kommt es nicht an.[4]

Allerdings kann aus dem Kunstcharakter des Romans noch nicht geschlossen werden, dass seine Indizierung rechtswidrig ist. Nach dem Grundsatz der praktischen Konkordanz sind vielmehr die Belange des Jugendschutzes einerseits und die Belange der Kunstfreiheit andererseits im konkreten Einzelfall gegeneinander abzuwägen. Diese Abwägung ist im Übrigen unabhängig davon vorzunehmen, ob es sich um ein schlicht jugendgefährdendes oder aber um ein schwer jugendgefährdendes Medium

---

2 BVerwG NJW 1997, 602; BVerwGE 91, 211, 216.
3 BVerfGE 30, 173, 188 ff. „Mephisto" → Fechner, E 70; E 67, 213, 226 „Anachronistischer Zug" → Fechner, E 71.
4 Liesching/Schuster, § 18 JuSchG Rdnr. 79 ff.

handelt.[5] Im Rahmen der Abwägung sind die widerstreitenden Belange umfassend zu ermitteln.

Im vorliegenden Fall hat sich jedoch die Prüfstelle ausweislich ihrer zur Indizierungsentscheidung gegebenen Begründung mit dem Kunstcharakter des Romans überhaupt nicht auseinandergesetzt. Damit ist die Entscheidung rechtswidrig. Indessen liegt kein derart offenkundig schwerer Fehler vor, dass von der Nichtigkeit der Entscheidung ausgegangen werden kann (vgl. § 43 Abs. 3 VwVfG). Bei Ermessensentscheidungen kann das Gericht die Verwaltungsentscheidung nicht vorwegnehmen, es sei denn, es liege eine Ermessensreduzierung auf Null vor. Eine Ermessensreduzierung auf Null ist anzunehmen, wenn trotz des der Behörde eingeräumten Ermessens nur noch eine ganz bestimmte Entscheidung ergehen dürfte. Dafür gibt es im Sachverhalt jedoch keine Hinweise.

3. Ergebnis

Die Indizierung des Romans durch die BPjM war rechtswidrig.

II. Erfolgsaussicht einer Klage des S gegen die Indizierungsentscheidung

1. Zulässigkeit

a) Verwaltungsrechtsweg

Für Klagen gegen die Entscheidung der Bundesprüfstelle, ein Medium in die Liste jugendgefährdender Medien aufzunehmen, ist gem. § 25 Abs. 1 JuSchG der Verwaltungsrechtsweg gegeben.

b) Statthafte Klageart

Statthafte Klageart gegen die Indizierungsentscheidung – ein Verwaltungsakt i.S.d. § 35 Satz 1 VwVfG – ist die Anfechtungsklage gem. § 42 VwGO. Soweit die Streichung des Romans aus der Liste begehrt würde, wäre Verpflichtungsklage zu erheben.[6]

c) Klagebefugnis

Klagebefugt ist nach § 42 Abs. 2 VwGO jedermann, der durch die Indizierung möglicherweise in eigenen Rechten verletzt ist. Hierzu gehören jedenfalls der Urheber und die Nutzungsrechteinhaber, mithin auch S. Der einzelne Händler (z.B. Antiquar) wäre hingegen nicht klagebefugt.[7]

---

5 VG Köln, Urt. v. 16.11.2007, 27 K 1764/07 (ZUM-RD 2008, S. 385 ff.) unter Verweis auf BVerwGE 83, S. 130, 143 und BVerwG NJW 1993, S. 1490.
6 Liesching/Schuster, § 25 JuSchG Rdnr. 2.
7 Liesching/Schuster, § 25 JuSchG Rdnr. 2.

d) Sonstige Voraussetzungen

Klagegegner ist der Bund, vertreten durch die BPjM (Bonn), § 25 Abs. 3 JuSchG. Die Klage, die beim VG Köln einzureichen ist (Berufungs- und Revisionsinstanzen sind das OVG Münster bzw. das BVerwG) hat keine aufschiebende Wirkung (§ 25 Abs. 4 Satz 1 JuSchG). Ein Vorverfahren (§§ 68 ff. VwGO) ist nach Maßgabe des § 25 Abs. 4 Satz 2 JuSchG entbehrlich.

Es fehlt auch nicht am allgemeinen Rechtsschutzbedürfnis. Selbst wenn S sich von dem Werk distanziert und einige Exemplare vernichtet hat, kann er ein Interesse dartun, dass sein Werk nicht indiziert wird, da hierin ein amtliches Unwerturteil gesehen werden kann.

2. Begründetheit

Die Anfechtungsklage ist begründet, da die Entscheidung der Prüfstelle rechtswidrig ist und den S in seinen Rechten verletzt, § 113 Abs. 1 VwGO.

3. Ergebnis

Eine Anfechtungsklage des S gegen die Indizierungsentscheidung der Bundesprüfstelle hat Aussicht auf Erfolg.

Lösung der ersten Abwandlung

Anspruch des P gegen die Stadtbibliothek

P könnte einen Anspruch aus der Informationsfreiheit gem. Art. 5 Abs. 1 Satz 1, 2. Var. GG gegen die Stadtbibliothek haben, das gewünschte Buch zu entleihen.

I. Grundrechtsmündigkeit des P

Fraglich ist die Grundrechtsmündigkeit des 17-jährigen Schülers P, der subjektiver Schutzbereich der Informationsfreiheit. Die Ausübung von Grundrechten ist allerdings nicht von der Volljährigkeit eines Menschen abhängig. Maßgeblich ist vielmehr die individuelle Einsichts- und Entscheidungsfähigkeit der konkret betroffenen Person.[8] Gerade hinsichtlich der Kommunikationsfreiheiten ist anerkannt, dass diese nicht erst ab Volljährigkeit eigenständig ausgeübt werden können. Vielmehr ist es im Interesse der Persönlichkeitsbildung wichtig, dass Jugendliche möglichst frühzeitig den eigenverantwortlichen Umgang mit den Grundrechten erlernen. Eine exakte

---

8 Vgl. weitere Ausführungen zur Thematik: Kingreen/Poscher, Grundrechte, Rdnr. 184 ff.

altersmäßige Grenze lässt sich allenfalls aus dem einfachen Gesetzesrecht ableiten,[9] wobei insoweit der Vorrang der Verfassung vor dem einfachen Gesetzesrecht zu beachten ist weshalb dieses lediglich als Auslegungshilfe herangezogen werden kann. Bei einem 17-jährigen Schüler bestehen an der Grundrechtsmündigkeit im Hinblick auf die Informationsfreiheit keine Bedenken.

II. Schutzbereich

Fraglich ist, ob es sich bei der Stadtbibliothek um eine „allgemein zugängliche Quelle" i.S.d. Art. 5 Abs. 1 Satz 1, 2. Var. GG handelt. Mögen auch in erster Linie die Massenkommunikationsmittel als typische Informationsquellen im Sinne dieser Bestimmung anzusehen sein, so könnte doch auch die Bibliothek eines öffentlichrechtlichen Trägers unter diesen Begriff fallen. Bedenken an der allgemeinen Zugänglichkeit, die sich etwa im Hinblick auf den Benutzerkreis und die technische Zugangsberechtigung (Leihkarte) ergeben, dringen nicht durch. Der Benutzerkreis einer Stadtbibliothek ist der widmungsgemäßen Funktion dieser Einrichtung entsprechend jederzeit erweiterungsfähig. In solchen Fällen darf nicht der Staat oder ein ihm zurechenbares Organ durch rechtliche Regeln den Zugang vereiteln.

III. Eingriff

Die Verweigerung der Entleihe stellt einen Eingriff in die Informationsfreiheit des P dar.

IV. Verfassungsrechtliche Rechtfertigung

Hier ist daran zu denken, dass die Einsicht in das Buch mit Rücksicht auf das allgemeine Persönlichkeitsrecht des S (Art. 2 Abs. 1 i.V.m. Artikel 1 Abs. 1 GG) verweigert wurde, da S sich bereits vor längerer Zeit öffentlich ernsthaft von seinem Werk distanziert hat. Insoweit könnte ein rechtlich relevanter Gesinnungswandel vorliegen.[10]

§ 42 UrhG regelt – entsprechend einem Grundgedanken des Urheberpersönlichkeitsrechts – das Rückrufsrecht des Urhebers wegen gewandelter Überzeugung. Das Recht richtet sich gegen den Partner von Urheberrechtsverträgen (einschließlich des Verlagsrechts). Gem. § 42 Abs. 1 Satz 1 UrhG kann der Urheber ein Nutzungsrecht gegenüber dem Inhaber zurückrufen, wenn das Werk seinen künstlerischen, politischen, wissenschaftlichen oder auch persönlichen Wertvorstellungen nicht mehr entspricht

---

9 So geht das Gesetz über die Religiöse Kindererziehung für die Wahrnehmung der zugehörigen Rechte von einem Alter von 14 Jahren aus (§ 5 Satz 2 RelKErzG).
10 Das Rücktrittsrecht des Verfassers vom Verlagsvertrag bis zum Beginn der Vervielfältigung wegen veränderter Umstände ist in § 35 Abs. 1 VerlG geregelt (→ T 26).

und ihm deshalb die Verwertung nicht mehr zugemutet werden kann. Hat der Urheber das Werkoriginal veräußert, kann er nach dieser Vorschrift zwar die Nutzungsrechte zurückrufen, allerdings nicht das Werkstück als solches.

Allerdings kann sich weder aus dem zivilrechtlichen Urheberpersönlichkeitsrecht (§ 12 UrhG) noch aus dem allgemeinen Persönlichkeitsrecht aus Art. 2 Abs. 1 i.V.m. Art. 1 Abs. 1 GG eine staatliche Befugnis ergeben, ein veröffentlichtes Buch unzugänglich zu machen und zwar auch dann nicht, wenn der Autor dies fordert. Andere schutzwürdige grundrechtsrelevante Interessen des S, die den Eingriff in die Informationsfreiheit des P rechtfertigen könnten, sind nicht ersichtlich.

V. Ergebnis

P kann die Ausleihe im Rahmen der Benutzungsordnung der Bibliothek verlangen.

Lösung der zweiten Abwandlung

Rechtmäßigkeit des Verbots des Schulleiters

I. Anwendbares Grundrecht

P könnte sich gegenüber dem Verbot des Schulleiters auf die Pressefreiheit des Art. 5 Abs. 1 Satz 2, 1. Var. GG berufen. Da es im vorliegenden Fall um den spezifischen Verbreitungsweg der Meinung des P in einer Schülerzeitung geht, ist die Pressefreiheit insoweit das speziellere, hier anwendbare Grundrecht.

II. Grundrechtsmündigkeit

Die bei der Informationsfreiheit ausgeführten Überlegungen zur Grundrechtsmündigkeit gelten auch für die Pressefreiheit. Selbst wenn Minderjährige üblicherweise nicht in der Presse tätig sind, ermöglicht gerade die Schülerzeitung ein Bekanntwerden mit den Anforderungen pressemäßiger Arbeit, so dass sich jedenfalls ein 17-jähriger Schüler auf dieses Grundrecht berufen kann.

III. Schutzbereich

Der Schutzbereich der Pressefreiheit erstreckt sich auf jedwede pressemäßige Tätigkeit, unabhängig vom Verbreitungsgrad des Druckwerks. Maßgeblich ist lediglich, dass es sich um ein zur Verbreitung an die Allgemeinheit bestimmtes Druckerzeugnis handelt. Das ist bei einer Schülerzeitung der Fall, die sich zwar primär an die Schüler richtet, aber üblicherweise auch an Dritte verkauft wird. Die Pressefreiheit ist daher auf Schülerzeitungen anwendbar.

Anders wäre dies hinsichtlich einer Schulzeitung, die von der Schule selbst herausgegeben wird und damit von einem Hoheitsträger, der sich auf Grundrechte grundsätzlich nicht berufen kann.

IV. Eingriff

Das Verbot des Schulleiters, über „die Jugendsünde" seines künftigen Nachfolgers in der Schülerzeitung zu berichten, stellt einen Eingriff in die Pressefreiheit des P dar.

V. Verfassungsrechtliche Rechtfertigung

Der Eingriff des Schulleiters in die Pressefreiheit des P könnte durch die von ihm angeführte Vorschrift des einschlägigen Schulgesetzes des Landes gerechtfertigt sein. Bei dieser Norm des Schulgesetzes handelt es sich um ein allgemeines Gesetz i.S.d. Art. 5 Abs. 2 GG. Der Schulleiter beruft sich auch nicht auf das Schulgesetz, um P eine bestimmte Meinung zu verbieten, vielmehr will er jegliche Beschäftigung mit dem früheren literarischen Werk des künftigen Schulleiters verhindern.

Die Maßnahme des amtierenden Schulleiters könnte allerdings in unverhältnismäßiger Weise in das Grundrecht des P eingreifen. Nach der Wechselwirkungslehre sind die Belange der Schule an einem geordneten Betrieb als verfassungsrelevantes Gemeinschaftsgut (Art. 7 GG) einerseits und die Grundrechte der Schüler andererseits zu einem schonenden Ausgleich zu bringen.

Die Schule ist kein „besonderes Gewaltverhältnis", in dem die Grundrechte nicht gelten würden. Allerdings machen „Sonderstatusverhältnisse", denen auch die Schule zuzurechnen ist, im Interesse ihrer Funktionsfähigkeit eine stärkere Einschränkung von Grundrechten der beteiligten Personen erforderlich, als dies außerhalb solcher besonderen Nähebeziehungen von Bürger und Staat der Fall ist. Genau hierauf beruft sich der Schulleiter.

Im vorliegenden Fall ist das Ansehen des künftigen Schulleiters gefährdet und damit ein „geordneter Schulbetrieb", wenn dessen frühere literarische Tätigkeit in der Schülerzeitung dargestellt wird. Zu berücksichtigen ist auch, dass die Veröffentlichung bereits viele Jahre zurückliegt und S sich überdies von seinem Werk distanziert hat. Wird über seine „Jugendsünde" in der Schule diskutiert, so kann dies zu lebhaften Kontroversen unter den Schülern führen und deren Verhältnis zum künftigen Schulleiter belasten. Falls der amtierende Schulleiter dies zu verhindern sucht, liegt darin wohl kein Ermessensfehler und die Maßnahme erscheint auch nicht unverhältnismäßig. Nicht verhindern kann der Schulleiter demgegenüber freilich, dass das Verhalten des S in den Medien außerhalb der Schule dargestellt und diskutiert wird.

VI. Ergebnis

Das Verbot des Schulleiters stellt einen Eingriff in die Pressefreiheit des P dar, dieser ist allerdings verfassungsrechtlich gerechtfertigt.

Fall 13: Gute Bücher zu günstigem Preis

Buchhändler B will Bücher billiger anbieten als die Konkurrenz. Davon erhofft er sich nicht nur größere Umsätze, sondern möchte auch den Lesern billigere Bücher zur Verfügung stellen. Zu diesem Zweck lässt er in Deutschland hergestellte Bücher nach Österreich bringen, um sie dann in Deutschland zu einem günstigeren Preis als die Konkurrenz an seine Kunden weiterzuverkaufen. Er ist der Auffassung, diese Vorgehensweise könne keinesfalls verboten sein, da innerhalb der Europäischen Union der Grundsatz der Warenverkehrsfreiheit gelte. Im Übrigen wolle er auch E-Books und Hörbücher in dieser Weise anbieten.

Als die Schulverwaltung seines Bundeslandes anruft, um tausend Exemplare eines Liederbuchs zu bestellen und hierfür um einen Rabatt bittet, gesteht er angesichts dieser hohen Stückzahl einen Nachlass von 20 Prozent zu.

Um auch hinsichtlich vergriffener Romane wieder lieferfähig zu sein, lässt er einige beliebte Werke, die schon seit mehr als zwei Jahren vergriffen sind, in einem Copyshop vervielfältigen und bietet diese aus Werbegründen zum Selbstkostenpreis an.

Ist das Verhalten des B rechtmäßig? Mit welchen Konsequenzen muss er möglicherweise rechnen? Auf kartellrechtliche Bestimmungen ist nicht einzugehen.

Lösung

I. Reimport von Büchern

1. Buchpreisbindung

B kann Bücher aus Österreich billiger anbieten, sofern diese nicht der Buchpreisbindung unterfallen. Gemäß § 3 BuchPrG muss den festgesetzten Preis einhalten, wer gewerbs- oder geschäftsmäßig Bücher an Letztabnehmer verkauft. B ist als Buchhändler Gewerbetreibender und verkauft Bücher geschäftsmäßig an seine Kunden (Letztabnehmer). Das Buchpreisbindungsgesetz (→ T 27) ist dem in § 2 Abs. 1 BuchPrG umschriebenen Anwendungsbereich zufolge anwendbar, da B mit Büchern handelt. Das Buchpreisbindungsgesetz gilt auch für E-Books (§ 2 Abs. 1 Nr. 3 BuchPrG). Demgegenüber sind Hörbücher vom BuchPrG nicht erfasst.

2. Preisfestsetzung

Fraglich ist, ob sich B i.S.d. § 3 BuchPrG an den vom Verleger festgesetzten Preis gem. § 5 Abs. 1 BuchPrG halten muss. B ist zugleich Importeur und kann als solcher gem. § 5 Abs. 2 BuchPrG selbst Endpreise festsetzen. Dabei muss er sich aber an die Vorgaben des § 5 Abs. 2, 3 BuchPrG halten. Diese verlangen u.a., dass B den von deutschen Verlegern festgesetzten Preis nicht unterschreitet.

3. Geltung der Buchpreisbindung bei Reimporten

Das Verhalten des B, Bücher, die in seinem Heimatstaat verlegt worden sind, in einem anderen Staat preisgünstiger einzukaufen, um diese in seinem Heimatstaat wieder einzuführen (zu importieren), mit dem Ziel, die Bücher in seinem Heimatstaat zu verkaufen, wird als Reimport bezeichnet. Fraglich ist, ob auf solche Importe das BuchPrG anwendbar ist.

Dagegen könnte die Warenverkehrsfreiheit des Art. 28, 34 AEUV sprechen. Art. 34 AEUV verbietet mengenmäßige Einfuhrbeschränkungen sowie „alle Maßnahmen gleicher Wirkung" innerhalb der Europäischen Union. Unter dem Begriff der „Maßnahmen gleicher Wirkung" versteht der EuGH nach der Dassonville-Formel jede Maßnahme, die geeignet ist, den Handelsverkehr zwischen den Mitgliedstaaten unmittelbar oder mittelbar tatsächlich oder potentiell zu behindern.[1] Eine grenzüberschreitende Buchpreisbindung würde den Handelsverkehr beeinträchtigen. Eine Rechtfertigung könnte gem. Art. 36 AEUV im Schutz des geistigen Eigentums und damit des gewerblichen Eigentums gesehen werden. Allerdings darf diese Beschränkung weder ein Mittel zur willkürlichen Diskriminierung noch eine verschleierte Beschränkung des Handels zwischen den Mitgliedstaaten darstellen. Das ist nicht der Fall, da es sich um Bücher handelt, die in Deutschland hergestellt wurden und lediglich zur Umgehung der Beschränkungen des Buchpreisbindungsgesetzes vorübergehend nach Österreich gebracht wurden. Beim Reimport handelt es sich um eine Umgehung der Vorschriften des BuchPrG, die nicht durch Art. 36 AEUV gerechtfertigt ist.

Dieses Ergebnis stimmt mit der Rechtsprechung des EuGHs überein. In der Leclerc-Entscheidung[2] stellt der EuGH klar, dass ein Reimport nur zum Zwecke der Gesetzesumgehung keinen echten innergemeinschaftlichen Handel darstellt, sondern lediglich ein Umgehungsgeschäft ist. Dieses verdient nicht den Schutz des europäischen Rechts.

4. Ergebnis

B kann durch den Export von Büchern und E-Books nach Österreich und deren Reimport die Regelungen des Buchpreisbindungsgesetzes nicht umgehen.

---

1 Vgl. EuGH Slg. 1974, S. 837 Rdnr. 5
2 EuGH Slg. 1985, 1, 35 Rdnr. 31.

II. Rabatt für die Schulverwaltung

1. BuchPrG

Bei der Gewährung von Rabatten gilt für B die Preisbindung des § 3 i.V.m. § 5 Buch-PrG. Jedoch kennt diese Regelung Ausnahmen. In Betracht käme im vorliegenden Fall die Ausnahmebestimmung des § 7 Abs. 3 BuchPrG. Danach gewähren Verkäufer für Sammelbestellungen von Büchern für den Schulunterricht, die überwiegend von der öffentlichen Hand finanziert werden, in Abhängigkeit vom Gesamtwert und der Stückzahl bestimmte Nachlässe. Der höchste dort vorgesehene Nachlass beträgt 15 %. Da ein Nachlass von 20 % nicht vorgesehen ist, darf B die Bücher nicht mit einem Nachlass von 20 % anbieten. Bei Zuwiderhandlung gegen das Buchpreisbindungsgesetz kann B gemäß § 9 BuchPrG auf Unterlassung und Schadensersatz in Anspruch genommen werden. Insoweit ist das Vorgehen Bs medienrechtlich bedenklich.

2. UWG

Indem ein Verstoß gegen § 3 BuchPrG festgestellt wurde, stellt sich die Folgefrage, inwieweit dadurch auch ein Verstoß gegen § 3 i.V.m. § 3a UWG (Rechtsbruch) zu bejahen ist. § 9 BuchPrG enthält abschließende, spezialgesetzliche Regelungen hinsichtlich der Anspruchsvoraussetzungen, die die allgemeinere Norm des § 8 Abs. 3 UWG verdrängt.[3] Eine gleichzeitige Anwendung des § 3 i.V.m. § 3a UWG scheidet daher aus.

III. Verbreitung kopierter Bücher zum Selbstkostenpreis

B könnte durch das Kopieren vergriffener Bücher und das Anbieten der Kopien Urheberrechte der Autoren verletzen. Da es sich um bereits veröffentlichte Bücher handelt, kommen hier das Vervielfältigungsrecht gemäß § 16 UrhG und das Verbreitungsrecht gemäß § 17 UrhG in Betracht.

1. § 16 UrhG

a) Urheberrechtsverletzung

Gemäß § 15 Abs. 1 i.V.m. § 16 Abs. 1 UrhG hat der Urheber das ausschließliche Recht, sein Werk in körperlicher Form zu verwerten u.a. es zu vervielfältigen. Bei Romanen handelt es sich um „Werke" i.S.d. § 2 Abs. 1 UrhG, und zwar um Sprachwerke gem. Nr. 1. Das Kopieren eines Werkes stellt eine Vervielfältigung dar. Nicht maßgeblich ist dabei, ob B das Buch eigenhändig vervielfältigt oder den Auftrag dazu gibt. Indem er den Auftrag dazu an den Copyshop vergibt, hat er selbst die Vervielfältigung zu verantworten. B verletzt somit § 16 Abs. 1 UrhG.

---

3 BGH GRUR 2003, S. 807, 808 „Buchpreisbindung"; s. a.: BGH GRUR 2016, 298.

Ob daneben Ansprüche gegen den Inhaber des Copyshops gegeben sein können, ist hier ausweislich der Fallfrage nicht zu untersuchen.

b) Rechtfertigung

Das Vorgehen des B ist desungeachtet rechtmäßig, wenn seine Handlung durch eine urheberrechtliche Schrankenbestimmung gerechtfertigt ist. Ein Ablauf der Urheberrechte gemäß § 64 UrhG, demzufolge das Urheberrecht 70 Jahre nach dem Tod des Urhebers erlischt, ist dem Sachverhalt nicht zu entnehmen. Zumindest ist dies nicht generell für Bücher anzunehmen, die seit 2 Jahren vergriffen sind.

Zu prüfen ist vielmehr die Schranke des § 53 UrhG. § 53 Abs. 2 S. 1 Nr. 4b UrhG lässt eine im wesentlichen vollständige Vervielfältigung eines Buches zum eigenen Gebrauch zu, wenn es sich um ein seit mindestens 2 Jahren vergriffenes Werk handelt. Im vorliegenden Fall ist die Vervielfältigung indessen nicht „zum eigenen Gebrauch" hergestellt worden. Vielmehr sollen die Kopien Dritten zu deren Gebrauch zur Verfügung gestellt werden. Unerheblich ist hierbei, dass B mit der Verbreitung der Werkstücke nicht selbst Geld verdienen möchte. Zumindest erspart er sich Aufwendungen, die ansonsten für seinen Service erforderlich wären. Da auch kein anderer Ausnahmetatbestand zur Anwendung kommt, stellt das Vorgehen des B einen unzulässigen Eingriff in das Urheberrecht der Autoren dar.

c) Rechtsfolge

Die Autoren sowie die Verlage können Unterlassungs- und Schadensersatzansprüche unter den Voraussetzungen des § 97 Abs. 1 UrhG gegen B geltend machen. Zudem könnte sich B gemäß § 106 Abs. 1 UrhG wegen unerlaubter Verwertung urheberrechtlich geschützter Werke strafbar gemacht haben. Fraglich ist, ob es sich um eine gewerbsmäßige unerlaubte Verwertung gem. § 108a UrhG handelt. Diese Strafschärfung kommt zur Anwendung, wenn der Täter gewerbsmäßig gehandelt hat. Gewerbsmäßig handelt, wer den Tatbestand des § 106 UrhG in der Absicht verwirklicht, sich durch derartige wiederholte Begehung eine fortlaufende Einnahmequelle von einiger Dauer und einigem Umfang zu verschaffen. Fraglich ist bereits, inwieweit sich B eine fortlaufende Einnahmequelle verschafft, da er die kopierten Bücher zum Selbstkostenpreis verkauft. Doch könnte diesbezüglich auf die Werbezwecke abgestellt und daher eine indirekte „Einnahmequelle" bejaht werden. Doch ist ein eventueller Werbenutzen nur schwer in Form zusätzlicher Einnahmen feststellbar. Da nur Einnahmen von „einigem Umfang" die Definition von „gewerbsmäßig" i.S.d. des § 108a UrhG erfüllen, der Umfang aber im konkreten Fall nicht feststellbar ist, muss der Tatbestand des § 108a UrhG verneint werden.

2. § 17 UrhG

a) Urheberrechtsverletzung

Gemäß § 15 Abs. 1 i.V.m. § 17 Abs. 1 UrhG hat der Urheber das ausschließliche Recht, sein Werk in körperlicher Form zu verwerten u.a. es zu verbreiten. Das Verbreitungsrecht erfasst Handlungen, durch die Werkstücke (Originale oder Vervielfältigungsstücke) der Öffentlichkeit zugänglich gemacht werden. Indem die Kopien zum Selbstkostenpreis angeboten werden, liegt ein Eingriff in das Verbreitungsrecht der Autoren vor. Wie oben festgestellt, handelt es sich bei den Romanen um Sprachwerke gem. § 2 Abs. 1 Nr. 1 UrhG. B wurde mit Blick auf das Verbreitungsrecht kein Nutzungsrecht i.S.d. §§ 31 ff. UrhG eingeräumt, so dass eine Verletzung des § 17 UrhG vorliegt.

b) Rechtswidrigkeit

Auch das Verbreitungsrecht unterliegt den Schranken des Urheberrechts (§§ 45 ff. UrhG). Eine Schrankenregelung für den vorliegenden Fall ist indes nicht ersichtlich. Die Urheberrechtsverletzung ist somit rechtswidrig.

c) Rechtsfolgen

B hat das Verbreitungsrecht gem. § 17 UrhG rechtswidrig verletzt. Diesbezüglich ist auf die möglichen Rechtsfolgen – die oben zu § 16 UrhG erörtert wurden – zu verweisen.

3. Weitere zivilrechtliche Ansprüche

Fraglich ist, ob neben den urheberrechtlichen Ansprüchen weitere zivilrechtliche Ansprüche, beispielsweise des § 823 BGB (Schadensersatz) und § 1004 BGB (Unterlassung), geltend gemacht werden könnten. Das UrhG lässt neben der speziellen Anspruchgrundlage § 97 Abs. 1 UrhG auch solche des BGB[4] zu. § 97 Abs. 3 UrhG macht deutlich, dass Ansprüche anderer gesetzlicher Vorschriften durch das Urheberrecht nicht verdrängt werden.

4. Ergebnis

Das Verhalten des B verstößt gegen §§ 16, 17 UrhG, was u.a. Ansprüche gem. § 97 UrhG auslösen kann. Ferner ist das Verhalten gem. § 106 UrhG strafbar.

---

4 Bzgl. Schadensersatz: § 823 Abs. 1 BGB; § 823 Abs. 2 BGB i.V.m. §§ 106–108 UrhG; bzgl. Unterlassung § 1004 BGB analog.

Fall 14: Rundfunkrat kontra Intendant

Rundfunkjournalist J hat einen Beitrag zur Außenpolitik der Bundesregierung für den öffentlich-rechtlichen Sender R im Bundesland X produziert. Im Rundfunkrat wird die Ausstrahlung der Sendung längere Zeit diskutiert. Dabei überwiegt die Auffassung, auch wenn die Sendung teilweise problematische Aussagen über Drittstaaten enthalte, so rege sie doch zu einer Auseinandersetzung über die Außenpolitik an und solle daher ausgestrahlt werden. Als Intendant I hiervon erfährt, verbietet er die Ausstrahlung der Sendung, um das Verhältnis der Bundesrepublik zu den betroffenen Drittstaaten keinesfalls zu gefährden. Die Sendung verstoße gegen elementare Grundsätze des Rundfunkrechts, insbesondere gegen die Programmgrundsätze. Der Rundfunkrat habe insoweit nichts zu sagen, da er als Intendant allein die Verantwortung für das Programm zu tragen habe.

J wie auch der Rundfunkrat wollen sich mit dem Verbot des I nicht abfinden. J beruft sich auf seine „innere Rundfunkfreiheit" und weist auf die Möglichkeit einer Programmbeschwerde hin, womit er die Ausstrahlung seiner Sendung erzwingen will. Der Rundfunkrat ist der Überzeugung, I als Einzelperson könne doch nicht das große demokratische Gremium des Rundfunkrates überstimmen.

Wie ist die Rechtslage?

Legen Sie bei der Falllösung den folgenden Auszug des fiktiven Rundfunkgesetzes des Bundeslandes X mit dazugehöriger fiktiver Satzung des Senders R zu Grunde:

Auszug aus dem Rundfunkgesetz des Bundeslandes X:

§ 16 Beschwerderecht
Jeder hat das Recht, sich mit einer Beschwerde an den Intendanten des R zu wenden. Die Beschwerden sind innerhalb einer Frist von zwei Monaten zu bescheiden. Macht der Beschwerdeführer gegen den Bescheid Einwendungen geltend und ist der Intendant nicht bereit, diesen Rechnung zu tragen, so hat der Intendant den nach der Satzung zuständigen Ausschuss des Rundfunkrates zu unterrichten.

§ 20 Aufgaben des Rundfunkrates
(1) Der Rundfunkrat vertritt die Interessen der Allgemeinheit auf dem Gebiet des Rundfunks; dabei trägt er der Vielfalt der Meinungen der Bürger Rechnung. Er wacht darüber, dass der R seine Aufgabe nach diesem Gesetz erfüllt, soweit nicht der Verwaltungsrat zuständig ist, und übt die ihm hierzu eingeräumten Kontrollrechte aus.

(2) Der Rundfunkrat überwacht die Einhaltung der für die Programme geltenden Grundsätze (...) und berät den Intendanten in allgemeinen Programmangelegenheiten. Er kann feststellen, dass einzelne Sendungen gegen diese Grundsätze verstoßen und den Intendanten mit schriftlicher Begründung auffordern, einen festgestellten Verstoß nicht fortzusetzen oder künftig zu unterlassen.

(3) ...

(4) Der Rundfunkrat hat ferner folgende Aufgaben:
1. Beschlussfassung über die Satzung im Benehmen mit dem Verwaltungsrat,
2. Beschlussfassung über Richtlinien der Programmgestaltung,
3. Wahl und Abberufung des Intendanten,
4. ...

§ 29 Intendant

(1) Der Intendant leitet den R und trägt die Verantwortung für den gesamten Betrieb und die Programmgestaltung. Er hat dafür zu sorgen, dass das Programm den gesetzlichen Vorschriften entspricht.

(2) ...

(3) Der Intendant vertritt die Anstalt gerichtlich und außergerichtlich. (...)

§ 37 Rechtsaufsicht

(1) Die Regierung führt die Aufsicht über die Einhaltung der Bestimmungen dieses Gesetzes und der allgemeinen Rechtsvorschriften.

(2) Die Regierung ist berechtigt, die Anstalt durch schriftliche Mitteilung auf Maßnahmen oder Unterlassungen im Betrieb des R hinzuweisen, die diesem Gesetz oder die allgemeinen Rechtsvorschriften verletzen, und das Organ aufzufordern, die Rechtsverletzung zu beseitigen.

(3) Wird die Rechtsverletzung nicht innerhalb einer von der Regierung zu setzenden angemessenen Frist behoben, weist diese den R an, im einzelnen festgelegte Maßnahmen auf Kosten des R durchzuführen. In Programmangelegenheiten sind Weisungen ausgeschlossen.

(4) Die Rechtsaufsicht gegenüber dem Intendanten kann erst ausgeübt werden, wenn der Rundfunkrat oder der Verwaltungsrat die ihnen zustehende Aufsicht nicht in angemessener Frist wahrnehmen.

Auszug aus der Satzung des Senders R:

Artikel 24 Aufgaben des Intendanten
(1) Der Intendant vertritt den R gerichtlich und außergerichtlich.
(2) Der Intendant unterrichtet den Rundfunkrat und den Verwaltungsrat über alle wesentlichen Entwicklungen und Angelegenheiten von grundsätzlicher Bedeutung.
(3) ...

Lösung

Im Folgenden werden unter dem Oberbergriff „Rundfunkgesetze" die Vorschriften der einzelnen Bundesländer für den öffentlich-rechtlichen Rundfunk verstanden, also z.B. das BR-Gesetz, der MDR-StV, oder das WDR-G. Unter dem Oberbegriff

„Landesmediengesetze" werden die Vorschriften für den privaten Rundfunk zusammengefasst, also z.B. das BWMedG, SächsPRG, ThürLMG.

Der MStV enthält sowohl Regelungen für die öffentlich-rechtlichen Rundfunkanstalten wie auch für die privatrechtlichen Rundfunkunternehmen. Beide Arten von Rundfunksendern müssen in jeder Falllösung voneinander getrennt betrachtet werden. Die Rundfunkfreiheit des Art. 5 Abs. 1 Satz 2 GG hat Auswirkungen auf beide Arten des Rundfunks, wenn auch in unterschiedlicher Weise.

Der vorliegende Fall spielt im Regelungsbereich des öffentlichrechtlichen Rundfunks. Für den privatrechtlichen Rundfunk ist ein Vorgehen gegen Rundfunksendungen ebenfalls möglich.

I. Ansprüche des J

1. Ansprüche des J aus dem Rundfunkgesetz?

Intendant I hat auf Grundlage von § 29 Rundfunkgesetz i.V.m. Art. 24 Satzung des R die Ausstrahlung der Sendung verboten. Nach den o.g. Vorschriften trägt der Intendant die Verantwortung für die Programmgestaltung. Eine ausdrückliche Ermächtigung, eine Sendung zu verbieten, enthalten die o.g. Vorschriften nicht. Die Befugnis kann aber aus einer Gesamtschau der Vorschriften über die Rechtsstellung des Intendanten abgeleitet werden. Das ist konsequent, trägt doch der Intendant die Programmverantwortung. Diesen Vorschriften kann nur mittels eines Verbotes Rechnung getragen werden.

Gegen dieses Verbot möchte sich J zur Wehr setzen. Dies kann J nur, wenn er sich auf ein eigenes subjektives Recht berufen könnte. Als einfachgesetzliche Vorschriften ist dabei an den MStV, das Rundfunkgesetz und die Satzung des R zu denken. Der MStV und die Satzung des R enthalten keine Vorschriften, die dem Begehren des J Rechnung tragen würden. Nach § 16 Rundfunkgesetz kann sich „jeder" mit einer Beschwerde an den Intendanten wenden. Diese sog. formelle Programmbeschwerde ist in einigen Rundfunk- und Mediengesetzen kodifiziert. Das Beschwerderecht bezieht sich inhaltlich auf die Einhaltung der Programmgrundsätze, die im MStV[1] sowie im jeweils einschlägigen Rundfunkgesetz geregelt sind. Problematisch ist vorliegend zweierlei: Kann eine noch nicht ausgestrahlte Sendung überhaupt Gegenstand dieses Beschwerderechts sein, da diese noch gar nicht gegen einen Programmgrundsatz verstoßen hat (a)? Zum zweiten ist fraglich, ob auch J als Mitarbeiter ein derartiges Recht zusteht, ob dieser also „jeder" i.S.d. § 16 Rundfunkgesetz ist (b).

---

[1] Nur für öffentlich-rechtliche Rundfunkanstalten: § 27 MStV; nur für private Rundfunkunternehmen: § 51 MStV.

a) Programmbeschwerde vor der Ausstrahlung einer Sendung?

Nach § 16 Rundfunkgesetz löst die Programmbeschwerde eine „anstaltsinterne Programmkontrolle" aus.[2] Danach erlässt zunächst der Intendant einen Bescheid, der mangels Außenwirkung kein Verwaltungsakt ist.[3] Hat der Betroffene Einwendungen gegen diesen Bescheid, so hat sich der Rundfunkrat in Form des Programmausschusses (§ 24 Rundfunkgesetz) mit der Angelegenheit zu befassen. Der Rundfunkrat hat gem. § 20 Abs. 2 Rundfunkgesetz die Einhaltung der Programmgrundsätze zu überwachen. Danach kann er feststellen, ob ein Verstoß vorliegt und den Intendanten auffordern, den „festgestellten Verstoß nicht fortzusetzen oder künftig zu unterlassen". Dieser Mechanismus sowie der Wortlaut der Vorschriften zeigen, dass die Sendung erst ausgestrahlt werden muss, bevor eine Programmbeschwerde eingereicht werden kann. Dem Sinn und Zweck des § 16 Rundfunkgesetz wird völlig genüge getan, denn es muss ja aus Sicht des Rezipienten erst einmal ein Rechtsverstoß vorliegen, über den sich der Rezipient beschweren kann. Die Programmbeschwerde kann mit einer Petition verglichen werden.[4] Eine Petition ist auch erst dann sinnvoll, wenn eine „Rechtsverletzung" vorliegt. Mit einer präventiven Programmbeschwerde würde demgegenüber in die autonome Programmgestaltungskompetenz des Intendanten eingegriffen.[5] Dieser Gedanke würde umgangen, ließe man eine präventive Programmbeschwerde zu. Im Ergebnis kann eine Programmbeschwerde erst nach Ausstrahlung einer Sendung eingelegt werden.

b) Ist J „jeder" i.S.d. § 16 Rundfunkgesetz?

Zudem ist fraglich, ob Journalist J als Mitarbeiter der Rundfunkanstalt und Hersteller der Sendung „jeder" i.S.d. § 16 Rundfunkgesetz ist. Problematisch ist also die Beschwerdebefugnis. Die Programmbeschwerde ist ein Recht des Rezipienten und nicht des Produzenten. Erneut kann ein Vergleich mit dem Petitionsrecht durchgeführt werden. Das Petitionsrecht steht Personen, die sich in einem sog. Sonderstatusverhältnis, d.h. in einer besonderen Nähebeziehung zum Staat befinden, wie z.B. Beamten, soweit es um ihren eigenen Aufgabenbereich oder ihre beamtenrechtliche Stellung geht, nicht zu.[6] Vielmehr haben diese Personen den Dienstweg einzuhalten. Der vorliegende Fall ist dem vergleichbar. Die Programmbeschwerde kann dem J nicht zustehen, betrifft sie doch gerade sein Aufgabengebiet (Programmgestaltung). Er muss derartige Streitigkeiten im Rahmen seines Arbeitsverhältnisses klären.

---

2 Anders bei den privaten Rundfunkunternehmen: dort kann eine Programmbeschwerde eine Entscheidung des Veranstalters sowie ggf. eine Kontrolle durch die Landesmedienanstalt auslösen, vgl. z.B. § 30 Abs. 3 BWLMG.
3 VG Köln, 17.2.1993 – Az.: 6 K 757/92; Herrmann/Lausen, Rundfunkrecht, § 23 Rdnr. 83.
4 Radke, ZUM 1991, S. 400, 404 ff.; Herrmann/Lausen, Rundfunkrecht, § 23 Rdnr. 83.
5 Radke, ZUM 1991, S. 400, 408, 409 auch zum Weiteren.
6 Schick, Petitionen, S. 58

Die arbeitsrechtlichen Regelungen stellen Sonderbestimmungen dar, die der allgemeinen Programmbeschwerde vorgehen. Das Arbeitsrecht kennt eine derartige Beschwerde nicht. Die Programmbeschwerde ist auf den Rezipienten zugeschnitten. Ziel der Programmbeschwerde ist es, dass sich letztlich der Rundfunkrat mit der Sache befasst und seinen Kontrollauftrag wahrnimmt. Es ist daran zu erinnern, dass der Rundfunkrat nicht auf einzelne Mitarbeiter zugreifen kann, sondern jeweils den Intendanten zur Verantwortung ziehen muss. Dies folgt aus dem Intendantenprinzip, weil ein derartiger „Durchgriff" der alleinigen Verantwortung der an der Spitze stehenden Person und dessen Weisungsrecht den Boden entziehen würde. Könnte sich ein Mitarbeiter bei Programmangelegenheiten direkt an den Rundfunkrat wenden, würde das Intendantenprinzip unterlaufen. Auch aus diesem Grunde steht dem J die Programmbeschwerde nicht zur Verfügung.

Im Ergebnis ist J nicht „jeder" i.S.d. § 16 Rundfunkgesetz und ist somit nicht beschwerdebefugt.

2. Ansprüche des J aus der Rundfunkfreiheit?

J kann die Ausstrahlung der Sendung verlangen, wenn er einen subjektiv-rechtlichen Anspruch dahingehend geltend machen könnte. Fraglich ist, ob sich ein derartiger Anspruch direkt aus dem Grundgesetz ableiten lässt. In Betracht käme hierbei ein Anspruch aus der Rundfunkfreiheit gem. Art. 5 Abs. 1 Satz 2, 2. Var. GG.

a) Unmittelbare Wirkung der Grundrechte?

Grundrechte haben möglicherweise neben ihrem Abwehrcharakter gegen staatliche Eingriffe auch eine Leistungskomponente, aus der dem Bürger konkrete Ansprüche gegenüber dem Staat erwachsen können. Jedoch stehen sich im vorliegenden Fall zwei Privatpersonen gegenüber, da I als Intendant nicht „als Staat" handelt, sondern als Vorgesetzter des J. I vertritt zwar eine juristische Person des öffentlichen Rechts (Rundfunkanstalt), doch ist die Rundfunkanstalt im Verhältnis zu seinen Angestellten nicht dem staatlichen Bereich zugeordnet.[7] Die Grundrechte wirken hier also nicht unmittelbar, sondern allenfalls mittelbar.

Nur ausnahmsweise sind die Rundfunkanstalten Grundrechtsadressaten (-verpflichtete) und unterliegen einer unmittelbaren Grundrechtsbindung. Dies wird z.B. bei der Vergabe von Sendezeiten an politische Parteien ausdrücklich anerkannt und aus Art. 21 i.V.m. Art. 3 Abs. 1 GG abgeleitet.

---

7 So ausdrücklich BVerfG AfP 1988, S. 235.

b) Anspruch des J aus Art. 5 Abs. 1 S. 2 GG

Der Anspruch des J auf Ausstrahlung seiner Sendung könnte sich aus der von J vorgetragenen „inneren Rundfunkfreiheit" ergeben. Erforderlich wäre, dass sich der einzelne Redakteur gegenüber seinem Vorgesetzten auf das Grundrecht der Presse- bzw. der Rundfunkfreiheit, Art. 5 Abs. 1 S. 2 GG, berufen kann. Unstreitig kann sich der einzelne Journalist gegenüber dem Staat auf die Presse- oder Rundfunkfreiheit berufen. Im konkreten Fall stellt sich allerdings die Frage, inwieweit sich J gegenüber I, seinem Vorgesetzten, auf die Rundfunkfreiheit berufen kann.

Hiergegen spricht, dass die Annahme einer „inneren Pressefreiheit" die Tendenzautonomie überspielen würde. Tendenzautonomie bedeutet, dass eine Zeitung selbst eine politische oder weltanschauliche Meinung vertreten darf, also eine Tendenz festlegen, beibehalten, ändern und verwirklichen darf.

Noch viel weniger kann es eine „innere Rundfunkfreiheit" in einem öffentlich-rechtlichen Sender geben. Der Intendant übernimmt gem. § 29 Abs. 1 Rundfunkgesetz des Bundeslandes X die Verantwortung für den Inhalt des Programms. Seiner Programmverantwortung kann der Intendant nur gerecht werden, wenn seine Entscheidung nicht durch abweichende Auffassungen einzelner Redakteure ad absurdum geführt werden kann.

Zu einem anderen Ergebnis würde auch die Untersuchung der Meinungsfreiheit nicht führen, die zumindest im Hinblick auf Meinungsäußerungen innerhalb von Medienberichten das speziellere Grundrecht ist.

Die Weisungsabhängigkeit nachgeordneter Mitarbeiter, die dazu führt, dass sich bei Meinungsverschiedenheiten die Auffassung des Intendanten durchsetzt, erfüllt nach allgemeiner Auffassung nicht den Tatbestand der Zensur, weil von diesem Begriff nur staatliche Eingriffe erfasst werden, eine Weisung jedoch einen innerbetrieblichen Vorgang darstellt. Ein Anspruch des J aus Art. 5 Abs. 1 Satz 2 GG, namentlich aus einer sog. „inneren Rundfunkfreiheit", besteht somit nicht.

3. Ergebnis

J hat keinen Anspruch auf Ausstrahlung der Sendung, er kann sich nicht gegen das Verbot des I wehren.

II. Ansprüche des Rundfunkrats

Fraglich ist, ob der Rundfunkrat die Ausstrahlung des Beitrags gegen den Willen des Intendanten durchsetzen kann. Zum einen stellt sich die Frage, ob die Entscheidung des Rundfunkrats Vorrang gegenüber der Entscheidung des Intendanten haben kann, zum anderen inwieweit der Rundfunkrat auf den Intendanten einwirken kann.

1. Vorrang der Entscheidung des Rundfunkrats?

Problematisch ist, ob der Rundfunkrat die Ausstrahlung des Beitrags gegen den Willen des Intendanten durchsetzen kann, also ob die Auffassung des Rundfunkrates in einer Programmangelegenheit Vorrang vor der des Intendanten hat. Gem. § 29 Abs. 1 Rundfunkgesetz trägt der Intendant die Gesamtverantwortung für das Programm und hat zu gewährleisten, dass das Programm den gesetzlichen Vorschriften entspricht, mithin die Programmgrundsätze, die Normen des einschlägigen Rundfunkgesetzes sowie §§ 3, 8, 13, 14 MStV beachtet werden. Gem. § 20 Abs. 2 Rundfunkgesetz kann der Rundfunkrat nur dann „programmlich" eingreifen, wenn gegen die Programmgrundsätze verstoßen wird. Stellt der Rundfunkrat einen Verstoß fest, so fasst er i.S.d. § 23 Rundfunkgesetz einen Beschluss im Rahmen der Befugnisse des § 20 Abs. 2 Rundfunkgesetz. Inwieweit der Intendant diese Beschlüsse umzusetzen hat, ist gesetzlich nicht geregelt. Die Befugnisnorm des § 20 Abs. 2 Rundfunkgesetz verwendet lediglich die Wörter „überwacht", „berät", „stellt fest" sowie „fordert auf". Dass der Rundfunkrat den Intendanten konkret anweisen darf, etwas zu unterlassen, lässt sich dem Wortlaut des § 20 Abs. 2 Rundfunkgesetz nicht entnehmen. Auch eine Gesamtschau der Normen sowie das Telos der Vorschriften führt zu keinem anderen Ergebnis. Dem Intendanten obliegt die Programmgestaltung. Da er hierfür allein die Verantwortung trägt, muss er auch die rechtlichen und tatsächlichen Einflussmöglichkeiten haben, um dieser Verantwortung gerecht werden zu können. Der Intendant steht rechtlich bzgl. der Programmgestaltung „über" dem Rundfunkrat. Verfehlt wäre es, Parallelen aus Organisationsmodellen anderer Bereiche zu ziehen, wie z.B. dem Gemeinderecht oder den Rechtsbeziehungen innerhalb eines Aufsichtsrats. Der Rundfunkrat ist gerade kein „Gemeinderat", durch dessen Allzuständigkeit der Bürgermeister (hier: Intendant) lediglich zum Vollzugsorgan wird. Das Intendantenprinzip ist ein klar gesetzlich normiertes und eigenständiges Organisationsmodell.

Der Rundfunkrat kann allerdings gem. § 20 Abs. 4 Rundfunkgesetz den Intendanten abberufen. Diese Möglichkeit kann ein wirksames Druckmittel des Rundfunkrats sein, um seine Auffassung gegenüber dem Intendanten durchzusetzen. Daher wird der Intendant mit diesem Aufsichtsgremium sorgsam umgehen und sich über eine gut begründetet Auffassung des Rundfunkrats nicht hinwegsetzen, es sei denn, er verfügt selbst in der streitigen Angelegenheit über einleuchtende Gegenargumente. Ggf. kann der Rundfunkrat auch gegen den Intendanten auf dem Verwaltungsrechtsweg klagen, sollte dieser die Auffassung des Rundfunkrats missachten. Auf die Rechtmäßigkeit des Verbots von I kommt es hingegen nicht an, wenn der Rundfunkrat den Intendanten abberuft, da es sich dabei um eine rein medienpolitische Entscheidung des Rundfunkrats handelt.

Ein Vorrang der Entscheidungen des Rundfunkrats vor der des Intendanten lässt sich den Rundfunkgesetzen nicht entnehmen.

Problematisch ist ferner, ob der Rundfunkrat berechtigt ist, seine Programmkontrolle gem. § 20 Abs. 2 Rundfunkgesetz bereits vor der Ausstrahlung der Sendung auszuüben. Dies wäre im vorliegenden Fall notwendig, da es ja gar nicht zur Ausstrahlung der Sendung gekommen ist. Hiergegen spricht, dass es eine eindeutige Aufteilung der Zuständigkeiten zwischen Rundfunkrat und Intendant gibt. Die Gestaltung des Programms liegt in der Verantwortlichkeit des Intendanten, die Kontrolle des Programms beim Rundfunkrat. Demgegenüber kann argumentiert werden, dass die Verhinderung eines Gesetzesverstoßes gegenüber einer nachträglichen Ahndung als vorzugswürdig erscheint. Der Intendant hat hier allerdings entschieden, dass die Sendung nicht ausgestrahlt werden darf. Er hat somit von seiner Befugnis zur Programmgestaltung Gebrauch gemacht. Diese Entscheidung kann durch den Rundfunkrat kontrolliert werden. Dies ist spiegelbildlich die reguläre Vorgehensweise des Rundfunkrats: Wenn die Sendung ausgestrahlt worden wäre, hätte der Rundfunkrat diese auf die Einhaltung der Programmgrundsätze prüfen können. Der Rundfunkrat prüft hier jedoch bereits die Entscheidung des Intendanten, die Sendung nicht auszustrahlen, da sie gegen Programmgrundsätze verstieße. Andernfalls wäre er hinsichtlich Entscheidungen des Intendanten, bestimmte Sendungen nicht auszustrahlen, seiner Funktion beraubt. Im Ergebnis kann sich der Rundfunkrat im vorliegenden Fall mit der noch nicht ausgestrahlten Sendung bzw. mit der ablehnenden Entscheidung des I beschäftigen. Hierdurch nimmt der Rundfunkrat seine klassische Kontrollfunktion wahr.

2. Ergebnis

Der Rundfunkrat darf die Entscheidung des Intendanten kontrollieren, der zufolge die Sendung des J nicht ausgestrahlt werden darf.

III. Aufsichtmaßnahmen durch die Landesregierung?

Abschließend ist zu erörtern, ob J bzw. der Rundfunkrat ein Einschreiten der Rechtsaufsichtsbehörde verlangen kann. Denkbar wäre eine Aufsichtsmaßnahme gegen den Intendanten I, indem dieser angewiesen wird, die umstrittene Sendung auszustrahlen.

1. Anspruch auf Einschreiten

Die Rechtsaufsicht gegenüber dem Intendanten und der Rundfunkanstalt hat gem. § 37 Rundfunkgesetz die Landesregierung.

Aufsichtsorgan ist die Regierung als Kollegialorgan, nicht der Ministerpräsident oder ein einzelner Minister. Intern beauftragt wird meist ein Minister oder der Chef der Staatskanzlei.

Einen subjektiven Anspruch auf Einschreiten der Aufsichtsbehörde haben weder J noch der Rundfunkrat. Sie können indessen von der Möglichkeit Gebrauch machen, die Aufsichtsbehörde zu informieren. Ob die Aufsichtsbehörde tätig wird oder nicht, liegt in ihrem Ermessen. Deutlich wird dies einerseits durch den Wortlaut des § 37 Abs. 2 Rundfunkgesetz, demzufolge die Aufsichtsbehörde „berechtigt" ist, bestimmte Maßnahmen zu ergreifen, dies aber nicht muss. Anderseits haben die Aufsichtsvorschriften keinerlei subjektiven Charakter. Sie dienen lediglich dem objektiven Interesse an einer rechtmäßigen Arbeit der „mittelbaren Staatsverwaltung". Im Ergebnis haben J und der Rundfunkrat keinen Anspruch auf Einschreiten der Aufsichtsbehörde.

2. Umfang der Aufsicht

Sollte die Aufsichtbehörde dennoch bebsichtigen, im vorliegenden Fall einzugreifen, so legen die Rundfunkgesetze sowohl den Aufsichtsmaßstab als auch den Aufsichtsbereich fest. Ausweislich des § 37 Abs. 2 Rundfunkgesetz kann die Rechtsaufsichtsbehörde nicht nur die Einhaltung der Regelungen des Rundfunkgesetzes kontrollieren, sondern sich mit einem Verstoß gegen alle allgemeinen Rechtsvorschriften befassen. Der Aufsichtbereich wird durch § 37 Abs. 3 Satz 2 Rundfunkgesetz eingeengt, der die „Programmangelegenheiten" aus der Kontrolle herausnimmt. Ferner statuiert § 37 Abs. 4 Rundfunkgesetz die Subsidiarität der staatlichen Aufsicht. Im vorliegenden Fall müsste die Aufsichtsbehörde in einer Programmangelegenheit tätig werden, wobei sich aus § 37 Abs. 3 Satz 2 Rundfunkgesetz keine Befugnisse hierfür ableiten lassen. Aufsichtsmaßnahmen im Programmbereich, insbesondere über die Programmgrundsätze, sind allerdings nicht von vornherein ausgeschlossen. Im Wege einer Beschränkung des Aufsichtsmaßstabes und der Aufsichtsmittel sowie unter Beachtung des o.g. Subsidiaritätsgebots ist die Einschränkung des § 37 Abs. 3 Satz 2 Rundfunkgesetz auszulegen. Ein Einschreiten im Wege der Rechtsaufsicht ist somit bei eklatanten Rechtsverstößen denkbar. Ferner muss sich ausweislich des § 37 Abs. 4 Rundfunkgesetz erst der Rundfunkrat mit der Sache befassen, bevor die Staatsaufsicht überhaupt tätig werden darf.

3. Zwischenergebnis

J und der Rundfunkrat können ein Einschreiten der Aufsichtsbehörde nicht erzwingen. Wenn die Aufsichtsbehörde von sich aus tätig wird, muss sie beachten, dass sie bei der vorliegenden Programmangelegenheit nur im Falle eines groben Rechtsverstoßes und erst nachdem sich der Rundfunkrat mit der Sache befasst hat, eingreifen darf.

IV. Ergebnis

J hat keinen Anspruch, dass seine Sendung ausgestrahlt wird. Der Rundfunkrat darf sich zwar mit der Maßnahme des Intendanten I auseinandersetzen, I muss der Auffassung des Rundfunkrats aber nicht folgen. Die Rechtsaufsichtsbehörde hat im vorliegenden Fall keine Möglichkeit einzuschreiten, da es sich ausweislich des Sachverhalts um keinen schwerwiegenden Verstoß handelt und die Rechtsaufsichtsbehörde im Bereich der Programmgestaltung nur in Ausnahmefällen tätig werden darf.

Fall 15: Gesang in der Sportarena

Mit großer Spannung wird in der Öffentlichkeit die Eröffnungsfeier einer Leichtathletikmeisterschaft erwartet, bei der im Sportstadion eine berühmte Sängerin das eigens für die Veranstaltung komponierte Begrüßungslied singen wird. Dem privaten TV-Sender P (mit Sitz im Bundesland L) ist es nicht gelungen, mit dem Ereignisveranstalter V den begehrten Exklusivvertrag abzuschließen, der zu einer Übertragung des Ereignisses berechtigt hätte. V will die Exklusivrechte vielmehr an einen wirtschaftlich stärkeren Pay-TV-Sender vergeben. Die Geschäftsführung von P ist der Auffassung, angesichts der überragenden gesellschaftlichen Bedeutung der Eröffnungsveranstaltung müsse auch P das Recht zustehen, die Veranstaltung in ganzer Länge zu übertragen. Jedenfalls müsse es P gestattet sein, in einem einminütigen Ausschnitt in seiner Sendung zum aktuellen Tagesgeschehen von diesem Ereignis zu berichten. Allermindestens müsse er von den Wettkämpfen berichten dürfen. Trifft die Ansicht von P zu?

(Gehen Sie bei der Lösung des Falles davon aus, dass das Landesmediengesetz des Landes L, soweit es für die Lösung dieses Falles relevant ist, mit dem MStV übereinstimmt).

Lösung

I. Recht des P zur Übertragung eines „Großereignisses"?

Ausgangspunkt der Prüfung muss hinsichtlich der Rechte und Pflichten eines privaten Rundfunkanbieters das jeweilige Landesgesetz sein, das sich mit dem privaten Rundfunk befasst, mithin das Landesmediengesetz bzw. das Landesrundfunkgesetz. Da es sich hinsichtlich der Übertragung von Großereignissen um eine inhaltlich unveränderte Übernahme aus dem Medienstaatsvertrag handelt, kann hier § 13 MStV[1] der Prüfung zugrunde gelegt werden.

Nach § 13 Abs. 1 Satz 1 MStV ist nach Maßgabe weiterer Voraussetzungen die Ausstrahlung von Ereignissen von erheblicher gesellschaftlicher Bedeutung, d.h. „Großereignissen", verschlüsselt und gegen besonderes Entgelt nur dann zulässig, wenn der

---

1 Staatsvertrag über Rundfunk und Telemedien (Medienstaatsvertrag – MStV) → T 21.

Fernsehveranstalter selbst oder ein Dritter es ermöglicht, dass das Ereignis wenigstens in einem frei empfangbaren und allgemein zugänglichen Fernsehprogramm zeitgleich oder, sofern dies wegen parallel laufender Einzelereignisse nicht möglich ist, geringfügig zeitversetzt ausgestrahlt werden kann. Fraglich ist, ob sich aus dieser Norm Ansprüche des P ergeben können. Voraussetzung wäre zunächst, dass es sich bei der Eröffnungsveranstaltung um ein „Großereignis" im Sinne des abschließenden Kataloges in § 13 Abs. 2 MStV handelt. Dieser listet allerdings neben den Olympischen Spielen nur bestimmte Fußballspiele auf. Zum anderen schützt die Norm das Informationsinteresse der Allgemeinheit an den dort aufgezählten Großereignissen. Eine Übertragung dieser Ereignisse im frei empfangbaren Fernsehen soll gewährleistet werden, um insoweit der Entstehung einer informationellen Kluft in der Bevölkerung vorzubeugen. Dagegen gehört das Übertragungsinteresse des Senders nicht zum Normzweck.

P hat daher keinen Anspruch auf Übertragung des Ereignisses aus § 13 MStV.

II. Kontrahierungszwang?

Ein Anspruch des P auf Abschluss eines Vertrags zur Übertragung der Senderechte für die Eröffnungsveranstaltung und der Sportwettkämpfe käme gem. § 19 GWB bzw. § 826 i.V.m. § 249 BGB in Betracht, wenn der Ereignisveranstalter V ein Monopol in sittenwidriger Weise ausnutzen würde. In der Veranstaltung des vorliegenden Ereignisses zum Zweck der Vermarktung exklusiver Übertragungsrechte liegt jedoch keine missbräuchliche Handlung. Wie sich aus § 14 MStV zur Kurzberichterstattung schließen lässt, geht der Gesetzgeber nicht davon aus, dass Exklusivverträge *per se* sittenwidrig sind. Es gibt auch keine Anhaltspunkte dafür, dass P in der Konkurrenz um den Erhalt der Senderechte unbillig gem. § 20 GWB behindert worden wäre.

Ein professioneller Fußballverein kann sich hinsichtlich der Verwertung seiner Sportveranstaltungen auf Art. 12 GG berufen.[2] Die Berufsfreiheit umfasst auch die wirtschaftliche Verwertung der Möglichkeit, das sportliche Ereignis in Bild und Ton unmittelbar oder mittelbar mitzuerleben.[3] Soweit es sich nicht um einen professionellen Ereignisveranstalter handelt, ist – der Auffassung des Bundesverfassungsgerichts entgegen – wohl Art. 14 Abs. 1 GG zu prüfen.

---

2 Vgl. BVerfGE 97, S. 228, 252 ff. „Kurzberichterstattung" → Fechner, E 65.
3 BGH NJW 2006, S. 377 ff. „Hörfunkberichterstattung im Fußballstadion".

III. Recht auf Berichterstattung über Tagesereignisse gem. § 50 UrhG?

1. Die Eröffnungsfeier

P könnte sich für die Übertragung der Eröffnungsfeier auf § 50 UrhG berufen. Das Lied, das während der Eröffnungsfeier gesungen werden soll, fällt unter den Schutz des Urheberrechts. Es ein extra für die Veranstaltung komponiertes, mithin zeitgenössisches Musikstück, d.h. ein geschütztes Werk gem. § 2 Abs. 1 Nr. 2 UrhG. Ebenso sind die Leistungsrechte der ausübenden Künstlerin (§§ 73, 83 UrhG) sowie des Veranstalters (§ 81 UrhG) betroffen. Gemäß § 50 UrhG ist zur Berichterstattung über Tagesereignisse durch Funk, d.h. auch Fernsehen, die Verbreitung von Werken, die im Verlauf dieser Ereignisse wahrnehmbar werden, in einem durch den Zweck gebotenen Umfang zulässig. P darf in seiner Sendung zum aktuellen Tagesgeschehen über die Eröffnungsveranstaltung berichten. Dies schließt im gebotenen Umfang auch die Wiedergabe des Auftritts der Sängerinnen ein. Zulässiger Gegenstand der Berichterstattung ist allerdings das aktuelle Ereignis, nicht das Werk als solches. Das Werk darf nur anlässlich der Berichterstattung über die Eröffnungsfeier unmittelbar erscheinen. Ist es demnach nicht gestattet, einen längeren Auftritt auszustrahlen, so kann doch im Einzelfall die vollständige Wiedergabe eines kurzen Musikstücks zulässig sein. Bei längeren Musikstücken sind lediglich Ausschnitte zulässig. Bei einem Song zur Eröffnung eines Sportereignisses mit großer Aufmerksamkeit wird die Wiedergabe des ganzen Songs als zulässig anzusehen sein.

2. Der Leichtathletikwettbewerb

Sportliche Leistungen und Wettkämpfe sind regelmäßig keine Werke i.S.d. § 2 UrhG. Es fehlt an einer persönlich geistigen Schöpfung. Damit kommen Sportler auch nicht als ausübende Künstler in Betracht. (Etwas anderes gilt, wenn dem Wettbewerbsbeitrag eine Choreografie zugrunde liegt wie beim Eiskunstlauf oder der rhythmischen Sportgymnastik.) Ferner wird der Sportveranstalter nicht gem. § 81 UrhG geschützt. Daraus folgt, dass bezüglich des Sportwettkampfs die Fernseh-Kurzberichterstattung nicht durch § 14 Abs. 2 MStV, der das Urheberrecht und den Persönlichkeitsschutz ausdrücklich unberührt lässt, verdrängt wird.

Die wirtschaftliche Verwertung sportlicher Leistungen und deren rundfunkmäßige Wiedergabe kann daher nur unter Bezugnahme auf das Hausrecht des Veranstalters (§§ 858 ff., 1004 BGB) oder das allgemeine Persönlichkeitsrecht des Sportlers, dessen vermögensrechtliche Bestandteile auf den Veranstalter übertragbar sind, erfolgen.[4]

> Macht ein professioneller Verein als marktbeherrschendes Unternehmen bei Heimspielen den Zutritt von Rundfunkveranstaltern von der Entrichtung eines Entgelts für die Rundfunkberichterstattung abhängig, so kann er sich dabei zwar auf sein

---

[4] Vgl. BGH NJW 2006, S. 377 ff. „Hörfunkberichterstattung im Fußballstadion".

Hausrecht stützen, er darf aber bei der Gestaltung der Zutrittsbedingungen einzelne Rundfunkveranstalter weder unbillig behindern, noch gegenüber gleichartigen Unternehmen ohne sachlichen Grund unterschiedlich behandeln (§ 19 GWB).[5]

Soweit es darum geht, Dritte vom Fotografieren und Filmen abzuhalten – nicht zuletzt Handyaufnahmen von Fans – und deren Veröffentlichung, kann sich der Ereignisveranstalter auf sein Hausrecht berufen.[6]

IV. Recht des P auf „Kurzberichterstattung" gemäß § 14 MStV?

§ 14 Abs. 1 MStV begründet ausweislich des klaren Wortlauts ein subjektives Recht des Journalisten (Senders) auf Kurzberichterstattung. Die Norm schützt also anders als § 13 MStV nicht nur das objektive Informationsinteresse der Allgemeinheit im Hinblick auf die Übertragung von Sportereignissen.

1. Öffentlich zugängliche Veranstaltung

Zu prüfen sind die Anspruchsvoraussetzungen des § 14 Abs. 1 MStV, ob der Fernsehveranstaltern ein Recht auf unentgeltliche Kurzberichterstattung über solche Veranstaltungen und Ereignisse gewährt, die öffentlich zugänglich und von allgemeinem Interesse sind. Dass den Besuchern der Veranstaltung der Eintritt nur gegen ein Entgelt gewährt wird, steht der öffentlichen Zugänglichkeit nicht entgegen.

2. Allgemeines Informationsinteresse

Angesichts der Aufmerksamkeit, die die Sportveranstaltung und die Eröffnungsfeier auf sich ziehen, ist auch das erforderliche allgemeine Informationsinteresse gegeben. Das Recht der Kurzberichterstattung beinhaltet jedoch kein Recht auf Live-Berichte, so dass diese jedenfalls unzulässig wären.

3. Ausnahmen vom Kurzberichterstattungsrecht

Eine Ausnahme vom Recht auf Kurzberichterstattung besteht gem. § 14 Abs. 2 MStV, wenn anderweitige gesetzliche Regelungen, insbesondere des Urheberrechts und des Persönlichkeitsschutzes, greifen. In diesen Fällen kommt das Recht zur Kurzberichterstattung nicht zur Anwendung. Eine solche Ausnahme aus Gründen des Urheberrechts ist hinsichtlich der Eröffnungsfeier, wie oben dargelegt, anzunehmen. Hinsichtlich der Wettbewerbe gilt dies grundsätzlich nicht. Allerdings hat P zu beachten, dass es durch die Kurzberichterstattung nicht zu einer Verletzung von Urheberrechten kommt, § 14 Abs. 2 MStV.

---

5 BGH NJW 2006, S. 377 ff. „Hörfunkberichterstattung im Fußballstadion".
6 BGH AfP 2011, 253 ff. „Hartplatzhelden.de".

4. Umfang der Kurzberichterstattung

Gemäß § 14 Abs. 4 MStV ist die unentgeltliche Kurzberichterstattung auf eine „nachrichtenmäßige" Wiedergabe beschränkt. Live-Übertragungen sind schon aus diesem Grund ausgeschlossen. Demgegenüber wären zusammenfassende Berichte durch das Kurzberichterstattungsrecht abgedeckt. Die zulässige Dauer bemisst sich nach der Länge der Zeit, die erforderlich ist, um den nachrichtenmäßigen Informationsgehalt der Veranstaltung zu vermitteln. Als regelmäßige Grenze gelten neunzig Sekunden (§ 14 Abs. 4 Satz 3 MStV). V ist im Übrigen nach § 14 Abs. 7 MStV berechtigt, von P für die Ausübung des Rechts auf Kurzberichterstattung ein billiges Entgelt zu verlangen, da es sich um eine „berufsmäßig durchgeführte Veranstaltung" handelt.

V. Ergebnis

Sender P hat hinsichtlich der Eröffnungsfeier das Recht zur Berichterstattung über Tagesereignisse gem. § 50 UrhG und bezüglich der Sportwettbewerbe zur Kurzberichterstattung gem. § 14 MStV. Der nachrichtenmäßige Charakter wäre jedoch bei einer Live-Übertragung nicht gegeben.

Fall 16: Ein Privater gegen die Öffentlich-Rechtlichen

Produzent P betreibt einen privaten Fernsehsender. Er hat Probleme mit der Dominanz der öffentlich-rechtlichen Sender. Nach Ansicht des P führen Rundfunkbeiträge zu deutlichen Wettbewerbsvorteilen der öffentlich-rechtlichen Rundfunkanstalten, weshalb eine stärkere Finanzierung Privater über Werbung der Gerechtigkeit wegen erforderlich sei. Aus diesem Grunde müsse der Gesetzgeber entweder die Finanzierung öffentlich-rechtlicher Rundfunkanstalten durch Rundfunkbeiträge beenden oder Werbung in öffentlich-rechtlichen Anstalten gänzlich untersagen.

Frage 1

Was halten Sie von der Ansicht des P bezüglich der öffentlich-rechtlichen Anstalten?

Frage 2

Um mehr Werbeeinnahmen zu erzielen, möchte P seine Werbestrategie ändern. Dazu hat er die folgenden Pläne:

a) Am Ende der beliebten Quiz-Sendung „Wer kennt die Antwort?" wird dem Gewinner jeweils ein Auto übergeben. Es wird nicht nur die Marke des Autos groß ins Bild gerückt, sondern es wird während der Sendung auch immer wieder durch den Moderator auf die Vorteile dieses Modells hingewiesen. Immer wenn der PKW im Bild erscheint, sehen die Zuschauer auf ihren Bildschirmen den Hinweis, welcher Hersteller den PKW zur Verfügung gestellt hat. Hierdurch soll es gelingen, für jede Sendung einen PKW von einem Hersteller kostenlos zu erhalten. An dem Quiz können sich nur Kandidaten im Studio beteiligen, eine aktive Beteiligung durch den Zuschauer z.B. durch Telefonanrufe ist nicht möglich.

b) Bei Fußballspielen soll die im Stadion vorhandene Bandenwerbung durch die Werbung finanziell stärkerer Werbetreibender ersetzt werden, in dem diese im Studio anstelle der vorhandenen Werbung eingeblendet wird. Neben den Toren sollen zudem große weiße Tafeln aufgestellt werden, die im Studio ebenfalls mit Werbung belegt werden. Weiterhin soll den Fußballspielern, wenn sie in Großaufnahme zu sehen sind, zwischen vorhandener Reklame, Werbung auf ihr T-Shirt projiziert werden, auch wenn tatsächlich keine Werbung dort vorhanden ist.

c) P will vermehrt frühere Kinofilme in sein Programm aufnehmen. Diese unterliegen seines Erachtens nicht den strengen werberechtlichen Vorschriften des Rundfunkrechts. Deswegen möchte er sich an eventuellen „Product Placement"-Einnahmen beteiligen und die Filme exklusiv in seinem Programm ausstrahlen.

In wieweit sind die Werbepläne (a bis c) des P aus medienrechtlicher Sicht realisierbar?

Gehen Sie dabei nur auf eventuelle Verstöße gegen den Medienstaatsvertrag (MStV) ein!

Lösung

Frage 1

Frage 1 lässt sich nur sehr schwer an konkreten Normen „durchprüfen". Die Fallfrage verlangt vielmehr ein gewisses Faktenwissen. Insoweit ist dies ein Bespiel für den Klausurtyp einer „Märchenklausur", in der die Falllösung aufsatzähnlich formuliert und dargestellt werden muss. Die nachfolgenden Hinweise können mithin nur einen möglichen Lösungsweg andeuten. Es sind auch ganz andere und ausführlichere Antworten denkbar. Wichtig ist bei derartigen Klausuren, den Kern der Aufgabenstellung nicht zu verfehlen und zu versuchen, die Ausführungen klar und logisch zu gliedern. In der Praxis der Klausurbearbeitung sollte zudem in besonderem Maße die Zeiteinteilung beachtet werden.

I. Beurteilung der Ansicht des P bezüglich der Beendigung der Finanzierung des öffentlich-rechtlichen Rundfunks durch Rundfunkbeiträge

P fordert, der Gesetzgeber solle entweder die Finanzierung öffentlich-rechtlicher Rundfunkanstalten durch Rundfunkbeiträge beenden oder öffentlich-rechtlichen Anstalten jede Werbung untersagen.

1. Gesetzgeber

Soweit P ein Tätigwerden des Gesetzgebers zur Abschaffung des Rundfunkbeitrags fordert, kann dies nicht der Gesetzgeber des einfachen Rundfunkrechts (der bzw. die Landesgesetzgeber) sein, da die verfassungsrechtlichen Vorgaben zu beachten sind. Die gegenwärtige Finanzierung ergibt sich direkt aus der Rundfunkfreiheit des Art. 5

Abs. 1 Satz 2, 2. Var. GG. Eine grundlegende Änderung der Finanzierung könnte daher allenfalls nach einer Verfassungsänderung realisiert werden. Hierbei müssten die Vorgaben des Art. 79 Abs. 1 und 2 GG beachtet werden.

2. Herleitung der Beitragsfinanzierung

Das Bundesverfassungsgericht hat aus der Rundfunkfreiheit den Funktionsauftrag des öffentlich-rechtlichen Rundfunks abgeleitet, den er früher auch Grundversorgungsauftrag genannt hat.[1] Dieser Auftrag ist Sache der öffentlich-rechtlichen Rundfunkanstalten und zwar auch in einer dualen Rundfunkordnung, in der Privatsender eine gewisse Außenpluralität gewährleisten. Soweit es um den Funktionsauftrag der öffentlich-rechtlichen Sender geht, muss der Gesetzgeber für eine ausreichende Finanzierung dieser Sender sorgen. Dem Grundsatz der Staatsferne des öffentlich-rechtlichen Rundfunks entsprechend, hat die Finanzierung so zu erfolgen, dass der Staat keinen bestimmenden Einfluss auf den Inhalt der Rundfunksendungen nehmen kann, ebenso wenig wie einer gesellschaftlichen Gruppe dies ermöglicht werden darf.[2] Eine Finanzierung über Steuern scheidet daher ebenso aus wie eine Finanzierung ausschließlich über Werbeeinnahmen. Letzteres würde einen indirekten Einfluss auf den Inhalt des Programms bedeuten, da sich Sender, um hohe Werbeeinnahmen zu erzielen, bemühen könnten, unter Vernachlässigung ihres Funktionsauftrags, ein für die Werbewirtschaft attraktives Werbumfeld zu schaffen. Um den Rundfunk von derartigen Einflussnahmen freizuhalten, muss der Rundfunkbeitrag die Hauptfinanzierungsquelle des öffentlich-rechtlichen Rundfunks bleiben.[3]

Da die Rundfunkfinanzierung Ländersache ist, wäre bei der Finanzierung über Steuern den öffentlich-rechtlichen Rundfunkanstalten in den jeweiligen Landeshaushalten ein eigener Etat einzuräumen, was zur Folge hätte, dass der Bedarf von der jeweiligen Regierung und nicht mehr in einem unabhängigen Verfahren, wie es das Bundesverfassungsgericht für die Festsetzung des Finanzbedarfs entwickelt hat, bestimmt würde.[4] Eine dadurch entstehende Abhängigkeit soll jedoch gerade unter dem Aspekt der Staatsfreiheit vermieden werden.

Eine Mischfinanzierung aus Rundfunkgebühren und Werbeeinnahmen als Bestandteil des verfassungsrechtlich geschützten Bereichs der Funktionsgarantie ist geeignet, einseitige Abhängigkeiten zu lockern und die Programmgestaltungsfreiheit der Rundfunkveranstalter zu stärken.[5] Allerdings ist die Werbung im öffentlichen Rund-

---

1 BVerfGE 73, 118 „Niedersachsen (Vierte Rundfunkentscheidung)" → Fechner E 54.

2 BVerfGE 83, 238, 310 „Nordrhein-Westfalen (Sechste Rundfunkentscheidung)" → Fechner, E 56.

3 BVerfGE 87, 181, 198 ff. „Hessen-3 (Siebte Rundfunkentscheidung)" → Fechner, E 57.

4 BVerfGE 90, 60, 90 ff. „Rundfunkgebühren I (Achte Rundfunkentscheidung)" → Fechner, E 58.

5 BVerfGE 83, 238, 310 f. „Nordrhein-Westfalen (Sechste Rundfunkentscheidung)" → Fechner, E 56; BVerfGE 87, 181, 198 ff. „Hessen-3 (Siebte Rundfunkentscheidung)" → Fechner, E 57.

funk als Finanzierungsquelle nur geschützt, wenn auf andere Weise eine ausreichende Finanzierung des öffentlichen Rundfunks nicht gewährleistet werden kann; Art. 5 Abs. 1 S. 2 GG garantiert nicht die einzelne Finanzierungsart, sondern nur die Finanzausstattung insgesamt.[6]

3. Umfang der Beitragsfinanzierung

Der Anspruch auf Beitragsfinanzierung der öffentlich-rechtlichen Rundfunkanstalten bezieht sich allerdings nur auf den Bereich des Funktionsauftrags des öffentlich-rechtlichen Rundfunks. Darüber hinausgehende Aktivitäten dürfen von den öffentlich-rechtlichen Rundfunkanstalten nicht über Beiträge finanziert werden, weshalb außerhalb des Grundversorgungsbereichs ein echtes Wettbewerbsverhältnis zwischen öffentlich-rechtlichen und privaten Sendern besteht.

4. Ergebnis

Die von P geforderte Abschaffung der Beitragsfinanzierung lässt sich aus verfassungsrechtlichen Gründen nicht durchsetzen.

II. Beurteilung der Forderung des P, ein generelles Werbeverbot für öffentlich-rechtliche Sender zu kodifizieren

Alternativ schlägt P vor, öffentlich-rechtlichen Rundfunksendern jede Form der Werbung zu untersagen.

1. Gesetzgeber

Soweit P ein generelles Werbeverbot für öffentlich-rechtliche Sender fordert, kann dies nicht der Gesetzgeber des einfachen Rundfunkrechts (der bzw. die Landesgesetzgeber) realisieren, da insoweit wiederum verfassungsrechtliche Grundlagen zu beachten sind. Die Verbreitung von Wirtschaftswerbung ist anerkanntermaßen ein fester Bestandteil der finanziellen Basis der Landesrundfunkanstalten und gehört mit zum verfassungsrechtlich geschützten Bereich der Funktionsgarantie der Rundfunkfreiheit.

2. Mischfinanzierung

Gem. § 35 Abs. 1 Satz 1 MStV finanziert sich der öffentlich-rechtliche Rundfunk auch durch Einnahmen aus Rundfunkwerbung.[7] Die Forderung des P zielt daher auf eine Änderung von § 35 MStV ab. Die Änderung dieser Norm ist möglich, wenn nicht verfassungsmäßig abgesicherte Rechte der öffentlich-rechtlichen Rundfunkanstalten eine

---

6 BVerfGE 74, 297, 342 „Baden-Württemberg (Fünfte Rundfunkentscheidung)" → Fechner, E 55.
7 Vgl. die entsprechenden Normen in den Landesmediengesetzen.

solche Reduktion ihrer Werbemöglichkeiten ausschließen. Ein Anspruch der öffentlich-rechtlichen Rundfunksender auf Veranstaltung von Rundfunkwerbung lässt sich aus der Rundfunkfreiheit des Art. 5 Abs. 1 Satz 2 GG nicht ableiten. Zwar hat der Gesetzgeber die Finanzierung der öffentlich-rechtlichen Rundfunkanstalten in der Weise sicherzustellen, dass sie ihrem Funktionsauftrag nachkommen können. Ob dies ausschließlich über Rundfunkbeiträge erfolgt oder auch Werbeeinnahmen zugelassen werden, ist dem Gesetzgeber überlassen. Zulässig ist eine Mischfinanzierung, sofern der Rundfunkbeitrag die Hauptfinanzierungsquelle des öffentlich-rechtlichen Rundfunks bleibt. Reduziert der Gesetzgeber die Werbemöglichkeiten des öffentlich-rechtlichen Rundfunks, so hat er im Gegenzug andere Finanzierungsformen sicherzustellen und auf diese Weise den Einnahmeverlust der öffentlich-rechtlichen Anstalten auszugleichen. Eine Reduzierung von Werbeeinnahmen hätte daher eine Beitragserhöhung zur Folge. Hierbei ist das Gebot der Beitragsverträglichkeit zu berücksichtigen. Innerhalb dieses Rahmens ist eine Reduktion zum Schutz privater Rundfunkveranstalter zulässig.[8]

3. Ergebnis

Zulässig wären weitere Werbebeschränkungen für öffentlich-rechtliche Sender durch den Gesetzgeber. Ein vollständiges Werbeverbot ließe sich nicht durch andere Einnahmequellen ausgleichen und wäre daher in der gegebenen Situation nicht verhältnismäßig.

Frage 2

Die Werbung im privaten Rundfunk ist in den §§ 8, 38 ff. MStV sowie in den entsprechenden Landesmediengesetzen geregelt.[9]

> Laut Bearbeitervermerk sind nur die Regelungen des MStV zu untersuchen. Andere relevante Werbevorschriften befinden sich z.B. im JmStV. Daneben kann Werbung im Fernsehen insbesondere auch gegen die Vorschriften des UWG verstoßen, §§ 3 ff. UWG. Die Vorschriften des UWG und die rundfunkrechtlichen Werbebeschränkungen können parallel zueinander angewendet werden. So führt beispielsweise ein

---

8 Vgl. BVerfGE 74, 297, 343 f. „Baden-Württemberg (Fünfte Rundfunkentscheidung)" → Fechner, E 55.
9 Für den öffentlich-rechtlichen Rundfunk finden sich die Vorgaben in §§ 8, 9, 10, 38 ff. MStV sowie in den entsprechenden Rundfunkgesetzen bzw. Staatsverträgen bei Mehrländeranstalten. Ferner haben die öffentlich-rechtlichen Rundfunkanstalten basierend auf § 39 f. MStV und die Landesmedienanstalten gem. § 45 MStV besondere Richtlinien zur Umsetzung der Werbevorschriften erlassen.

Verstoß gegen § 8 Abs. 7 MStV auch zu einem Verstoß i.S.d. § 5a Abs. 6 UWG und somit zu Unterlassungs- und Beseitigungsansprüchen aus dem UWG.

Es ist zu empfehlen, zwischen drei Arten der Werbewirkung beim Einsatz von Waren im Programm zu unterscheiden: zulässige mediale Werbung (Werbung aus redaktionellen, künstlerischen oder dramaturgischen Gründen), unzulässige mediale Werbung (unzulässige Schleichwerbung, § 2 Nr. 9 MStV) und die Produktplatzierung (zulässige Schleichwerbung, § 2 Nr. 12 MStV), mit der Untergruppe der sog. Produktionshilfe bzw. der Produktbeistellung, § 38 Nr. 2 MStV. Die Vorschriften für den öffentlich-rechtlichen Rundfunk weichen von denen für den Privatrundfunk ab. Ist die Produktplatzierung für private Sender weitgehend liberalisiert, verbleibt für den öffentlich-rechtlichen Rundfunk primär nur die Möglichkeit der unentgeltlichen Produktionshilfen (§ 38 Nr. 2 MStV).

I. PKW als Gewinn

1. Verstoß gegen § 11 MStV?

Fraglich ist, ob es sich bei der geplanten Show um ein Gewinnspiel bzw. eine Gewinnsendung i.S.d. § 11 MStV handelt. Dies ist zu verneinen, da unter einem Gewinnspiel bzw. einer Gewinnsendung nur sog. Call-In-Sendungen subsumiert werden, also solche, an denen sich der Fernsehzuschauer aktiv beteiligen kann (z.B., indem er bei dem Sender anruft).

2. Verstoß gegen § 8 Abs. 7 MStV?

Das Anpreisen des PKW verbunden mit dem Ziel, von den Herstellern weiterhin Fahrzeuge für diese Sendung kostenlos zu erhalten, könnte gegen § 8 Abs. 7 MStV verstoßen. Demnach sind Schleichwerbung und Produkt- und Themenplatzierungen unzulässig. Jedoch gestatten §§ 8 Abs. 7 Satz 2 MStV unter bestimmten Voraussetzungen die Produktplatzierung. Das Gesetz unterscheidet also zwischen verbotener Schleichwerbung und teilweise zulässiger Produktplatzierung.

a) Produktplatzierung und Kennzeichnungspflicht

Die Legaldefinition der Produktplatzierung findet sich in § 2 Abs. 2 Nr. 12 MStV. Um Produktplatzierung handelt es sich demnach dann, wenn gegen Entgelt oder eine ähnliche Gegenleistung ein Produkt einbezogen oder darauf Bezug genommen wird. § 2 Abs. 2 Nr. 12 Satz 2 MStV bezieht darüber hinaus auch die kostenlose Bereitstellung von Waren ein, sofern sie von bedeutendem Wert sind. Nach der Literatur wird als

Wertgrenze 1.000,– Euro angenommen.[10] Der PKW wird dem Sender kostenlos zur Verfügung gestellt und hat einen höheren Wert als 1.000,– Euro. Auch wird er in einer Sendung (hier: Quiz-Show) angepriesen. Somit handelt es sich um Produktplatzierung gem. § 2 Abs. 2 Nr. 12 MStV. Ferner wird beim Erscheinen des PKW im Bild auch immer auf den Hersteller bildlich hingewiesen, der den PKW zur Verfügung gestellt hat. Insofern ist der Kennzeichnungsplicht nach § 8 Abs. 7 S. 4, 5 MStV genüge getan.

b) Anforderungen und Voraussetzungen der Produktplatzierung, § 8 Abs. 7 S. 2, 3 MStV

Ferner müssen dann auch die Vorgaben des § 8 Abs. 7 S. 2, 3 MStV beachtet werden. So darf Produktplatzierung nicht in Nachrichtensendungen und Sendungen zur politischen Information, Verbrauchersendungen, Regionalfensterprogrammen nach § 59 Abs. 4, Fensterprogrammen nach § 65 MStV oder in Sendungen religiösen Inhalts und Kindersendungen stattfinden (gemäß § 8 Abs. 7 Satz 2 MStV). Dies ist bei einer Quizshow im Privatfernsehen nicht der Fall.

§ 8 Abs. 7 Satz 3 MStV setzt voraus, dass weder die redaktionelle Verantwortung die redaktionelle Verantwortung und Unabhängigkeit hinsichtlich Inhalt und Platzierung im Sendeplan beeinträchtigt werden darf (Nr. 1), die Produktplatzierung nicht unmittelbar zu Kauf, Miete oder Pacht von Waren oder Dienstleistungen anregen darf (Nr. 2). Schließlich darf das Produkt nicht zu stark herausgestellt werden (Nr. 3). Letztere Anforderung gilt auch für kostenlos zur Verfügung gestellte Güter. Dies könnte hier fraglich sein, denn laut Sachverhalt wird nicht nur immer wieder auf die Vorzüge des PKW hingewiesen, sondern auch die ganze Sendung arbeitet als Ziel auf den Gewinn des angepriesenen PKW hin. Die konkrete Schwelle zum zu starken Herausheben bedarf stets einer Einzelfallentscheidung. Rechtsprechung zu der dem § 8 Abs. 7 MStV vorausgehenden Regelung des § 7 Abs. 7 RStV sah ein Überschreiten beispielsweise, wenn die werbebegleitende Darstellung in einer Sendung nicht durch programmlich-redaktionelle Erfordernisse gerechtfertigt war.[11] So ist üblicherweise in Ratesendungen und Quizshows eine erkennbare Unterscheidung des Werbeanteils zum programmlichen Wesen der Sendung, nämlich der zu lösenden Fragen, deren Beantwortung durch Kandidaten und einer Auflösung gegeben. Letztere erregen das Interesse der Zuschauer, welche jedoch ohne in Aussicht gestellte „Belohnungen" einen wesentlichen Reiz des Sendeformats verlieren dürften. Für kleinere Anbieter privaten Rundfunks lässt sich dieses Format regelmäßig nur mittels entsprechender Produktplatzierungen an Stelle etwaiger Geldsummen umsetzen. Aus diesem Grund kann selbst bei regelmäßigem Hinweis auf den Gewinn ein programmlich-redaktionelles Erfordernis bejaht werden,

---

10 Vgl. bei Hartstein/Ring/Kreile/Dörr/Stettner, RStV, § 44 Rdnr. 12 m.w.N. – bei Gegenständen unter 1000,– Euro spricht man von (zulässigen) Produktionshilfen.
11 BVerwG, Urteil vom 22.06.2016 Az: 6 C 9.15.

sodass ein zu starkes Herausheben nicht gegeben ist (eine andere Argumentation ist jedoch vertretbar).

c) Zwischenergebnis

Bei der Präsentation des PKW in der Quiz-Show handelt es sich um eine zulässige Produktplatzierung gem. § 8 Abs. 7 MStV.

3. Sponsoring, § 10 MStV

Sponsoring ist keine Werbung, sondern eine eigenständige Finanzierungsquelle. Dies zeigen die unterschiedlichen Regelungsansätze in § 8 und in § 10 MStV. In der Praxis haben sich jedoch Grenzfälle entwickelt.

Wie in der Fallvariante beschrieben, möchte Produzent P über die Produktplatzierung hinaus finanzielle Mittel für seine Sendung von den Herstellern der als Preis ausgelobten Fahrzeuge erhalten. Hier ist ihm die Möglichkeit des Sponsorings i.S.d. § 10 MStV zu empfehlen. Die Abgrenzung zwischen Sponsoring (§ 2 Abs. 2 Nr. 10 MStV und Produktplatzierung (§ 2 Abs. 2 Nr. 12 MStV) ist dabei nicht leicht. Der Unterschied liegt vor allem darin, dass der Sponsor die Sendung unterstützt (damit er oder sein Produkt genannt wird), während das platzierende Unternehmen für die konkrete Platzierung zahlt. Sponsoring ist somit eine legitime eigenständige Finanzierungsform für die Veranstaltung von Rundfunkprogrammen.

4. Ergebnis

PKW bestimmter Marken dürfen durch den Sender P als Preise vergeben werden. Bei der zu prüfenden Sendung handelte es sich um eine zulässige Produktplatzierung (§ 8 Abs. 7 Satz 2 MStV) und nicht um eine unzulässige Schleichwerbung (§ 8 Abs. 7 Satz 1 MStV).

II. Virtuelle Werbung

1. Ersetzen vorhandener Bandenwerbung

Virtuelle Werbung, die nicht am Ort des Geschehens vorhanden ist, sondern erst im Studio künstlich in das Bild eingefügt wird, ist in § 8 Abs. 6 MStV geregelt. Sie ist zulässig, wenn zum einen am Anfang und am Ende der betreffenden Sendung drauf hingewiesen wird und wenn durch sie eine am Ort der Übertragung ohnehin bestehende Werbung ersetzt wird. Wird im Stadion vorhandene Bandenwerbung durch virtuelle Werbung ersetzt, so entspricht dies der Vorgabe des § 8 Abs. 6 MStV. P muss allerdings in seinen Sendungen auf das Vorhandensein virtueller Werbung hinweisen.

2. Ersetzen weißer Tafeln durch Werbung

Eine weiße Tafel im Stadion entspricht nicht der Vorgabe des § 8 Abs. 6 Nr. 2 MStV, da am Ort der Übertragung tatsächlich an dieser Stelle keine Werbung vorhanden ist. P wäre mithin anzuraten, auf den Tafeln neben den Toren tatsächlich Werbung anzubringen. Diese dürfte dann ersetzt werden.

3. Einfügen von Werbung zwischen vorhandene Reklame

Wird Werbung zwischen vorhandene Reklame eingefügt, so ist dies an sich vom Wortlaut des § 8 Abs. 6 Satz 2 Nr. 2 MStV nicht gedeckt. Diese Vorschrift verlangt, dass durch die virtuelle Werbung eine am Ort der Übertragung ohnehin bestehende Werbung ersetzt wird. Das ist beim Einfügen von Werbung zwischen vorhandene Werbung jedoch nicht der Fall.

Für die Zulässigkeit der Einfügung von Werbung könnte der Sinn und Zweck der Norm sprechen. Der Gesetzgeber hat sich für die Zulässigkeit virtueller Werbung entschieden. Sinn und Zweck der Beschränkung virtueller Werbung ist es, den Fernsehzuschauer nur dort mit virtueller Werbung zu konfrontieren, wo er ohnehin Werbebotschaften hinzunehmen hätte. Da der Fernsehzuschauer auf dem Trikot Werbung erwartet, würde das Telos der Vorschrift diese Art des Einfügens virtueller Werbung zulassen, da die „normale" Werbung lediglich ergänzt wird.

Die Auslegung der Norm sollte sich eng am Wortlaut orientieren und nicht über den Wortlaut hinaus virtuelle Werbungsmöglichkeiten eröffnen. Gegen ein zu weites Begriffsverständnis spricht auch der Schutzgedanke der Regelung, ebenso wie die systematische Stellung innerhalb des Gefüges von § 8 MStV.

Die besseren Argumente lassen lediglich eine enge Auslegung des § 8 Abs. 6 Nr. 2 MStV zu, wonach ausschließlich vorhandene Werbung durch virtuelle Werbung ersetzt werden darf. Somit spricht mehr dafür, die beabsichtige „Werbeergänzung" durch P als unzulässig anzusehen.

III. Ausstrahlung von Kinofilmen

Das Vorhaben des P könnte auch bezüglich der Ausstrahlung von Kinofilmen gegen das Schleichwerbeverbot des § 8 Abs. 7 Satz 1 MStV verstoßen.

Produktplatzierungen sind, wie schon oben gezeigt, in gewissem Rahmen sowie unter besonderen Voraussetzungen (§ 8 Abs. 7 Satz 2 ff. MStV) zulässig.

Bei öffentlich-rechtlichem Rundfunk gelten gemäß § 38 MStV über § 8 Abs. 7 MStV hinausgehende Anforderungen u.a. explizit für Kinofilme, da diese von den Sendern ohne inhaltliche Veränderungen ausgestrahlt werden. Ein Herausschneiden von Produkten aus Kinofilmen wäre schon aus technischen und dramaturgischen Gründen im Regelfall nicht möglich und könnte sogar die Kunstfreiheit des Regisseurs verletzen. Eine entsprechende Regelung existiert hinsichtlich privaten Rundfunks nicht,[12] wodurch abzuleiten ist, dass die strengeren Vorgaben des § 38 MStV gerade keine Anwendung finden sollen. P kann insoweit auch Kinofilme ausstrahlen, wenn er die Vorgaben des §§ 8 Abs. 7 MStV beachtet.

IV. Ergebnis

Zulässig ist das Vorhaben des P, im Stadion vorhandene Bandenwerbung durch virtuelle Werbung zu ersetzen. Unzulässig ist die Einfügung virtueller Werbung auf Tafeln, die im Stadion keine Werbung tragen. Ebenso ist die Einfügung von Werbung auf Trikots unzulässig, auf denen keine Werbung angebracht ist. Zulässig ist hingegen die Ausstrahlung von Kinofilmen, die Produktplatzierungen enthalten.

Soweit die Pläne des P gegen die Werbebestimmungen des MStV verstoßen (insbesondere § 8 MStV), handelt es sich um Ordnungswidrigkeiten i.S.d. § 115 Abs. 1 MStV. Diese können gem. § 115 Abs. 2 MStV mit Geldbußen geahndet werden. Daneben gibt lediglich das Wettbewerbsrecht Ansprüche gem. §§ 3 ff. UWG. Je nach Sachverhalt ist auch an zivilrechtliche Ansprüche gem. §§ 823, 824, 826, 1004 BGB zu denken.

---

12 Der vormals die privaten Rundfunkanbieter bindende § 44 RStV fand im Zuge einer entsprechenden Liberalisierung keinen Einzug in den MStV.

Fall 17: Wir wollen keine Rundfunkbeiträge

Der 23-jährige Student S wohnt mit zwei Kommilitonen in einer Wohngemeinschaft. In der Wohnung haben sie weder ein Radio noch ein Fernsehgerät, wohl aber jeder einen PC und Handys, mit denen sie über Internet auch Rundfunk hören und Fernsehsendungen anschauen können. Da S die öffentlich-rechtlichen Sender „öde" findet, hat er eine Software entwickelt, die den Zugang zu öffentlich-rechtlichen Programmen verhindert. Die Zahlung des Rundfunkbeitrags verweigert er mit dem Hinweis, dass er zum einen kein Fernsehgerät besitze und zum zweiten die öffentlich-rechtlichen Programme, für die der Rundfunkbeitrag ja vorgesehen sei, nicht empfangen könne.

Frage 1

Skizzieren Sie die Beitragserhebung durch die öffentlich-rechtlichen Rundfunkanstalten.

Frage 2

Ist die von S geführte Argumentation zutreffend? Auf die Verfassungsmäßigkeit anzuwendender Normen ist nicht einzugehen.

Frage 3

Im Gegensatz zu seinen Kommilitonen ist S nicht vom Rundfunkbeitrag befreit (§ 4 Abs. 1 Nr. 5a RBeitrStV).[1] S ist der Auffassung, dass er aus diesem Grund nur 1/3 des Rundfunkbeitrags zu zahlen habe. Schließlich müsse sein Freund, der ebenfalls in einer WG mit zwei Kommilitonen wohnt, die nicht gebührenbefreit sind, auch nur ein Drittel eines Beitrags bezahlen. Es könne doch nicht sein, dass man benachteiligt wird, wenn man sich mit Mitbewohnern zusammentut, die BaföG beziehen.

---

1 Fechner/ Mayer → T 22.

Lösung

Frage 1

Der Einzug bzw. die Erhebung des Rundfunkbeitrags richtet sich nach dem Rundfunkbeitragsstaatsvertrag (*RBeitrStV*).

Zu unterscheiden ist zwischen dem RFinStV, der die Höhe des Rundfunkbeitrags bestimmt und dem RBeitrStV, der die Voraussetzungen und die Erfüllung der Beitragsschuld regelt.

I. Beitragsgläubiger

Die jeweilige Landesrundfunkanstalt ist Gläubiger des Rundfunkbeitrages. § 10 Abs. 1 RBeitrStV bestimmt, dass der Rundfunkbeitrag an die Rundfunkanstalt zu bezahlen ist, in deren Anstaltsbereich sich die Wohnung oder Betriebsstätte des Beitragsschuldners befindet bzw. das Kraftfahrzeug zugelassen ist. In der Praxis erfolgt der Einzug des Rundfunkbeitrags durch den „ARD ZDF Deutschlandradio Beitragsservice", einer nicht rechtsfähigen Gemeinschaftseinrichtung der Rundfunkanstalten.

II. Beitragsschuldner/Beitragstatbestand

Der RBeitrStV stellt auf typische Orte des Rundfunkempfangs ab: Wohnungen und Betriebsstätten sowie einige Kraftfahrzeuge und Räume des Beherbergungsgewerbes (§§ 2, 5 RBeitrStV). Der Rundfunkbeitrag ist als „Haushaltsbeitrag" ausgestaltet. Dort wird die Rundfunkteilnahme unwiderlegbar vermutet, da Rundfunk auch über Handy, Tablets etc. empfangen werden kann. Diese typisierende Form der Beitragserhebung soll die Beitragsgerechtigkeit gewährleisten, da der Einzelne sich ihr nicht so leicht entziehen kann wie den früheren Rundfunkgebühren, die beim Bereithalten eines Empfangsgeräts anfielen. Der Rundfunkbeitrag ist vom BVerfG als verfassungsgemäß eingestuft worden.[2]

Der Rundfunkbeitrag ist unabhängig von der Nutzung des ausgestrahlten Programms zu entrichten. Beitragsschuldner ist der in §§ 2, 5 RBeitrStV genannte Personenkreis.

---

2 BVerfGE 149, 222 ff.

III. Vollstreckung

Gem. § 10 Abs. 5 RBeitrStV wird die Rundfunkbeitragsschuld in einem Bescheid fest-
gesetzt, der im Verwaltungszwangsverfahren vollstreckt werden kann (§ 10 Abs. 6
RGebStV).

> Da die Beitragsschuld im Wege des Verwaltungszwangsverfahrens beigetrieben
> wird, richtet sich die Vollstreckung nach den Vorschriften der einzelnen Bundeslän-
> der – dem jeweiligen Landesverwaltungsvollstreckungsgesetz – und nicht nach der
> Zivilprozessordnung (ZPO, dort insbesondere §§ 704 ff. ZPO). Die Vollstreckung
> wird dann i.d.R. von einem Vollstreckungsbeamten vorgenommen (nicht von einem
> Gerichtsvollzieher). Wie im öffentlichen Recht üblich, hat der Beitragsbescheid als
> Verwaltungsakt die Titelfunktion,[3] der Staat ist folglich nicht auf die Titulierung
> i.S.d. ZPO (z.B. Vollstreckungsbescheid oder Gerichtsurteil, §§ 704, 794 ZPO) ange-
> wiesen, sondern kann „seine" Akte selbst durch die entsprechende Behörde vollstre-
> cken. Dies bedeutet eine hohe Zeit-, Kosten- und Bürokratieersparnis für den Staat,
> im vorliegenden Fall für die Rundfunkanstalten.

Frage 2

Eine Beitragspflicht des S könnte sich aus § 2 Abs. 1 RBeitrStV ergeben. Danach besteht
– vorbehaltlich der Ausnahmebestimmungen des § 4 RBeitrStV – die Rundfunkbeitragspflicht für jeden Inhaber einer Wohnung.

I. Inhaber einer Wohnung

Gem. § 2 Abs. 2 RBeitrStV ist Inhaber einer Wohnung jede volljährige Person, die die
Wohnung selbst bewohnt. Mit einer Vermutungsregel in § 2 Abs. 2 Satz 2 RBeitrStV
wird auf das Melde- und Mietrecht verwiesen. Wohnen mehrere Personen in einer
Wohnung, so haften diese gem. § 2 Abs. 3 RBeitrStV als Gesamtschuldner. S bewohnt
laut Sachverhalt eine Wohnung (vergl. die Legaldefinition in § 3 RBeitrStV). Mit 23
Jahren ist S volljährig (§ 2 BGB). Da er mit weiteren zwei Personen in der Wohnung
wohnt, haften sie als Gesamtschuldner (§ 44 AO). Dies bedeutet, dass die Bewohner
einer Wohnung nebeneinander dieselbe Leistung schulden. Es reicht aus, wenn ein
Bewohner bekannt ist und den Rundfunkbeitrag entrichtet.

---

3 Vgl. Maurer, Verwaltungsrecht, § 20 Rdnr. 2, 3.

II. Kein Bereithalten eines Fernsehgerätes

Die von S vorgetragene Schutzbehauptung, keinen Fernseher zu besitzen, führt mithin zu keinem anderen Ergebnis. Maßgeblich ist lediglich die Inhaberschaft einer Wohnung bzw. einer Betriebsstätte oder eines bestimmten Kraftfahrzeugs bzw. Beherbergungsraumes.

III. Gesetzliche Ausnahme von der Beitragspflicht?

Der Sachverhalt enthält keinen Hinweis darauf, dass S von den Befreiungs- bzw. Ermäßigungstatbeständen des § 4 RBeitrStV profitieren könnte.

IV. Ausnahme von der Beitragspflicht wegen der ausschließlichen Nutzung privater Programme?

M beruft sich darauf, ausschließlich private Programme zu nutzen, weshalb er keinen Rundfunkbeitrag bezahlen müsse, der für die öffentlich-rechtlichen Sender bestimmt sei. Unabhängig von der Frage, inwieweit S seine Software zur Verhinderung des Empfangs öffentlich-rechtlicher Sender wieder von seinem PC entfernen könnte, ist seine Argumentation unzutreffend. Der Rundfunkbeitrag dient zur Deckung der Kosten einer öffentlichen Einrichtung, die dem Pflichtigen einen besonderen Vorteil bieten kann. Der Vorteil liegt in der Möglichkeit, das Angebot des öffentlich-rechtlichen Rundfunks zu nutzen. Der Rundfunkbeitrag wird im Übrigen nicht ausschließlich zur Finanzierung der öffentlich-rechtlichen Rundfunkanstalten verwendet. Vielmehr werden auch die Landesmedienanstalten über den Rundfunkbeitrag finanziert (§ 10 RFinStV). Der Rundfunkbeitrag ist mithin ein Entgelt für das Gesamtangebot des öffentlich-rechtlichen Rundfunks.[4] Die Behauptung, keinen öffentlich-rechtlichen Rundfunk nutzen zu wollen, entbindet daher nicht von der Rundfunkbeitragspflicht, sofern überhaupt Fernsehprogramme empfangen werden können.[5] Mit Blick auf die Nutzung von privaten Programmen ist festzuhalten: Nach der Rechtsprechung des Bundesverfassungsgerichtes zum dualen Rundfunksystem kann der private Rundfunk in seiner gegenwärtigen Form aus Gründen des Verfassungsrechts überhaupt nur bestehen, wenn die Erfüllung des klassischen Rundfunkauftrags durch die öffentlich-rechtlichen Rundfunkanstalten auch in finanzieller Hinsicht sichergestellt ist.[6]

---

4 BVerfGE 74, S. 297, 324 „Baden-Württemberg (Fünfte Rundfunkentscheidung)" → Fechner, E 55.
5 Vgl. BVerwG ZUM 1999, S. 496; BVerfGE 90, S. 60, 95 „Rundfunkgebühren I (Achte Rundfunkentscheidung)" → Fechner, E 58.
6 So ausdrücklich BVerwG ZUM 1999, S. 496, 499 mit Verweis auf BVerfGE 90, S. 60, 90 „Rundfunkgebühren I (Achte Rundfunkentscheidung)" → Fechner, E 58.

Eine Existenz des privaten Rundfunks ohne den öffentlich-rechtlichen Rundfunk ist daher nicht möglich. Daher ist der öffentlich-rechtliche Rundfunk „mitzufinanzieren", auch wenn er nicht genutzt wird. Das Argument des S schlägt folglich nicht durch.

V. Ergebnis

M ist zur Zahlung des Rundfunkbeitrags gem. § 2 Abs. 1 RBeitrStV verpflichtet.

Frage 3

Wie bei Frage 2 ausgeführt, haften die Bewohner einer Wohnung gem. § 2 Abs. 3 RBeitrStV als Gesamtschuldner. Bei einer WG ist nicht jedes einzelne Zimmer als „Wohnung" i.S. des § 3 Abs.1 RBeitrStV anzusehen, da typischer Weise nicht jedes Zimmer über einen „eigenen Eingang unmittelbar von einem Treppenhaus" o.ä. verfügt. Damit leisten grundsätzlich alle Bewohner der WG den gesamten Rundfunkbeitrag und sind nicht anteilig in Anspruch zu nehmen. Wird der Rundfunkbeitrag von einem Bewohner entrichtet, wirkt diese Leistung auch zu Gunsten der übrigen Beitragsschuldner.

Im vorliegenden Fall sind die beiden WG-Mitbewohner des S von der Beitragspflicht gem. § 4 Abs. 1 Nr. 5a RBeitrStV befreit. Dies führt aber nicht zu einer Reduktion der Beitragspflicht des S.

Es ist gut nachvollziehbar, wenn diese Rechtslage als ungerecht empfunden wird. Wie von S vorgetragen, kann sie zu unsozialen Folgen führen. Dies ist dem Gesetzgeber entweder nicht aufgefallen oder war für ihn nicht von Bedeutung. Es handelt sich um nur eine der Ungereimtheiten dieses Gesetzes.

Fall 18: Streit um den Beitrag

Die öffentlich-rechtliche Rundfunkanstalt Ö meldet ihren Finanzbedarf an die Kommission zur Ermittlung des Finanzbedarfs der Rundfunkanstalten (KEF). Die KEF unterbreitet den zuständigen Landesregierungen sowie den zuständigen Landesparlamenten eine Empfehlung, den Rundfunkbeitrag auf 20,00 € festzulegen. Die Ministerpräsidenten der Länder weichen von dieser Empfehlung ab und beschließen, in einem Staatsvertrag zur Änderung medienrechtlicher Staatsverträge, kurz Medienänderungsstaatsvertrag, einen Rundfunkbeitrag in Höhe von 18,50 € festzusetzen. Diesen Medienänderungsstaatsvertrag transformieren die Landtage durch ein Gesetz in Landesrecht. Zur Begründung tragen die Parlamentarier vor, die Bürger, also die Rundfunkteilnehmer, seien durch Steuern, steigende Preise, die Notwendigkeit eigener Alters- und Gesundheitsvorsorge sowie die angespannte wirtschaftliche Lage durch die Pandemie stark belastet. Dies belegt er mit einschlägigen Statistiken. Ein Rundfunkbeitrag von 20,00 € sei für den Rundfunkteilnehmer aus diesen sozialpolitischen Gründen unzumutbar. Als Ermächtigungsgrundlage für ihr Handeln verweisen sie auf § 7 Abs. 2 RFinStV. Rundfunkanstalt Ö ist hierüber empört und will sich mit dieser finanziellen Einschränkung nicht zufriedengeben. Sie sieht sich in ihrer Rundfunkfreiheit verletzt, die ihr eine funktionsgerechte Finanzierung zusichere. Nach Auffassung der Ö dürfen die Landtage aus den vorgetragenen Gründen nicht von der Empfehlung der KEF abweichen.

Gehen Sie bei der Bearbeitung des Falles davon aus, dass die Rundfunkanstalt Ö alle Aufgaben, die einer Rundfunkanstalt nach der gegenwärtigen Rechtslage erwachsen, zufriedenstellend wahrnimmt. Dabei wird sie aktuell über einen Rundfunkbeitrag in Höhe von 17,50 € funktionsgerecht finanziert.

Frage 1

Skizzieren Sie den Ablauf bzgl. der Festsetzung der Höhe des Rundfunkbeitrags.

Frage 2

Wäre eine gerichtliche Auseinandersetzung für Ö erfolgreich?

Lösung

Frage 1
Verfahren bzgl. der Festsetzung des Rundfunkbeitrags

§§ 34, 35 MStV sichern den öffentlich-rechtlichen Rundfunkanstalten eine funktionsgerechte Finanzierung zu. Basierend auf § 36 MStV hat das Bundesverfassungsgericht (BVerfG)[1] konkrete Vorgaben für ein Verfahren zur Ermittlung der Höhe des Rundfunkbeitrags gemacht, das neben einer funktionsgerechten Finanzierung insbesondere die Staatsferne der Finanzierung sichern soll. Die Findung der Beitragshöhe ist im Rundfunkfinanzierungsstaatsvertrag (RFinStV) geregelt.[2]

I. KEF

Die Kommission zur Ermittlung des Finanzbedarfs der Rundfunkanstalten (KEF), ein Sachverständigengremium gem. § 4 RFinStV, hat den von den Rundfunkanstalten angemeldeten Finanzbedarf zu überprüfen und unterbreitet den Landesregierungen einen Vorschlag zur Höhe des Rundfunkbeitrags (vgl. § 36 Abs. 1 MStV i.V.m. §§ 1, 3 Abs. 1, 8 RFinStV).

II. Bedarfsmeldung, Prüfung, Empfehlung

Gem. § 36 Abs. 1 MStV i.V.m. § 1 Abs. 1 RFinStV melden die Rundfunkanstalten der KEF im Abstand von zwei Jahren ihren Finanzbedarf. Diese Bedarfsmeldung wird von der KEF nach den Grundsätzen des § 36 Abs. 2, 3 MStV i.V.m. § 3 RFinStV geprüft. Daraufhin schlägt die KEF im Rahmen eines Berichts gem. § 3 Abs. 8 RFinStV den Landesparlamenten bzw. den Landesregierungen die Höhe des Rundfunkbeitrags vor.

III. Beschluss durch die Landesparlamente

Der Beitragsvorschlag der KEF ist Grundlage für eine Entscheidung der Landesregierungen und der Landesparlamente i.S.d. § 7 Abs. 2 RFinStV. Die Entscheidung der Landesregierungen muss i.S.d. § 36 Abs. 4 MStV in Form eines Staatsvertrags erfolgen, der durch die einzelnen Ministerpräsidenten bzw. Landesregierungen abgeschlossen wird (dies ist der RFinStV, der zumeist durch den Medienänderungsstaatsvertrag neu geregelt wird). Ihm stimmen die Landtage nach den Vorgaben der Landesverfassungen entweder in Form eines einfachen Parlamentsbeschlusses – wie in Nordrhein-Westfa-

---

1 BVerfGE 90, S. 60, 87 ff „Rundfunkgebühren I (Achte Rundfunkentscheidung)" → Fechner, E 58. Der Rundfunkbeitrag hieß damals noch „Rundfunkgebühr".
2 Fechner/ Mayer → T 23.

len und Bayern³ – oder aber eines Gesetzes – wie in allen anderen Bundesländern – zu. Mit dieser Zustimmung verbunden ist die Transformation des Staatsvertrags in Landesrecht. Somit entscheiden Landesregierungen und Landesparlamente abschließend über die Beitragshöhe. Die Länder können dabei aus besonderen Gründen von der Empfehlung der KEF i.S.d. § 7 Abs. 2 RFinStV abweichen.

Die konkrete Beitragshöhe ist in § 8 RFinStV festgelegt.

Frage 2

Sender Ö wäre in einer gerichtlichen Auseinandersetzung erfolgreich, wenn sein Begehren zulässig und begründet ist.

A. Zuständigkeit der Verwaltungsgerichtsbarkeit

Gefragt ist nach der gerichtlichen Kontrolle eines Gesetzes. Der Verfassungsgeber hat mit Art. 100 Abs. 1 GG die Überprüfung der Verfassungsmäßigkeit von Gesetzen in der Weise ausgestaltet, dass sie den Verwaltungsgerichten entzogen und den Verfassungsgerichten vorbehalten ist. Die Fachgerichte haben zwar eine Prüfungs- aber keine Verwerfungskompetenz. Diese steht (jedenfalls bei nachkonstitutionellem Recht) allein dem BVerfG zu. Für die Kontrolle eines Gesetzes mit dem Ziel, dieses zu verwerfen, ist daher der Verwaltungsrechtsweg nicht eröffnet.

B. Zuständigkeit der Landesverfassungsgerichtsbarkeit

Bereits der Wortlaut von § 90 Abs. 3 BVerfGG zeigt, dass es möglich ist, parallel Landes- und Bundesverfassungsbeschwerde zu erheben. Vorliegend handelt es sich um ein Landesgesetz und als Prüfungsmaßstab könnte die Rundfunkfreiheit, die auch in jeder Landesverfassung (direkt⁴ oder indirekt⁵) garantiert ist, dienen. Die Erhebung von Landesverfassungsbeschwerden gegen die entsprechenden Gesetze zum Medienänderungsstaatsvertrag und das zeitgleiche Erheben einer Bundesverfassungsbeschwerde, könnte zu konträren Entscheidungen führen. Die durch den Abschluss eines Staatsvertrags angestrebte und vertraglich vereinbarte Einheitlichkeit des Rechts wäre so ernsthaft gefährdet. Dieser Konflikt kann mit dem Grundsatz der Bundestreue einer Lö-

---

3 Vgl. Art. 66 S. 2 LVerfNW sowie Art. 72 Abs. 2 BayVerf.
4 Z.B. Art. 11 Abs. 2 ThürLVerf.
5 Z.B. Baden-Württemberg über Art. 2 Abs. 1 LVerfBW.

sung zugeführt werden, der jedes Land verpflichtet, bei der Inanspruchnahme seiner Rechte die gebotene Rücksicht auf die Interessen der anderen Länder und des Bundes zu nehmen und nicht auf die Durchsetzung rechtlich eingeräumter Positionen zu dringen, die elementare Interessen eines anderen Landes schwerwiegend beeinträchtigen.[6] Dies ergibt sich auch aus dem Grundsatz der Bundestreue, der auch zwischen den Bundesländern gilt. Im Ergebnis ist eine Landesverfassungsbeschwerde des Ö daher abzulehnen. Die durch den Staatsvertrag geschaffene einvernehmliche Lösung kann nur Bestand haben, wenn eine bundesgerichtliche Entscheidung herbeigeführt wird. Nur eine bundesgerichtliche Entscheidung birgt die Sicherheit, dass es zu einer einvernehmlichen Lösung kommt. Da alle Landesparlamente in gleicher Weise unter dem Vorschlag der KEF geblieben sind, müsste Ö zudem alle Landesverfassungsgerichte einzeln anrufen, was kaum sinnvoll und erfolgversprechend sein dürfte.

C. Zuständigkeit des Bundesverfassungsgerichts

Aus den aufgezeigten Gründen sollte Ö eine Überprüfung des Gesetzes zum Rundfunkänderungsstaatsvertrag (sog. Umsetzungsakt bzgl. des Staatsvertrags) im Wege einer Verfassungsbeschwerde vor dem BVerfG anstreben. Eine Verfassungsbeschwerde gem. Art. 93 Abs. 1 Nr. 4a GG i.V.m. §§ 13 Nr. 8a, 90 ff. BVerfGG hat Erfolg, wenn sie zulässig und begründet ist.

I. Zulässigkeit einer Verfassungsbeschwerde

1. Beteiligtenfähigkeit

Beteiligten- bzw. beschwerdefähig ist nach Art. 93 Abs. 1 Nr. 4a GG, § 90 Abs. 1 BVerfGG jeder, der Träger von Grundrechten oder grundrechtgleichen Rechten sein kann (Grundrechtsfähigkeit). Dies ist bei Ö problematisch, da sie eine juristische Person des öffentlichen Rechts ist, die grundsätzlich nicht Grundrechtsträger sein kann. Grundrechte sind Abwehrrechte des Bürgers gegen den Staat. Staatliche Funktionsträger sind nicht Grundrechtsträger, sondern Grundrechtsverpflichtete. Eine Ausnahme von diesem Grundsatz ist bei solchen Personen des öffentlichen Rechts anerkannt, die einem durch bestimmte Grundrechte geschützten Lebensbereich zugeordnet sind. Das ist bei den öffentlich-rechtlichen Rundfunkanstalten der Fall, da sie dem geschützten Bereich der Rundfunkfreiheit zugeordnet sind. Diese sichert gerade die Autonomie der Rundfunkanstalten gegenüber dem Staat. Ferner dient die Rundfunkfreiheit auf diese Weise mittelbar der Grundrechtsverwirklichung des Bürgers. Üblicherweise wird auch mit dem Bild der „grundrechtstypischen Gefährdungslage" argumentiert, um

---

6 So BVerwGE 50, 137, 148.

eine Grundrechtsfähigkeit der juristischen Person des öffentlichen Rechts ausnahmsweise zu begründen.

Diese Ausnahme ist bei den öffentlich-rechtlichen Rundfunkanstalten besonders deutlich: Die Verfassungsordnung fordert die Staatsferne des öffentlich-rechtlichen Rundfunks und die Rundfunkgesetze regeln diese ausführlich. Die Rundfunkanstalten sind grundsätzlich keine Grundrechtsadressaten, vielmehr sind sie selbst Träger der Rundfunkfreiheit. Sie sind mithin insoweit nicht dem staatlichen Bereich zugeordnet. Grundrechtsadressaten im Rahmen einer direkten Grundrechtsbindung sind die Rundfunkanstalten nur ausnahmsweise z.B. bei der Vergabe von Sendezeiten an politische Parteien gem. Art. 21 i.V.m. Art. 3 Abs. 1 GG.

Ö als öffentlich-rechtliche Rundfunkanstalt kann sich im Rahmen des ihr zugewiesenen Funktions- und Aufgabenbereichs (eigenverantwortliche Veranstaltung und Verbreitung von Rundfunk) ausschließlich auf das Grundrecht der Rundfunkfreiheit des Art. 5 Abs. 1 Satz 2, 2. Var. GG berufen. Ein Grundrecht kann allerdings nur dann wirkungsvoll wahrgenommen werden, wenn die Möglichkeit gerichtlicher Durchsetzung eingeräumt wird. Aus der Grundrechtsträgerschaft des Senders Ö ergibt sich mithin seine Beteiligtenfähigkeit.

Die ARD ist keine juristische Person, vielmehr eine nicht rechtsfähige Arbeitsgemeinschaft der öffentlich-rechtlichen Rundfunkanstalten der Länder und des Bundes. Insoweit kann die ARD selbst nicht beteiligtenfähig sein.

2. Verfahrensfähigkeit[7]

Ö kann als Anstalt des öffentlichen Rechts nicht selbst Prozesshandlungen vornehmen und ist daher als solche prozessunfähig. Für Ö handelt jedoch der Intendant der öffentlich-rechtlichen Anstalt als deren gesetzlicher Vertreter.[8]

3. Beschwerdegegenstand

Beschwerdegegenstand kann nach Art. 93 Abs. 1 Nr. 4a GG, § 90 Abs. 1 BVerfGG jeder Akt öffentlicher Gewalt sein, namentlich Akte der Legislative, der Exekutive und der Judikative. In Betracht kommt vorliegend ein Akt der Legislative, und zwar der Umsetzungsakt zum Staatsvertrag der Länder über die Festsetzung des Rundfunkbeitrags. Dieser ergeht in Form von durch die Landtage erlassenen Gesetzen. Fraglich ist, ob es sich beim Unterschreiten des KEF-Vorschlags bzgl. der Rundfunkbeitragshöhe um ein gesetzgeberisches Unterlassen oder um ein unzulängliches positives Tun handelt.

---

7 Das BVerfGG enthält hierzu keine Regelungen.
8 Z.B. § 27 Abs. 1 ZDF-StV → T 25.

Nach dem Wortlaut des §§ 92, 95 Abs. 1 S. 1 BVerfGG kann auch gesetzgeberisches Unterlassen Gegenstand einer Verfassungsbeschwerde sein. Diesem Verständnis folgt das BVerfG nicht und schließt eine Verfassungsbeschwerde gegen ein Unterlassen des Gesetzgebers grundsätzlich aus.[9] Tatsächlich ist der Landesgesetzgeber durch das Gesetz zum Medienänderungsstaatsvertrag tätig geworden, ist dabei indessen bzgl. der Höhe des Rundfunkbeitrags hinter der Empfehlung der KEF zurückgeblieben. Es handelt sich somit gegebenenfalls um ein, wenn auch unzulängliches, so doch positives Tun des Gesetzgebers. Tatsächlich ist hier das Gesetz zum Medienänderungsstaatsvertrag Beschwerdegegenstand.

> Würde ein Landesgesetz zum Rundfunkänderungsstaatsvertrag noch nicht vorliegen, sondern lediglich der entsprechende Staatsvertrag, so wäre der Beschwerdegegenstand eine Maßnahme der Exekutive, was im Rahmen der Beschwerdebefugnis besonders zu berücksichtigen ist.
>
> Gegenstand von Bundesverfassungsbeschwerden gem. Art. 93 Abs. 1 Nr. 4a GG, § 90 Abs. 1 BVerfGG können auch Landesgesetze sein.

4. Beschwerdebefugnis

Der Beschwerdeführer muss weiterhin behaupten, in einem seiner Grundrechte verletzt zu sein (§ 90 Abs. 1 BVerfGG).

a) Möglichkeit einer Grundrechtsverletzung

Die Möglichkeit einer Grundrechtsverletzung kann im vorliegenden Fall plausibel dargelegt werden. Das Grundrecht der Rundfunkfreiheit umfasst nach der Interpretation durch das BVerfG auch das Recht und die Pflicht der Rundfunkanstalten zur Erfüllung ihres Funktionsauftrags. Der Staat ist dazu verpflichtet, den Rundfunkanstalten die notwendigen Finanzmittel zur Verfügung zu stellen, damit diese ihrem Funktionsauftrag gerecht werden können.[10] Ö trägt vor, dass die durch das Gesetz zum Rundfunkänderungsstaatsvertrag festgesetzte Beitragshöhe nicht ausreiche, um ihren Funktionsauftrag erfüllen zu können. Insofern besteht die Möglichkeit, dass Ö in ihrem Grundrecht auf Rundfunkfreiheit verletzt ist.

> Anstelle des Begriffs des Funktionsauftrags hat das BVerfG früher den Begriff der Grundversorgung verwendet. Unterschiede zwischen den Begriffen sind allenfalls gradueller Natur, so dass die Aussagen des BVerfG zur Grundversorgung ohne Weiteres auf den Funktionsauftrag übertragen werden können.

---

9 BVerfGE 1, 97, 100 „Hinterbliebenenrente I" aber Ausnahme BVerfGE 11, 155, 261.
10 BVerfGE 87, 181, 198 „Hessen-3 (Siebte Rundfunkentscheidung)" → Fechner, E 57; BVerfGE 90, 60, 91 „Rundfunkgebühren I (Achte Rundfunkentscheidung)" → Fechner, E 58.

Über die Möglichkeit einer Grundrechtsverletzung hinaus verlangt das BVerfG in ständiger Rechtsprechung, insbesondere bei Rechtssatzverfassungsbeschwerden, dass der Beschwerdeführer durch die angegriffene Norm selbst, gegenwärtig und unmittelbar betroffen ist (sog. Betroffenheitstrias).

> Die sog. Betroffenheitstrias muss faktisch nur bei Verfassungsbeschwerden gegen Gesetze geprüft werden, weil normalerweise ein Umsetzungsakt angegriffen wird, der typischer Weise direkte Wirkung gegenüber dem Betroffenen entfaltet.

b) Selbstbetroffenheit

Ö ist durch das Gesetz „selbst" betroffen, da das Gesetz wesentliche Auswirkungen auf die Anstalt hat, indem es Finanzkürzungen mit sich bringt oder gewünschte zusätzliche Investitionen verhindert.

c) Gegenwärtige Betroffenheit

Darüber hinaus müsste Ö gegenwärtig betroffen sein. Ö ist aktuell betroffen, da das Gesetz eine niedrigere Beitragshöhe ausweist als sie von der KEF empfohlen und von Ö im Rahmen der Bedarfsmeldung gefordert worden war.

d) Unmittelbare Betroffenheit

Ferner müsste Ö unmittelbar betroffen sein. Das Erfordernis der unmittelbaren Betroffenheit ist gegeben, wenn die angegriffene Bestimmung ohne weiteren vermittelnden Akt in den Rechtskreis des Beschwerdeführers einwirkt. Dies ist bei den Gesetzen der Landtage zur Änderung der Beitragshöhe gegeben. Zur Wirksamkeit der neuen Beitragsfestsetzung bedarf es keines weiteren Umsetzungsaktes mehr.

> Bei einer Rechtssatzverfassungsbeschwerde ist grundsätzlich die unmittelbare Betroffenheit abzulehnen, weil regelmäßig ein weiterer Vollzugsakt erforderlich ist, bevor die Rechte des Beschwerdeführers tangiert werden. Nur bei sog. „self-executing" Normen ist die unmittelbare Betroffenheit des Beschwerdeführers zu bejahen.
>
> Sollte ein Umsetzungsakt in Form eines Gesetzes noch nicht vorliegen, sondern lediglich der von § 36 Abs. 4 MStV geforderte Staatsvertrag, so wird die Betroffenheitstrias besonders relevant: Bereits eine Selbstbetroffenheit ist dann fraglich, da sich der Staatsvertrag nur an die Länder richtet und diese in ihrer Gesamtheit bindet. Nur sie werden als Vertragsparteien berechtigt oder verpflichtet. Doch spricht für eine Selbstbetroffenheit in diesem Fall, dass Ö unter die Regelungen des Staatsvertrags fällt, also von den Rechtsfolgen der einzeln vereinbarten Normen „selbst" betroffen ist. Gegenwärtig wäre Ö betroffen, da die Entscheidung zu später nicht mehr korrigierbaren Entscheidungen führen kann bzw. Ö „in verhältnismäßig kurzer Zeit"

betroffen sein kann. Inwieweit Ö durch den Staatsvertrag aber „unmittelbar" betroffen sein sollte, wäre dann äußerst fraglich. Für einzelne natürliche oder juristische
Personen entfaltet der Staatsvertrag keine unmittelbare Rechtswirkung, sondern erst
der landesbezogene Umsetzungsakt. Allerdings folgt aus dem Grundsatz der Bundestreue i.V.m. der staatsvertraglichen Bindung der Bundesländer, dass eine landes-
rechtliche Abweichung (durch das Gesetz des Landtages) von der festgesetzten Beitragshöhe im Staatsvertrag (der Ministerpräsidenten) nicht möglich ist. Insofern betrifft bereits der Staatsvertrag Ö unmittelbar und eine Beschwerdebefugnis bzgl. des
Staatsvertrags als Beschwerdegegenstand kann auch in diesem Fall bejaht werden.

5. Rechtswegerschöpfung / Grundsatz der Subsidiarität

Gem. § 90 Abs. 2 BVerfGG ist der Rechtsweg erschöpft, wenn der Beschwerdeführer
den ganzen Instanzenzug durchlaufen hat. Gegen formelle Gesetze, wie hier das Gesetz zum Rundfunkänderungsstaatsvertrag, ist kein Rechtsweg vor den Fachgerichten
eröffnet, mithin keinerlei direkte Rechtsschutzmöglichkeit gegeben.

Da die Landesverfassungsbeschwerde nicht zum Rechtsweg i.S.d. § 90 Abs. 2
BVerfGG gehört, ist auf die oben dargestellte Diskussion an dieser Stelle keinesfalls
einzugehen.

Darüber hinaus fordert das Bundesverfassungsgericht in ständiger Rechtsprechung,
dass der Beschwerdeführer alle nach Lage der Sache zur Verfügung stehenden Möglichkeiten ergreift, um eine Korrektur der geltend gemachten Verfassungsverletzung
zu erwirken bzw. um eine Grundrechtsverletzung zu verhindern – sog. Grundsatz der
Subsidiarität. Ö hat hier nur die Möglichkeit, gegen das Gesetz vorzugehen und dafür
steht ihm nur der Weg zum Bundesverfassungsgericht offen.
    Da für das Begehren der Ö kein spezieller Rechtsweg eingeräumt ist, kann sie direkt
Verfassungsbeschwerde erheben.

6. Ordnungsgemäßer Antrag und Frist

Ö muss einen ordnungsgemäßen Antrag gem. §§ 23 Abs. 1, 92 BVerfGG stellen, d.h.
der Antrag muss schriftlich ausgearbeitet und mit einer Begründung versehen sein.
Bzgl. des Antrags ist zudem folgendes zu beachten: Zwar ist gem. § 95 Abs. 1 BVerfG
die Verfassungswidrigkeit einer Norm festzustellen, doch muss das BVerfG gem. § 95
Abs. 3 BVerfGG in einem solchen Fall grundsätzlich zugleich die Nichtigkeit der Norm
tenorieren. Das BVerfG hat allerdings zusätzlich die Möglichkeit geschaffen, sich im
Rechtsfolgenauspruch auf die Feststellung der Verfassungswidrigkeit zu beschränken, wenn die Nichtigerklärung zu schwer erträglichen Folgen führen würde. So liegt
der Fall hier: würde das Gericht die Verfassungswidrigkeit der Norm feststellen und

diese für nichtig erklären, so würde die Rechtsgrundlage für den Rundfunkbeitrag wegfallen und Ö bekäme überhaupt keine Finanzausstattung. Demzufolge ist bereits in der Antragstellung darauf zu achten, dass Ziel der Klage nur die Feststellung der Verfassungswidrigkeit der Norm ist.

Zu berücksichtigen ist § 31 Abs. 1 BVerfGG, demzufolge die Feststellung der Unvereinbarkeit mit dem GG *Rechtskraftbindung* hat. Die Entscheidung hat gem. § 31 Abs. 2 BVerfGG im Falle von Rechtssatzverfassungsbeschwerden darüber hinaus auch *Gesetzeskraft* und zwar auch dann, wenn die Unvereinbarkeit mit der Verfassung nur festgestellt wird. Gem. § 35 BVerfGG hat das BVerfG zudem ausnahmsweise die Möglichkeit, für verfassungswidrig erklärte Rechtsnormen eine befristete Weitergeltung auszusprechen und dem Gesetzgeber Fristen für eine Neuregelung zu setzen.

Ö muss bei einer Verfassungsbeschwerde gegen ein Gesetz die Jahresfrist des § 93 Abs. 3 BVerfGG einhalten.

Wenn das BVerfGG dies auch nicht ausdrücklich erwähnt, setzt die Verfassungsbeschwerde wie jedes gerichtliche Verfahren ein Rechtschutzbedürfnis – ein schutzwürdiges Interesse an der Klärung der streitigen Frage – im Zeitpunkt der Entscheidung voraus. In der Regel wirft dieser Punkt keine Probleme auf und bedarf keiner Erwähnung, da die Erfordernisse der Beschwerdebefugnis und der Erschöpfung des Rechtswegs den Gesichtspunkt des Rechtsschutzbedürfnisses bereits konkretisieren und verbrauchen. Zu verneinen wäre das Rechtsschutzbedürfnis, wenn z.B. eine einfachere Möglichkeit des Grundrechtsschutzes besteht (Art. 41 Abs. 2 GG) oder sich die Maßnahme erledigt hat. Ausnahmsweise bejaht das BVerfG das Rechtsschutzbedürfnis gerade bei der Erledigung.

Zwischenergebnis

Die Verfassungsbeschwerde der Ö ist zulässig.

II. Begründetheit einer Verfassungsbeschwerde

Die Verfassungsbeschwerde der Rundfunkanstalt Ö ist begründet, soweit Ö in ihrem Grundrecht der Rundfunkfreiheit aus Art. 5 Abs. 1 Satz 2, 2. Var. GG durch die Festsetzung des Rundfunkbeitrags in unzulässiger Weise verletzt ist. Eine derartige Verletzung ist gegeben, wenn die Beitragsfestsetzung einen verfassungsrechtlich nicht gerechtfertigten Eingriff in den Schutzbereich der Rundfunkfreiheit darstellt.

1. Schutzbereich

Der Schutzbereich der Rundfunkfreiheit umfasst u.a. den Anspruch der Rundfunkanstalten auf eine funktionsgerechte Finanzierung, also die Zuweisung von Finanz-
mitteln, die insbesondere zur Erfüllung des Funktionsauftrags notwendig sind.

a) Klassischer Schutzbereich

Der Funktionsauftrag der öffentlich-rechtlichen Sender umfasst nicht lediglich die
„klassischen" Bereiche des Rundfunks wie Nachrichten, Bildung und Unterhaltung,
sondern auch Telemedien. Dies ergibt sich u.a. aus der vom BVerfG festgelegten „Be-
stands- und Entwicklungsgarantie" des öffentlich-rechtlichen Rundfunks. Diese ist
nicht auf bestimmte technische Angebote beschränkt ist, sondern im Sinne einer „dynamischen Funktionsauftrags" zu verstehen.

Der umfangreiche Funktionsauftrag erfordert eine funktionsgerechte Finanzierung,
die sich unmittelbar aus der Rundfunkfreiheit gem. Art. 5 Abs. 1 Satz 2 GG ableitet.

b) Grundrechtsschutz durch Verfahren

Die Finanzierung erfolgt durch eine Mischfinanzierung (vgl. § 35 MStV), wobei der
überwiegende Anteil über eine Beitragsfinanzierung gesichert werden muss. Die Ermittlung der Beitragshöhe und somit des Finanzbedarfs der Rundfunkanstalten ist in
einem konkreten Verfahren festgeschrieben, das die funktionsgerechte Finanzierung
der Rundfunkanstalten absichern soll. Insofern wird der Grundrechtsschutz durch ein
bestimmtes Verfahren gewährleistet – das Prinzip Grundrechtsschutz durch Verfahren entfaltet hier Wirkung. Die Rundfunkfreiheit soll durch das im RFinStV kodifizierte Verfahren verwirklicht und gesichert werden. Daher ist durch die Rundfunkfreiheit auch das dreistufige Verfahren zur Ermittlung der Beitragshöhe vom Schutzbereich der Rundfunkfreiheit umfasst.

c) Schutzbereich im konkreten Fall

Der in § 7 Abs. 2 RFinStV kodifizierte Verfahrensabschnitt ist somit Bestandteil des
Schutzbereichs der Rundfunkfreiheit.

2. Eingriff

Ein Eingriff in die Rundfunkfreiheit liegt vor, weil die Landesparlamente in dem streit-
gegenständlichen Gesetz von der Empfehlung der KEF in Bezug auf die Rundfunkbeitragshöhe abgewichen sind und damit die von Ö geforderten Mittel nicht in voller
Höhe zugesprochen wurden.

3. Rechtfertigung

Der Eingriff wäre gerechtfertigt, wenn die Landtage § 7 Abs. 2 RFinStV verfassungskonform angewendet hätten, also zu Recht von den Empfehlungen der KEF abgewichen wären. Fraglich ist demnach, ob die Landtage bei ihrer Entscheidung § 7 Abs. 2 RFinStV verfassungskonform ausgelegt und angewendet haben. Vor allem müssen Abweichungen vom Beitragsvorschlag der KEF durch die Landtage gem. § 7 Abs. 2 Satz 3 RFinStV zu begründen.

Die Besonderheit des Aufbaus der Begründetheitsprüfung liegt hier darin, dass von der klassischen Prüfung der Verfassungsmäßigkeit eines Gesetzes abgewichen werden muss. Das ergibt sich aus dem Beschwerdebegehren der Rundfunkanstalt Ö, die lediglich behauptet, die Entscheidung der Landtage sei falsch, weil diese § 7 Abs. 2 RFinStV verfassungswidrig, und zwar unter Missachtung der Rundfunkfreiheit, angewendet hätten. Die Besonderheit ergibt sich daraus, dass die Entscheidung der Landtage durch Gesetz erging. Dennoch soll faktisch „nur" eine richtige, also verfassungskonforme, Gesetzesanwendung durch das BVerfG überprüft werden. Daher hat sich der Prüfungsaufbau der Begründetheit an dem Prüfungsschema einer Verfassungsbeschwerde gegen Verwaltungshandeln bzw. gegen eine Verwaltungsentscheidung zu orientieren.

a) Prüfungsmaßstab

Im vorliegenden Fall geht es um eine Grundrechtsverletzung durch eine unrichtige Anwendung bzw. Auslegung eines Gesetzes bzw. einer Norm. Die Überprüfung einer derartigen Grundrechtsverletzung ist an sich Sache der Fachgerichte, denn es geht um eine Grundrechtverletzung auf der Ebene des „einfachen Rechts" – hier die Anwendung des RFinStV. Damit das BVerfG in derartigen Konstellationen nicht zu einer „Superrevisionsinstanz" bzw. einem „Superrevisionsgericht" wird, beschränkt es sich auf die Prüfung, ob spezifisches Verfassungsrecht verletzt worden ist. Das ist dann der Fall, wenn einschlägige Verfassungsnormen bei der Auslegung oder Anwendung von Recht ganz übersehen oder ihre Bedeutung grundsätzlich verkannt worden sind.

Im vorliegenden Fall könnte in Hinblick auf § 7 Abs. 2 RFinStV ein Verstoß gegen „spezifisches Verfassungsrecht" vorliegen, da die Landtage bei der Anwendung dieser Norm die Bedeutung und Tragweite der Rundfunkfreiheit gem. Art. 5 Abs. 1 Satz 2, 2. Var. GG verkannt haben könnten. Zum anderen ist daran zu erinnern, dass gegen das Gesetz des Landtags kein Rechtsweg zu den Fachgerichten zur Verfügung steht, so dass sich das BVerfG zwangsläufig der Sache annehmen muss. Somit besteht nicht die Gefahr, dass das BVerfG hier zu einer „Superrevisionsinstanz" wird.

Diese Problematik könnte auch bereits im Rahmen der Zulässigkeit bei der Beschwerdebefugnis angesprochen werden. Doch bietet es sich im vorliegenden Fall an, die

Thematik erst im Rahmen der Begründetheit zu erörtern, da es sich hier um eine Rechtssatzverfassungsbeschwerde handelt, bei der es auf die Frage der Verletzung spezifischen Verfassungsrechts normalerweise nicht ankommt.

b) Prüfung der verfassungsmäßigen Anwendung des § 7 Abs. 2 RFinStV

Ein ungerechtfertigter Eingriff in die Rundfunkfreiheit liegt nur dann vor, wenn die Landtage bei der Anwendung des § 7 Abs. 2 RFinStV die Bedeutung und Tragweite des Art. 5 Abs. 1 Satz 2, 2. Var. GG verkannt hätten.

Ausweislich des § 7 Abs. 2 Satz 3 RFinStV dürfen die Landesparlamente in begründeten Ausnahmefällen von der Empfehlung der KEF abweichen. Die Gründe selbst ergeben sich nicht aus der Vorschrift. Insoweit bedarf § 7 Abs. 2 Satz 3 RFinStV der Auslegung. Zur Auslegung müssen die Rundfunkgebührenurteile des BVerfGs[11] herangezogen werden. Das Gericht hat bereits in der Entscheidung „Rundfunkgebühren I (Achte Rundfunkentscheidung)" festgestellt,[12] dass nur Gründe in Betracht kommen, die vor der Rundfunkfreiheit Bestand haben. Programmliche und medienpolitische Zwecke scheiden aus. Im Wesentlichen werden sich die Abweichungsgründe in Gesichtspunkten des Informationszugangs und der angemessenen Belastung der Rundfunkteilnehmer erschöpfen. Die vom BVerfG aufgezeigten Abweichungsmöglichkeiten der Landtage von der KEF-Empfehlung sind eng begrenzt, wenn auch nicht abschließend vom BVerfG aufgezählt. Für solche Abweichungen müssen jedoch nachprüfbare Gründe angegeben werden,[13] an die das BVerfG hohe Anforderungen stellt. In der Entscheidung „Rundfunkgebühren II (Neunte Rundfunkentscheidung)"[14] verlangt das BVerfG, dass die Begründung hinreichend nachprüfbare Tatsachen enthält, weshalb die Landtage die Belastung für die Beitragszahler für unangemessen ansehen.[15]

Im vorliegenden Fall tragen die Parlamentarier soziale Gründe für das Abweichen vor. Sie erblicken in der geforderten Erhöhung des Rundfunkbeitrags eine unzumutbare Belastung für die Rundfunkteilnehmer, vor allem im Hinblick auf die angespannte wirtschaftliche Lage, steigende Preise und die Notwendigkeit eigener Alters- und Gesundheitsvorsorge und die angespannte wirtschaftliche Lage durch die Pandemie. Diese sozialen Gesichtspunkte finden ihre Rückkoppelung im Sozialstaatsprinzip des

---

11 BVerfGE 90, 60, 87 ff. „Rundfunkgebühren I (Achte Rundfunkentscheidung)" → Fechner, E 58.

12 Im Folgenden BVerfGE 90, 60, 103, 104 „Rundfunkgebühren I (Achte Rundfunkentscheidung)" → Fechner, E 58.

13 So bereits BVerfGE 90, 60, 104 „Rundfunkgebühren I (Achte Rundfunkentscheidung)" → Fechner, E 58.

14 BVerfGE 119, 181, 223 ff. „Rundfunkgebühren II (Neunte Rundfunkentscheidung)" → Fechner, E 59.

15 BVerfGE 119, 181, 224 „Rundfunkgebühren II (Neunte Rundfunkentscheidung)" → Fechner, E 59.

Grundgesetzes und werden ausdrücklich vom BVerfG als Abweichungsmöglichkeit genannt („angemessene Belastung der Rundfunkteilnehmer"). Die Beurteilung, ob es sich um eine angemessene Belastung handelt, kommt den Landtagen aufgrund ihrer gesetzgeberischen Einschätzungsprärogative zu. Fraglich ist nunmehr, ob im konkreten Fall die Belastung tatsächlich unangemessen, also unzumutbar ist. Die Rechtsprechung des BVerfG ist diesbezüglich streng.[16] Der Gesetzgeber muss grundsätzlich mit konkreten Zahlen und Berechnungen nachweisen, dass die Belastung für den Beitragszahler unangemessen ist. Ein pauschaler Verweis auf die angespannte wirtschaftliche Lage hat das BVerfG in der „Rundfunkgebühren II-Entscheidung" als Begründung für nicht ausreichend angesehen. Vorliegend haben die Landtage mit dem Hinweis auf die gerichtsbekannte wirtschaftliche Entwicklung im Anschluss an die Pandemie, die zudem mit einschlägigen Statistiken belegt wurde, wohl ausreichend Gründe für eine Beschränkung der Gebührenerhöhung vorgetragen. Ö hat nicht vorgetragen, durch die nicht ihren Vorstellungen entsprechende Beitragserhöhung in der Erfüllung ihres Funktionsauftrags behindert zu sein.

Der vorliegende Fall unterscheidet sich von der Sachlage, wie sie vom BVerfG in der Runfunkgebühren II-Entscheidung zu klären war. Daher kommt man hier zu einem anderen Ergebnis. Bei guter Argumentation ist auch die gegenteilige Auffassung vertretbar.

c) Zwischenergebnis

Die von den Landtagen vorgenommene Abweichung von der Empfehlung der KEF ist im Ergebnis zulässig. Die von den Landtagen vorgetragene Begründung stellt eine verfassungskonforme Begründung i.S.d. § 7 Abs. 2 Satz 3 RFinStV dar. Die Landtage haben bei ihrer Entscheidung § 7 Abs. 2 RFinStV die Rundfunkfreiheit in hinreichendem Maße berücksichtigt.[17]

III. Ergebnis

Die Verfassungsbeschwerde der Rundfunkanstalt Ö ist zulässig aber unbegründet. Eine gerichtliche Auseinandersetzung wäre für Ö somit nicht erfolgreich.

---

16 Auch zum Weiteren BVerfGE 119, 181, 228 „Rundfunkgebühren II (Neunte Rundfunkentscheidung)" → Fechner, E 59.
17 Vom Sachverhalt und Ergebnis her anders die Entscheidung BVerfGE 119, 181, 229 ff. „Rundfunkgebühren II (Neunte Rundfunkentscheidung)" → Fechner, E 59.

Fall 19: Gefährlicher Film

Der in Frankreich ansässige Filmproduzent F hat einen Film hergestellt, der besonders realistische Darstellungen selbstzweckhafter Gewalt enthält. Der Film unterliegt in Frankreich keinen Beschränkungen. Als er auch in Deutschland in einigen Kinos im Rahmen „französischer Filmtage" gezeigt werden soll, hört F, dass es für die Vorführung des Films in Deutschland zunächst einer Filmfreigabe bedürfe. Als F sich hierauf an die Freiwillige Selbstkontrolle der Filmwirtschaft (FSK) wendet, erfährt er, der Film könne nicht für Kinder oder Jugendliche unter 16 Jahre freigegeben werden. F hält die Vorlagepflicht für verfassungswidrig. Es sei unbegreiflich, dass eine solche „Zensur" in Deutschland möglich ist.

Sind die Bedenken des F aus verfassungsrechtlicher Sicht begründet?

Erste Abwandlung

Wenig später soll der Film auch als DVD auf den deutschen Markt gebracht werden. Da F über kein eigenes Vertriebsnetz in Deutschland verfügt, verkauft er seine DVDs im Wege des Versandhandels. Kurz darauf wird er von der Bundesprüfstelle für jugendgefährdende Medien darauf hingewiesen, dass sein Film in die Liste der jugendgefährdenden Medien aufgenommen wurde, da er besonders realistische Darstellungen selbstzweckhafter Gewalt enthalte. Aus diesem Grund dürfe sein Film nicht mehr im Versandhandel angeboten werden. F hält auch diese Maßnahme für rechtswidrig und fragt, wie er dagegen vorgehen könne.

Zweite Abwandlung

Der Film, der im französischen Fernsehen ausgestrahlt wird, soll über Kabel auch in Deutschland verbreitet werden. F, der nun vorsichtig geworden ist, überlegt, inwieweit auch die Wiedergabe des Films im deutschen Fernsehen zu Problemen führen kann.

I. Lösung des Ausgangsfalls: Rechtmäßigkeit des Systems der Filmfreigabe und Alterskennzeichnung

1. Filmfreiheit und Eingriffsnorm

Zu prüfen ist die Rechtmäßigkeit der Vorlagepflicht an die FSK. Bei einem Film handelt es sich um ein Trägermedium, weshalb die Regelungen des Jugendschutzes im JuSchG zu finden sind.[1] Filme, die auch vor Kindern und Jugendlichen gezeigt werden sollen, bedürfen gem. § 11 Abs. 1 JuSchG der Freigabe durch die oberste Landesbehörde oder einer Organisation der freiwilligen Selbstkontrolle.[2]

Normadressat ist der Filmverleiher (Anbieter), also F, der seinen Film bei der FSK zur Alterskennzeichnung einzureichen hat. Dabei ist unbeachtlich, aus welchem Anlass und wie oft der Film vorgeführt werden soll. Ein einmaliges Vorführen auf besonderen „Filmtagen" begründet keine Ausnahme von der Freigabepflicht.

Als betroffenes Grundrecht kommt im vorliegenden Fall die Filmfreiheit des Art. 5 Abs. 1 Satz 2, 3. Var. GG oder die Berufsfreiheit gem. Art. 12 Abs. 1 GG in Betracht. Die Filmfreiheit ist gegenüber der Berufsfreiheit das speziellere Grundrecht. Im vorliegenden Fall ist zudem zu bedenken, dass es sich bei Art. 12 Abs. 1 GG um ein „Deutschengrundrecht" handelt, auf das sich F jedenfalls nicht direkt berufen kann. F könnte sich als Franzose allerdings auf das Diskriminierungsverbot des Art. 18 AEUV berufen, das jede Diskriminierung aus Gründen der Staatsangehörigkeit verbietet. Zur Lösung dieses Problems gibt es zwei Möglichkeiten. Entweder es wird Art. 12 GG auch für europäische Staatsbürger für anwendbar gehalten oder aber ein entsprechender Schutz über das Auffanggrundrecht des Art. 2 Abs. 1 GG gewährt. Da hier Art. 5 Abs. 1 GG jedenfalls das speziellere Grundrecht ist, erübrigt sich diese Frage hier.

In der Pflicht, den Film vorzulegen, könnte ein unzulässiger Eingriff in die Filmfreiheit des F liegen. Gem. Art. 5 Abs. 1 Satz 2, 3. Var. GG ist die Freiheit der Berichterstattung durch Film grundrechtlich geschützt. Unstreitig sind von der filmischen „Berichterstattung" sowohl Tatsachenmeldungen als auch Meinungsäußerungen umfasst. Da F einen Kinofilm hergestellt hat, handelt es sich um einen Film i.S.d. Art. 5 Abs. 1 Satz 2, 3. Var. GG.

Die gesetzliche Pflicht zur Erwirkung eines Freigabebescheids könnte einen Eingriff in die Filmfreiheit darstellen, da der F den Film nicht ohne Freigabe vorführen darf. Fraglich ist, ob es sich bei der Entscheidung der FSK überhaupt um einen staatlichen Eingriff handelt. Das Verbot der Filmvorführung ohne Freigabe ergibt sich jedoch di-

---

1 Jugendschutzgesetz (JuSchG) Fechner/ Mayer → T 17.
2 Dies gilt nicht für Informations-, Instruktions- und Lehrfilme, die vom Anbieter mit „Infoprogramm" oder „Lehrprogramm" gekennzeichnet sind, § 11 Abs. 1, 2. Var. JuSchG.

rekt aus dem Gesetz und ist spielt sich daher im Verhältnis des Bürgers zum Staat ab. Die Versagung der Freigabe ist der zuständigen obersten Landesbehörde (also regelmäßig dem für den Jugendschutz zuständigen Landesministerium) zuzurechen, und nicht etwa dem privaten Organ der freiwilligen Selbstkontrolle, an den der Staat die Entscheidung über die Freigabe lediglich delegiert. Die Prüftätigkeit der FSK ist nur die Grundlage der Entscheidung der obersten Landesbehörde. Dem steht auch nicht entgegen, dass die Entscheidung der FSK in aller Regel durch die Landesoberbehörden übernommen wird. F ist es nicht gestattet, seinen Film ohne FSK-Freigabe zu verbreiten, zudem enthält die Norm eine Ermächtigung des FSK-Organs zur Beschränkung des Zuschauerkreises.

Klagegegner einer Verpflichtungsklage auf Erteilung der Freigabe und der gewünschten Kennzeichnung wäre demnach die oberste Landesbehörde, nicht der Prüfungsausschuss. Dies ergibt sich aus § 14 Abs. 6 JuSchG.

2. Verfassungsrechtliche Rechtfertigung

Der Eingriff in die Filmfreiheit könnte verfassungsrechtlich gerechtfertigt sein, wenn es sich bei § 11 Abs. 1 JuSchG um ein allgemeines Gesetz i.S.d. Art. 5 Abs. 2 GG handeln würde. Ein allgemeines Gesetz ist ein Gesetz, das sich nicht gegen eine bestimmte Meinung richtet oder einer bestimmten Meinung zum Durchbruch verhelfen möchte, sondern dem Schutz eines anderen Rechtsguts dient. § 11 Abs. 1 JuSchG will gewährleisten, dass Kinder und Jugendliche nicht mit Medieninhalten konfrontiert werden, die ihre Entwicklung zu einer eigenverantwortlichen und gemeinschaftsfähigen Persönlichkeit gefährden könnten (vergl. § 18 Abs. 1 Satz 1 JuSchG). Dieses Ziel hat keinen Bezug zu einer bestimmten Meinung, sondern dient dem Schutz eines anderen Rechtsguts, und zwar dem Schutz von Kindern und Jugendlichen. Es handelt sich bei § 11 Abs. 1 JuSchG mithin um ein allgemeines Gesetz i.S.d. Art. 5 Abs. 2 GG.

3. Zensur?

Das Freigabe-System gem. § 11 Abs. 1 JuSchG könnte – wie F meint – eine unzulässige Zensurmaßnahme darstellen. Das würde zur Verfassungswidrigkeit des § 11 Abs. 1 JuSchG führen.

Art. 5 Abs. 1 Satz 3 GG verbietet die Vorzensur, d.h. die Vorschaltung eines präventiven Verfahrens der Vorprüfung, vor dessen Abschluss ein Werk nicht veröffentlicht werden darf (Verbot mit Erlaubnisvorbehalt).[3] Damit soll verhindert werden, dass Medieninhalte im Hinblick auf einen staatlichen Zensor verfasst werden ("Schere im

---

3 Vgl. BVerfGE 33, 52, 71 ff. „Zensur"; E 73, 118, 166 „Niedersachsen (Vierte Rundfunkentscheidung)" → Fechner, E 54; BVerfGE 83, 130, 155 „Josefine Mutzenbacher" → Fechner, E 73; BVerfGE 87, 209, 230 „Tanz der Teufel" → Fechner, E 69.

Kopf").[4] Eine Vorzensur scheidet nicht etwa schon deshalb aus, weil die Freigabe von Filmen auch durch eine Organisation der freiwilligen Selbstkontrolle der Filmwirtschaft erfolgen kann – wobei die Letztentscheidungsbefugnis bei der obersten Landesbehörde verbleibt (§ 14 Abs. 6 JuSchG). Vielmehr ist entscheidend, dass gem. § 11 Abs. 1 JuSchG nur solche Filme einer Freigabe bedürfen, die auch oder ausschließlich Kindern oder Jugendlichen vorgeführt werden sollen. Filme, die dagegen nur Erwachsenen vorgeführt werden, sind vom FSK-Freigabesystem nicht erfasst. Nach h.M. erfüllt nur ein generelles Verbot, den Film öffentlich vorzuführen, den Zensurbegriff, nicht aber ein lediglich partielles Verbot in Bezug auf Jugendliche. Verstößt demnach § 11 Abs. 1 JuSchG nicht gegen das Zensurverbot, so muss F den Film der FSK zur Freigabe vorlegen, sofern er ihn nicht ausschließlich vor Erwachsenen zeigen möchte.

Das Zensurverbot des Art. 5 Abs. 1 Satz 3 GG ist kein eigenes Grundrecht, sondern wirkt als Schranken-Schranke. Würde § 11 Abs. 1 JuSchG eine Vorlagepflicht für alle Filme statuieren, wäre die Norm verfassungswidrig. Das ist hier, wie ausgeführt, jedoch nicht der Fall. Nicht zu vergessen ist, dass es sich bei Art. 5 Abs. 1 Satz 3 GG nur um ein Verbot der Vorzensur handelt und dass dieses Verbot nur gegenüber staatlichen Maßnahmen Wirkung entfaltet.

4. Ergebnis

Es bestehen keine verfassungsrechtlichen Bedenken gegen das System der Filmfreigabe und -kennzeichnung, insbes. liegt darin keine Zensur i.S.d. Art. 5 Abs. 1 Satz 3 GG.

II. Lösung der ersten Abwandlung: Indizierung des Films auf DVD

1. Indizierbarkeit von DVDs

Gem. § 18 Abs. 1 Satz 1 JuSchG sind Träger- und Telemedien, die geeignet sind, die Entwicklung von Kindern oder Jugendlichen oder ihre Erziehung zu einer eigenverantwortlichen und gemeinschaftsfähigen Persönlichkeit zu gefährden, von der Bundesprüfstelle für jugendgefährdende Medien in eine Liste jugendgefährdender Medien aufzunehmen (Indizierung). Bei einer DVD handelt es sich um ein Trägermedium gem. § 1 Abs. 2 JuSchG, d.h. um ein Medium mit Texten, Bildern oder Tönen auf gegenständlichen Trägern, das zur Weitergabe geeignet, zu unmittelbaren Wahrnehmungen bestimmt oder in einem Vorführ- oder Spielgerät eingebaut ist.[5] Da die DVD einen Film beinhaltet, ist hier nicht das für Träger- und Telemedien geltende Indizie-

---

4 Nach h.M. ist die Vorzensur absolut verboten: BVerfGE 33, 52 „Vorlage importierter Filme": („keine Ausnahmen vom Zensurverbot"), also auch nicht im Ausnahmefall durch andere Verfassungsgüter zu rechtfertigen.

5 „Telemedien" sind demgegenüber gem. § 1 Abs. 3 JuSchG Medien, die nach dem Telemediengesetz übermittelt oder zugänglich gemacht werden.

rungsverfahren gem. §§ 18 ff. JuSchG einschlägig. Vielmehr hat eine Kennzeichnung zu erfolgen, wie sie von § 14 Abs. 1 JuSchG für Filme vorgesehen ist. Jedoch ergibt sich aus § 14 Abs. 3 Satz 1, 2. Var. JuSchG, dass ein Trägermedium, das in die Liste jugendgefährdender Medien nach § 18 JuSchG aufgenommen worden ist, nicht gekennzeichnet wird. Demzufolge ist auch die Indizierung eines Films auf DVD zulässig.

2. Indizierung des DVD-Films

Eine Indizierung durch die Bundesprüfstelle erfolgt gem. § 18 Abs. 1 Satz 1 JuSchG, wenn der Inhalt des Trägermediums jugendgefährdend ist. Nach Satz 2 erfüllen dieses Tatbestandsmerkmal vor allem unsittliche, verrohend wirkende, zu Gewalttätigkeit, Verbrechen oder Rassenhass anreizende Medien. Im vorliegenden Fall argumentiert die Behörde, der Film enthalte besonders realistische Darstellungen sebstzweckhafter Gewalt. Ein solcher Film unterliegt den Beschränkungen des § 15 Abs. 1 JuSchG über jugendgefährdende Trägermedien: gem. Abs. 2 dieser Vorschrift gelten die Restriktionen des Abs. 1 für schwer jugendgefährdende Trägermedien ohne Indizierung. Hierzu zählen nach Abs. 2 Nr. 3a JuSchG besonders realistische Darstellungen sebstzweckhafter Gewalt. In einem solchen Fall ist eine Eintragung in die Liste zwar nicht erforderlich, sie wäre jedoch rechtlich unbedenklich. Die Einschätzung der FSK ist daher zutreffend.

3. Verstoß gegen die Warenverkehrsfreiheit

a) DVD als „Ware" i.S.d. Warenverkehrsfreiheit

Zu prüfen ist, ob hier die Regelungen des deutschen Jugendschutzgesetzes aufgrund des Anwendungsvorrangs entgegenstehenden europäischen Unionsrechts unbeachtlich sind.

Nach dem Prinzip des Anwendungsvorrangs des europäischen gegenüber dem nationalen Recht ist das dem Unionsrecht entgegenstehende nationale Recht zwar nicht nichtig, darf aber im Kollisionsfall nicht angewendet werden.[6]

Für den hier vorliegenden grenzüberschreitenden Vorgang kann sich F möglicherweise auf die Warenverkehrsfreiheit des Art. 34 AEUV berufen. Fraglich ist zunächst die Einordnung der DVD als „Ware" i.S.d. der Vorschrift bzw. als „Dienstleistung" i.S.d. Dienstleistungsfreiheit gem. Art. 56 AEUV. Als „Ware" gelten zunächst alle beweglichen Sachen, die einen Geldwert haben und Gegenstand von Handelsgeschäften sein können.[7] Die Körperlichkeit des Gegenstands ist indessen nicht zwingend. Mit bestimmten Differenzierungen wird etwa auch die Übertragung von gewerblichen

---

6 EuGHE Slg. 1978, 629, 644; ständ. Rechtsprechung.
7 EuGH Slg. 1968, 642 „Kunstschätze".

Schutzrechten der Warenverkehrsfreiheit zugerechnet. Maßgeblich ist letztlich die Funktion des Dienstleistungsbegriffs gem. Art. 56 AEUV als Auffangtatbestand gegenüber dem der Ware. Leistungen, die in einer beweglichen Sache vergegenständlicht sind, wie dies bei Buch, Film und Tonträger der Fall ist, werden üblicherweise als „Waren" eingeordnet.[8] Für DVDs gilt entsprechendes. Letztlich kommt der Unterscheidung allerdings kaum Bedeutung zu, da Waren- und Dienstleistungsfreiheit ähnliche Schutzwirkungen entfalten.

b) Wirkungsgleichheit des Verbots des Versandhandels im Vergleich zur Einfuhrbeschränkung

Da F seinen Film nicht mehr in Deutschland im Versandhandel anbieten darf, stellt dies eine Maßnahme gleicher Wirkung dar wie eine mengenmäßige Einfuhrbeschränkung (Art. 34 AEUV). Der EuGH hat zunächst in der „*Dassonville*"-Entscheidung die Auffassung vertreten, sämtliche Maßnahmen von Mitgliedstaaten, die sich als Importbeschränkung darstellen könnten, seien europarechtswidrig.[9] In der weiteren Entwicklung nahm der EuGH indessen sogenannte Verkaufsmodalitäten von dieser strengen Vorgabe insoweit aus, als diese keine die ausländischen Waren diskriminierende Wirkung zeigten *(„Keck"-Rechtsprechung)*.[10] Bei den Bestimmungen des Jugendschutzgesetzes könnte es sich insofern um nicht diskriminierende Maßnahmen handeln, als diese von inländischen und ausländischen Anbietern gleichermaßen zu beachten sind. Andererseits ist nicht zu verkennen, dass die Kontrolle des Bildträgers im jugendschutzrechtlichen Prüfungsverfahren den Inhalt des Mediums zum Gegenstand hat. Diese unmittelbar produktbezogene Prüfung ist nach dem Maßstab der *Keck*-Rechtsprechung nicht lediglich als Verkaufsmodalität zu werten.

c) Rechtfertigung der Einfuhrbeschränkung gem. Art. 36 AEUV

Es ist zu prüfen, ob die sich aus § 12 Absatz 3 JuSchG ergebenen Beschränkungen gem. Art. 36 AEUV als „zwingendes Erfordernis" gerechtfertigt sind.

Vorab ist festzustellen, dass die jugendschutzrechtlichen Restriktionen sich unterschiedslos an inländische und ausländische im Versandhandel mit Bildträgern tätige Wirtschaftssubjekte richten und somit keinen indirekten Schutz nationaler Produktion darstellen.

Der Jugendschutz ist ein anerkanntes Anliegen im Rahmen der Gewährleistung der öffentlichen Sicherheit und Ordnung im Sinne von Art. 36 AEUV. Hinsichtlich der Ausgestaltung des Jugendschutzes verfügen die Mitgliedstaaten über einen Beurteilungsspielraum, um – im Rahmen der unionsrechtlichen Vorgaben – den nationalen

---

8 EuGH Slg. 1974, 409 „Sacchi".
9 EuGH Slg. 1974, 837 „Sacchi".
10 EuGH, verb. Rs. C-267 und C-268/91, Slg. 1993, I-6097.

Befindlichkeiten Rechnung zu tragen. Nationale Beschränkungen des Warenverkehrs haben insbesondere dem Grundsatz der Verhältnismäßigkeit zu genügen. Das Prüfungsverfahren nach § 12 Abs. 3 JuSchG dient dem Schutz von Kindern und Jugendlichen vor Bildträgern, von denen potenziell schädliche Einflüsse auf die psychische und soziale Entwicklung Minderjähriger ausgehen. Um das zulässige Ziel, solche Medien nur Erwachsenen zugänglich zu machen, zu erreichen, ist es erforderlich, die betreffenden Bildträger einer Kontrolle zu unterziehen und sie beim Vertrieb zu kennzeichnen. Eine den Warenverkehr weniger einschränkende Maßnahme ist nicht ersichtlich. Demnach begegnet das Prüfungsverfahren auch unionsrechtlich keinen Bedenken.

4. Ergebnis

Die Indizierung der DVD durch die Bundesprüfstelle ist rechtmäßig.

III. Lösung der zweiten Abwandlung: Verbreitung des im französischen TV gesendeten Films per Kabel im deutschen Fernsehen

1. Jugendmedienschutz-Staatsvertrag

Bei einer Ausstrahlung des Films im Fernsehen oder wie hier der Verbreitung über Kabel, handelt es sich nicht um ein „verkörpertes" Trägermedium, sondern um ein „unverkörpertes" Telemedium. Damit ist nicht das JuSchG einschlägig, sondern der JMStV heranzuziehen. Nach JMStV muss geklärt werden, ob es sich um ein entwicklungsbeeinträchtigendes Angebot gem. § 5 Abs. 1 JMStV oder gar gem. § 4 Abs. 1 Nr. 5 JMStV um ein unzulässiges Angebot handelt. Da der Film für Jugendliche über 16 Jahren freigegeben wurde, handelt es sich gem. § 5 Abs. 2 JMStV um ein entwicklungsbeeinträchtigendes Angebot gem. § 5 Abs. 1 JMStV. Für solche Angebote gelten Sendezeitbeschränkungen. Im vorliegenden Fall ist allerdings zu prüfen, ob die nationalen Normen hier zur Anwendung kommen können oder ob es vorrangiges Europarecht zu beachten gibt.

2. Dienstleistungsfreiheit

Die Regelungen des nationalen Jugendschutzrechts könnten im vorliegenden Fall durch europäische Rechtsvorgaben verdrängt werden, da der Film von Frankreich aus gesendet wird. Da der Film über Kabel als „Fernsehfilm" verbreitet wird, ist nicht die Warenverkehrsfreiheit, sondern die Dienstleistungsfreiheit gem. Art. 56 AEUV anwendbar. Dieser Norm zufolge sind Beschränkungen des freien Dienstleistungsverkehrs innerhalb der Union grundsätzlich verboten. Die Einzelheiten für den Bereich des Fernsehrundfunks regelt die europäische Richtlinie über audiovisuelle Mediendienste (AVMD).[11] Ausgangspunkt der Richtlinie ist das Sendestaatsprinzip (Art. 2 Abs. 1 AVMD). Demzufolge sorgt jeder Mitgliedstaat dafür, dass alle audiovisuellen Mediendienste und damit auch Fernsehsendungen, die von seiner Rechtshoheit unterworfenen Mediendiensteanbietern verbreitet werden, seinem Rechtssystem entsprechen. Reziprok gewährleisten die anderen Mitgliedstaaten gem. Art. 3 Abs. 1 AVMD den freien Empfang und behindern nicht die Weiterverbreitung von audiovisuelle Mediendiensten aus anderen Mitgliedstaaten in ihrem Hoheitsgebiet aus Gründen, die Bereiche betreffen, die durch die Richtlinie koordiniert werden. Zu den koordinierten Bereichen gehört nach Art. 27 AVMD auch der Schutz Minderjähriger bei Fernsehprogrammen. Dieser Norm zufolge haben alle Mitgliedstaaten angemessene Maßnahmen zu ergreifen, um zu gewährleisten, dass Sendungen von Fernsehveranstaltern, die ihrer Rechtshoheit unterworfen sind, keinerlei Programme enthalten, die die körperliche, geistige und sittliche Entwicklung von Minderjährigen ernsthaft beeinträchtigen können. Dem einzelnen Mitgliedstaat bleibt vorbehalten, strengere, über die Anforderungen der AVMD-RL hinausgehende Jugendschutzbestimmungen zu schaffen. Allerdings kann er ein strengeres Reglement nicht gegenüber Sendungen aus Mitgliedstaaten, in denen liberalere Vorschriften gelten, durchsetzen. Das Prinzip des gegenseitigen Vertrauens, das die Richtlinie über audiovisuelle Mediendienste insoweit aufgreift und festschreibt, führt zu einer „umgekehrten Diskriminierung" („Inländerdiskriminierung"), wenn Inländer eines Mitgliedstaates strengeren Regelungen unterworfen sind als die Anbieter anderer Mitgliedstaaten. Dies wird aber unionsrechtlich für unbedenklich gehalten.

3. Ergebnis

Ein legal in Frankreich ausgestrahlter Film kann bei Weiterleitung nach Deutschland mithin nicht zu rechtlichen Problemen für F führen.

---

11 Fechner/ Mayer → T 20.

Fall 20: Förderungswürdiger Film?

Der deutsche Filmhersteller F hat den Spielfilm „Kampf im Kanzlerjet" produziert. Dieser Film wurde mit dem Wettbewerbshauptpreis auf dem Filmfestival in Cannes ausgezeichnet und hat in deutschen Kinos binnen eines Jahres eine Besucherzahl von 50.000 erreicht. Den Antrag des F auf Referenzfilmförderung weist die Anstalt für Filmförderung (FFA) mit der Begründung zurück, in dem Film werde die Außenpolitik der Bundesregierung in negativem Licht gezeigt. Der Film entspreche damit nicht den politischen Vorgaben der Bundesregierung und sei nicht förderungswürdig.

F ist mit der Entscheidung der FFA nicht einverstanden und will wissen, ob er im Klageweg die erstrebte Förderung erwirken kann.

Lösung

F kann die Förderung mit einer Klage vor dem Verwaltungsgericht durchsetzen, wenn seine Klage zulässig und begründet ist

A. Zulässigkeit

I. Eröffnung des Verwaltungsrechtswegs

Der Verwaltungsrechtsweg ist gemäß § 40 Abs.1 VwGO eröffnet, soweit es sich um eine öffentlichrechtliche Streitigkeit nicht verfassungsrechtlicher Art handelt und wenn keine abdrängende Spezialzuweisung eingreift.

Es handelt sich um eine öffentlichrechtliche Streitigkeit, wenn die streitentscheidende Norm öffentlichrechtlich ist. Als streitentscheidende Norm kommt § 83 Abs. 1 FFG[1] in Betracht, der die Zuerkennung von Förderbeihilfen durch Bescheid regelt. Unabhängig von der Frage, ob sich die Auszahlung der Förderbeihilfe der Zwei-Stufen-Theorie entsprechend nach Normen des Zivilrechts richtet, ist jedenfalls die Entscheidung über die Gewährung einer Beihilfe öffentlichrechtlicher Natur. Die FFA ist eine bundesunmittelbare rechtsfähige Anstalt des öffentlichen Rechts (§ 1 Abs. 1 Satz 2

---

1 Gesetz über Maßnahmen zur Förderung des deutschen Films (Filmförderungsgesetz – FFG) Fechner/ Mayer → T 28.

FFG). Bei den von ihr gewährten Förderbeihilfen handelt es sich im Wesentlichen um eine Filmabgabe, die durch Bescheid erhoben wird (§§ 146, 148 FFG). Da die FFG als Hoheitsträger tätig wird und auch nur als solche befugt ist, über diese öffentlichen Gelder zu verfügen, handelt es sich nach der modifizierten Subjektstheorie um eine Materie des öffentlichen Rechts. Da überdies weder eine verfassungsrechtliche Streitigkeit noch eine Sonderzuweisung vorliegt, ist der Verwaltungsrechtsweg eröffnet.

II. Statthafte Klageart

Das Begehren des F richtet sich auf den Erlass einer behördlichen Entscheidung zur Gewährung einer Filmförderung, mithin eines Verwaltungsakts i.S. des § 35 Satz 1 BVwVfG, hier konkret gem. § 83 Abs. 1 Satz 1 FFG. Demnach ist die Verpflichtungsklage (in Gestalt der Versagungsgegenklage) gem. § 42 Abs. 1, 2. Var. VwGO statthafte Klageart.

III. Klagebefugnis

Es erscheint nicht ausgeschlossen, dass sich aus § 73 Abs. 1 FFG und im Hinblick auf die Filmfreiheit des Art. 5 Abs. 1 Satz 2, 3. Var. GG ein Anspruch des F auf Filmförderung ergibt. Wird F also durch die Versagung der Förderung möglicherweise in eigenen Rechten verletzt, so ist nach der Möglichkeitstheorie die Klagebefugnis gem. § 42 Abs. 2 VwGO gegeben.

IV. Klagegegner

Den beantragten Bewilligungsbescheid hat die FFA, eine bundesunmittelbare rechtsfähige Anstalt des öffentlichen Rechts, zu erlassen. Demnach ist gem. § 78 Abs. 1 Nr. 1 VwGO die Klage gegen den Bund zu richten. Zur Bezeichnung der Beklagten genügt die Angabe der FFA.

V. Vorverfahren

Vor Klageerhebung ist ein Vorverfahren durchzuführen (§§ 68 ff. VwGO). Demnach muss F zunächst fristgerecht gem. § 70 VwGO Widerspruch gegen den die Förderung ablehnenden Bescheid der FFA einlegen. Nach Erlass eines ablehnenden Widerspruchsbescheids kann F Klage erheben.

Gem. § 8 Abs. 5 FFG entscheidet der Verwaltungsrat der FFA über Widersprüche gegen seine eigenen Entscheidungen.

VI. Sachlich und örtlich zuständiges Gericht

Die Klage ist beim Verwaltungsgericht Berlin einzureichen (§§ 45, 52 Nr. 2 Satz 2 VwGO).

VII. Zwischenergebnis

Die Klage des F ist zulässig.

B. Begründetheit

Die Klage des F ist begründet, wenn die Ablehnung der begünstigenden Entscheidung objektiv rechtswidrig ist und der Kläger dadurch in seinen Rechten verletzt wird (§ 113 Abs. 5 Satz 1 VwGO). Dies ist der Fall, wenn die Voraussetzungen für eine Referenzfilmförderung für den Film „Kampf im Kanzlerjet" gem. § 73 Abs. 1 Satz 1 FFG gegeben sind und wenn keine Ausschlussgründe vorliegen.

I. Antrag

Ein ordnungsgemäßer Antrag gem. § 66 FFG liegt vor.

II. Tatbestand des § 73 FFG

Referenzfilmförderung ist zu gewähren, wenn ein Film mindestens 150.000 Referenzpunkte erreicht hat. Gem. § 74 Abs. 1 FFG hat der Film aus dem Zuschauererfolg 50.000 Referenzpunkte erreicht, da diese Zahl von Besuchern im Zeitraum eines Jahres nach der Erstaufführung diesen Film in einem Kino im Inland gegen Entgelt gesehen haben. Da der Film mit dem Wettbewerbshauptpreis beim Festival in Cannes ausgezeichnet wurde, ist er gem. § 75 Abs. 2 Nr. 1 FFG mit noch einmal 200.000 Referenzpunkten zu berücksichtigen. Damit hat er die erforderliche Zahl der Referenzpunkte deutlich überschritten.

III. Ausnahmetatbestand des § 46 FFG?

Allerdings dürfen Förderungshilfen gem. § 46 FFG in den dort aufgeführten Fällen nicht gewährt werden. Das Gesetz nennt verfassungsfeindliche oder gesetzwidrige Inhalte. Zudem darf der Gesamteindruck des Films unter den im Gesetz aufgeführten Aspekten nicht von geringer Qualität sein. Schließlich sind Filme von der Förderung ausgeschlossen, die einen pornographischen oder gewaltverherrlichenden Schwerpunkt haben oder offenkundig religiöse Gefühle tiefgreifend und unangemessen verletzen.

Ein Film, der „nicht den politischen Vorgaben der Regierung" entspricht, unterfällt keiner der in § 46 FFG abschließend genannten Ausnahmen. Vor allem kann der Film wegen seiner kritischen Haltung zur Außenpolitik der Regierung nicht etwa als qualitativ geringwertig eingestuft werden. Der Versuch, durch Filmförderung Regierungstreue sicherzustellen, ist vielmehr ein verfassungswidriger Eingriff in das Grundrecht der Filmfreiheit des F aus Art. 5 Abs. 1 Satz 2, 2. Var. GG und bei einem Spielfilm vor allem in die Kunstfreiheit des Art. 5 Abs. 3 GG. Zwar erfolgt die Vorenthaltung von Fördermitteln nicht im Rahmen der klassischen Eingriffsverwaltung. Bei Förderentscheidungen ist der Staat nicht im gleichen Maße zur künstlerischen Neutralität verpflichtet wie bei Eingriffen, da Förderentscheidungen unter konsequenter Beachtung des Neutralitätsgebots bzw. Gleichheitsgebots oftmals nicht sinnvoll sind, wie das Beispiel eines Stipendiums in der Villa Massimo in Rom belegt.[2] Die Förderung darf indes nicht der Steuerung politischer Meinungen dienen. Betreibt der Staat Filmförderung, so darf er diese nicht als Instrument zur Förderung regierungstreuer Filminhalte missbrauchen.

Die Vergabe von Referenzfilmförderung ergeht dem Grunde nach als gebundene Entscheidung. Ein behördliches Ermessen besteht insofern nicht (§ 73 Abs. 1 FGG: „wird … gewährt"). Damit hat die FFA einen Zuerkennungsbescheid über den Film „Kampf im Kanzlerjet" als Referenzfilm zu erlassen.

Da F durch die Ablehnung der Referenzfilmförderung in seinen Rechten verletzt würde, ist die Klage des F begründet.

IV. Ergebnis

Die Klage des F hat Aussicht auf Erfolg.

Das FFG ist das zentrale Gesetz der öffentlichen Filmförderung des Bundes. Eine Bundeskompetenz besteht nach nicht ganz unbestrittener Auffassung gem. Art. 74 Abs. 1 Nr. 11 GG.[3] Gem. § 1 FFG fördert die Filmförderungsanstalt (FFA) in Berlin als bundesweite Filmförderungseinrichtung die Struktur der deutschen Filmwirtschaft und die kreativ-künstlerische Qualität des deutschen Films als Voraussetzung für seinen Erfolg im In- und Ausland. Die FFA ist eine bundesunmittelbare rechtsfähige Anstalt des öffentlichen Rechts. Die Fördermittel der Filmförderung werden überwiegend durch eine Filmabgabe der Kinos, der Videoprogrammanbietern der Anbie-

2 Bei der Villa Massimo handelt es sich um eine Kultureinrichtung der Bundesrepublik Deutschland, welche bis in die Gegenwart bedeutende Förderung deutscher Künstler durch Studienaufenthalte betreibt.
3 BVerwGE 45, 1 „Filmförderungsgesetz".

ter von Videoabrufdiensten und der Fernsehveranstalter und Programmvermarkter gem. §§ 146, 151 ff. FFG erbracht. Europarechtlich handelt es sich um eine Beihilfe, die jedoch gem. Art. 107 Abs. 3 d) AEUV als Maßnahme der Förderung der Kultur und des kulturellen Erbes als zulässig anzusehen ist.

Fall 21: Website mit Fallstricken

Grundfall

Student Samy (S) plant den Betrieb einer eigenen Website. Dort möchte er in thematisch gesonderten Rubriken täglich Eindrücke schildern, die er während seines Studiums an der Universität X sammelt, wie zum Beispiel die Qualität der von ihm besuchten Vorlesungen, des Bibliotheksdienstes und des Mensa-Essens. Hierzu sollen auch befreundete Kommilitoninnen und Kommilitonen zu Wort kommen, deren Äußerungen er mit Blick auf den Zweck seines informatorischen Anliegens redigiert. Mit diesen planvoll gestalteten Inhalten will S insbesondere die Studierenden-Öffentlichkeit an der Universität erreichen und zur Diskussion auf dem Campus beitragen. Da ihm darüber hinaus der Erhalt des lokalen stationären Buchhandels ein ideelles Anliegen ist, will S in den jeweiligen Rubriken, unkommentiert und ohne thematischen Bezug zu den jeweiligen Beiträgen, lokalen Buchhändlern unentgeltlich Platz für ihre Anzeigen (ohne Möglichkeit zum direkten Vertragsschluss) zur Verfügung stellen. Über die den Anzeigen beigefügte Hyperlinks soll auf die Homepages der Buchhändler verwiesen werden. Irgendwelche geldwerten Vorteile will S dadurch nicht erzielen. Im Übrigen möchte er auf Web Analytics-Werkzeuge ganz verzichten.

Aufgabe 1

Welchen gesetzlichen Informationspflichten muss die Website des S hinsichtlich ihrer formalen Gestaltung genügen?

Abwandlung

Auf der Einstiegsseite der Website des S findet sich unter den diversen themenbezogenen Hyperlinks auch einer unter der Überschrift „Und hier meine Lieblingswitze ...", der zur Website seiner Kommilitonin Kathi (K) führt. Auf ihrer Website informiert K vorwiegend über Ereignisse aus ihrem Familienleben und über ihr ehrenamtliches Engagement im Judoverein. Wie S beim Setzen des Links wusste, befanden sich auf der verlinkten Seite nur harmlose Alltagswitze. Einige Zeit später nimmt K dort aber auch ausländerfeindliche „Witze" auf, durch die einzelne internationale Studierende der Universität X gem. § 185 StGB beleidigt werden. S, der davon über ein Jahr lang nichts erfährt, hat oben auf seiner Einstiegsseite gut erkennbar einen „Disclaimer" angebracht, demzufolge jegliche Haftung für verlinkte Seiten ausgeschlossen ist. Solche „Witze" hätte S auch zu keiner Zeit gutgeheißen.

Aufgabe 2

Kann S strafrechtlich zur Verantwortung gezogen werden, wenn der Kommilitone A, der durch die Texte konkret beleidigt wurde, einen entsprechenden Strafantrag stellt?

Aufgabe 3

Kann S zivilrechtlich von den beleidigten internationalen Studierenden in Anspruch genommen werden?

Lösung Aufgabe 1

I. Telemedienrechtliche Informationspflichten

1. Diensteanbieter eines Telemediums

Zu prüfen ist, ob und inwieweit S beim Betrieb der Website[1] den telemedienrechtlichen Informationspflichten (§§ 5, 6 TMG, § 18 MStV) unterliegt. Die Website des S erfüllt den Telemedien-Begriff des § 1 Abs. 1 Satz 1 TMG. Da S das Telemedium zur Nutzung bereithält, ist er als Diensteanbieter (§ 2 Satz 1 Nr. 1 HS 1 TMG) möglicher Pflichtenadressat.

> Es besteht hier kein Zweifel und braucht deshalb nicht vertieft zu werden, dass S alleiniger Diensteanbieter ist. Soweit seine Kommilitonen zu Wort kommen, geschieht dies unter Kontrolle des S im Rahmen seiner Website. Unter besonderen Voraussetzungen, die hier nicht vorliegen, können *Teilbereiche* einer Website eigenständige Online-Auftritte darstellen, die jeweils den betreffenden Diensteanbietern zuzurechnen sind. Beispiele hierfür sind Auftritte von Unternehmen im Rahmen von *Portalen* bzw. *Plattformen* (z.B. Such- und Verkaufsportalen). Bei *sozialen Netzwerken* gilt in der Regel als Anbieter eines Telemediums, wer sein Profil geschäftlich betreibt, es inhaltlich selbst gestaltet und dem objektiven Betrachter den Eindruck eines eigen-

---

1 „Website" bezeichnet die Gesamtheit aller Webseiten, die zu einer Domain gehören.

ständigen Auftritts vermittelt („kommunikationsbezogene Eigenständigkeit").[2] Dagegen befindet sich lediglich in der Rolle eines *Nutzers* (§ 2 Satz 1 Nr. 3 TMG), wer z.B. von der *Kommentarfunktion* in einem fremden Forum Gebrauch macht, und sei es auch in häufiger und intensiver Weise.[3]

2. Informationspflichten gem. § 18 Abs. 1 MStV

Gemäß § 18 Abs. 1 MStV treffen den Anbieter eines Telemediums, welches nicht ausschließlich persönlichen oder familiären Zwecken dient, die dort angeführten Informationspflichten. Der Telemedienbegriff entspricht jenem des § 1 Abs. 1 Satz 1 TMG. Im Umkehrschluss aus der Formulierung des § 18 Abs. 1 MStV ergibt sich, dass S keine Informationspflichten beachten muss, wenn sein Telemedium lediglich persönlichen oder familiären Zwecken dient. Durch die Einschränkung der Informationspflichten wird dem Schutz der Privatsphäre Rechnung getragen.[4] Die Freistellung von Informationspflichten ist nicht etwa auf Websites mit ausschließlich passwort-geschützten Bereichen beschränkt.[5] Vielmehr entspricht es dem Interesse an einer freien Kundgabe von Informationen und Meinungen, eine persönliche bzw. familiäre Ausrichtung dann anzunehmen, wenn das Informationsangebot voraussichtlich nur bei Personen aus dem persönlichen Bekanntenkreis des Anbieters Interesse finden wird.[6] Das Vorliegen eines „rein persönlichen" Telemediums ist hier unproblematisch zu verneinen, da die betreffenden Inhalte zu den Verhältnissen an der Universität Informationen umfassen, die über den bloß persönlichen und familiären Bereich hinausgehen. Ein Ausschluss von Informationspflichten aus den in § 18 Abs. 1 MStV genannten Gründen kommt damit nicht in Betracht.

S ist also zumindest verpflichtet, seinen *Namen* und seine *Anschrift* auf seiner Website leicht erkennbar, unmittelbar erreichbar und ständig verfügbar zu halten (§ 18 Abs. 1 Nr. 1 MStV). Konkret bedeutet dies: Vorname und Familienname sowie die vollständige Postanschrift (Postleitzahl, Ort, Straße und Hausnummer), d.h. die landungsfähige Anschrift i.S.v. § 253 Abs. 2 Nr. 1 i.V.m. § 130 Nr. 1 ZPO).

---

2 Micklitz/Schirmbacher, in: Spindler/Schuster, Recht der elektronischen Medien, TMG § 5 Rdnr. 19, 20.
3 Micklitz/Schirmbacher, in: Spindler/Schuster, Recht der elektronischen Medien, TMG § 5 Rdnr. 19.
4 Micklitz/Schirmbacher, in: Spindler/Schuster, Recht der elektronischen Medien, RStV, § 55 Rdnr. 11.
5 Micklitz/Schirmbacher, in: Spindler/Schuster, Recht der elektronischen Medien, RStV, § 55 Rdnr. 13.
6 Micklitz/Schirmbacher, in: Spindler/Schuster, Recht der elektronischen Medien, RStV, § 55 Rdnr. 13.

Ein Verstoß gegen die Anbieterkennzeichnungspflichten des § 18 Abs. 1 MStV erfüllt
den Tatbestand einer Ordnungswidrigkeit gem. § 115 Abs. 1 Satz 2 Nr. 1 MStV und ist
gem. § 115 Abs. 2 MStV bußgeldbewehrt.

3. Geschäftsmäßiges Telemedium gemäß § 5 TMG

Darüber hinaus könnte S dazu verpflichtet sein, die allgemeinen Informationspflichten
des § 5 Abs. 1 TMG zu beachten. § 5 TMG enthält besondere, über § 18 Abs. 1 MStV
hinausgehende Informationspflichten für Anbieter von „geschäftsmäßigen, in der Regel gegen Entgelt angebotenen Telemedien". Gegen die *Geschäftsmäßigkeit* des Telemediums könnte sprechen, dass S die Homepage nicht aus Gründen der Gewinnerzielung
betreibt. Der Begriff der Geschäftsmäßigkeit wird in § 2 TMG, der Legaldefinitionen
zu diesem Gesetz enthält, nicht bestimmt. Eine Definition findet sich allerdings im
Kontext der Telekommunikationsdienste in § 3 Nr. 10 TKG, demzufolge unter einem
„geschäftsmäßigen Erbringen" ein „nachhaltiges Angebot (…) mit oder ohne Gewinn-
absicht" zu verstehen ist. Eine Tätigkeit ist „nachhaltig", wenn sie nicht auf einen Einzelfall beschränkt, sondern auf einen längeren Zeitraum angelegt ist. Aus Gründen der
Einheit der Rechtsordnung könnte man daran denken, diese Norm auch als Interpre-
tationshilfe für § 5 TMG heranzuziehen. Für die Erforderlichkeit eines irgendwie gear-
teten wirtschaftlichen Kontextes spricht jedoch der erläuternde Hinweis „in der Regel
gegen Entgelt" in § 5 Abs. 1 TMG. Der Regelhinweis ist so zu verstehen, dass die Nutzung der Website *selbst* nicht entgeltlich zu sein braucht. Es kommt vielmehr darauf
an, ob der Anbieter das Telemedium dazu nutzt, eine Leistung anzubieten, die entgeltlich ist oder für die üblicherweise ein Entgelt verlangt wird. Insoweit ist auf den Adres-
satenkreis abzustellen.[7] Insgesamt setzt die Anbieterkennzeichnungspflicht des § 5
TMG eine *nachhaltige ökonomische Geschäftstätigkeit* voraus, ohne dass hierfür allerdings eine Gewinnerzielungsabsicht erforderlich wäre.

Mit Blick auf die notwendige Nachhaltigkeit wird verlangt, dass die über das Telemedium angebotene Leistung auf einen längeren Zeitraum hin angeboten wird, also
insbesondere keine Beschränkung auf Einzelfälle (Gelegenheitsgeschäfte) vorliegt.[8]

Ein entsprechender ökonomischer Bezug könnte darin liegen, dass S den Buchhändlern Raum für ihre Anzeigen und eine Verlinkung auf ihre Angebotsseiten anbieten
möchte. Allerdings erhält S hierfür kein Entgelt und erzielt dadurch auch mittelbar
keine Einnahmen. Der Umstand, dass es sich bei dieser Werbung um eine „geschäftliche Handlung" i.S.v. § 2 Abs. 1 Nr. 1 UWG handelt, d.h. um ein Verhalten zugunsten
eines fremden Unternehmens, das mit der Förderung des Absatzes bzw. des Bezugs

---

7 Vgl. Micklitz/Schirmbacher, in: Spindler/Schuster, TMG, § 5 Rdnr. 14.
8 Micklitz/Schirmbacher, in: Spindler/Schuster, TMG, § 5 Rdnr. 11.

von Waren oder Dienstleistungen objektiv zusammenhängt, ist hier ohne Belang. Werbung auf der eigenen Website kann nur dann zur Anwendung des § 5 TMG führen, wenn der Anbieter der Seite dadurch Einnahmen generiert.

Im Rahmen der Fallbearbeitung ist nicht weiter zu vertiefen, ob jede Einnahme über Werbung auf der eigenen Webseite – ungeachtet des erzielten Betrags – zur Anwendung des § 5 TMG führt, wie dies eine Ansicht in der Literatur annimmt.[9] Die Gegenansicht will auf den *Grad* abstellen, mit dem das Erzielen von Einkünften verfolgt wird. Demnach soll von der erforderlichen Nachhaltigkeit der ökonomischen Geschäftstätigkeit insbesondere dann auszugehen sein, wenn der private Zweck hinter dem der Einnahmen-Generierung zurücktritt.[10]

Es ist festzuhalten, dass die von S angebotenen Informationen nicht den gem. § 5 Abs. 1 TMG erforderlichen wirtschaftlichen Bezug aufweisen. Damit unterliegt S nicht den Informationspflichten des § 5 Abs. 1 TMG.

Ein Verstoß gegen die Informationspflichten gem. § 5 Abs. 1 TMG ist als Ordnungswidrigkeit bußgeldbewehrt (§ 16 Abs. 2 Nr. 1, Abs. 3 TMG). Die Pflicht zur Anbieterkennzeichnung gem. § 5 Abs. 1 TMG ist eine Marktverhaltensregel i.S.d. § 3a UWG.[11]

4. Kommerzielle Kommunikationen gemäß § 6 TMG

Weiterhin könnten den S die besonderen Informationspflichten des § 6 TMG treffen, wenn die geplante Website kommerzielle Kommunikationen enthalten würde. Nach dieser Vorschrift müssen kommerzielle Kommunikationen, die Telemedien oder Bestandteile von Telemedien sind, klar als solche erkennbar sein, auch muss die Person, in deren Auftrag kommerzielle Kommunikationen erfolgen, klar identifizierbar sein (§ 6 Abs. 1 Nr. 1, Nr. 2 TMG).

Nach der Legaldefinition des § 2 Nr. 5 TMG ist kommerzielle Kommunikation jede Form der Kommunikation, die u.a. der unmittelbaren Förderung des Absatzes von Waren oder Dienstleistungen oder des Erscheinungsbilds eines Unternehmens oder einer natürlichen Person dient, die eine Tätigkeit im Gewerbe oder einen freien Beruf ausübt. Kommerzielle Kommunikation ist also grundsätzlich jede Art von Kommunikation, die in irgendeiner Weise mit einer wirtschaftlichen Aktivität verbunden ist.[12] S zielt darauf ab, durch Zur-Verfügung-Stellen von Web-Space für Werbeanzeigen und entsprechenden Links den Absatz der Buchhändler zu fördern. Insoweit könnten Be-

---

9 Ott, Impressumspflicht für Webseiten, MMR 2007, 354, 355.
10 Vgl. Micklitz/Schirmbacher, in: Spindler/Schuster, TMG, § 5 Rdnr. 15.
11 Mann/Smid, in Spindler/Schuster, Recht der elektronischen Medien, Siebter Teil. Presserecht im Internet und „elektronische Presse", Rdnr. 46.
12 Ricke, in Spindler/Schuster, Recht der elektronischen Medien, § 2 TMG, Rdnr. 14.

standteile des von S angebotenen Telemediums kommerzielle Kommunikationen enthalten. Dass S selbst dadurch keine Einnahmen erzielt, ist ohne Belang. Nach dem Sinn
und Zweck des Gebots der klaren Erkennbarkeit von Werbung soll der Nutzer davor
geschützt werden, über die fehlende Objektivität der angebotenen Informationen getäuscht zu werden. Zwar erhebt S mit seiner Website nicht den Anspruch auf Neutralität, sondern will gerade auch der eigenen und fremden Meinungen Raum bieten. Andererseits weist die Website nicht etwa einen derart klar erkennbaren kommerziellen
Gesamtcharakter auf, dass auf die Einhaltung des Gebots zur gesonderten Kennzeichnung mangels Schutzbedürftigkeit des Rezipienten verzichtet werden könnte.[13]

Nach der Einschränkung des § 2 Satz 1 Nr. 5 HS. 2 Buchstabe b TMG liegt indes keine kommerzielle Kommunikation vor, wenn es sich um Angaben in Bezug auf Dienstleistungen oder das Erscheinungsbild handelt, die eine Person *unabhängig* und insbesondere *ohne finanzielle Gegenleistung* tätigt. Der Gesetzgeber hat hier unabhängige
Dritte vor Augen, die Waren- und Produkte testen und bewerten, ohne hierfür ein
Entgelt zu erhalten. Hierzu gehören z.B. Einrichtungen wie die Stiftung Warentest,
aber auch Meinungsblogs und Bewertungsportale. Deren Unabhängigkeit soll im
Interesse der Verbraucher an Produktinformationen geschützt werden.[14] S bietet jedoch keine derartigen Informationen an, sondern beschränkt sich darauf, Raum für
werbliche Hinweise zu offerieren.

Des Weiteren ist auch die Vorschrift des § 2 Satz 1 Nr. 5 Hs. 2 Buchstabe a TMG nicht
anwendbar, die die Außenkommunikationsdaten von Wirtschaftsteilnehmern (Domain-Namen, E-Mail-Adressen etc.) vom Tatbestand der kommerziellen Kommunikation ausnimmt. Weder handelt es sich bei den Werbeanzeigen noch bei den Links
um Angaben, die im Sinne der Vorschrift „unmittelbaren Zugang zur Tätigkeit" der
Buchhändler „ermöglichen". Im Übrigen sind Außenkommunikationsdaten von
Wirtschaftsteilnehmern nur dann privilegiert, wenn sie nicht selbst integraler Bestandteil von Werbung sind.[15]

Daraus ergibt sich, dass S darauf achten muss, dass die werblichen Anzeigen und
zugehörigen Links klar als kommerzielle Kommunikation erkennbar (§ 6 Abs. 1 Nr. 1
TMG) und die Auftraggeber klar identifizierbar gekennzeichnet sind (§ 6 Abs. 1 Nr. 1
TMG).

5. Journalistisch-redaktionell gestaltetes Angebot gemäß § 18 Abs. 2 MStV

Für Anbieter eines journalistisch-redaktionell gestalteten Angebots gelten die erwei-
terten Kennzeichnungspflichten des § 18 Abs. 2 MStV. Danach ist zusätzlich zu den
Angaben nach §§ 5, 6 TMG ein Verantwortlicher mit Namen und Anschrift zu benen-

---

13 Vgl. zu Unternehmenswebsites: Micklitz/Schirmbacher, in: Spindler/Schuster, TMG, § 6
Rdnr. 27.
14 Martini, in: Gersdorf/Paal, BeckOK Informations- und Medienrecht, § 2 TMG, Rdnr. 28 f.
15 Ricke, in: in Spindler/Schuster, Recht der elektronischen Medien, § 2 TMG, Rdnr. 16.

nen. Entsprechende Angebote, die auch von Laien gestaltet sein können, müssen die Merkmale „journalistisch" und „redaktionell" erfüllen. Eine *redaktionelle Gestaltung* setzt eine regelmäßige Auswahl und Bearbeitung von Inhalten sowie formale Vereinheitlichungen der angebotenen Einzelbeiträge voraus.[16] Als Kriterien „journalistischer Gestaltung" gelten insbesondere ein auf Kontinuität angelegtes Handeln, Periodizität, Faktenorientierung (Recherche) sowie die publizistische Ausrichtung, d.h. die erkennbare Absicht, an der öffentlichen Meinungsbildung mitzuwirken.[17] Nach wohl überwiegender Auffassung kommt es für die Qualifizierung einer Website als „journalistisch-redaktionelle Gestaltung" auf eine Gesamtschau aller Seiten an, und nicht etwa auf die isolierte Betrachtung einzelner Seiten.[18]

Für das Vorliegen eines solchen qualifizierten Telemediums könnte sprechen, dass S täglich und planvoll die Informationen auf seiner Homepage aktualisiert, um sie seinen Kommilitoninnen und Kommilitonen zugänglich zu machen. Insoweit liegt eine Verbreitung von redaktionell bearbeiteten Texten in *periodischer* Folge im Sinne von § 18 Abs. 2 MStV vor. Der begrenzte Interessentenkreis der Website – die regionale Studierenden-Öffentlichkeit – kann nicht gegen eine Anwendbarkeit der Sondervorschrift sprechen. Ist doch beispielsweise auch die Online-Ausgabe einer kleinen Lokalzeitung „journalistisch-redaktionell" gestaltet. Da S mit seinem Angebot erkennbar zur Diskussion auf dem Campus beitragen möchte, ist auch nicht an seiner Absicht zu zweifeln, insoweit auf die öffentliche Meinungsbildung Einfluss zu nehmen. Allerdings erhebt S offenkundig nicht den Anspruch, Informationen auf der Grundlage *faktenorientierter Recherche* anzubieten, für deren Seriosität er sich doch an einem entsprechend erhöhten Sorgfaltsmaßstab messen lassen müsste.[19] Für S gelten deshalb die qualifizierten Informationspflichten des § 18 Abs. 2 MStV nicht.

6. Zwischenergebnis

Als Diensteanbieter eines Telemediums unterliegt S den Informationspflichten des § 18 Abs. 1 MStV.

II. Datenschutzrechtliche Informationspflichten gem. Art. 13 DSGVO

Werden personenbezogene Daten *bei der betroffenen Person erhoben*, so ist der Verantwortliche verpflichtet, der betroffen Person zum Zeitpunkt der Erhebung dieser Da-

---

16 Lent, in: Gersdorf/Paal, BeckOK Informations- und Medienrecht, § 54 RStV, Rdnr. 5.
17 Lent, in: Gersdorf/Paal, BeckOK Informations- und Medienrecht, § 54 RStV, Rdnr. 5.
18 Mann/Smid, in Spindler/Schuster, Recht der elektronischen Medien, Siebter Teil. Presserecht im Internet und „elektronische Presse", Rdnr. 13–16.
19 Zur Frage einer Begrenzung der publizistischen Sorgfaltspflichten im „semiprofessionellen Onlinejournalismus": Lent, in: Gersdorf/Paal, BeckOK Informations- und Medienrecht, § 54 RStV, Rdnr. 3.

ten die in Art. 13 DSGVO angeführten Informationen mitzuteilen. Diese umfassen insbesondere:

- die *Kontaktdaten des Verantwortlichen* (Art. 13 Abs. 1 lit. a DSGVO);
- die *Zwecke*, für die die personenbezogenen Daten verarbeitet werden sollen, sowie die Rechtsgrundlage für die Verarbeitung (Art. 13 Abs. 1 lit. c DSGVO);
- falls die Verarbeitung auf der Grundlage *berechtigter Interessen* erfolgt (Art. 6 Abs. 1 lit. f), welche berechtigten Interessen der Verantwortliche oder ein Dritter verfolgt;
- *weitere Informationen*, die notwendig sind, um eine faire und transparente Verarbeitung zu gewährleisten (Art. 13 Abs. 2 DSGVO), insbesondere:
  - die *Dauer*, für die die personenbezogenen Daten gespeichert werden bzw. entsprechende Kriterien (Art. 13 Abs. 2 lit. a DSGVO);
  - das Bestehen eines *Rechts auf Auskunft* (Art. 15 DSGVO) sowie auf *Berichtigung* (Art. 16 DSGVO) oder *Löschung* (Art. 17 DSGVO) oder auf *Einschränkung der Verarbeitung* (Art. 18 DSGVO) oder eines *Widerspruchsrechts* gegen die Verarbeitung sowie des *Rechts auf Datenübertragbarkeit* (Art. 20 DSGVO), siehe Art. 13 Abs. 2 lit. b DSGVO;
  - das Bestehen eines *Beschwerderechts bei einer Aufsichtsbehörde* (Art. 77 Abs. 1 DSGVO), siehe Art. 13 Abs. 2 lit. c DSGVO.

Nach der Legaldefinition des Art. 4 Nr. 1 DSGVO sind *„personenbezogene Daten"* alle Informationen, die sich auf eine identifizierte oder identifizierbare natürliche Person beziehen. Als identifizierbar gilt auch eine Person, die direkt oder indirekt mittels Zuordnung zu einer Online-Kennung identifiziert werden kann. Darunter fallen auch *dynamische* IP-Adressen.[20]

Beim informatorischen Abruf einer Website wird die IP-Adresse des abrufenden Computers an den Server übermittelt, auf dem die abgerufene Website gespeichert ist. Daten, die aus einer *dynamischen* IP-Adresse und dem Zeitpunkt des über sie vorgenommenen Zugriffs auf eine Website bestehen und von dem Anbieter eines Online-Mediendienstes gespeichert werden, bieten für sich genommen dem Anbieter nicht die Möglichkeit, den Nutzer zu bestimmen, der die Website während des Zugriffs abgerufen hat. Allerdings verfügt der Internet-Zugangsanbieter über Zusatzinformationen, die – in Verbindung mit der IP-Adresse – eine Bestimmung des Nutzers ermöglichen würden.[21] Dass über die zur Identifizierung des Nutzers einer Website erforderlichen Zusatzinformationen nicht der Anbieter des Online-Mediendienstes selbst verfügt, sondern der Internetzugangsanbieter dieses Nutzers, vermag – wie der EuGH in der „Breyer"-Entscheidung bereits vor Inkrafttreten der DSGVO ausgeführt hat – nicht auszuschließen, dass die von einem Anbieter von Online-Mediendiensten

---

20 Schild, in: Wolff/Brink, BeckOK Datenschutzrecht, DSGVO Art 4, Rdnr. 19.
21 EuGH ZD 2017, 24 (25 Rdnr. 37) „Breyer".

gespeicherte dynamische IP-Adresse für ihn personenbezogene Daten darstellen.[22] Eine dynamische IP-Adresse, die der Anbieter eines Online-Mediendienstes bei Zugriff einer Person auf die allgemein zugängliche Website speichere, stelle für den Anbieter ein personenbezogenes Datum dar, wenn er über rechtliche Mittel verfüge, die es ihm erlaubten, die betreffende Person anhand der Zusatzinformationen, über welche der Internetzugangsanbieter dieser Person verfüge, bestimmen zu lassen.[23] Dies war vorliegend der Fall.

Beim Erheben bzw. Speichern der IP-Adresse handelt es sich um eine „Verarbeitung" i.S.v. Art. 4 Nr. 2 DSGVO. S, der als Betreiber der Website über die Zwecke und Mittel der Verarbeitung entscheidet, ist „Verantwortlicher" gem. Art. 4 Nr. 7 DSGVO. Da die Erhebung und vorübergehende Speicherung der IP-Adresse für den Zugriff auf die Website technisch erforderlich ist, und rechtliche Interessen der betroffenen Person nicht überwiegen, kann die Verarbeitung auf die Wahrung berechtigter Interessen des Verantwortlichen (Art. 6 Abs. 1 Unterabsatz 1 lit. f DSGVO) gestützt werden.[24]

Damit treffen den S die Informationspflichten gem. § 13 DSGVO. Die betreffenden Informationen sind in präziser, transparenter, verständlicher und leicht zugänglicher Form in einer klaren und einfachen Sprache mitzuteilen (Art. 12 Abs. 1 DSGVO). „Leicht zugänglich" bedeutet, dass S seine Datenschutzhinweise so zu gestalten hat, dass sie ohne großen Suchaufwand ständig zur Nutzung bereitgehalten werden und jederzeit mit verschiedenen Browsern abgerufen werden können.[25]

Bußgeldbewehrt sind Verstöße gegen die Rechte der betroffenen Person gemäß Art. 12 und 13 DSGVO (Art. 83 Abs. 5 lit. b). Zu den gerichtlichen Rechtsbehelfen des Betroffenen siehe Art. 78 und 79 DSGVO.

III. Ergebnis

Als Betreiber der Website treffen den S die telemedienrechtlichen Informationspflichten des § 18 Abs. 1 MStV, zudem datenschutzrechtliche Informationspflichten gem. Art. 12 Abs. 1 sowie Art. 13 Abs. 1 und 2 DSGVO.

---

22 EuGH ZD 2017, 24 (25 Rdnr. 37) „Breyer" zur Auslegung von Art. 2 lit. a RL 95/46/EG.
23 EuGH ZD 2017, 24 (26 Rdnr. 48) „Breyer".
24 Conrad/Hausen, in: Auer-Reinsdorff/Conrad, Handbuch IT- und Datenschutzrecht, § 36 Rdnr. 111.
25 Quaas, in: Wolff/Brink, BeckOK Datenschutzrecht, DSGVO Art. 12, Rdnr. 16.

Lösung Aufgabe 2
Strafbarkeit des S als Täter oder Teilnehmer einer Beleidigung

I. Haupttat der K

K hat ausländerfeindliche Witze in ihre Website aufgenommen und hat dadurch dem Sachverhalt zufolge den A gem. § 185 StGB beleidigt.

II. Täterschaft oder Teilnahme des S?

S könnte Nebentäter, Mittäter gem. § 25 Abs. 2 StGB oder Gehilfe gem. § 27 Abs. 1 StGB hinsichtlich der Beleidigung zum Nachteil des A sein. Den objektiven Tatbestand einer eigenen Täterschaft bzw. einer Teilnahme könnte S dadurch verwirklicht haben, dass er den Hyperlink setzte, der auf die fremde Seite der K als Dritte verweist.

Indessen liegt ein Täter- bzw. Gehilfenvorsatz des S nicht vor. Zum Zeitpunkt der Platzierung des Links war eine Haupttat der K nicht gegeben. S hatte keine Kenntnis von dem verbotenen Inhalt der verlinkten Seite. Aus dem Hinweis „Und hier meine Lieblingswitze …" kann auch nicht geschlossen werden, dass S sich im Zeitpunkt der Linksetzung die späteren ausländerfeindlichen Äußerungen der K mit bedingtem Täter- oder Teilnahmevorsatz gleichsam zu Eigen gemacht hätte. Der „Disclaimer" spricht weder für noch gegen das Vorliegen des subjektiven Tatbestands. Im Rahmen der richterlichen Beweiswürdigung ist er allenfalls ein schwaches Indiz. Selbst wenn man unter dem Gesichtspunkt einer Garantenstellung aus Ingerenz, d.h. wegen Eröffnung einer Gefahr für den Eintritt eines schädlichen Erfolgs, an das Unterlassen einer regelmäßigen Überprüfung des eigenen Links als vorwerfbare Handlung des S anknüpfen wollte, läge insoweit allenfalls Fahrlässigkeit vor.[26] Indes kann mit Blick auf die Meinungsfreiheit (Art. 5 Abs. 1 Satz 1 GG) das Setzen eines Hyperlinks auf eine zunächst harmlose Seite nicht als pflichtwidriges Vorverhalten im Sinne einer *strafrechtsrelevanten* Ingerenz gewertet werden.[27]

III. Ergebnis

F hat sich nicht strafbar gemacht.

---

26 Vgl. AG Berlin-Tiergarten. MMR 1998, S. 49 „Marquardt/radikal" mit Anm. Hütig.
27 Vgl. Hütig, MMR 1998, S. 51 f.

Lösung Aufgabe 3
Ansprüche der beleidigten internationalen Studierenden gegen S

I. Anspruch auf Entschädigung in Geld gem. § 823 Abs. 1 BGB i.V.m. dem allgemeinen Persönlichkeitsrecht

Ein Anspruch auf Geldentschädigung gem. § 823 Abs. 2 BGB i.V.m. § 185 StGB scheidet bereits deshalb aus, weil S weder Täter noch Gehilfe der Beleidigung zum Nachteil der internationalen Kommilitonen ist. Jedoch kann das Schutzgut der persönlichen Ehre als Ausprägung des allgemeinen Persönlichkeitsrechts i.S.e. sonstigen Rechts gem. § 823 Abs. 1 BGB auch dann verletzt sein, wenn die Herabwürdigung der Person nicht unter den Anwendungsbereich des § 823 Abs. 2 i.V.m. § 185 StGB fällt.[28]

Es ist zu prüfen, ob S das allgemeine Persönlichkeitsrecht der internationalen Studierenden gem. § 823 Abs. 1 BGB dadurch verletzt hat, dass er einen Link auf die fremde Seite der K mit den beleidigenden Witzen gesetzt hat.

1. Zu Eigen machen?

Für eigene und zu eigen gemachte Inhalte sieht das TMG keine Haftungsprivilegien vor. Insofern gelten die allgemeinen Haftungsregeln.

Nach gefestigter Rechtsprechung zur Providerhaftung sind die Haftungsprivilegien der §§ 7 ff. TMG auf verlinkte Inhalte nicht anwendbar. Die Haftung des Linksetzers beurteilt sich stattdessen nach den allgemeinen Grundsätzen.[29]

Maßgeblich für die Frage des Zu-Eigen-Machens verlinkter Inhalte ist grundsätzlich die objektive Sicht eines verständigen Durchschnittsnutzers auf der Grundlage einer Gesamtbetrachtung aller Umstände.[30] Aus der bloßen Schaltung eines Links kann nicht geschlossen werden, dass sich der Linksetzer eine fremde Seite zu Eigen macht.[31] Es gilt insoweit ein Vertrauensgrundsatz, demzufolge jedermann nur für sein eigene Verhalten verantwortlich ist und im Übrigen davon ausgehen kann, dass sich auch die anderen Akteure rechtmäßig verhalten.[32] Es müssen vielmehr zusätzliche Indizien hinzutreten, die auf eine entsprechende Nähebeziehung hindeuten. Einen solchen An-

---

28 Staudinger, in: Schulze (Hrsg.), Bürgerliches Gesetzbuch, § 823 BGB, Rdnr. 98.
29 BGH NJW 2004, S. 2158 „Schöner Wetten" → Fechner, E 98; BGH GRUR 2008, 534 (536) „Anforderungen an Altersverifikationssysteme für Internet"; BGH GRUR 2016, S. 209 (211) „Haftung für Hyperlinks".
30 BGH GRUR 2016, S. 209 (211) „Haftung für Hyperlinks".
31 BGH GRUR 2016, S. 209 (211) „Haftung für Hyperlinks".
32 Wagner, in: Münchener Kommentar, BGB, Band 6, § 823, Rdnr. 763.

haltspunkt stellt im vorliegenden Fall der ausdrückliche Hinweis „Und hier meine Lieblingswitze ..." dar. Zwar hat S bezüglich der Witze nicht nur teilweise, sondern vollumfänglich auf die betreffende Seite der K verwiesen. Allerdings befanden sich zur Zeit der Linksetzung dort noch keine ausländerfeindlichen Witze und es gibt nach dem Gesamtcharakter der Website des S auch keine Anhaltspunkte dafür, dass S auch mit Witzen, die die Ehre Dritter verletzen, einverstanden sein würde. Von einem Zu-Eigen-Machen kann deshalb nach den Gesamtumständen wohl nicht ausgegangen werden.

Zur grundsätzlichen Frage, unter welchen Voraussetzungen *Privatpersonen* sich fremde Inhalte durch *Verlinken* zu Eigen machen, liegt bisher noch keine höchstrichterliche Rechtsprechung vor. Ob dies bereits dann anzunehmen ist, wenn ohne *ausdrückliche konkret einzelfallbezogene Distanzierung* auf fremde Inhalte verwiesen wird, ist etwa für das Teilen in sozialen Netzwerken umstritten.[33] In einem Fall, in dem ein *Unternehmer* einen Hyperlink setzte, der auf einen lauterkeitsrechtlich unzulässigen Fremdinhalt verwies, hat der BGH in der Verlinkung eine geschäftliche Handlung (§ 2 Abs. 1 Nr. 1 UWG) erkannt, und ein Zu-Eigen-Machen unter folgenden drei Gesichtspunkten geprüft: 1) Stellt das fremde Angebot einen wesentlichen Bestandteil des eigenen Geschäftsmodells dar? 2) Dient der Link zur Vervollständigung des eigenen unternehmerischen Angebots? 3) Ist der verlinkte Inhalt als Bestandteil der eigenen Webseite anzusehen?[34] Im Bereich der *redaktionellen Berichterstattung* kann dem BGH zufolge mit Blick auf die Pressefreiheit ein Zu-Eigen-Machen nur zurückhaltend angenommen werden. So könne sich bereits aus der äußeren Form der Veröffentlichung ergeben, dass lediglich eine fremde Äußerung ohne eigene Wertung oder Stellungnahme mitgeteilt werde, so z.B. beim Abdruck einer Presseschau[35]. Die vorstehend zitierte Literatur und Rechtsprechung äußert sich jedenfalls nicht zu der Sonderproblematik, unter welchen Voraussetzungen verlinkte Inhalte, die nach dem Zeitpunkt der Link-Setzung *verändert* wurden, dem Link-Setzer zugerechnet werden können.

2. Haftung des S aus Verletzung einer Verkehrssicherungspflicht?

Zu prüfen ist, ob S unter dem Gesichtspunkt der *mittelbaren Verursachung* gem. § 823 Abs. 1 BGB auf Entschädigung in Geld haftet. Eine deliktsrechtliche Haftung des mittelbaren Verursachers setzt die Verletzung einer *Verkehrpflicht* voraus. Man könnte daran denken, diese aus einem gefahrerhöhenden Verhalten (dem Linksetzen) herzu-

---

33 Vgl. Lauber-Rönsberg, Das Recht am eigenen Bild in sozialen Netzwerken, NJW 2016, S. 744, 747.
34 BGH GRUR 2016, S. 209 (211) „Haftung für Hyperlinks".
35 BGH NJW 2012, S. 2345 „RSS-Feeds".

leiten.[36] Die Verkehrssicherungspflicht habe sich auf die regelmäßige Prüfung der verlinkten Inhalte gerichtet. Indem S seiner Verkehrssicherungspflicht nicht nachgekommen sei, habe er die persönliche Ehre des A verletzt und hafte diesem auf Entschädigung in Geld. Dagegen ergeben sich jedoch Bedenken. Fraglich ist bereits, ob das Linksetzen ein gefährliches Vorverhalten darstellt, das für den Setzenden entsprechende Kontrollpflichten begründet. Aus dem Gesichtspunkt der *Ingerenz* lassen sich zivilrechtliche Verkehrspflichten nur dann begründen, wenn die hervorgerufene Gefahr besonders groß ist. Im Fall der Linksetzung ist dies jedoch zweifelhaft.[37] Wollte man auf den Aspekt der *Beherrschung einer Gefahrenquelle* abheben und den Linksetzer in die Pflicht nehmen, so bedürfte es eines geeigneten Korrektivs hinsichtlich des Ausmaßes der Verkehrspflicht, um der für das Internet unverzichtbaren Vermittlungs- und Hinweisfunktion von Links gerecht zu werden.[38] Eine Haftung auf Entschädigung in Geld setzt eine *schwere* Persönlichkeitsrechtsverletzung voraus. Nach der hier vertretenen Ansicht käme eine Haftung des S für eine schwere Persönlichkeitsrechtsverletzung nur dann in Betracht, wenn er seine Prüfungspflicht mindestens grob fahrlässig verletzt hätte. Für S gab es jedoch keine Indizien darauf, dass K auf der verlinkten Seite Inhalte einstellen würde, die schwere Persönlichkeitsrechtsverletzungen zu Lasten Dritter enthalten. Auch von Dritten hat er keine entsprechenden Hinweise erhalten. S hat seine Prüfungspflicht jedenfalls nicht grob fahrlässig verletzt und haftet deshalb nicht auf Geldentschädigung.

Wer hier die Verletzung einer Verkehrspflicht bejahen will, muss sich bei der weiteren Prüfung u.a. mit der Frage eines Haftungsausschlusses durch den auf den abstrakten „Disclaimer" auseinandersetzen. Eine derartige *protestatio facto contrario* (d.h. ein Berufen auf widersprüchliches Verhalten) ist insbesondere nicht geeignet, eine durch einen Link begründete Gefährdungslage zu beseitigen.[39] Haftungsrechtlich ist ein *abstrakter* Disclaimer wirkungslos.

3. Ergebnis

Die einzelnen beleidigten ausländischen Studierenden haben gegen S keinen Anspruch auf Entschädigung in Geld.

---

36 Vgl. zur Herleitung von Kontrollpflichten aus Verkehrs- und Garantenpflichten für den Link-Setzenden bei Änderung der verlinkten Inhalte nach dem Zeitpunkt der Linksetzung: Spindler, Verantwortlichkeit und Haftung für Hyperlinks im neuen Recht, MMR 2002, S. 495, 499 ff.
37 Spindler, Verantwortlichkeit und Haftung für Hyperlinks im neuen Recht, MMR 2002, S. 495, 500.
38 Spindler, Verantwortlichkeit und Haftung für Hyperlinks im neuen Recht, MMR 2002, S. 495, 500 ff.
39 OLG Köln, MMR 2002, S. 548, 549 „Steffi Graf".

II. Anspruch auf Entfernung des Links nach den Grundsätzen der Störerhaftung

1. S als Störer?

Zu prüfen ist, ob S als Linksetzer Störer hinsichtlich der Verletzung des allgemeinen Persönlichkeitsrechts der ausländischen Studierenden ist.

> Geht es im Rahmen einer zu prüfenden Link-Haftung um *Beseitigungs-* oder *Unterlassungsansprüche*, so lassen sich diese oft entweder auf die Verletzung eines absoluten Rechts (z.B. Persönlichkeitsrechts, Urheberrechts, Marke) stützen (§§ 823, 1004 BGB), oder auf die Verletzung allgemeinen Wettbewerbsrechts (§ 8 Abs. 1 UWG). Liegt kein „Zu-Eigen-Machen" des fremden Inhalts vor, so ist nach der Rechtsprechung des BGH zu differenzieren: Bei der Verletzung eines *absoluten Rechts* ist die *allgemeine Störerhaftung* zu prüfen. Im Falle der Verletzung *allgemeinen Wettbewerbsrechts* stellt die Rechtsprechung nicht auf die Störerhaftung ab, sondern auf die Verletzung einer *wettbewerbsrechtlichen Verkehrspflicht* durch *Täter bzw. Teilnehmer.*[40]

(1) S hat sich die verlinkten fremden Inhalte, die Persönlichkeitsrechtsverletzungen zu Lasten der ausländischen Studierenden darstellen, nicht zu Eigen gemacht.

(2) Durch das Setzen des Links könnte S für die Verletzung des Persönlichkeitsrechts, mithin eines absoluten Rechts, der ausländischen Studierenden als Störer in Anspruch genommen werden, wenn er zumutbare Prüfungspflichten verletzt hat. Eine Linksetzung als solche begründet noch keine Haftung für verlinkte Inhalte. Allerdings hat S die inkriminierte Seite ausdrücklich empfohlen („Und hier meine Lieblingswitze …") und damit für Nutzer der eigenen Seite objektiv einen Anreiz gesetzt, die ehrverletzenden fremden Inhalte durch Betätigung des Links aufzusuchen und damit die Persönlichkeitsrechtsverletzung zu Lasten der ausländischen Studierenden zu vertiefen. Es war dem S deshalb zuzumuten, die verlinkten Inhalte, die sich auf der Einstiegsseite der K befinden, in angemessenen, nicht zu kurz zu bemessenden Zeitabständen proaktiv zu prüfen. Der angemessene Prüfungsintervall ist jedenfalls dadurch überschritten worden, dass S über ein Jahr lang passiv blieb. Die zumutbare Prüfungspflicht setzt nach der hier vertretenen Ansicht nicht etwa erst dann ein, wenn S von der Rechtswidrigkeit der Inhalte selbst oder durch Dritte Kenntnis erlangt. Indem S seine Prüfungspflicht verletzte, haftet er als Störer den in ihrem Persönlichkeitsrecht verletzten ausländischen Studierenden auf Beseitigung des Links.

2. Ergebnis

Die beleidigten ausländischen Studierenden haben gegen S einen Anspruch auf Beseitigung des Links.

---

40 BGH GRUR 2016, S. 209, 211 „Haftung für Hyperlinks".

Fall 22: Internet-Shopping

Aufgabe 1: Die Konzertkarte

A bestellt am 1. März per E-Mail auf der Internet-Plattform der Konzertveranstalterin K-GmbH (München) eine Eintrittskarte für ein Rock-Konzert, das am 10. März, Beginn: 19 Uhr, im X-Palast München stattfinden wird. Nach sofortiger Zahlung erhält A die Karte prompt zugeschickt. Unmittelbar nach dem Erhalt bemerkt A, dass er wegen eines kollidierenden beruflichen Termins daran gehindert ist, das Konzert zu besuchen. Kann A von K unter Rücksendung des Tickets sein Geld zurückverlangen?

Es ist davon auszugehen, dass K alle Belehrungs- und Informationspflichten erfüllt hat und keine besonderen Abreden über eine Kartenrückgabe getroffen wurden.

Aufgabe 2: Die Uhr aus New York

A, der seinen Wohnsitz in Deutschland unterhält, sucht seit längerer Zeit nach einer attraktiven Armbanduhr für den eigenen Gebrauch. Auf der englischsprachigen Website des in New York ansässigen und überwiegend auf den US-Markt tätigen Unternehmens U wird er fündig. Motiviert durch den Hinweis auf der Website, dass U auch bereits über Kunden in der „European Union" verfüge, sowie durch die Wiedergabe der Kundenbewertungen, ganz überwiegend von US-Kunden, darunter aber auch einer Person mit Wohnsitz in Deutschland und in deutscher Sprache, bestellt A die Uhr unter Nutzung des elektronischen Bestellformulars. Daraufhin bezahlt er den in US-Dollar angegebenen Betrag, einschließlich der Versandkosten. Nach dem Eintreffen der Uhr bemerkt A, dass diese nicht funktioniert. Mehrere E-Mails des A an U sowie zahlreiche Versuche des A, U telefonisch unter der auf der Website mit internationaler Vorwahl angegebenen Telefonnummer zu erreichen, bleiben unbeantwortet beziehungsweise erfolglos.

A will wissen, welches Recht auf diesen Sachverhalt anwendbar ist und ob er U vor einem deutschen Gericht verklagen kann.

Aufgabe 3: Die plagiierten Uhren

Der deutsche Unternehmer U bietet im Internet-Auktionshaus N, das seinen Sitz in Deutschland hat, Plagiate von Uhren des Herstellers A an. Auf der Internet-Plattform des N, auf der Fremdversteigerungen stattfinden, werden die plagiierten Uhren seitens U im Rahmen eines automatischen Verfahrens ohne Kenntnis des N eingestellt. Hersteller der originalen Uhren und Markeninhaber ist A. U begeht somit eine Markenrechtsverletzung gem. §§ 14 Abs. 2 Nr. 1, 14 Abs. 3 Nr. 2 MarkenG. Damit ist U dem Unternehmen A zu Unterlassung (§ 14 Abs. 5 MarkenG) und Schadensersatz (§ 14 Abs. 6 MarkenG) verpflichtet.

Als N von U auf die Markenverletzungen hingewiesen wird, sperrt N das Angebot mit den Plagiaten. Jedoch unternimmt N keine weiteren Vorsorgemaßnahmen (wie z.B. den Einsatz geeigneter, am Markt verfügbarer fortgeschrittener Filtersoftware), um weitere derartige Rechtsverletzungen künftig zu verhindern. Einige Zeit später kommt es erneut zu einer Markenrechtsverletzung des U gegenüber A auf der Internetplattform von N im Rahmen der Fremdversteigerung. Nach einem entsprechenden Hinweis des A sperrt N wiederum unverzüglich das konkrete Angebot. A will sich damit jedoch nicht zufriedengeben und verlangt nun von N Unterlassung und Schadensersatz. Zu Recht?

Lösung von Aufgabe 1

1. Anspruch des A gegen K auf Rückzahlung des Ticketpreises gem. §§ 357 Abs. 1, 312g, 355 BGB

A könnte gem. § 312g Abs. 1 BGB ein Widerrufsrecht nach § 357 Abs. 1, 355 Abs. 3 Satz 1 BGB haben. Nach Ausübung dieses Rechts wäre der Vertrag rückabzuwickeln, so dass K das empfangene Geld an A zurückgewähren müsste – Zug um Zug gegen Rückgabe der Karte seitens A.

Wie dies ein etwaiges Widerrufsrecht voraussetzt, ist A Verbraucher (§ 13 BGB) und K Unternehmer (§ 14 Abs. 1 BGB). Hier liegt ein *Fernabsatzvertrag* i.S.v. § 312c Abs. 1 BGB vor, da der Vertrag unter ausschließlicher Nutzung eines *Fernkommunikationsmittels* (§ 312c Abs. 2 BGB), nämlich per E-Mail, abgeschlossen wurde, und der Abschluss im Rahmen des für den Fernabsatz organisierten Vertriebssystems der K erfolgte. Ein Widerrufsrecht müsste A innerhalb der Frist von 14 Tagen ab Vertragsschluss ausüben (§ 355 Abs. 2 BGB). Jedoch ist zu beachten, dass nach der Ausschlussvorschrift des § 312g Abs. 2 Nr. 9 BGB ein Widerrufsrecht nicht besteht bei einem Vertrag zur Erbringung einer Dienstleistung im Zusammenhang mit *Freizeitbetätigungen*, wenn der Vertrag für die Erbringung einen *spezifischen Termin* vorsieht.

Dieser Ausschlusstatbestand ist bei der Gewährung des Zutritts zu der Konzertveranstaltung gegeben.[1]

A hat demnach kein Widerrufsrecht.

Der hier vorliegende Konzertbesuchervertrag ist, ohne dass dies hier zu vertiefen wäre, ein *Werkvertrag* (§§ 631 ff. BGB). Der Veranstalter ist verpflichtet, das Konzert gemäß der Ankündigung (Inhalt, Zeit, Ort) aufzuführen und dem Vertragspartner den Zugang zu gewähren.[2]

2. Keine sonstigen Ansprüche auf Rückzahlung

Gründe für einen Rücktritt (§§ 346 ff. BGB) bestehen nicht. Auch ist kein Grund zur Anfechtung (§ 119 Abs. 1 BGB) gegeben, der zu einem Rückgewähranspruch gem. § 812 ff. BGB führen könnte.

3. Ergebnis

A hat keinen Anspruch gegen K auf Rückzahlung des Ticketpreises.

Lösung zu Aufgabe 2

I. Anwendbares Recht

1. Internationales Privatrecht

A will Ansprüche aus einem Kaufvertrag geltend machen, da die Uhr mangelhaft ist. Es liegt ein grenzüberschreitender Fall des Zivilrechts vor. Welches Recht auf diesen anwendbar ist, ergibt sich aus dem sogenannten *Kollisionsrecht* auf dem Gebiet des Privatrechts. Kollisionsnormen für *vertragliche Schuldverhältnisse* in Zivil- und Handelssachen, die eine Verbindung zum Recht verschiedener Staaten aufweisen, sind in der *europäischen Verordnung über vertragliche Schuldverhältnisse geregelt* (Rom I-VO).[3] Die Verordnung, die in Deutschland direkt gilt (Art. 288 Abs. 2 AEUV), ist auf Verträge anzuwenden, die seit dem 17.12.2009 abgeschlossen worden sind bzw. werden (Art. 28 Rom I-VO). Der *sachliche* Anwendungsbereich ergibt sich aus Art. 1 Rom I-VO.

---

1 Martens, in: BeckOK BGB, § 312g BGB, Rdnr. 41.

2 Vgl. Ankermann, Über die Rechte des Konzertbesuchers bei Absage der bekannten Solistin, NJW 1997, S. 1134, 1135.

3 Verordnung (EG) Nr. 593/2008 des Europäischen Parlaments und des Rates v. 17.06.2008 über das auf vertragliche Schuldverhältnisse anzuwendende Recht (Rom I). (ABl. L S. 6, ber. 2009 L 309 S. 87).

Im Übrigen werden die Kollisionsnormen im Bereich des *außervertraglichen Schuld-rechts* (unerlaubte Handlungen, ungerechtfertigte Bereicherung, Geschäftsführung ohne Auftrag, Verschulden bei Vertragsverhandlungen) in der Rom II-Verordnung geregelt.[4] Von den *Kollisionsnormen* zu unterscheiden sind die *Sachnormen*, die als materielle Vorschriften in der Sache selbst entscheiden.

Im Rahmen der Fallbearbeitung kann auch in angemessener Kürze auf das *UN-Kaufrechtsübereinkommen (CISG)*[5] eingegangen werden. Das CISG gilt für Kaufverträge über Waren, wenn die Parteien ihre Niederlassungen in verschiedenen Vertragsstaaten haben oder wenn die Regeln des Internationalen Privatrechts zur Anwendung des Rechts eines Vertragsstaates führen (Art. 1 CISG). Das CISG, das auch in Bezug auf alle Staaten der USA anwendbar ist, ist seinem Charakter nach primär *Sachrecht*. Insoweit ist streitig, ob der in Art. 1 niedergelegte Anwendungsbe-fehl eine *Kollisionsnorm* für *vertragliche Schuldverhältnisse* darstellt, welche die ROM I-VO verdrängt (vgl. Art. 25 ROM I-VO). Nach anderer Ansicht ergibt sich der Vorrang des CISG aus Art. 3 Nr. 1 b EGBGB.[6] Jedenfalls ausgenommen vom Anwen-dungsbereich des CISG ist der „Kauf von Ware für den persönlichen Gebrauch", es sei denn, dass der Verkäufer vor oder bei Vertragsschluss weder wusste noch wissen musste, dass die Ware für einen solchen Gebrauch gekauft wurde (Art. 2 lit. A CISG). Nach dem vorliegenden Sachverhalt liegt indes ein Konsumentenkauf vor, so dass eine Anwendung des CISG nicht in Betracht kommt.

Wie sich aus dem universellen Anwendungsbefehl des Art. 2 Rom I-VO ergibt, ist das in dieser Verordnung bezeichnete Recht auch dann anwendbar, wenn es nicht das Recht eines EU-Mitgliedstaats ist. Die Rom I-VO gilt auch bei Auslandsberührung mit Nicht-Mitgliedstaaten,[7] also auch im Verhältnis zu den USA. Indes verfügen die US-Bundesstaaten jeweils über eigene zivilrechtliche Vorschriften. Für Staaten ohne einheitliche Rechtsordnung trifft Art. 22 Rom I-VO folgende Regelung: Umfasst ein Staat mehrere *Gebietseinheiten* (z.B. Bundesstaaten), von denen *jede eigene Rechtsnor-men für vertragliche Schuldverhältnisse* hat, so gilt für die Bestimmung des nach dieser Verordnung anzuwendenden Rechts jede Gebietseinheit als Staat.

---

4 Verordnung (EG) Nr. 864/2007 des Europäischen Parlaments und des Rates v. 11.07.2007 über das auf außervertragliche Schuldverhältnisse anzuwendende Recht (Rom II). (ABl. Nr. L 199 S. 40, ber. 2012 Nr. L 310 S. 52).
5 Übereinkommen der Vereinten Nationen über Verträge über den internationalen Warenkauf (Convention on Contracts for the Internationale Sale of Goods) – CISG (UNKaufRÜ) – v. 11.04.1980 (BGBl. 1989 II S. 586, berichtigt 1990 II S. 1699).
6 Zum Meinungsstand vgl. Spickhoff in: BeckOK BGB, VO (EG) 593/2008, Art. 25, Rdnr. 4.
7 Spickhoff in: BeckOK BGB, VO (EG) 593/2008, Art. 2, Rdnr. 1.

2. Verbrauchervertrag, Artikel 6 Rom I-VO

Eine spezielle Kollisionsnorm für *Verbraucherverträge* ist Art. 6 Rom I-VO. Nach dieser Vorschrift gilt als Verbrauchervertrag jeder Vertrag, den eine natürliche Person zu einem Zweck abschließt, der nicht ihrer beruflichen oder gewerblichen Tätigkeit zugerechnet werden kann („Verbraucher"), mit einer anderen Person, die in Ausübung ihrer beruflichen oder gewerblichen Tätigkeit handelt („Unternehmer"). Auf den bestimmten Vertragstyp kommt es nicht an, sodass darunter jedenfalls auch der Kaufvertrag über die Uhr zwischen A als Verbraucher und U als Unternehmer fallen könnte. Hinsichtlich der Eigenschaft als „Verbraucher" kommt es grundsätzlich auf die objektive Lage an, wodurch etwaige subjektive Vorstellungen des Unternehmers unerheblich sind.[8] Für Verbraucherverträge bestimmt Art. 6 Abs. 1 Rom I-VO die Anwendung des Rechts des Staates, in dem der Verbraucher seinen gewöhnlichen Aufenthalt hat, sofern der Unternehmer entweder – so die erste Alternative – seine berufliche oder gewerbliche Tätigkeit in jenem Staat *ausübt* (Art. 6 Abs. 1, lit. a) oder aber – so die zweite Alternative – seine berufliche oder gewerbliche Tätigkeit auf irgendeine Weise auf jenen Staat *ausrichtet* (Art. 6 Abs. 1, lit. b). In beiden Varianten muss der Vertrag in den Bereich dieser Tätigkeit fallen.

> Die Rechtsbegriffe des *Ausübens* einer Tätigkeit beziehungsweise des *Ausrichtens* (Art. 6 Abs. 1 Rom I-VO) sind so auszulegen, wie die entsprechenden Begriffe in der Vorschrift über die *Zuständigkeit in Verbrauchersachen* des Art. *17 Abs. 1 lit. c* der *Verordnung über die gerichtliche Zuständigkeit und die Anerkennung und Vollstreckung von Entscheidungen in Zivil- und Handelssachen (Brüssel Ia-VO*[9]).[10]

Seinen gewöhnlichen Aufenthalt unterhält A in Deutschland. Indes übt Unternehmer U seine Tätigkeit nicht in Deutschland aus. Ein *„Ausüben"* der Tätigkeit setzt voraus, dass sich der Unternehmer aktiv am Wirtschaftsverkehr im Staat des gewöhnlichen Aufenthalts des Verbrauchers beteiligt.[11] U konzentriert seine unternehmerische Tätigkeit jedoch auf die USA. Es ist zu prüfen, ob U seine Tätigkeit nach Deutschland *„ausgerichtet"* hat. Nach der Rechtsprechung des EuGH müssen konkrete *Anhaltspunkte* vorliegen, die in ihrer *Gesamtheit* die Feststellung erlauben, dass der Gewerbetreibende die Absicht hat, seine Tätigkeit auf den Wohnsitzmitgliedstaat des Verbrau-

---

8 *Bach*, in: Spindler/Schuster, Recht der elektronischen Medien, Rom I, Art. 6 Rdnr. 9.

9 Verordnung (EU) Nr. 1215/2012 des Europäischen Parlaments und des Rates vom 12.12.2012 über die gerichtliche Zuständigkeit und die Anerkennung und Vollstreckung von Entscheidungen in Zivil- und Handelssachen (ABl. L 351 S. 1, ber. 2016 L 264 S. 43).

10 EuGH NJW 2011, 505 – „Internationale Zuständigkeit bei per Internet-Angebot zu Stande gekommenen Verträgen" (zur Vorgängervorschrift: Art. 15 Abs. 3 VO (EG) 44/2001 [Brüssel I-VO]).

11 *Bach*, in: Spindler/Schuster, Recht der elektronischen Medien, Rom I, Art. 6 Rdnr. 15.

chers auszurichten.[12] Dies ist nicht bereits dann der Fall, wenn eine Webseite weltweit – also auch in Deutschland – zugänglich ist und ein Formular zur aktiven Bestellung enthält. Ferner genügen nicht die Angabe einer E-Mail-Adresse oder anderer Adressdaten oder die Verwendung einer Sprache oder Währung, welche in dem Staat der Niederlassung des Gewerbetreibenden die üblicherweise verwendete Sprache beziehungsweise Währung sind.[13] Ein schwaches Indiz mag die Angabe einer Telefonnummer mit internationaler Vorwahl sein, da sich daraus noch nicht folgern lässt, dass U seine Geschäftstätigkeit auch auf Deutschland ausrichtet. Gewicht hat indessen die Erwähnung, dass zur Kundschaft des U auch Personen mit Wohnsitz in EU-Staaten zählen, sowie insbesondere die Werbung mit der Bewertung eines in Deutschland wohnhaften Kunden. Daraus lässt sich im Rahmen der Gesamtbetrachtung schließen, dass U den Willen hat, Kunden mit Wohnsitz in Deutschland zu gewinnen. Im Sinne des effektiven Verbraucherschutzes ist nach dem EuGH nicht darauf abzustellen, dass der Gewerbetreibende den Willen hat, eine Tätigkeit *gewissen Umfangs* in dem Mitgliedstaat zu entfalten.

Damit liegt ein „Ausrichten" im Sinne des Art. 6 Abs. 1 lit. b Rom I-VO vor, so dass deutsches Recht auf den Vertrag zwischen A und K anwendbar sein könnte.

> Wer hier den Tatbestand des „*Ausrichtens*" gem. Art. 6 Abs. 1 lit. b) Rom I-VO verneint, muss gem. Art. 6 Abs. 3 Rom I-VO prüfen, ob eine *freie Rechtswahl* gem. Art. 3 vorliegt oder die Kollisionsnorm nach Art. 4 Abs. 1 lit. a) Rom I-VO einschlägig ist. Nach letzterer Vorschrift unterliegen *Kaufverträge über bewegliche Sachen* dem Recht des Staates, in dem der *Verkäufer* seinen gewöhnlichen Aufenthalt hat. Allerdings ist die Regelung des Art. 4 Abs. 3 Rom I-VO zu beachten: Ergibt sich aus der Gesamtheit der Umstände, dass der Vertrag eine *offensichtlich* engere Verbindung zu einem anderen als dem nach Art. 4 Abs. 1 Rom I-VO bestimmten Staat aufweist, so ist das Recht dieses Staates anzuwenden. Unter dem Vorbehalt einer vorrangig zu prüfenden freien Rechtswahl, würde sich jedenfalls über Art. 4 Abs. 1 Rom I-VO keine „*offensichtlich*" engere Verbindung zu Deutschland ergeben (Sprache der Website und des Vertragstextes, Währung US-Dollar).

3. Freie Rechtswahl, Artikel 3 Rom I-VO

Auch bei Verbraucherverträgen können die Parteien das anzuwendende Recht gem. Art. 6 Abs. 2 Satz 1 i.V.m. Art. 3 Rom I-VO wählen.

Nach dem Prinzip der *freien Rechtswahl* gem. Art. 3 Abs. 1 Satz 1 Rom I-VO unterliegt ein Vertrag grundsätzlich dem von den Parteien gewählten Recht. Falls die

---

12 EuGH NJW 2011, 505 – „Internationale Zuständigkeit bei per Internet-Angebot zu Stande gekommenen Verträgen".
13 EuGH NJW 2011, 505 – „Internationale Zuständigkeit bei per Internet-Angebot zu Stande gekommenen Verträgen".

Rechtswahl nicht ausdrücklich erfolgt, muss sie sich jedoch eindeutig aus den Bestimmungen des Vertrags oder aus den Umständen des Falles ergeben (Art. 3 Abs. 1 Sätze 1 und 2 Rom I-VO). Bei Verbraucherverträgen ist allerdings die Rechtswahlfreiheit durch Art. 6 Abs. 2 Satz 2 Rom I-VO eingeschränkt. Der Verbraucher darf durch die Rechtswahl nicht schlechter gestellt werden, wie ihn die Rechtsordnung stellen würde, die ohne Rechtswahl anzuwenden gewesen wäre. Damit sind sämtliche Verbraucherschutzvorschriften zu seinen Gunsten anwendbar, die die ohne Rechtswahl anzuwendende Rechtsordnung zu seinem Schutz bereithält. Es wird so verhindert, dass eine Rechtswahl nur getroffen wird, um Verbraucherrechte zu umgehen.

> Art. 6 Abs. 2 Satz 2 Rom I-VO bestimmt: Die Rechtswahl darf nicht dazu führen, dass dem Verbraucher der Schutz entzogen wird, der ihm durch diejenigen Vorschriften (d.h. Verbraucherschutznormen im weiteren Sinne) gewährt wird, von denen nach dem Recht, das nach Art. 6 Abs. 1 mangels einer Rechtswahl anzuwenden wäre, nicht durch Vereinbarung abgewichen werden darf. Zu den zwingenden Verbraucherschutznormen des deutschen Rechts gehören u.a. die Unwirksamkeitsgründe aufgrund von Sittenwidrigkeit (§ 138 BGB), die Vorschriften über Verbraucherdarlehen (§§ 491 ff. BGB) und der Schutz vor missbräuchlichen Allgemeinen Geschäftsbedingungen (§§ 305 ff. BGB).[14]

Im vorliegenden Fall ist keine ausdrückliche Rechtswahl zwischen den Parteien getroffen worden. Eine schlüssige Rechtswahl kann dann vorliegen, wenn hierfür *eindeutige* Anhaltspunkte vorliegen (Art. 3 Abs. 1 Satz 2 Rom I-VO). Als ein Indiz käme etwa ein gewählter Gerichtsstand in Betracht.[15] Die Vertragssprache oder die Währung, in welcher der Vertrag abgewickelt werden soll, sind jeweils für sich genommen schwache Indizien. Angesichts der gesetzlich geforderten *Eindeutigkeit* der Umstände ist im vorliegenden Fall wohl auch aus der Kombination der Anhaltspunkte (Sprache, Währung) keine schlüssige Rechtswahl zu folgern.

Damit greift die Kollisionsnorm für Verbraucherverträge gem. Art. 6 Abs. 1 lit. b Rom I-VO, sodass deutsches Recht anwendbar ist.

II. Zuständiges Gericht

1. Internationale Zuständigkeit

Regelungen über die internationale Zuständigkeit können sich aus staatsvertraglichen Vorschriften oder auch aus EU-Verordnungen ergeben. Außerhalb deren Anwendungsbereich ergibt sich die internationale Zuständigkeit aus dem deutschen nationa-

---

14 Martiny, Dieter: in: MüKo BGB, Band 12, Rom I-VO, Art. 6 Rdnr. 56.
15 Überblick der Indizien schlüssiger Rechtswahl: Bach, Rom I, Art. 3 Rdnr. 11–14, in: Spindler/Schuster, Recht der elektronischen Medien.

len Recht, wobei hier die allgemeinen Zuständigkeitsregelungen der §§ 12 ff. ZPO, genauer der besondere Gerichtsstand des Erfüllungsorts (§ 29 ZPO), in Betracht kommen könnten.

Nach gefestigter Rechtsprechung des BGH ist die internationale Zuständigkeit in den Vorschriften der §§ 12 ff. ZPO über die örtliche Zuständigkeit *mittelbar mitgeregelt.* Ist danach ein deutsches Gericht zuständig, so indiziert dies regelmäßig die internationale Zuständigkeit.[16]

Indes ist hier vorrangig die *Verordnung über die gerichtliche Zuständigkeit und die Anerkennung und Vollstreckung von Entscheidungen in Zivil- und Handelssachen (Brüssel Ia-VO)* zu prüfen. Gem. Art. 18 Abs. 1 Brüssel Ia-VO kann die Klage eines *Verbrauchers* gegen den anderen Vertragspartner entweder vor den Gerichten des Mitgliedstaates erhoben werden, in dessen Hoheitsgebiet dieser Vertragspartner seinen Wohnsitz hat, oder, ohne Rücksicht auf den Wohnsitz des Vertragspartners, vor dem Gericht des Ortes, an dem der Verbraucher seinen Wohnsitz hat. Die vorgenannte Vorschrift setzt eine *Verbrauchersache* nach Maßgabe des Art. 17 lit. c Brüssel Ia-VO voraus, die hier gegeben ist: Potenzieller Gegenstand eines gerichtlichen Verfahrens sind Ansprüche aus einem Vertrag, den A als Verbraucher abgeschlossen hat, wobei U seine *gewerbliche Tätigkeit* auch auf Deutschland *ausrichtet* und der Vertrag in den Bereich dieser Tätigkeit fällt. Hinsichtlich des Tatbestands des „Ausrichtens" gelten die obigen Ausführungen zu der entsprechenden Begrifflichkeit in Art. 6 Abs. 1 lit. b Rom I-VO. Ein „Ausrichten" auf den Verbraucherstaat liegt vor, wenn – wie im vorliegenden Fall – der offenkundige Wille des Gewerbetreibenden festgestellt werden kann, Verbraucher in diesem Staat (hier: Deutschland) als Kunden zu gewinnen.[17]

Damit kann A vor einem Gericht in Deutschland Klage erheben.

Läge keine *Verbrauchersache* im Sinne des Art. 17 Brüssel Ia-VO vor, so wäre der besondere Gerichtsstand des Erfüllungsortes gem. § 29 ZPO zu prüfen. Fraglich ist, ob der Erfüllungsort in Deutschland liegt. § 269 BGB spricht dem entgegen. Ist ein Leistungsort nicht vereinbart, so gilt als solcher grundsätzlich der Wohnort des Schuldners bzw. der Ort der Niederlassung (§ 269 Abs. 1, 2 BGB). Aus dem Umstand allein, dass der Schuldner die Kosten der Versendung übernommen hat, ist jedenfalls nicht zu entnehmen, dass der Ort, nach dem die Versendung zu erfolgen hat, der Leistungsort sein soll (§ 269 Abs. 3 BGB). Erfüllungsort ist mithin New York.

---

16 BGH NJW-RR 2007, S. 1570 (1572 Rdnr. 24); BGH NJW 1993, S. 2683 (2684).
17 Stadler, Astrid, in: Musielak/Voit (Hrsg.), ZPO, Brüssel Ia-VO, Art. 17, Rdnr. 8.

2. Rechtsdurchsetzung

Die Klage vor einem deutschen Gericht wäre im Übrigen nur dann sinnvoll, wenn Vermögensgegenstände des ausländischen Vertragspartners in Deutschland belegen wären, da eine Anerkennung der Entscheidung eines deutschen Gerichts in den USA und eine dortige Vollstreckung mit großem Aufwand verbunden sind.

Die Vollstreckung ausländischer Urteile in den USA fällt mangels eines *Abkommens* zwischen den USA und Deutschland in die Kompetenz der *US-Bundesstaaten*. Zunächst müsste eine Klage auf *Anerkennung* des deutschen Titels vor dem zuständigen Gericht in den USA erhoben werden. Die Anerkennung richtet sich nach *Common Law*. Erst nach Abschluss des Anerkennungsverfahrens kann die Vollstreckung eingeleitet werden.[18]

III. Ergebnis

Ansprüche des A gegen U richten sich nach deutschem Recht. Für eine Klage wäre die internationale Zuständigkeit eines deutschen Gerichts gegeben.

Lösung zu Aufgabe 3

Vorüberlegung: Nach dem Bearbeitungsvermerk ist ausschließlich nach Ansprüchen des A gegen das Unternehmen N gefragt. Der Sachverhalt lässt offen, welche strategischen Gründe (z.B. schnelle und effektive Rechtsdurchsetzung) den A dazu motivieren, allein gegen N – und nicht auch gegen U – vorzugehen. Darauf kommt es für die Fallbearbeitung auch nicht an.

I. Haftung als Täter oder Teilnehmer

1. Unterlassungsanspruch gem. §§ 14 Abs. 2 Nr. 1, Abs. 3 Nr. 2, Abs. 5 MarkenG

Zu prüfen ist ein Unterlassungsanspruch des A gegen N aus den zitierten Vorschriften. Fraglich ist, ob N selbst eine Markenrechtsverletzung begangen hat. N stellt eine Plattform für *Fremdversteigerungen* als Diensteanbieter (§ 2 Satz 1 Nr. 1 TMG) im Wege des *Host-Providing* zur Verfügung. Bei der markenrechtswidrigen Angebotsbeschreibung des U im Rahmen der Fremdversteigerung handelt es sich nicht um *eigene* Informatio-

---

18 Überblick bei Koritz, Zwangsvollstreckung deutscher Forderungen und Urteile – eine immer noch (fast) unendliche Geschichte, Familie Partnerschaft Recht (FPR) 2013, S. 391 ff.

nen des Plattformbetreibers N, für welche dieser nach den allgemeinen Gesetzen verantwortlich wäre (vgl. § 7 Abs. 1 TMG), sondern um *fremde* Informationen.

Weiterhin ist zu bestimmen, ob N sich die fremden Informationen zu Eigen gemacht hat. Von einem Zu-Eigen-Machen ist auszugehen, wenn N nach außen erkennbar die inhaltliche Verantwortung für die auf seiner Internetseite veröffentlichten Inhalte übernommen hat, was aus Sicht eines verständigen Durchschnittsnutzers auf der Grundlage einer Gesamtbetrachtung aller relevanten Umstände zu beurteilen ist.[19] N hat sich die Fremdinformationen nicht etwa durch eine Einflussnahme auf den Angebotstext oder durch eine Prüfung des Angebots zu *Eigen* gemacht, da die Angebote der Versteigerer in einem automatischen Verfahren in die Plattform eingestellt werden.[20]

Auch den Umstand, dass ein Plattformbetreiber für Fremdversteigerung durch eine ihm geschuldete Provision am Verkauf von Piratenware in finanzieller Hinsicht beteiligt ist, hat der BGH nicht als ein *„zu Eigen machen"* gewertet.[21] Anders ist es jedoch beispielsweise dann, wenn der Betreiber eines Online-Marktplatzes Hilfestellung dabei leistet, die Präsentation der Angebote der Verkäufer zu optimieren oder diese zu bewerben. Denn dann nimmt er nicht mehr nur eine neutrale Stellung zwischen dem Verkäufer und den potenziellen Käufern ein, sondern spielt eine aktive Rolle, die ihm eine Kenntnis der diese Angebote betreffenden Daten oder eine Kontrolle über sie verschaffen kann. Er macht sich dann die fremden Daten „zu Eigen".[22]

Damit scheidet eine Haftung des N als *Täter* aus.

Zu prüfen ist eine Haftung des N als *Teilnehmer* an der Verletzungshandlung des A. Hierfür müsste eine objektive *Teilnahmehandlung* (z.B. als Gehilfe) sowie zumindest ein bedingter Teilnahmevorsatz (z.B. Gehilfenvorsatz) des N in Bezug auf die Markenverletzung als rechtswidrige Haupttat vorliegen. Unter den vorliegenden Umständen, in denen die plagiierten Uhren in einem automatisierten Verfahren ohne vorherige Kenntnis der N eingestellt worden sind, fehlt es jedenfalls an einem Teilnehmervorsatz. Insbesondere reicht es für die Annahme eines solchen Vorsatzes nicht aus, wenn der Betreiber einer Plattform für Fremdversteigerungen mit bloß gelegentlichen Markenverletzungen rechnet. Der Teilnehmervorsatz muss sich vielmehr auf die konkret drohende Haupttat richten.[23]

---

19 BGH GRUR 2016, 855, 856 f. – „www.jameda.de".
20 BGH NJW 2004, 3102 (3103) – „Rolex" → Fechner, E 97.
21 BGH NJW 2004, 3102 – „Rolex" → Fechner, E 97.
22 EuGH, GRUR 2011, 1025, 1032 Rdnr. 116 – „L'Oréal/eBay".
23 BGH NJW 2007, S. 2636, 2638 – „Internet Versteigerung II" („Rolex II"); in Fortführung von BGH NJW 2004, S. 3102, 3104 – „Rolex" → Fechner, E 97.

2. Schadensersatzanspruch gem. §§ 14 Abs. 2 Nr. 1, Abs. 3 Nr. 2, Abs. 6 MarkenG

Wie dargestellt, ist der Beitrag des N zu der Markenverletzung so gering, dass eine Haftung als Täter oder Teilnehmer ausscheidet und sich somit kein Schadensersatzanspruch aus den zitierten Vorschriften ergibt. Eine Schadensersatzhaftung des N als Host-Provider ist zudem durch die *Haftungsprivilegierung* des § 10 Satz 1 TMG ausgeschlossen.

II. Haftung als Störer

1. Unterlassungsanspruch gem. § 1004 analog BGB

In Betracht kommt ein Unterlassungsanspruch von A gegenüber N gem. § 1004 BGB analog i.V.m. §§ 14 Abs. 2 Nr. 1, Abs. 3 Nr. 2 MarkenG nach den Grundsätzen der sog. Störerhaftung. Als Anspruchsgrundlage für die Störerhaftung zieht die Rechtsprechung § 1004 BGB analog heran. N müsste dann „Störer" und insofern für die Markenrechtsverletzung verantwortlich sein.

a) Anspruchsvoraussetzungen

aa) Störerbegriff

Als Störer für eine Schutzrechtsverletzung, wie zum Beispiel eine Markenrechtsverletzung, kann derjenige auf Unterlassung in Anspruch genommen werden, der – ohne Täter oder Teilnehmer zu sein – in irgendeiner Weise willentlich und adäquat kausal zur Verletzung des geschützten Gutes beiträgt.[24] Eine Täterschaft oder Teilnahme des N wurde oben bereits ausgeschlossen.

Im Falle der Verletzung von absoluten Rechten (z.B. Immaterialgüterrechten), die nach §§ 823 Abs. 1, 1004 BGB geschützt sind, gelten nach der Rechtsprechung des BGH die Grundsätze der Störerhaftung. Soweit keine Verletzung eines absoluten Rechts im Raum steht (d.h. in den Fällen des Verhaltensunrechts), wird der Unterlassungsanspruch nach den deliktsrechtlichen Kategorien von Täterschaft und Teilnahme begründet.[25] So kann etwa den Betreiber einer Internet-Auktionsplattform eine *wettbewerbsrechtliche Verkehrspflicht* treffen, durch deren Verletzung er zum *Täter* einer unlauteren Wettbewerbshandlung wird.[26] Eine solche *wettbewerbsrechtliche Verkehrspflicht* ist anzunehmen, wenn durch das Handeln des Plattform-Betreibers die ernsthafte Gefahr begründet wird, dass Dritte (Anbieter) wettbewerbsrechtlich geschützte Interessen von Marktteilnehmern verletzen. So konkretisiert sich bei-

---

24 BGH NJW 2004, 3102, 3105 – „Rolex" → Fechner, E 97.
25 Vgl. BGH NJW 2004, S. 3102, 3105 – „Rolex" → Fechner, E 97.
26 BGH MMR 2007, S. 634 ff. – „Jugendgefährdende Medien bei e-Bay"; BGH GRUR 2011, 152, 156 – „Kinderhochstühle im Internet".

spielsweise die Verkehrspflicht eines Auktionsplattform-Betreibers hinsichtlich
fremder jugendgefährdender Inhalte als *Prüfungspflicht*, zu deren Begründung es allerdings eines *konkreten Hinweises* auf ein bestimmtes jugendgefährdendes Angebot
eines bestimmten Anbieters bedarf. Der Plattform-Betreiber ist dann nicht nur verpflichtet, dieses Angebot unverzüglich zu sperren, sondern muss auch zumutbare
Vorsorgemaßnahmen treffen, um weitere gleichartige Rechtsverletzungen möglichst
zu vermeiden.

N stellt auf seiner Plattform dem Unternehmen U Speicherplatz zur Verfügung. Unter
Nutzung dieses Dienstes hat U eine Markenrechtsverletzung zum Nachteil des A begangen. Somit trägt N zu der Markenrechtsverletzung bei und ist insoweit „Störer".

bb) Einschränkung der Störerhaftung

Weil die Störerhaftung aber nicht über Gebühr auf Dritte erstreckt werden darf, die
nicht selbst die rechtswidrige Beeinträchtigung vorgenommen haben, setzt die Haftung als Störer nach der Rechtsprechung des BGH die Verletzung von *Prüfungspflichten* voraus.[27] Deren Umfang bestimmt sich danach, ob und inwieweit dem als Störer in
Anspruch Genommenen nach den Umständen eine Prüfung zuzumuten ist. Danach
ist das Auktionshaus nur dann „Störer", wenn es ihm *zumutbare* Prüfungspflichten
verletzt. Insbesondere dürfen die Prüfungsobliegenheiten nicht derart überspannt
werden, dass dadurch ein an sich rechtmäßiges Geschäftsmodell in Frage gestellt wird.

In der Entscheidung „Internet-Versteigerung (I)" aus dem Jahr 2004 vertrat der BGH
die Auffassung, dass es dem Betreiber einer Plattform für Fremdversteigerungen
nicht zuzumuten sei, jedes einzelne Angebot vor Veröffentlichung im Internet auf
eine mögliche Rechtsverletzung hin zu untersuchen. Den Einsatz von Filtersoftware
hat der BGH erwogen. Indes hatte das verklagte Auktionshaus damals unwiderspro-
chen vorgetragen, dass es technisch (noch) nicht möglich sei, Angebote rechtsverlet-
zenden Inhalts mit Hilfe einer Software zu erkennen und herauszufiltern.

Jedenfalls entstehen die Prüfungspflichten nach der Rechtsprechung erst, wenn der
Betreiber der Auktions-Plattform für Fremdversteigerungen auf die Rechtsverletzung
des Anbieters hinreichend klar und deutlich hingewiesen worden ist. Der Plattformbetreiber ist ab diesem Zeitpunkt verpflichtet, das konkrete Angebot unverzüglich zu
sperren (§ 10 Satz 1 Nr. 2 TMG), zudem muss er Vorsorge treffen, dass es möglichst
nicht zu weiteren derartigen Markenverletzungen kommt. Als Vorsorgemaßnahme in

---

27 Ständ. Rspr.: BGH NJW 2004, S. 3102, 3105 – „Rolex" → Fechner, E 97. Kritisch gegenüber der
Postulierung von Prüfpflichten zur Herleitung von vorbeugenden Unterlassungsansprüchen,
welche die Zielsetzung der Haftungsprivilegierung des § 10 Satz 1 TMG unterlaufe, etwa: Hoeren,
Thomas, Urteilsanmerkung MMR 2004, 672 f.; Spindler, Gerald, Anmerkung zu BGH „Internet-
versteigerung II" (MMR 2007, 511 ff.).

Betracht kommt etwa der Einsatz einer Software, die entsprechende Verdachtsfälle aufdeckt, wobei Anhaltspunkte für den Verdacht ein niedriger Preis der Plagiate oder auch sonstige Hinweise auf Nachbildungen sein können.[28]

Vorliegend wurde N auf die Markenrechtsverletzungen des U hingewiesen. N hatte also die Möglichkeit, entsprechende Vorsorgemaßnahmen – wie zum Beispiel den Einsatz von Filtersoftware – zu treffen, damit es nicht erneut zu derartigen Rechtsverletzungen kommt. Indem N jedoch keine entsprechende Vorsorge getroffen hat, hat er seine Prüfungspflichten schuldhaft verletzt und könnte insoweit als Störer auf Unterlassung haften.

b) Ausschluss der Haftung durch das TMG

Nach den §§ 7 bis 10 TMG bestehen *Haftungsprivilegien*, die zu Gunsten von Diensteanbietern unter bestimmten Voraussetzungen zu einem Haftungsausschluss führen. Eine Haftung nach den allgemeinen Gesetzen, wie beispielsweise hier nach § 1004 BGB analog, könnte dann entfallen.

Die §§ 7 bis 10 TMG sind keine *haftungsbegründenden* Normen, sondern lediglich Haftungserleichterungen bzw. Haftungsausschlussgründe. Es handelt sich also nicht um zusätzliche Anspruchsgrundlagen über die allgemeinen Ansprüche z.B. aus dem BGB hinaus. Zu einem Haftungsausschluss können sie führen, wenn die Verantwortlichkeit nach einer anderen Norm festgestellt wurde.

Die §§ 8 bis 10 TMG regeln die Haftungsprivilegien für *fremde* Informationen, differenziert nach verschiedenen Provider-Typen. Auf N als Host-Provider könnte die Haftungsprivilegierung des § 10 TMG anwendbar sein. Nach ständiger Rechtsprechung des BGH kommt jedoch eine Anwendung dieser Vorschrift auf *Unterlassungsansprüche*, und zwar auch auf solche aus § 1004 BGB analog, nicht in Betracht.[29] Dies soll sich aus dem Gesamtzusammenhang der gesetzlichen Regelung und der europarechtskonformen Auslegung der Vorschrift ergeben.[30] Zwar lässt sich diese Einschränkung dem Wortlaut des § 10 TMG nicht entnehmen. Die Regelung des § 7 Abs. 2 Satz 2 TMG wird jedoch als Argument für die Sichtweise des BGH herangezogen, sowie § 10 Satz 1 Nr. 1 TMG, der hinsichtlich der Haftungsprivilegierung explizit geringe Anforderungen für *Schadensersatzansprüche* normiert.

Ist demnach § 10 TMG auf Unterlassungsansprüche nicht anwendbar, scheidet ein Haftungsausschluss aus.

---

28 BGH NJW 2004, S. 3102, 3105 – „Rolex" → Fechner, E 97.
29 BGH NJW 2004, S. 3102, 3103 f. „Rolex" → Fechner, E 97.
30 BGH NJW 2004, S. 3102, 3104 mit Verweis auf Art. 14 Richtlinie 2000/31/EG [E-Commerce-RL]. Die Entscheidung erging noch zu den damals einschlägigen Regelungen des *Teledienstgesetzes*, die insoweit wortgleich dann 2007 in das TMG übernommen wurden.

c) Zwischenergebnis

N haftet als Störer für die Markenrechtsverletzungen gem. § 1004 BGB analog i.V.m. §§ 14 Abs. 2 Nr. 1, 14 Abs. 3 Nr. 2 MarkenG auf Unterlassung. Die erforderliche *Wiederholungsgefahr* der Markenrechtsverletzung ergibt sich daraus, dass es bereits zu einer ersten Rechtsverletzung gekommen ist.

> Wenn der potenzielle Störer eine *Erstbegehungsgefahr* begründet, kann dieser auch *vorbeugend* auf Unterlassung in Anspruch genommen werden. Dies ist dann der Fall, wenn es noch nicht zu einer Verletzung des geschützten Rechts gekommen ist, eine Verletzung aber in Zukunft auf Grund der Umstände zu befürchten ist.[31]

d) Rechtsfolge

Aufgrund der Störerhaftung gem. § 1004 BGB analog i.V.m. §§ 14 Abs. 2 Nr. 1, 14 Abs. 3 Nr. 2 MarkenG ist Plattformbetreiber N verpflichtet, gleichartige Markenverletzungen zu unterlassen. Die Unterlassungspflicht umfasst zum einen die unverzügliche Sperrung bzw. Löschung des konkreten Angebots (§ 10 Satz Nr. 2 TMG). Dieser Pflicht hat N bereits genügt.

Darüber hinaus ist N verpflichtet, auch künftig Markenverletzungen zu unterlassen. Insofern muss N Vorsorge treffen, dass es möglichst nicht zu weiteren derartigen Rechtsverletzungen kommt. Die den N treffenden zumutbare Prüfungspflichten können etwa durch den Einsatz geeigneter Filtersoftware erfüllt werden.

2. Schadensersatzanspruch

Für den Schadensersatzanspruch ist keine Anspruchsgrundlage ersichtlich. Wie oben (I.) aufgezeigt, ist N weder Täter noch Teilnehmer einer Markenrechtsverletzung. Eine Anspruchsgrundlage aus dem Markengesetz scheidet somit aus. Aus *„Störerhaftung"* lässt sich lediglich ein *Unterlassungsanspruch* begründen, niemals aber ein *Schadensersatzanspruch*.[32] Zudem ist zu bedenken, dass für Schadensersatzansprüche die Haftungsprivilegien des § 10 Satz 1 TMG Anwendung finden würden. Somit hat A gegenüber N keinen Anspruch auf Schadensersatz.

III. Ergebnis

A kann von N *Unterlassung* bezüglich künftiger gleichartiger Markenrechtsverletzungen verlangen (§ 1004 BGB analog i.V.m. §§ 14 Abs. 2 Nr. 1, 14 Abs. 3 Nr. 2 MarkenG). N erwachsen aus dieser Verpflichtung zumutbare Prüfungspflichten in Bezug auf Ange-

---

31 BGH NJW 2007, S. 2636, 2639 – „Rolex" → Fechner, E 97.
32 BGH NJW 2004, S. 3102, 3106 – „Rolex" → Fechner, E 97.

bote des U, um zukünftige Markenrechtsverletzungen zu vermeiden. Dies schließt den Einsatz geeigneter Filtersoftware ein. *Schadensersatz* jedoch kann A von N nicht fordern.

Fall 23: Handy-Kritik

Journalist Jean (J) ärgert sich darüber, dass sein Handy eine so kleine Tastatur hat, dass er Telefonnummern nur mit Mühe eintippen kann. Er schreibt daher einen Zeitungsartikel über den Handyhersteller, die H-GmbH (H), in dem er die Produkte der H als „nicht ergonomisch" bezeichnet. Um der H darüber hinaus zu schaden, will J das Kaufinteresse seiner Leser auf die Produkte der konkurrierenden Handy-Hersteller A und B lenken. Er fügt deshalb wider besseres Wissen die Behauptung hinzu, die Handys der H seien deutlich schwerer als die vergleichbaren Geräte der Produzenten A und B. Tatsächlich sind die Handys der H leichter als die Konkurrenzprodukte. Der Artikel wird in der Z-Zeitung veröffentlicht. In der H-GmbH, die Inhaberin der für Handys eingetragenen Marke „BestFriend" ist, nimmt man an dem Beitrag des J Anstoß und fragt, welche Ansprüche H gegen J sinnvoller Weise geltend machen kann. Insbesondere will H verhindern, dass J seine Äußerungen in derselben Zeitung wiederholt oder zusätzlich in anderen Presseorganen veröffentlicht. Zudem möchte H wissen, ob ihr ein Schadensersatzanspruch gegen J zusteht.

Prozessuale Probleme sind nicht zu erörtern.

Abwandlung

J richtet im Internet ein Forum ein, in dem sich auch andere Kunden, die mit den Produkten der im Inland bekannten Marke „BestFriend" unzufrieden sind, äußern können. Dazu verwendet er die Domain „Schrott-BestFriend", die er sich von der DENIC e.G. hat zuteilen lassen. J ist der Auffassung, eine Markenverletzung sei ausgeschlossen, da er selbst keine Handys verkaufe. Zudem dürfe er sich auf die Zuweisungsentscheidung der DENIC ja wohl verlassen. Hersteller H, der dies anders sieht, will wissen, wie er gegen J rechtlich vorgehen kann.

Prozessuale Probleme sind nicht zu erörtern.

Lösung des Ausgangsfalls: Der Artikel über das Handy

I. Vorüberlegung

In Bezug auf den bereits erschienen Artikel des J ist der H-GmbH mit einem Unterlassungsanspruch, der sich aus § 8 Abs. 1 Satz 1 UWG ergeben könnte, nicht geholfen.

Allerdings möchte H verhindern, dass J seine Äußerungen in derselben Zeitung oder auch einem anderen Presseorgan wiederholt. Insoweit wäre Anspruchsverpflichteter bezüglich eines Unterlassungsanspruchs J als Autor.

Anspruchsverpflichtet wäre daneben – wonach in der Aufgabenstellung indes nicht gefragt ist – insbesondere der Verleger der Zeitung bzw. des Presseorgans.[1]

Die erneute Veröffentlichung der betreffenden Äußerungen im selben oder der auch in einem anderen Presseorgan wäre als *Wiederholung* – zu qualifizieren, da es sich bei diesen Verlautbarungen um im Kern gleichartige Verstöße zu den bereits getätigten Äußerungen in der Z-Zeitung handeln würde.

Zu denken ist ferner an einen *Widerrufs- bzw. Berichtigungsanspruch* als Unterfall[2] eines Beseitigungsanspruchs. J als Journalist kann jedoch über die Gestaltung der Zeitung nicht verfügen. Passivlegitimiert wäre insoweit der Verleger.[3]

II. Unterlassungsanspruch gemäß § 8 Abs. 1 UWG

Zu prüfen ist, ob die Ausführungen im Artikel des J eine nach § 3 unzulässige geschäftliche Handlung darstellen.

1. Geschäftliche Handlung, § 2 Abs. 1 Nr. 1 UWG

Das Gesetz definiert als geschäftliche Handlung jedes Verhalten einer Person zugunsten des eigenen oder eines fremden Unternehmens, das u.a. mit der Förderung des Absatzes von Waren objektiv zusammenhängt.[4] Fraglich ist der **objektive Unternehmensbezug** der Äußerungen des J. Bei der *Berichterstattung* durch Medienunternehmen bzw. deren Angehörige wird im Hinblick auf die verfassungsrechtlichen Wertungen des Art. 5 Abs. 1 Satz 2 GG regelmäßig angenommen, dass diese lediglich die Öffentlichkeit über Angelegenheiten von allgemeinem Interesse informieren und damit außerhalb des Wettbewerbsrechts agieren („Medienprivileg" für redaktionelle Äußerungen). Insofern fehlte der Medienberichterstattung regelmäßig der objektive Unter-

---

1 Löffler/Ricker, Presserecht, 44. Kapitel, Rdnr. 8.
2 Bornkamm, in: Köhler/Bornkamm/Feddersen, UWG, § 8 Rdnr. 1.129.
3 Löffler/Ricker, Presserecht, 44. Kapitel, Rdnr. 24.
4 Der Begriff der „geschäftlichen Handlung" ist durch Neufassung des § 2 Abs. 1 Nr. 1, 2008 an die Stelle des früheren Begriffs der „Wettbewerbshandlung" getreten.

nehmensbezug. Dieses nunmehr überholte Kriterium wurde jedoch dann widerlegt, wenn konkrete Umstände dafürsprachen, dass neben der Wahrnehmung der publizistischen Aufgabe die Absicht des Presseorgans, den eigenen oder fremden Absatz zu fördern, eine größere als nur begleitende Rolle gespielt hatte.[5] Nunmehr wird ein Unternehmensbezug nicht mehr anhand einer (subjektiven) Wettbewerbsförderungsabsicht, sondern anhand eines objektiven Zusammenhangs zwischen Kritik und Absatzförderung bewertet.[6]

Soweit J die Produkte der H als „nicht ergonomisch" bezeichnet, liegt dies im Rahmen der üblichen Pressearbeit, die im Interesse der Allgemeinheit die Öffentlichkeit über die Qualität von Produkten zu informieren hat. Insoweit ist auch die subjektive journalistische Beurteilung eines Produkts von der Pressefreiheit gedeckt. Eine Ausnahme besteht etwa dann, wenn diese Meinungsäußerung von einem der Marktteilnehmer „erkauft" worden ist,[7] wovon im gegebenen Fall nicht ausgegangen werden kann. Bei Medienberichten ist also grundsätzlich anzunehmen, dass die Mitteilungen dem Informationsinteresse der Allgemeinheit dienen sollen. Dies gilt selbst dann, wenn die Berichterstattung, zu der auch die Produktkritik gehört, mit polemischer Schärfe und „Spitzfindigkeit" erfolgt oder von persönlicher Abneigung gegen einen bestimmten Hersteller geprägt ist[8] und endet nur, wenn es sich um „Schmähkritik" handelt, bei der die unsachliche Diffamierung eines anderen im Vordergrund steht.

Redaktionelle Äußerungen in den Medien sind jedenfalls dann wettbewerbsrelevant, wenn besondere Anhaltspunkte darauf hinweisen, dass eine Veröffentlichung nicht in erster Linie der Meinungsbildung und öffentlichen Information dient, sondern nach Einzelfallwürdigung dazu geeignet ist, in den Wettbewerb zugunsten eines Mitbewerbers einzugreifen.[9] Die landespressegesetzlich normierte Sorgfaltspflicht (§ 5 MusterPresseG) verpflichtet den Journalisten bei einer Produktbesprechung, den Wahrheitsgehalt seiner Behauptungen vorab im Rahmen des Zumutbaren zu überprü-

---

5 Vgl. die Kriterien zur Bestimmung der nach altem Recht (UWG 2004) erforderlichen Wettbewerbsförderabsicht bei BGH GRUR 2006, 875, 876 „Rechtsanwalts-Ranglisten". Dieser Maßstab der Rechtsprechung ist auch unter geltendem Recht im Rahmen der Bestimmung des objektiven Unternehmensbezugs relevant (Bornkamm, in: Köhler/Bornkamm/Feddersen, UWG, § 2 Rdnr. 64 ff).

6 Köhler, in: Köhler/Bornkamm/Feddersen, UWG, § 2 Rdnr. 67.

7 Siehe Ziffer 11 des Anhangs zu § 3 Abs. 3 UWG („Schwarze Liste"), der die als „Information getarnte Werbung" als unzulässige geschäftliche Handlung gem. § 3 Abs. 3 UWG aufführt. Der Tatbestand erfasst den vom Unternehmer finanzierten Einsatz redaktioneller Inhalte zu Zwecken der Verkaufsförderung, ohne dass sich dieser Zusammenhang aus dem Inhalt oder aus der Art der Darstellung eindeutig ergibt. Verantwortlich nach Ziffer 11 sind sowohl das finanzierende Unternehmen als auch das finanzierte Medienunternehmen (bzw. der Redakteur), Köhler, in: Köhler/Bornkamm/Feddersen, UWG, Anh. zu § 3 III Rdnr. 11.8.

8 Vgl. Prinz, in: Fezer, UWG, S7 Rdnr. 14.

9 Prinz, in: Fezer, UWG, S7 Rdnr. 14; vgl. Köhler, in: Köhler/Bornkamm/Feddersen, UWG, §2 RN 67.

fen und keine falschen Tatsachen zu verbreiten. Zwar führt nicht jeder Verstoß gegen diese Sorgfaltspflicht dazu, dass ein Journalist sich in den Bereich des Wettbewerbsrechts begibt. Anders ist es aber jedenfalls dann, wenn – wie im vorliegenden Fall – wissentlich falsche Behauptungen über die Produkte eines Unternehmens aufgestellt werden und dabei vergleichend die Erzeugnisse konkurrierender Unternehmen positiv hervorgehoben werden. J hat behauptet, die Handys der H seien im Vergleich zu den Konkurrenzgeräten deutlich schwerer, obwohl ihm bekannt war, dass dies nicht zutrifft. Insoweit war seine Äußerung objektiv geeignet, den Absatz von Waren zugunsten der Unternehmen A und B zu fördern. J handelte damit im geschäftlichen Verkehr i.S.v. § 2 Abs. 1 Nr.1 UWG.

Im Gegensatz zu redaktionellen Beiträgen gelten für das Anzeigengeschäft der Presse und der Medien, die periodische Informationen im Schutzbereich des Art. 5 Abs. 1 Satz 2 GG vermitteln, folgende Grundsätze: In der Veröffentlichung einer Anzeige ist eine Maßnahme des Verlegers zu sehen, den Wettbewerb des Inserenten zu fördern. Das Anzeigengeschäft der Presse liegt außerhalb des meinungsbildenden und informierenden Funktionsbereichs. Hier treten die Medien als Werbeträger auf, sodass stets geschäftliches Handeln i.S.v. § 2 Abs. 1 Nr. 1 UWG vorliegt. Mag der Verleger bei der Veröffentlichung von Anzeigen primär die Absicht verfolgen, den eigenen Wettbewerb zu fördern, so dient doch das Anzeigengeschäft objektiv dem Zweck, den Wettbewerb des Inserenten zu unterstützen.[10] Das Haftungsprivileg der Presse (§ 9 Satz 2 UWG) verlangt hinsichtlich des Verstoßes gegen Lauterkeitsrecht Vorsatz bei den verantwortlichen Personen der Druckschrift. Nach ständiger Rechtsprechung haften die Medien im Anzeigengeschäft jedoch nur für grobe und unschwer erkennbare Wettbewerbsverstöße.[11] Im Übrigen soll hier noch einmal klargestellt werden, dass sich auf das Haftungsprivileg des § 9 Satz 2 UWG nicht berufen kann, wer selbst den betreffenden Text verfasst hat bzw. diesen sich als Eigenbeitrag zurechnen lassen muss.[12]Zu beachten ist schließlich, dass die gesetzliche Begrenzung der Schadensersatzhaftung auf Vorsatztaten über den Wortlaut des § 9 Satz 2 UWG hinaus auf alle Medien i.S.v. Art. 5 Abs. 1 Satz 2 GG entsprechend anzuwenden ist.[13]

2. Unlauterkeit

a) Vergleichende Werbung

Gemäß § 3 Abs. 1 UWG ist zu prüfen, ob eine unlautere geschäftliche Handlung vorliegt, die geeignet ist, die Interessen der H als Mitbewerberin spürbar zu beeinträchti-

---

10 Ständige Rechtsprechung: BGH GRUR 1973, S. 203, 204 „Badische Rundschau".
11 Ständige Rechtsprechung, vgl. BGH GRUR 1994, S. 841, 843 „Suchwort"; BGHZ 149, 247, 268 „H.I.V. POSITIVE II".
12 Köhler, in: Köhler/Bornkamm/Feddersen, UWG, § 9 Rdnr. 2.15.
13 Köhler, in: Köhler/Bornkamm/Feddersen, UWG, § 9 Rdnr. 2.13.

gen. Eine solche Beeinträchtigung könnte sich aus der falschen Behauptung des J ergeben, die Produkte der H seien deutlich schwerer als die der Hersteller A und B. Es könnte eine unlautere vergleichende Werbung gem. § 6 Abs. 1, Abs. 2 Nr. 5 UWG vorliegen. Vergleichende Werbung ist auch durch einen Dritten möglich, wenn dieser mit dem Vergleich den Wettbewerb eines der konkurrierenden Unternehmen fördern möchte,[14] wie dies bei J der Fall ist. Hinsichtlich des Merkmals des Gewichts hat J die Produkte der H unmittelbar jenen der Mitbewerber A und B gegenübergestellt, sie mithin verglichen und dabei letztere lobend hervorgehoben. Die Äußerung war nicht nur objektiv geeignet, den Absatz von A und B zu fördern, J hatte auch die Absicht zur Absatzförderung. Damit erfüllte sein Handeln den Begriff der *Werbung*[15]. J hat dabei die Waren der H im Sinne von § 6 Abs. 2 Nr. 5 UWG *herabgesetzt*. Unter „Herabsetzung" ist die sachlich nicht gerechtfertigte Verringerung der Wertschätzung des Produkts in den Augen der angesprochenen Verkehrskreise zu verstehen.[16] Die Behauptung unwahrer abträglicher Tatsachen ist jedenfalls ungerechtfertigt und damit tatbestandsmäßig.

b) Irreführung

Zudem ist zu prüfen, ob auch eine irreführende geschäftliche Handlung gem. § 5 UWG vorliegt. Nach § 5 Abs. 1 Satz 2 Nr. 1 UWG ist eine geschäftliche Handlung irreführend, wenn sie unwahre Angaben über die wesentlichen Merkmale einer Ware enthält.[17] § 5 Abs. 3 UWG werden auch unwahre Angaben im Rahmen der vergleichenden Werbung erfasst. Das Gewicht eines Handys betrifft dessen Zwecktauglichkeit und stellt damit ein wesentliches Merkmal dar. Damit hat J auch den Unlauterkeitstatbe

---

14 BGH GRUR 1999, S. 69, 70 – „Preisvergleichsliste II"; BGH GRUR 2006, S. 875, 876 „Rechtsanwalts-Ranglisten"; Köhler, in: Köhler/Bornkamm/Feddersen, UWG, § 6 Rdnr. 67.
15 Im Rahmen der gebotenen richtlinienkonformen Auslegung des § 6 Abs. 1 UWG ist der Begriff der Werbung mit Blick auf die Definition in Art. 2 lit. a) der EU-Werberichtlinie (2006/114/ EG, ABl.EU v. 27.12.2006 Nr. L 376, S. 21) zu bestimmen. „Werbung" ist danach „jede Äußerung bei der Ausübung eines Handels, Gewerbes, Handwerks oder freien Berufs mit dem Ziel, den Absatz von Waren oder die Erbringung von Dienstleistungen (…) zu fördern." Redaktionelle Presseäußerungen können nur dann als Werbung qualifiziert werden, wenn bei ihnen sowohl die objektive Eignung als auch die subjektive Absicht zur Absatzförderung vorliegen (Lettl, in: GRUR 2007, 936, 939 f.)
16 Köhler, in: Köhler/Bornkamm/Feddersen, UWG, § 6 Rdnr. 166.
17 Vgl. die Definition der „irreführenden Werbung" gem. § 2 lit. b) der EU Werbe-Richtlinie (2006/114/EG), derzufolge unter „irreführender Werbung" jede Werbung zu verstehen ist, „die in irgendeiner Weise (…) die Personen, an die sie sich richtet oder die von ihr erreicht werden, täuscht oder zu täuschen geeignet ist und die infolge der ihr innewohnenden Täuschung ihr wirtschaftliches Verhalten beeinflussen kann oder aus diesen Gründen einen Mitbewerber schädigt oder zu schädigen geeignet ist."

stand des § 5 Abs. 1 Satz 2 Nr. 1 und Abs. 3 UWG verwirklicht, der selbständig neben § 6 UWG steht.[18]

c) Verschleierung des Werbecharakters

Schließlich könnte auch eine Unlauterkeit gem. § 5a Abs. 6 UWG vorliegen. Die Norm ist einschlägig, wenn der kommerzielle Zweck einer geschäftlichen Handlung nicht kenntlich gemacht wird, wenn sich dieser nicht schon unmittelbar aus den Umständen ergibt und der Verbraucher dadurch zu einer geschäftlichen Entscheidung veranlasst wird, die er andernfalls nicht getroffen hätte. Das ist unter anderem dann anzunehmen, wenn das Publikum über die Objektivität der Berichterstattung getäuscht wird.[19] Insoweit ist § 5 Abs. 6 UWG eine Anwendung des Grundsatzes der Trennung von Werbung und redaktionellem Teil im Wettbewerbsrecht. J hat den Eindruck erweckt, als unabhängiger Journalist die Handys getestet zu haben und unparteiisch darüber zu berichten. Das war nicht der Fall, denn er hat wider besseres Wissen falsche Angaben gemacht. Dadurch könnten potentielle Kunden vom Kauf eines Handys der H abgehalten werden. Damit hat J auch den Tatbestand der Verschleierung des Werbecharakters von geschäftlichen Handlungen gem. § 5a Abs. 6 UWG erfüllt.

d) Herabsetzung

Zu prüfen ist, ob J mit seiner wahrheitswidrigen Behauptung die Waren eines Mitbewerbers gem. § 4 Nr. 1 UWG herabgesetzt hat. Selbst wenn man im Rahmen der Werbung für Dritte das Bestehen eines konkreten Wettbewerbsverhältnis zwischen H einerseits und A und B andererseits für maßgeblich hält (und nicht zwischen H und J), so wird jedenfalls die Vorschrift des § 4 Nr. 1 UWG durch die Spezialregelung des § 6 Abs. 2 Nr. 5 verdrängt.[20] Keine Verdrängung findet indes hinsichtlich des Tatbestands der „Herabsetzung" gem. § 4 Nr. 2 UWG statt.[21] Danach handelt unlauter, wer unter anderem über die Waren eines Mitbewerbers Tatsachen[22] behauptet oder verbreitet, die geeignet sind, den Betrieb des Unternehmens zu schädigen, sofern die Tatsachen nicht erweislich wahr sind (§ 4 Nr. 2, 1. Hs UWG). Die Regelung setzt keine Rufschädigung des Unternehmens voraus. Es genügt, wenn die Äußerung Nachteile für die Erwerbs-

---

18 Sack, in: Harte-Bavendamm/Henning-Bodewig, UWG, § 6 Rdnr. 227.

19 Lettl, Lauterkeitsrechtliche Haftung von Presseunternehmen für „Rankings", GRUR 2007, 936, 943.

20 Ohly, in: Ohly/Sosnitza, UWG, § 4 Rdnr. 1/6.

21 Sack, in: Harte-Bavendamm/Henning-Bodewig, UWG, § 6 Rdnr. 230.

22 Negative Werturteile fallen nicht unter den Tatbestand des § 4 Nr. 8 UWG, wohl aber unter § 4 Nr. 7 UWG sowie § 6 Abs. 2 Nr. 5 UWG. Im Gegensatz zu Werturteilen sind Tatsachenbehauptungen dadurch charakterisiert, dass sie grundsätzlich dem Beweis vor Gericht zugänglich sind.

tätigkeit auslösen kann.[23] Zwar ist die H keine Mitbewerberin des J. Nach den obigen Darlegungen zur vergleichenden Werbung durch Dritte erscheint es jedoch konsequent, insoweit auf das Wettbewerbsverhältnis zwischen H einerseits und ihren Konkurrenten A und B auf der anderen Seite abzustellen. Denn die betriebsschädigende Behauptung des J ist im Rahmen der vergleichenden Werbung aufgestellt worden.

e) Zwischenergebnis

Die Voraussetzungen des § 3 Abs. 1 i.V.m. § 6 Abs. 1, 2 Nr. 5; § 5 Abs. 1 Satz 2 Nr. 1 und Abs. 3 sowie § 4 Nr. 2 und § 3 UWG liegen hier vor.

3. Anspruchsberechtigung

§ 8 Abs. 3 UWG begrenzt den Kreis der Berechtigten der Abwehransprüche aus § 8 Abs. 1 UWG auf Mitbewerber und bestimmte Verbände. Indes steht H gegenüber J in keinem konkreten Wettbewerbsverhältnis (§ 2 Abs. 1 Nr. 3 UWG). Es ist allerdings hier wiederum die Besonderheit zu beachten, dass die unzulässige geschäftliche Handlung sich auf die Förderung fremden Absatzes bezieht. In einem solchen Fall ist auf das Wettbewerbsverhältnis zwischen dem bzw. den geförderten Unternehmen (hier: A und B) und dessen bzw. deren Mitbewerber, also H, abzustellen.[24]

In denjenigen Klausurfällen, in denen nicht nur – wie hier – eine materielle Anspruchsprüfung durchzuführen ist, sondern auch die prozessualen Voraussetzungen des lauterkeitsrechtlichen Unterlassungsanspruchs zu prüfen sind, stellt sich die Frage, ob § 8 Abs. 3 UWG nur die materielle Sachbefugnis (Aktivlegitimation) oder auch die Klagebefugnis (Prozessführungsbefugnis) regelt. Nach der Rechtsprechung und h.M. bezieht sich die Vorschrift des § 8 Abs. 3 Nr. 1 UWG nur auf die Sachbefugnis, während § 8 Abs. 3 Nr. 2 und Nr. 3 UWG sowohl die Klagebefugnis als auch die Sachbefugnis betreffen. In der Klausur besteht regelmäßig kein Anlass, die Problematik zu vertiefen, so dass bei Bedarf ein knapper Hinweis auf die Streitfrage genügen dürfte.

4. Wiederholungsgefahr

Der Anspruch auf Unterlassung setzt als Tatbestandsmerkmal voraus, dass eine Verletzungshandlung seitens J droht. Ist es aber – wie im vorliegenden Fall – bereits zu

---

23 BGH NJW-RR 2002, 98 „Hormonersatztherapie"; Köhler, in: Köhler/Bornkamm/Feddersen, UWG, § 4 Rdnr. 2.19.
24 OLG Düsseldorf GRUR 2006, S. 782, 783 „Spielevermittler"; Köhler, in: Köhler/Bornkamm/Feddersen, UWG, § 8 Rdnr. 3.6.

einem Wettbewerbsverstoß gekommen, so greift nach gefestigter Rechtsprechung eine tatsächliche Vermutung für die Wiederholungsgefahr.[25]

5. Ergebnis

H kann von J gem. § 3 i.V.m. §§ 6 Abs. 1 und 2 Nr. 5, § 5 Abs. 1 Satz 2 Nr. 1 und Abs. 3, § 5a Abs. 6 und § 4 Nr. 2 UWG verlangen, es zu unterlassen, zu behaupten oder die Behauptung verbreiten zu lassen, die Handys der H seien schwerer als die vergleichbaren Geräte der Produzenten A und B.

III. Schadensersatzanspruch gemäß § 9 UWG

H könnte gegen J zudem einen Anspruch auf Schadensersatz haben. Hierfür kommt als Anspruchsgrundlage § 9 UWG in Betracht.

1. Aktivlegitimation

Wer vorsätzlich oder fahrlässig eine nach § 3 UWG unzulässige geschäftliche Handlung vornimmt, ist gem. § 9 Satz 1 UWG dem Mitbewerber zum Ersatz des daraus entstandenen Schadens verpflichtet. Nach dem Wortlaut der Vorschrift ist ausschließlich der Mitbewerber (§ 2 Abs. 1 Nr. 3 UWG) anspruchsberechtigt. Dies ist allerdings nicht dahin misszuverstehen, dass der Anspruchsverpflichtete selbst in einem konkreten Wettbewerbsverhältnis zum geschädigten Mitbewerber stehen müsste. Schuldner des Schadensersatzanspruchs kann auch derjenige sein, der lediglich den Wettbewerb eines fremden Unternehmens gefördert hat. In einer solchen Konstellation kommt es darauf an, dass zwischen dem fremden Unternehmen und dem geschädigten Unternehmen ein konkretes Wettbewerbsverhältnis besteht.[26] Damit kommt J als Anspruchsgegner in Betracht.

2. Rechtswidrigkeit und Schuld

J stellte die unwahre Tatsachenäußerung, die Handys der H seien wesentlich schwerer als jene der Konkurrenten A und B, wider besseres Wissen. J handelte bei seinem rechtswidrigen Tun vorsätzlich, weshalb auch die Voraussetzung des § 9 Satz 2 UWG erfüllt ist. J wollte H bewusst Schaden zufügen.

§ 9 Satz 2 UWG stellt ein Haftungsprivileg dar. Seinem Wortlaut nach ist es lediglich auf „verantwortliche Personen von periodischen Druckschriften" anwendbar. Da J einen Artikel für eine Zeitung geschrieben hat, braucht auf den Streit, ob die Privile-

---

25 Bornkamm, in: Köhler/Bornkamm/Feddersen, UWG, § 8 Rdnr. 1.43 f. mit weiteren Nachweisen.

26 Köhler/Bornkamm/Feddersen, UWG, § 9 Rdnr. 1.3.

gierung auch auf andere Medienmitarbeiter angewendet werden kann, hier nicht einzugehen. Zwar erscheint der Wortlaut eindeutig, was gegen die Heranziehung anderer Interpretationsmethoden spricht, insbes. der teleologischen Interpretation. Allerdings ist nicht ersichtlich, ob oder warum der Gesetzgeber andere Medienformen hätte diskriminieren wollen. Im Hinblick auf den Gleichheitssatz des Art. 3 Abs. 1 GG könnte man auch argumentieren, dass eine verfassungskonforme Interpretation des § 9 Satz 2 UWG es unabdingbar macht, auch andere in den Medien tätige Personen am Haftungsprivileg teilhaben zu lassen.

3. Umfang des Schadensersatzes

Der zu ersetzende Schaden ergibt sich aus den §§ 249 ff. BGB. Als Vermögensschäden des J kommen grundsätzlich in Betracht: Kosten der Rechtsverfolgung (z.B. Anwaltskosten für eine vorprozessuale Abmahnung, soweit H nicht über eigene Anwälte im Unternehmen verfügen sollte), ferner Kosten zur Beseitigung einer Marktverwirrung, Kosten für den Ersatz eines Marktverwirrungsschadens und Ersatz des entgangenen Gewinns.[27]

Gem. § 252 BGB kann H von J den entgangenen Gewinn ersetzt verlangen, der auf die Berichterstattung des J rückführbar ist, soweit er einen solchen nachweisen kann. Darüber hinaus hat H gegenüber J Anspruch auf Ersatz derjenigen Aufwendungen, die er zur Abwehr bzw. Beseitigung des Schadens tätigen durfte. Hierunter können etwa die Aufwendungen für eine presserechtliche Gegendarstellung fallen, oder auch, soweit die Verhältnismäßigkeit von Aufwendungen und drohendem Schaden gewahrt ist, Kosten für eigene berichtigende Anzeigen zur Marktentwirrung (analog § 249 Abs. 2 Satz 1 BGB).[28] Wird ein „Marktverwirrungsschaden" als Vermögensschaden geltend gemacht, so ist eine entsprechende Vermögenseinbuße darzulegen.[29] Der Anspruch aus § 251 Abs. 1 BGB setzt einen Restschaden voraus, der durch angemessene Maßnahmen der Marktentwirrung nicht beseitigt bzw. verhindert werden konnte.

4. Ergebnis

H hat einen Schadensersatzanspruch gegen J gem. § 9 UWG.

---

27 Übersicht der einzelnen Vermögensschäden bei Köhler/Bornkamm/Feddersen, UWG, § 9 Rdnr. 1.29 ff.

28 In der Praxis kommt ein Anspruch auf Ersatz der Marktentwirrungskosten gerade in den Fällen unzulässiger vergleichender Werbung in Betracht (Köhler/Bornkamm/Feddersen, UWG, § 9 Rdnr. 1.32).

29 Köhler/Bornkamm/Feddersen, UWG, § 9 Rdnr. 1.32 ff.

IV. Schadensersatzanspruch gem. § 824 BGB gegen J

1. Verhältnis von allgemeinem Deliktsrecht und § 9 UWG

Soweit das UWG als Sonderdeliktsrecht keine speziellen Vorschriften enthält, bleiben daneben die Regelungen des allgemeinen Deliktsrechts ergänzend anwendbar.[30] Dagegen werden nach einer Ansicht in der Literatur die §§ 823 ff. BGB durch § 9 UWG verdrängt.[31] Zutreffend ist zu differenzieren: Unanwendbar ist jedenfalls § 823 Abs. 1 BGB i.V.m. dem Recht am eingerichteten und ausgeübten Gewerbebetrieb, das einen deliktsrechtlichen Auffangtatbestand darstellt. § 823 BGB bleibt im Übrigen anwendbar, soweit die deliktische Handlung nicht bereits durch das Lauterkeitsrecht abgedeckt ist. § 823 Abs. 2 BGB wird ebenfalls nicht verdrängt, wenn es um die Verletzung eines Schutzgesetzes ohne lauterkeitsrechtlichen Bezug geht. Auch §§ 824 und 826 BGB werden nicht durch § 9 UWG verdrängt,[32] denn es wäre unbillig, dem Schädiger gerade in den Fällen besonders gravierender Rechtsverletzung (§§ 824, 826 BGB) das Privileg einzuräumen, sich auf die kurze Verjährung des lauterkeitsrechtlichen Schadensersatzes gem. § 11 UWG (im Gegensatz zur Verjährung der Ansprüche aus §§ 824, 826 BGB nach §§ 195, 199 BGB) berufen zu dürfen.[33]

2. Tatbestand des § 824 BGB

a) Unwahre Tatsachenbehauptung

Wer wahrheitswidrig eine Tatsache behauptet oder verbreitet, die geeignet ist, den Kredit eines anderen zu gefährden oder sonstige Nachteile für dessen Erwerb oder Fortkommen herbeizuführen, hat gemäß § 824 Abs. 1 BGB dem anderen den daraus entstehenden Schaden auch dann zu ersetzen, wenn er die Unwahrheit zwar nicht kennt, aber kennen muss.

Wie bereits dargelegt, ist die Äußerung des J, das von H hergestellte Handy sei schwerer als Handys der Konkurrenz, objektiv nachprüfbar und damit eine Tatsachenbehauptung, die zudem unwahr ist. Die Bezeichnung der Produkte der H als „nicht ergonomisch" ist hingegen ein Werturteil.

b) Eignung der Tatsachenbehauptung zur Benachteiligung des H

Die Behauptung des J ist geeignet, potenzielle Käufer der Handys der H vom Kauf abzuschrecken und auf Konkurrenzprodukte zu verweisen. Damit können sowohl der „Erwerb" der H gem. § 824 Abs. 1 BGB, d.h. ihre gegenwärtige wirtschaftliche Stellung,

---

30 Nicht verdrängt werden u.a. die §§ 249 ff.; 827 f., 830, 831, 852 BGB (Köhler, in: Köhler/Bornkamm/Feddersen, UWG, § 9 Rdnr. 1.2.; Ohly, in: Ohly/Sosnitza, UWG, § 9 Rdnr. 3).

31 Ohly, in: Ohly/Sosnitza, UWG, § 9 Rdnr. 3.

32 Ohly, in: Ohly/Sosnitza, UWG, Einf. D Rdnr. 63.

33 Ohly, in: Ohly/Sosnitza, UWG, Einf. D Rdnr. 63.

als auch ihr „Fortkommen", d.h. ihre wirtschaftlichen Zukunftsaussichten, nachteilig im Sinne dieser Vorschrift beeinflusst werden.

3. Rechtswidrigkeit

Die betreffende Behauptung ist rechtswidrig, da J die Unwahrheit gekannt hat.

4. Verschulden

J behauptete über das Gewicht des Handys wissentlich die Unwahrheit. Auch hinsichtlich der sonstigen Tatbestandsmerkmale des § 824 BGB liegt Vorsatz vor.

5. Inhalt des Schadensersatzanspruchs, §§ 249 ff. BGB

Es gelten die obigen Ausführungen zu III.3.

6. Ergebnis

H kann einen Vermögensschaden von J auch gem. § 824 BGB fordern.

V. Schadensersatzanspruch gem. § 826 BGB gegen J

Im Falle eines erlittenen Vermögensschadens hat H gegen J auch einen Schadensersatzanspruch gem. § 826 BGB, da J mit der wahrheitswidrigen Behauptung, dem Anstand aller billig und gerecht Denkenden entgegen, den H vorsätzlich sittenwidrig geschädigt hat.

Lösung der Abwandlung

1. Anspruch auf Beseitigung, § 14 Abs. 5 MarkenG

a) Interpretation des Rechtsschutzbegehrens der H

Der Beseitigungsanspruch richtet sich auf Abwehr einer bereits eingetretenen, aber fortwirkenden Beeinträchtigung. Obwohl § 14 Abs. 5 MarkenG nur den Unterlassungsanspruch ausdrücklich nennt, ist doch auch der Beseitigungsanspruch dieser Norm immanent.[34] Das Rechtsschutzbegehren der H richtet sich darauf, dass J das Forum unter der Domain „Schrott-BestFriend" beseitigt.

---

34 Fezer, Markenrecht, § 14 Rdnr. 993.

b) Handeln im geschäftlichen Verkehr

Voraussetzung eines markenrechtlichen Anspruchs ist zunächst ein Handeln des Verletzers im geschäftlichen Verkehr. Nach der Rechtsprechung des BGH wird ein Zeichen im geschäftlichen Verkehr verwendet, wenn die Benutzung im Zusammenhang mit einer auf einen wirtschaftlichen Vorteil gerichteten kommerziellen Tätigkeit und nicht im privaten Bereich erfolgt. Dabei sind im Interesse des Markenschutzes an dieses Merkmal keine hohen Anforderungen zu stellen.[35] J vertreibt selbst keine Handys. Das Forum unter der Domain „Schrott-BestFriend" versteht sich jedoch ganz offensichtlich als Plattform für unzufriedene Kunden der Firma H. Damit wird zumindest den geschäftlichen Zwecken der Mitbewerber von H gedient, was für die Annahme eines Handelns im geschäftlichen Verkehr ausreicht.[36]

c) Kollisionstatbestand

H ist Inhaberin der im Inland bekannten Marke „BestFriend". Eine Markenrechtsverletzung könnte sich aus den Kollisionstatbeständen des § 14 Abs. 2 MarkenG ergeben. J bietet weder identische noch ähnliche Waren wie H an, so dass § 14 Abs. 2 Nr. 1 und Nr. 2 MarkenG von vornherein ausscheiden. Jedoch normiert § 14 Abs. 2 Nr. 3 eine Markenrechtsverletzung auch für die Fälle, in denen Waren oder Dienstleistungen solchen nicht ähnlich sind, für die die Marke Schutz genießt. Allerdings muss ein mit der Marke identisches Zeichen oder ein ähnliches Zeichen benutzt worden sein. Da J den Markennamen „BestFriend" als Domain für sein Forum verwendet, ist Zeichenähnlichkeit gegeben. Die Anfügung „.de" wie auch die Ergänzung „Schrott-" ändern nichts an der Benutzung des Markennamens der H. Eine Verwechslungsgefahr wird von § 14 Abs. 2 Nr. 3 MarkenG gerade nicht verlangt. Wie sich aus dem Wortlaut dieser Norm ergibt, wird die Unterscheidungskraft *oder* die Wertschätzung einer im Inland bekannten Marke, mithin auch der Marke „BestFriend" geschützt. Im vorliegenden Fall geht es um den Kollisionstatbestand der Rufgefährdung. Eine unlautere Beeinträchtigung des Schutzrechts seitens J liegt im vorliegenden Fall darin, dass die Marke „BestFriend" mit dem diffamierenden Wort „Schrott" in Verbindung gebracht wird, wodurch die angebliche Minderwertigkeit der Marke hervorgehoben wird. Hierdurch wird die Wertschätzung der Marke bei Kunden in erheblicher Weise beeinträchtigt.

> Der Schutzvoraussetzung der „Unlauterkeit" in § 14 Abs. 2 Nr. 3 MarkenG kommt im Falle der Markenausbeutung kaum eigenständige Bedeutung zu. Es weist allgemein auf die Einheit des Markenrechts und des Wettbewerbsrechts hin.[37]

---

35 BGH GRUR 2008, S. 702, 705 „Internet-Versteigerung III".
36 LG Düsseldorf 2a O 245/01, Urt. v. 30.01.2002 „scheiss-t-online.de" (BeckRS 2005, 12253).
37 Fezer, Markenrecht, § 14 Rdnr. 810.

d) Ohne rechtfertigenden Grund

Die Marke „BestFriend" müsste „ohne rechtfertigenden Grund" i.S.v. § 14 Abs. 2 Nr. 3 MarkenG in ihrer Wertschätzung beeinträchtigt worden sein. Dabei handelt es sich um ein negatives Tatbestandsmerkmal.[38] H hat in die Benutzung ihrer Marke nicht eingewilligt. J durfte sich auch nicht auf die Vergabe der Domain durch die DENIC verlassen. Die für die Registrierung von Domain-Namen unter der Top-Level-Domain „.de" zuständige DENIC, eine eingetragene Genossenschaft, ist vor der Registrierung grundsätzlich nicht zur Prüfung verpflichtet, ob der angemeldete Domain-Name Rechte Dritter verletzt. Eine solche generelle Prüfungspflicht der DENIC ergibt sich weder aus dem Gesichtspunkt der Störerhaftung, noch lässt sie sich daraus ableiten, dass die DENIC Normadressatin des kartellrechtlichen Behinderungsverbotes ist. Der BGH begründet dies mit der Effektivität des bewährten automatisierten Registrierungsverfahrens. Jede Prüfung – auch wenn sie sich auf völlig eindeutige, für jedermann erkennbare Verstöße beschränken würde – ließe sich mit diesem Verfahren nicht in Einklang bringen.[39]

> Der BGH stellt in einem Leitsatz seines „Ambiente"-Urteils fest: „Wird die DENIC von einem Dritten darauf hingewiesen, dass ein registrierter Domain-Name seiner Ansicht nach ein ihm zustehendes Kennzeichenrecht verletzt, kommt eine Haftung als Störerin oder eine kartellrechtliche Haftung für die Zukunft nur in Betracht, wenn die Rechtsverletzung offenkundig und für die DENIC ohne weiteres feststellbar ist. Im Regelfall kann die DENIC den Dritten darauf verweisen, eine Klärung im Verhältnis zum Inhaber des umstrittenen Domain-Namens herbeizuführen."

Schließlich kann J sich auch nicht auf seine Meinungsfreiheit berufen. Insbesondere ist hier keine satirische Äußerung gegeben. Indem J die Waren der H mit „Schrott" in Verbindung bringt, übt er keine sachliche Kritik an diesen Produkten. Es liegt vielmehr eine Diffamierung der Marke „BestFriend" in Form der Schmähkritik vor, die vom Schutzbereich der Meinungsfreiheit nicht erfasst wird. Wegen dieses die Belange der Meinungsfreiheit verdrängenden Effekts hat das Bundesverfassungsgericht den Begriff der Schmähkritik eng definiert.[40] Eine überzogene und ausfällige Kritik stellt für sich genommen noch keine Schmähkritik dar und ist zulässig.[41] Eine solche liegt aber dann vor, wenn in ihr nicht mehr eine Auseinandersetzung in der Sache, sondern die Diffamierung des Gegners im Vordergrund steht. Im vorliegenden Fall handelt es

---

38 Fezer, Markenrecht, § 14 Rdnr. 813.
39 BGH NJW 2001, S. 3265, 3266 ff. „ambiente.de" → Fechner, E 95; BGH NJW 2004, S. 1793 ff. „kurt-biedenkopf.de".
40 BVerfGE 93, 266, 294 = BVerfG NJW 1995, S. 3303, 3304 „Soldaten sind Mörder" → Fechner, E 32.
41 BGH NJW 2001, S. 3265, 3266 ff. „ambiente.de" → Fechner, E 95.

sich offenkundig um eine bloße Herabwürdigung der Marke der H ohne inhaltliche Stellungnahme, mithin um meine Markenverunglimpfung.

e) Ergebnis

H hat gegen J einen Beseitigungsanspruch gem. § 14 Abs. 5 MarkenG.

2. Anspruch auf Schadensersatz gem. § 14 Abs. 6 MarkenG

a) Schuldhafte Verletzung

Da J die Verletzungshandlung mindestens fahrlässig begangen hat, ist er der H zum Ersatz des durch die Verletzungshandlung entstandenen Schadens verpflichtet.

b) Schadensberechnung

Im Bereich der gewerblichen und geistigen Schutzrechte ist die Methode der dreifachen Schadensberechnung nach Wahl des Geschädigten seit langem anerkannt. Der Geschädigte kann entweder den Ersatz des tatsächlich entstandenen Schadens, den Ersatz des sich nach der Lizenzanalogie ergebenden Schadens oder aber die Herausgabe des Verletzergewinns verlangen.[42] Dies hat der Gesetzgeber auch ausdrücklich für das Markenrecht in § 14 Abs. 6 Satz 2 und 3 anerkannt. Eine Berechnung des realen Differenzschadens ist im vorliegenden Fall schwierig, da dieser schwer messbar sein wird. Die Rechtsprechung hält hierfür einen Vergleich zur Geschäftsentwicklung der vergangenen drei Jahre für maßgeblich. Auch ein herauszugebender Verletzergewinn des J ist nicht ersichtlich. Schließlich könnte eine Lizenzanalogie im vorliegenden Fall ebenfalls ausscheiden, da H eine Lizenz für die Verunglimpfung der eigenen Marke nicht vergeben würde. Darauf kommt es aber angesichts der normativen Zielsetzung dieser Schadensberechnungsmethode nicht an.[43]

Wie der BGH in seinem „Catwalk"-Urteil ausführt, kommt die Schadensberechnung nach der Lizenzanalogie überall dort in Betracht, wo die Überlassung von Ausschließlichkeitsrechten zur Benutzung durch Dritte gegen Entgelt möglich und verkehrsüblich ist. Für die Annahme der Verkehrsüblichkeit einer Überlassung genüge es regelmäßig, dass ein solches Recht seiner Art nach überhaupt durch die Einräumung von Nutzungsrechten genutzt werden könne und genutzt werde. Der BGH begründet dies damit, dass andernfalls unübliche (und möglicherweise gerade deshalb den Rechtsinhaber besonders belastende) Benutzungshandlungen in schadensmäßiger Hinsicht nicht genügend sanktioniert wären.

---

42 Fezer, Markenrecht, § 14 Rdnr. 1023 ff.
43 BGH GRUR S. 2006, 143 = NJW-RR 2006, S. 184 „Catwalk".

c) Ergebnis

H hat gegen J einen Schadensersatzanspruch gem. § 14 Abs. 6 MarkenG.

3. Anspruch auf Ersatz eines immateriellen Schadens gem. §§ 823 Abs. 1 i.V.m. Art. 2 Abs. 1 i.V.m. Art. 1 Abs. 1 GG

a) Verletzung des Namensrechts?

Das Recht am bürgerlichen Namen (§ 12 BGB) ist ein „sonstiges Recht" i.S.d. § 823 Abs. 1 BGB. Wird das Namensrecht, das eine besondere gesetzliche Ausprägung des in richterlicher Rechtsfortbildung aus Art. 2 Abs. 1 i.V.m. Art. 1 Abs. 1 GG hergeleiteten zivilrechtlichen allgemeinen Persönlichkeitsrechts darstellt, schuldhaft verletzt, so kann bei schwerer Persönlichkeitsrechtsverletzung Geldersatz für immaterielle Schäden verlangt werden. Dieser Anspruch wird durch das Markenrecht nicht ausgeschlossen, da es die spezifisch persönlichkeitsrechtlichen Belange, soweit sie immaterieller Natur sind, nicht erfasst.

Juristische Personen wie die H-GmbH können sich gemäß Art 19 Abs. 3 GG grundsätzlich ebenfalls auf Grundrechte wie das allgemeine Persönlichkeitsrecht stützen, soweit es sinngemäß auf sie anwendbar ist.

Allerdings ist juristischen Personen im Gegensatz zu natürlichen Personen ein Geldersatzanspruch für *immaterielle* Schäden wegen Verletzung ihres Namens bzw. sonstiger Belange ihres allgemeinen Persönlichkeitsrechts zu versagen.[44] Die Persönlichkeitsrechtsfähigkeit juristischer Personen hat einen ganz anderen Charakter als diejenige natürlicher Personen, da sie keine Bezüge zur Menschenwürde des Art. 1 Abs. 1 GG aufweist, welche – in Verbindung mit Art. 2 Abs. 1 GG – ein dogmatisches Element des zivilrechtlichen allgemeinen Persönlichkeitsrechts darstellt.

Insoweit kommt es auch nicht darauf an, ob eine schwere Verletzung des Ansehens der Firma H vorliegt und eine anderweitige Ersatzmöglichkeit für H nicht besteht.

b) Ergebnis

H kann von J gemäß §§ 823 Abs. 1 i.V.m. Art. 2 Abs. 1 i.V.m. Art. 1 Abs. 1 GG keinen Ausgleich eines immateriellen Schadens verlangen.

---

44 Dies gilt auch für Personengesellschaften: BGH NJW 1980, S. 2807, 2810 „Medizinsyndikat I". Dagegen hat der BGH den immateriellen Schaden einer Religions- bzw. Weltanschauungsgesellschaft für ersatzfähig gehalten (BGH NJW 1981, S. 675, 676 „Scientology"). Vgl. in Fall 6 „Fußball für alle" die Antwort auf Frage 6.

Fall 24: Der beraubte Comic-Zeichner

Comiczeichner C ist beim Verlag des Verlegers V angestellt. Er soll eine neue Comicserie für Kinder entwerfen und denkt sich dafür die neue Comicfigur „Flipsy" aus. Später, nachdem „Flipsy" zu einem Erfolg geworden ist, malt C außerhalb seiner Arbeitszeit zu Hause Ölbilder von „Flipsy", die er mit vielen Details in opulenter Farbgebung ausgestaltet. Die Ölbilder möchte C als Poster auf den Markt bringen. V ist der Ansicht, C verletzte damit seine arbeitsrechtlichen Pflichten, auch wenn dieser Fall vertraglich nicht ausdrücklich geregelt sei. C meint dagegen, er dürfe als Erfinder von „Flipsy" nicht aller Rechte an dieser Figur beraubt werden. Wie ist die Rechtslage?

Erste Abwandlung

Die Texte für den „Flipsy"-Comic werden von Texter T verfasst. Als T eines Tages entdeckt, dass in dem Konkurrenz-Comic des K eine seiner Geschichten unter Nennung seines Namens (T) nahezu wortwörtlich wiedergegeben ist, wenn darin auch andere gezeichnete Figuren handeln, will er gegen dieses „Plagiat" vorgehen. Dabei ist davon auszugehen, dass es K ohne größeren Aufwand möglich ist, die bereits in den Verkehr gelangten Exemplare seines Comics zurückzurufen. C hat dagegen mit der zweiten, sehr erfolgreichen Version der Geschichte keine Probleme, da seine Zeichnungen dort nicht abgebildet sind. Welche Ansprüche hat T gegen K und – gegebenenfalls – kann er diese Ansprüche allein geltend machen?

Zweite Abwandlung

Journalist J verfasst für eine Internetzeitung einen Artikel mit der Überschrift „Ideenklau bei Comics". Er führt dort kurz aus, dass es gerade bei Comics immer wieder zu Plagiaten komme und hängt zur Veranschaulichung seiner These die beiden vollständigen Versionen der Comic-Geschichte, die er zuvor eingescannt hat, seinem Artikel an. T will wissen, ob ihm Ansprüche gegen J zustehen.

Zusatzaufgabe

Erläutern Sie in Grundzügen die Funktion und den Inhalt einer Abmahnung im Urheberrecht.

Lösung des Ausgangsfalls

I. Die Rechte des C an „Flipsy" als Comicfigur

1. Die Figur „Flipsy" als urheberrechtlich geschütztes Werk

Zu prüfen ist, ob C ein Urheberrecht an der Figur „Flipsy" erlangt hat oder ob dem Verleger V die Rechte an der Comicfigur zustehen. Zunächst müsste es sich bei der Comicfigur „Flipsy" um ein geschütztes Werk gem. § 2 Abs. 1 UrhG[1] handeln. In Betracht kommt ein solches der „bildenden Künste" nach § 2 Abs. 1 Nr. 4 UrhG. Die Norm stellt keine bestimmten Anforderungen hinsichtlich der künstlerischen Aussage oder Sujets, erforderlich ist jedoch eine persönliche geistige Schöpfung, wie sie von § 2 Abs. 2 UrhG verlangt wird, die urheberrechtlich erforderliche Schöpfungshöhe. „Flipsy" ist eine eigenständige Schöpfung des C gem. § 2 Abs. 2 UrhG. Eine besondere Schöpfungshöhe ist insoweit nicht erforderlich, sofern nur das Werk das Alltägliche überschreitet, was bei einer neuen Comicfigur grundsätzlich anzunehmen ist. In der Rechtsprechung ist anerkannt, dass nicht nur die konkrete Zeichnung, sondern auch eine Comicfigur als solche urheberrechtlichen Schutz genießen kann. Dies gilt vor allem dann, wenn die Figur aufgrund der ihr vom Urheber zugelegten Eigenschaften, Fähigkeiten und typischen Verhaltensweisen zu einer bestimmten Persönlichkeit ausgeformt ist und daher in charakteristischer Weise auftritt.[2]

2. Übergang des Rechts auf V?

C hat sich die Comicfigur „Flipsy" in Erfüllung seiner arbeitsvertraglichen Verpflichtungen ausgedacht. Gleichwohl ist er – und nicht etwa sein Arbeitgeber – Schöpfer und damit Urheber des Werkes gem. § 7 UrhG. Es kommt insoweit allein auf die tatsächliche Schöpfereigenschaft an (sogenanntes Schöpferprinzip). Der Urheber kann auch nicht sein Urheberrecht auf den Arbeitgeber übertragen (§ 29 Abs. 1 Satz 1 UrhG), sondern allenfalls Nutzungsrechte an seinen Werken (§§ 31 ff. UrhG).

Gem. § 43 UrhG sind die allgemeinen Vorschriften über Nutzungsrechte (§§ 31 bis 44 UrhG) auch dann anzuwenden, wenn der Urheber das Werk in Erfüllung seiner Verpflichtungen aus einem Arbeitsverhältnis (im Sinne des Arbeitsrechts oder aus einem

---

1 Urheberrechtsgesetz Fechner/ Mayer → T 8.
2 BGH GRUR 1994, S. 206, 207 „Alcolix".

öffentlichrechtlichen Dienstverhältnis eines Beamten) geschaffen hat, soweit sich aus dem Inhalt oder dem Wesen des Arbeits- oder Dienstverhältnisses nichts anderes ergibt.

Fraglich ist, ob C als Arbeitnehmer seine Nutzungsrechte seinem Arbeitgeber einräumen muss. Hier ist zwischen Pflichtwerken und freien Werken zu differenzieren. Ein Pflichtwerk liegt vor, wenn der Arbeitnehmer das Werk in Erfüllung einer Primärpflicht aus dem Arbeitsvertrag zu erstellen hat. Im Gegensatz dazu entsteht ein freies Werk nicht in Erfüllung, sondern nur bei Gelegenheit oder ganz außerhalb des Beschäftigungsverhältnisses. Bei Pflichtwerken ist der Arbeitnehmer nach h.M. zur Übertragung eines ausschließlichen Nutzungsrechts auf den Arbeitgeber verpflichtet, sodass diesem die marktgemäße Verwertung des Werkes ermöglicht wird. Dies gilt nach der Rechtsprechung, soweit der betriebliche Zweck reicht. Die Übertragung der Nutzungsrechte ist in diesen Fällen durch das Arbeitsentgelt abgegolten. Bei solchen Pflichtwerken, bei denen ein Zusammenhang zum Arbeitsverhältnis besteht, geht die wohl h.M. von der Verpflichtung des Arbeitnehmers aus, das Werk dem Arbeitgeber zur Nutzung anzubieten. Begründet wird dies mit einer Analogie zu den §§ 18, 19 Arbeitnehmererfindungsgesetz bzw. dem Anliegen, eine arbeitsvertraglich unerwünschte Konkurrenzsituation zu vermeiden. Nach vorzugswürdiger Ansicht kann der Arbeitnehmer für die Überlassung des Werkes jedoch ein angemessenes Entgelt verlangen. Auch, wenn im vorliegenden Fall keine ausdrücklichen Regelungen im Arbeitsvertrag getroffen wurden, ist doch hier bezüglich Flipsy als Comicstrip-Figur von einem Pflichtwerk auszugehen, da C beauftragt war, eine neue Comicserie für Kinder zu entwerfen.

II. Die Rechte des C an „Flipsy" in Öl

Fraglich ist, ob auch die Darstellungen von „Flipsy" auf den Ölbildern als Pflichtwerke zu gelten haben. Das ist zweifelhaft, da die Umsetzung der Figur in eine Ölmalerei und in der vorliegenden detailreichen und farbigen Gestaltung nicht der arbeitsvertraglichen Hauptpflicht des C zur Erstellung von Comiczeichnungen entspricht. Stattdessen liegt hier ein freies Werk vor, das zwar außervertraglich, aber im sachlichen Zusammenhang mit der Beschäftigung des C entstanden ist. Damit ist C nach h.M. verpflichtet, V die Nutzungsrechte anzubieten.

Durch die Einräumung von Nutzungsrechten (§§ 31 bis 44 UrhG) wird das Urheberrecht selbst nicht übertragen. Das Urheberrecht ist grundsätzlich nicht übertragbar, es sei denn in Erfüllung einer Verfügung von Todes wegen oder im Rahmen einer Erbauseinandersetzung (§ 29 Abs. 1 UrhG). Die Einräumung von Nutzungsrechten erfolgt rechtstechnisch durch einen formfreien Vertrag, mittels dessen das betreffende Recht beim Zessionar neu begründet und das Urheberrecht des Zedenten mit diesem Recht belastet wird. Hiervon zu trennen ist die dingliche Rechtslage an der Trägersache, die das außerhalb des Arbeitsverhältnisses geschaffene Werk verkörpert. Die Übereignung der Ölbilder von C auf V würde gem. §§ 929 ff. BGB erfolgen.

III. Ergebnis

C ist zwar Urheber sowohl der Comicfigur „Flipsy" als auch von „Flipsy" in der Ausgestaltung als Ölbilder. Indessen ist C verpflichtet, das ausschließliche Nutzungsrecht an der Comicfigur auf V zu übertragen. Hinsichtlich der Ölbilder trifft C gegenüber V eine Anbietungspflicht. C darf die Bilder nicht selbst verwerten. Er kann jedoch für die Anbietung ein angemessenes Entgelt von V verlangen.

Lösung der ersten Abwandlung
Vorgehen des T gegen K

I. Anspruch des T gegen K auf Rückruf gem. § 98 Abs. 2 UrhG

Nach näherer Maßgabe der genannten Vorschrift kann der Verletzer eines Urheberrechts von dem Verletzten auf Rückruf u.a. der rechtswidrig hergestellten Vervielfältigungsstücke in Anspruch genommen werden.

1. Vorgehen eines einzelnen Miturhebers?

Da C sich gegen das Gebaren des K nicht zur Wehr setzen möchte, will T allein gegen K vorgehen. Dazu ist er aber möglicherweise dann nicht befugt, wenn T und C Miturheber sind. Gem. § 8 Abs. 2 Satz 1, 1. Halbs. UrhG steht Miturhebern das Recht zur Veröffentlichung und Verwertung zur gesamten Hand zu. Allerdings ist auch ein Miturheber nach § 8 Abs. 2 Satz 3 UrhG berechtigt, Ansprüche aus Verletzung des gemeinsamen Urheberrechts geltend zu machen, wobei er allerdings „Leistung" nur an alle Miturheber verlangen kann. Nicht zu den Leistungsansprüchen im Sinne von § 8 Abs. 2 Satz 3 Halbs. 2 UrhG gehört indessen u.a. der Beseitigungsanspruch und der Unterlassungsanspruch, da deren Durchsetzung gegen den Störer ohne Weiteres allen Miturhebern zu Gute kommt und damit eine Übervorteilung anderer Miturheber nicht zu befürchten ist. Da sich der Anspruch auf Rückruf systematisch dem Beseitigungsanspruch zuordnen lässt, sind beide insoweit gleich zu behandeln. Damit kann T ungeachtet einer etwaigen Miturheberschaft des C auf Unterlassung gegen T vorgehen, wenn im Übrigen die Anspruchsvoraussetzungen des Rückrufanspruchs gegeben sind. Die Frage nach der Miturheberschaft bedarf an dieser Stelle also keiner Entscheidung.

Prozessual handelt es sich bei § 8 Abs. 2 Satz 3 UrhG um den Fall einer gesetzlichen Prozessstandschaft des Miturhebers. Werden Ansprüche aus Miturhebergemeinschaft durch einen Miturheber geltend gemacht, so erwächst das Urteil nur für bzw. gegen den klagenden Miturheber in Rechtskraft, nicht jedoch gegenüber den übrigen Miturhebern oder etwa gegenüber der Gemeinschaft. Klagen mehrere Miturheber, so stehen sie demnach nicht in notwendiger Streitgenossenschaft. Freilich können alle Miturheber auch in Gemeinschaft klagen.

2. Die Tatbestandsmerkmale des Anspruchs auf Rückruf, § 98 Abs. 2 UrhG

a) Rechtsverletzung

Im vorliegenden Fall ist das Vervielfältigungsrecht (§ 16 UrhG) und das Verbreitungsrecht (§ 17 UrhG), mithin Verwertungsrechte der Urheber, durch die Übernahme der Texte seitens K betroffen.

Das Vervielfältigungsrecht berechtigt gem. § 16 Abs. 1 UrhG zur Herstellung von Vervielfältigungsstücken (Kopien) des Werkes (verkörpert), gleichgültig ob vorübergehend oder dauerhaft, in welchem technischen Verfahren und in welcher Zahl. Als Vervielfältigung gilt auch die Übertragung des Werkes auf Bild- oder Tonträger (§ 16 Abs. 2 UrhG). Das Verbreitungsrecht ist die Befugnis, das Original oder Vervielfältigungsstücke des Werkes der Öffentlichkeit anzubieten oder in den Verkehr zu bringen (§ 17 Abs. 1 UrhG).

b) Rechtswidrigkeit

Die Übernahme der Texte ist widerrechtlich, wenn keine Einwilligung vorliegt und auch kein sonstiger Rechtfertigungsgrund greift. Eine Einwilligung ist im Hinblick auf den Abdruck der Texte nicht gegeben.

Die Benutzung des Texts wäre allerdings zulässig, wenn eine freie Benutzung gem. § 24 Abs. 1 UrhG vorliegen würde. Für die freie Benutzung ist charakteristisch, dass das ältere geschützte Werk zwar die Anregung für das eigene Werkschaffen liefert, jedoch die dem älteren Werk entnommenen individuellen Züge gegenüber der Eigenart des neugeschaffenen Werkes verblassen. Da die Texte nahezu wortwörtlich wiedergegeben sind, kann von einem selbstständigen Werk, das in freier Benutzung des Werkes eines anderen geschaffen worden ist, nicht die Rede sein.

Ebenso wenig greift das Zitatrecht gem. § 51 Satz 1 UrhG, da die Nutzung in ihrem Umfang nicht „durch den besonderen Zweck gerechtfertigt" ist. Eines der in § 51 Satz 2 UrhG genannten Beispiele („insbesondere") liegt offensichtlich nicht vor. Weder handelt es sich bei dem Comic des K um ein „selbstständiges wissenschaftliches Werk" (Nr. 1), noch um ein „selbstständiges Sprachwerk" (Nr. 2 UrhG). K verfolgt mit seinem

Comic keine durch § 51 Satz 1 UrhG geschützte Interessen, sondern beeinträchtigt eigennützig die Verwertung des fremden Werkes in einer für T unzumutbaren Weise.

c) Kein Verschulden erforderlich

Für den Rückrufanspruch kommt es auf ein Verschulden des Störers nicht an.

d) Unverhältnismäßigkeit des Rückrufs, § 98 Abs. 4 UrhG

Angesichts der für den Verletzter gravierenden Folgen des Anspruchs verlangt das Gesetz die Beachtung der Verhältnismäßigkeit (§ 98 Abs. 4 UrhG). Demnach ist zu fragen, ob der Rückruf des Comics dem K zumutbar ist. Gegen die Zumutbarkeit, die im Rahmen einer Interessenabwägung zu prüfen ist, bestehen keine Bedenken, da es K ohne größeren Aufwand möglich ist, die von ihm in den Verkehr gebrachten Comic-Exemplare zurückzurufen.

II. Unterlassungsanspruch, § 97 Abs. 1 Satz 1 UrhG

1. Verletzung des Urheberrechts

Zur rechtswidrigen Beeinträchtigung des Urheberrechts des T seitens K kann entsprechend auf die obigen Ausführungen zum Beseitigungsanspruch verwiesen werden.

2. Wiederholungsgefahr

Nach ständiger Rechtsprechung indiziert eine Rechtsverletzung die für den Unterlassungsanspruch erforderliche Wiederholungsgefahr.[3] Gegenteilige Anhaltspunkte sind hier nicht ersichtlich.

3. Zwischenergebnis

T hat gegen K einen Beseitigungs- und einen Unterlassungsanspruch, den er jeweils allein geltend machen kann.

Gem. § 97a Abs. 1 Satz 1 UrhG soll vor Einleitung eines gerichtlichen Verfahrens abgemahnt und Gelegenheit gegeben werden, den Streit durch Abgabe einer mit einer angemessenen Vertragsstrafe bewehrten Unterlassungsverpflichtung beizulegen.

---

3 BGHZ 14, S. 163, 167 „Constanze II".

III. Anspruch des T gegen K auf Schadensersatz, § 97 Abs. 2 Satz 1 UrhG

1. Vorgehen eines einzelnen Miturhebers?

Wie bereits oben festgestellt, ist ein Miturheber nach § 8 Abs. 2 Satz 3 UrhG berechtigt, Ansprüche aus Verletzung des gemeinsamen Urheberrechts geltend zu machen. Jedoch kann er „Leistung", mithin auch Schadensersatz, nur an alle Miturheber verlangen. Es ist deshalb hier zu prüfen, ob eine Miturheberschaft von T und C gem. § 8 Abs. 1 UrhG vorliegt.

Eine einheitliche Werkschöpfung ist gegeben, wenn eine getrennte Verwertung der einzelnen Beiträge der beteiligten Urheber nicht möglich ist, den Beiträgen also die selbständige Verkehrsfähigkeit fehlt. Dies trifft für das Comic als einer funktionellen Einheit aus Text und Bildern zu. Damit sind Zeichner und Texter Miturheber gem. § 8 Abs. 1 UrhG.

Das Recht zur Veröffentlichung und Verwertung des Werkes steht den Miturhebern gem. § 8 Abs. 2 Satz 1 Halbs. 1 UrhG zur gesamten Hand zu. Änderungen des Werkes sind nur mit Einwilligung aller Miturheber zulässig (§ 8 Abs. 2 Satz 1 Halbs. 2 UrhG). Im vorliegenden Fall geht es um eine Änderung des Werkes, da den kaum veränderten Texten andere gezeichnete Figuren unterlegt werden.

Indem C zu verstehen gegeben hat, dass er mit der zweiten Version der Geschichte keine Probleme hat, könnte er in die Verwendung der Geschichte konkludent eingewilligt haben. Dem Sachverhalt zufolge fehlen indessen hinreichend klare Anhaltspunkte für eine Einwilligung des C, die als rechtsgeschäftliche bzw. rechtsgeschäftsähnliche Handlung den Regelungen über Willenserklärungen unterliegt. Betroffen ist der Text, also der Beitrag des T am gemeinsamen Werk. Selbst wenn C eingewilligt hätte, wäre T nicht etwa automatisch verpflichtet, seine Einwilligung in die Werkänderung zu erteilen, wie man aus § 8 Abs. 2 Satz 2 UrhG aus „Treu und Glauben" ableiten könnte.

Folglich kann T einen etwaigen Schadensersatzanspruch allein geltend machen, jedoch nur Leistung an sich und C gemeinsam verlangen.

2. Die Tatbestandsmerkmale des Schadensersatzanspruchs, § 97 Abs. 2 Satz 1 UrhG

§ 97 Abs. 2 Satz 1 UrhG gewährt bei fahrlässiger oder vorsätzlicher Verletzung des Urheberrechts Schadensersatz. K handelte zumindest fahrlässig im Sinne des § 276 Abs. 1 Satz 2 BGB.

Problematisch könnte der Nachweis eines Schadens sein. Dabei ist zu beachten, dass gem. § 97 Abs. 2 Satz 2 UrhG bei der Bemessung des Schadensersatzes auch der Gewinn berücksichtigt werden kann, den der Verletzer durch die Verletzung des Rechts erzielt hat.

Über den Gewinn kann der Verletzte Rechnungslegung vom Verletzer verlangen.

§ 101b UrhG gewährt einen Anspruch des Verletzten gegen den Verletzer auf Vorlage von Bank-, Finanz- und Handelsunterlagen zur Sicherung von Schadensersatzansprüchen nach § 97 Abs. 2 UrhG, wenn die Rechtsverletzung in gewerblichem Ausmaß begangen wurde.

Fraglich ist, ob die Herausgabe den gesamten Gewinn umfasst, den K aus dem Comic zieht, oder aber nur jenen Anteil, den K dadurch erspart, dass er keinen eigenen Texter bezahlen muss. Nach der Rechtsprechung kann der Gewinn verlangt werden, der kausal auf der Verletzung der absoluten Berechtigung beruht. Der herauszugebende Verletzergewinn entspricht dem Reingewinn nach Abzug der Kosten.

Zu beachten ist ferner, dass nach § 97 Abs. 2 Satz 3 UrhG der Schaden auch auf der Grundlage der fiktiven Lizenzgebühr berechnet werden kann, mithin also nach dem Betrag, den K als angemessene Vergütung hätte entrichten müssen, wenn er die Erlaubnis zur Nutzung des verletzten Rechts eingeholt hätte. Hierbei kommt es nicht darauf an, ob der Geschädigte eine Lizenz auch erteilt hätte. Einen in Teilen der Literatur geforderten „Verletzerzuschlag", ohne den der Verletzende trotz rechtswidriger Verletzung nicht schlechter steht, wie wenn er die üblicherweise geschuldete Lizenzgebühr bezahlt hätte, ist vom Gesetz nicht vorgesehen und wird von der Rechtsprechung nicht anerkannt.

3. Zwischenergebnis

T hat einen Anspruch gegen K auf Schadensersatz, wobei der die Leistung nur an sich und C gemeinsam verlangen kann.

IV. Anspruch des T auf Vernichtung oder Überlassung der Vervielfältigungsstücke, § 98 Abs. 1 bzw. 3 i.V.m. Abs. 4 UrhG

Gem. § 98 Abs. 1 UrhG kann T von K verlangen, dass alle rechtswidrig hergestellten, verbreiteten und zur rechtswidrigen Verbreitung bestimmten Vervielfältigungsstücke, die im Besitz oder Eigentum des K stehen, vernichtet werden. T kann stattdessen aber auch von K fordern, dass ihm die Vervielfältigungsstücke, die im Eigentum des K stehen, gegen eine angemessene Vergütung überlassen werden, welche die Herstellungskosten nicht übersteigen darf (§ 98 Abs. 3 UrhG). Anhaltspunkte dafür, dass die vorgenannten Maßnahmen wegen Unverhältnismäßigkeit gem. § 98 Abs. 4 UrhG ausgeschlossen sein könnten, liegen nicht vor.

Die Rechtsnatur des Vernichtungsanspruchs nach § 98 Abs. 1 UrhG ist umstritten. Teilweise wird er als ein spezieller Störungsbeseitigungsanspruch betrachtet. Nach anderer Auffassung ähnelt er den Maßnahmen der Einziehung und Unbrauchbarmachung im Straf- und Steuerrecht.

Hinsichtlich des Vernichtungsanspruchs dürfte es sich nach zutreffender Ansicht um keinen Leistungsanspruch i.S.d. § 8 Abs. 2 Satz 3, 2. Halbs. UrhG handeln, so dass T allein zur Durchsetzung befugt ist. Anders verhält es sich dagegen mit dem Überlassungsanspruch.

Zwischenergebnis

T hat einen Anspruch gegen K auf Vernichtung oder Überlassung der Vervielfältigungsstücke.

V. Anspruch des T auf Entschädigung für einen erlittenen Nichtvermögensschaden, § 97 Abs. 2 Satz 4 UrhG

1. Schuldhafte Verletzung des Urheberpersönlichkeitsrechts

Über Schadensersatz hinaus könnte T einen Entschädigungsanspruch für einen erlittenen immateriellen Schaden haben, einen Anspruch auf Geldentschädigung oder sog. urheberrechtliches Schmerzensgeld, falls T durch K eine vorsätzliche oder fahrlässige Verletzung des Urheberpersönlichkeitsrechts erlitten hat. Zudem besteht der Anspruch nur unter der Voraussetzung und im Rahmen der Billigkeit.

T hat den Text nur für die Comic-Zeichnungen des C verfasst. Eine Verwendung des Textes für andere als die von T vorgesehenen Figuren stellt jedenfalls einen rechtswidrigen Eingriff in das Urheberpersönlichkeitsrecht des T dar. Dabei handelte K zumindest fahrlässig.

2. Billigkeit

Im Rahmen der Billigkeit ist nach der Rechtsprechung und Lehre ein schwerwiegender Eingriff in die ideellen Rechte und Interessen des Urhebers zu prüfen.

Ob ein schwerer Eingriff in das Urheberpersönlichkeitsrecht vorliegt, ist nach den Umständen des Einzelfalls zu beurteilen. Eine schwere Persönlichkeitsrechtsverletzung zu Lasten des T ist dem Sachverhalt nicht zu entnehmen. So ist etwa das Namensnennungsrecht des T nicht verletzt worden. Angesichts des großen Erfolgs dieser Version der Comic-Geschichte ist auch eine Imageeinbuße des T nicht zu besorgen. Weder wurde die Geschichte inhaltlich verändert, noch ist der Text offenbar in einen falschen, z.B. peinlichen Zusammenhang gerückt worden.

3. Zwischenergebnis

Ein Anspruch des T auf Entschädigung gem. § 97 Abs. 2 Satz 4 UrhG besteht nicht.

Gem. § 102a UrhG bleiben Ansprüche aus anderen gesetzlichen Vorschriften außerhalb des Urheberrechts unberührt. Die an sich in Betracht kommenden Ansprüche aus § 812 Abs. 1 Satz 1, 2. Var. BGB („Eingriffskondiktion"), §§ 818 f. BGB, angemaßter Eigengeschäftsführung (§§ 687 Abs. 2, 667), aus Delikt (§ 823 Abs. 1 BGB und § 823 Abs. 2 BGB i.V.m. den §§ 106 ff. UrhG) sowie ferner auch Ansprüche aus dem UWG sind in Klausuren regelmäßig – vorbehaltlich besonderer Hinweise im Bearbeitervermerk – nicht zu prüfen. Im Zweifel dürfte ein ergänzender kursorischer Hinweis genügen.

VI. Endergebnis

T hat gegen K Ansprüche auf Rückruf, auf Unterlassung, auf Schadensersatz, auf Vernichtung und auf Überlassung. Diese Ansprüche kann T jeweils allein ohne Mitwirkung des C geltend machen. Lediglich hinsichtlich des Anspruchs auf Schadensersatz und Überlassung kann er Leistung nur an sich und C gemeinsam verlangen.

Lösung der zweiten Abwandlung
Vorgehen des T gegen J

I. Beseitigungsanspruch

T kann von J Beseitigung der Rechtsbeeinträchtigung gem. § 97 Abs. 1 Satz 1, 1. Var. UrhG verlangen, wenn J sein Urheberrecht widerrechtlich verletzt hat.

1. Recht zur Vervielfältigung

Mit dem Einscannen hat J das Vervielfältigungsrecht des T aus § 16 Abs. 1 UrhG verletzt. Unter den weiten Begriff der Vervielfältigung fällt jede körperliche Festlegung, die geeignet ist, ein Werk auf irgendeine Weise den menschlichen Sinnen unmittelbar oder mittelbar zugänglich zu machen. Die von § 16 UrhG geforderte körperliche Vervielfältigung liegt auch bei einer Festlegung auf einem Datenträger vor. Die Digitalisierung von Schrift- oder Bildwerken, wie z.B. beim Scannen, stellt jedenfalls eine Vervielfältigung dar.

2. Verbreitungsrecht

Eine Verbreitung gem. § 17 Abs. 1 UrhG ist hingegen zu verneinen, da im vorliegenden Fall J die Vervielfältigungsstücke des Werkes nicht der Öffentlichkeit angeboten hat. Für ein „Angebot" hätte es einer Aufforderung zum Eigentums- oder Besitzerwerb bedurft. Zudem liegt hier kein „Inverkehrbringen" im Sinne der Besitzübertragung eines Vervielfältigungsstücks vor.

3. Recht der öffentlichen Zugänglichmachung

Demgegenüber hat J das Recht der öffentlichen Zugänglichmachung des T gem. § 19a UrhG verletzt, indem er das Werk als Anhang seines Artikels ins Internet gestellt hat. Für die „öffentliche Zugänglichmachung" genügt das Bereitstellen des Werkes zum interaktiven Abruf. Auf den tatsächlichen Abruf oder das Herunterladen durch den Nutzer kommt es nicht an.

4. Rechtswidrigkeit

Ein Eingriff in das Urheberrecht ist vor allem dann nicht rechtswidrig, wenn eine Einwilligung des Berechtigten erteilt wurde. Dies ist hier nicht der Fall.

Die Rechtswidrigkeit entfällt indessen auch dann, wenn eine zulässige Form der Vervielfältigung und der öffentlichen Zugänglichmachung vorliegt. Dabei ist an das Zitatrecht des § 51 UrhG zu denken. Zwar erwähnt § 51 UrhG die öffentliche Zugänglichmachung nicht ausdrücklich, doch stellt das Recht der öffentlichen Zugänglichmachung einen Bestandteil des in § 51 UrhG genannten Rechts der öffentlichen Wiedergabe dar.

§ 51 UrhG lässt die Wiedergabe eines ganzen Werkes zur Erläuterung des Inhalts in einem selbstständigen wissenschaftlichen Werk zu, allerdings nur in einem durch den Zweck gebotenen Umfang. Ein solches „Großzitat" ist allerdings nur in einem selbstständigen wissenschaftlichen Werk zulässig (§ 51 Satz 2 Nr. 1 UrhG). Zwar handelt es sich hierbei nur um eine nicht abschließende Aufzählung („insbesondere"), doch ergibt sich aus dieser Formulierung die Wertung des Gesetzgebers, dass Großzitate nur in engstem Rahmen zulässig sind. Ein „wissenschaftliches Werk" kann nicht etwa nur von einem Hochschullehrer geschaffen werden. Auf die Wissenschaftsfreiheit kann sich grundsätzlich jeder berufen, der wissenschaftlich tätig ist oder tätig werden will, d.h. sich mit der planmäßigen Ermittlung der Wahrheit beschäftigt.[4] Hierfür ist allerdings eine bestimmte Methodik erforderlich. Im vorliegenden Fall handelt es sich hingegen um den Artikel eines Journalisten, der weder einen wissenschaftlichen noch einen populärwissenschaftlichen Anspruch erhebt.

Mithin liegt hier ein selbstständiges Sprachwerk i.S.d. § 51 Satz 1 Nr. 2 UrhG vor. Nach dieser Vorschrift ist nur ein sogenanntes Kleinzitat zulässig, also das Zitieren von Stellen eines Werkes und zwar wiederum nur in einem durch den Zweck gebotenen Umfang. Lediglich in Ausnahmefällen ermöglicht § 51 Nr. 2 UrhG die Wiedergabe eines ganzen Werkes, z.B. den Abdruck eines Bildes oder einer Fotografie, wenn anders

---

4 Vgl. BVerfGE 35, 79, 112 „Niedersächsisches Vorschaltgesetz".

eine Auseinandersetzung mit dem Werk nicht möglich ist (sogenanntes kleines Großzitat, vergl. § 51 Satz 3 UrhG).

Die beiden Comics durften in vollem Umfang abgedruckt werden, wenn dies durch
den Zweck des Artikels geboten war. Anliegen des Artikels war es, den Vorwurf des
Plagiats im Comic-Bereich an einem Beispiel nachzuweisen. Hierfür hätte es ausgereicht, einzelne Sequenzen des Comics wiederzugeben. Zu einem anderen Ergebnis
können auch nicht das Grundrecht der Meinungsfreiheit (Art. 5 Abs. 1 Satz 1 GG) oder
der Medienfreiheit (Art. 5 Abs. 1 Satz 2 GG) führen. Diese Grundrechte haben gem.
Art. 5 Abs. 2 GG ihre Schranken in den „allgemeinen Gesetzen", wozu auch die mei-
nungsneutrale und daher verfassungsrechtlich unbedenkliche Vorschrift des § 51
UrhG gehört.

Da die Wiedergabe der Comics in vollem Umfang nicht geboten war, kann T von J
die „Beseitigung der Beeinträchtigung" gem. § 97 Abs. 1 Satz 1, 1. Var. UrhG verlangen.
Der Artikel bzw. die vollständige Wiedergabe der Comics des T sind daher aus dem
Internet herauszunehmen.

II. Anspruch auf Schadensersatz

J hat zumindest fahrlässig gegen das Urheberrecht des T verstoßen, weshalb auch ein
Anspruch auf Schadensersatz gem. § 97 Abs. 2 Satz 1 UrhG in Betracht kommt. Da sich
ein Schaden durch die Veröffentlichung im Internet praktisch kaum wird nachweisen
lassen, kann hier der Schadensersatz in Form der Lizenzanalogie gewählt werden (§ 97
Abs. 2 Satz 3 UrhG). Als Ersatz ist zu leisten, was J zu erbringen gehabt hätte, wenn eine
ordentliche Lizenz vereinbart worden wäre. Zu denken ist auch an die Herausgabe des
Verletzergewinns (§ 97 Abs. 2 Satz 2 UrhG). Da der Verletzte insoweit auf Auskunft
bzw. Rechnungslegung durch den Verletzer angewiesen ist, hat die Rechtsprechung
solche Ansprüche gewohnheitsrechtlich unter Rückgriff auf § 242 BGB anerkannt.[5]

III. Ergebnis

T hat gegen J einen Anspruch auf Beseitigung sowie einen Schadensersatzanspruch
gem. § 97 Abs. 2 Satz 1 und 3 UrhG.

Hinsichtlich der Alleinbefugnis des T als Miturheber gem. § 8 Abs. 2 Satz 3 UrhG
gelten die obigen Ausführungen in der ersten Abwandlung entsprechend.

Bei der Bearbeitung von Ansprüchen nach den §§ 97 und 98 UrhG ist die Entschädi-
gungsregelung des § 100 UrhG zu beachten. Handelt danach der Verletzer nicht
schuldhaft, so kann er zur Abwendung der Ansprüche gem. den §§ 97 und 98 UrhG
den Verletzten in Geld entschädigen, wenn ihm durch die Erfüllung der Ansprüche

---

5 Vgl. BGH GRUR 1980, S. 227, 232 „Monumenta Germaniae Historica".

sonst ein unverhältnismäßig großer Schaden entstehen würde und dem Verletzten die Abfindung in Geld zuzumuten ist.

Lösung der Zusatzaufgabe

Gem. § 97a Abs. 1 UrhG soll der in seinem Urheberrecht oder einem verwandten Schutzrecht Verletzte vor Einleitung eines gerichtlichen Verfahrens auf Unterlassung (d.h. vor Erhebung der Unterlassungsklage bzw. vor Beantragung einer gerichtlichen einstweiligen Unterlassungsverfügung) den Verletzer auf Unterlassung abmahnen und ihm die Gelegenheit geben, den Streit durch Abgabe einer mit einer angemessenen Vertragsstrafe bewehrten Unterlassungsverpflichtung beizulegen.

Die Abmahnung kann grundsätzlich formfrei erfolgen, dennoch empfiehlt sich in der Praxis aus Beweisgründen die Schriftform.

Die Abmahnung muss die Rechtsverletzung konkret bezeichnen, die Aufforderung, diese zu unterlassen beinhalten und im Falle erneuter Rechtsverletzung die Geltendmachung einer Vertragsstrafe androhen.

Die Abmahnung ist keine Zulässigkeitsvoraussetzung der Unterlassungsklage; auch nicht für den Antrag auf Erlass einer einstweiligen Verfügung gem. § 935 ZPO. Hat der Unterlassungskläger bzw. Antragsteller allerdings auf eine Abmahnung verzichtet und erkennt der Gegner im Prozess den Anspruch sofort an (§ 93 ZPO), so hat der Kläger bzw. Antragsteller die Kosten des Rechtsstreits zu tragen.

Die Abmahnung und der damit verbundene Antrag auf Abgabe einer strafbewehrten Unterlassungsverpflichtungserklärung werden in der Praxis vom Abmahnenden bis in die Details vorformuliert. Dies gilt grundsätzlich auch für die Höhe der zu zahlenden Vertragsstrafe, wobei der Betrag auch in das Ermessen des Gerichts gestellt werden kann. Die Abmahnung ist sinnvollerweise mit einer Frist zur Abgabe zu versehen. Im Sinne der Schneidigkeit und Effektivität der Abmahnung als Mittel der Streitbeilegung, soll der Abzumahnende auf den Inhalt der Abmahnung keinen Einfluss mehr nehmen und diese in der präsentierten Fassung unterschreiben. Ändert er den Text, einschließlich der Aufforderung zur Abgabe des Vertragsstrafe-Versprechens in mehr als nur unwesentlichen Punkten ab oder reagiert er nicht fristgerecht, so liegt darin die Zurückweisung der Abmahnung.

Gibt der Abgemahnte eine strafbewehrte Unterlassungsverpflichtungserklärung ab, so entfällt das für den Unterlassungsanspruch gem. § 97 Abs. 1 UrhG erforderliche Tatbestandsmerkmal der Wiederholungsgefahr (§ 97 Abs. 1 Satz 1 UrhG) bzw. der Erstbegehungsgefahr (§ 97 Abs. 1 Satz 2 UrhG).

Gibt der Abmahnungsgegner keine strafbewehrte Unterlassungserklärung ab, so wird der Abmahnende eine einstweilige Verfügung beantragen, um möglichst kurzfristig die Rechtsverletzung beenden oder verhindern zu können.

Die Kosten der berechtigten Abmahnung hat der Abgemahnte zu tragen, § 97a Abs. 1 Satz 2 UrhG. Um Abmahnungs-Missbrauch vorzubeugen, beschränkt sich der Ersatz der erforderlichen Aufwendungen für die Inanspruchnahme anwaltlicher Dienstleistungen für die erste Abmahnung in einfach gelagerten Fällen mit einer nur unerheblichen Rechtsverletzung außerhalb des geschäftlichen Verkehrs auf 1000 Euro (§ 97a Abs. 3 UrhG).

Fall 25: Die gestohlene Idee

Fernsehdrehbuchautor F hat sich eine neue Fernsehshow ausgedacht. In einer Sendung sollen Tierhalter in Wettbewerb miteinander treten, indem sie herausragende Kunststücke mit ihren Haustieren vorführen, über deren Originalität die Fernsehzuschauer dann abzustimmen haben. Seine neue Konzeption hat F skizzenartig aufgeschrieben und bietet sie in dieser Form dem Fernsehunternehmer U an. U erklärt dem F, seine Vorstellung sei für eine Umsetzung im Rahmen seines Programms vollkommen ungeeignet. Einige Wochen später sieht F zufällig im Programm des U eine Sendung „Tierkapriolen", der unverkennbar seine Konzeption zugrunde liegt. Er hält dies für ein unzulässiges Plagiat und möchte sich dagegen zur Wehr setzen. Was ist ihm zu raten?

Lösung

In Betracht kommen urheber- sowie wettbewerbsrechtliche Ansprüche.

I. Urheberrechtliche Ansprüche des F

1. Unterlassung gem. § 97 Abs. 1 i.V.m. § 23 UrhG

F könnte gegen U einen Anspruch auf Unterlassung einer weiteren Aussendung der Fernsehshow „Tierkapriolen" zustehen, wenn die Voraussetzungen des § 97 Abs. 1 UrhG erfüllt sind. Dann müsste ein Urheberrecht oder ein sonstiges urheberrechtlich geschütztes Recht des F widerrechtlich von U verletzt worden sein. Ferner müsste diesbezüglich eine Wiederholungsgefahr bestehen.

a) Schutzgegenstand

Problematisch ist, welches Urheberrecht bzw. urheberrechtlich geschütztes Recht des F verletzt worden sein könnte. In Betracht käme die Idee bzgl. der von T ausgestrahlten Fernsehshow. Fraglich ist, ob die von F erdachte Konzeption ein geschütztes Werk gemäß § 2 Abs. 1 Nr. 1 UrhG (Sprachwerk) darstellt. Zwar handelt es sich um eine Konzeption für eine Fernsehshow und somit ist grundsätzlich auch an ein Fernsehwerk i.S.d. § 2 Nr. 6 UrhG zu denken, doch können Drehbücher, Exposés o.ä. als vorbestehende Werke unabhängig vom Fernsehwerk als Sprachwerk geschützt sein. Die skizzenartige Ausarbeitung des F könnte mithin ein Sprachwerk gemäß § 2 Abs. 1 Nr. 1 UrhG darstellen. Eine kurze stichwortartige Darstellung der Konzeption des F ist allerdings kein eigenständiges Sprachwerk. Selbst wenn dies der Fall wäre, geht es hier nicht um die Übernahme eines Sprachwerks, um dessen konkrete Ausarbeitung (wie dies beispielsweise bei einem Drehbuch der Fall wäre), sondern um den Schutz des neuen Fernsehformats. Fernsehformate als solche sind nach der Rechtsprechung des BGH[1] nicht schutzfähig. Nur teilweise erkennt die Rechtsprechung ausgereifte Konzeptionen als schutzfähige Werke an.[2]

Damit urheberrechtlicher Schutz gewährt werden kann, also ein Werk i.S.d. § 2 Abs. 2 UrhG vorliegt, bedarf es einer persönlichen geistigen Schöpfung. Ein Werk setzt demnach eine gewisse Schöpfungshöhe und -qualität, einen geistigen Inhalt sowie eine wahrnehmbare Formgestaltung voraus. Bei der Idee fehlt es meist an einer eigenen Schöpfung, also der Individualität, da Ideen grundsätzlich dem Gemeingut zuzurechnen sind. Vorliegend fehlt es vor allem an einer konkret wahrnehmbaren Formgestaltung, da es sich um eine abstrakte Idee handelt, die lediglich skizzenartig aufgeschrieben wurde.

Ideen als solche sind urheberrechtlich nicht geschützt und das aus gutem Grund: Eine urheberrechtliche Unterschutzstellung bedeutet eine Monopolisierung. Hinsichtlich Ideen, Motiven, Darstellungstechniken usw. darf eine Monopolisierung nicht vorgenommen werden, da sich sonst das Geistesleben nicht mehr ungehindert entfalten könnte.

Im Grenzbereich zwischen dem Interesse der Allgemeinheit an freizuhaltenden Ideen und der Notwendigkeit urheberrechtlichen Schutzes im Interesse kreativer Schöpfungsprozesse stehen Fernsehformate. Die reine Idee eines neuen Fernsehformats – und mag diese auch noch so originell sein – kann somit nicht geschützt sein, da andernfalls jedwede ähnliche Sendung unzulässig wäre. Schutzfähig sind hingegen konkrete Umsetzungen von Ideen. Geschützt sind vor allem bereits ausgestrahlte Sendungen in ihrer konkreten Ausprägung, bestimmte Texte, Melodien, Logos etc. und vor allem deren Titel, die über den Titelschutz des § 5 Abs. 3 MarkenG einen eigenen Schutz erfahren können.

Die Idee einer Fernsehshow mit Haustieren, die Kunststücke vorführen und einer Prämierung nach Zuschauergunst ist mithin urheberrechtlich nicht schutzfähig. Eine skizzenhafte Darstellung der Idee kann nicht verhindern, dass die Idee als solche für die Fernsehsendung des U verwendet wird. Es liegt kein Werk i.S.d. § 2 UrhG vor und es fehlt somit bereits an einem tauglichen Schutzgegenstand.

> In der Praxis ist daher stets eine vertragliche Bindung vor Weitergabe einer Idee anzuraten.

---

1 BGH NJW 2003, S. 2828 „L'école des fans" mit umstrittener Begründung.
2 OLG München ZUM 1999, S. 244, 246.

Mangels eines schutzfähigen Werks ist eine Eingriffshandlung nicht zu erörtern. Ergänzend sei darauf hingewiesen, dass im vorliegenden Fall allenfalls § 23 UrhG als eventuell betroffenes Recht in Betracht käme, da F davon ausgeht, dass U sein „Werk" (Tiershow) unzulässig bearbeitet hat.

b) Ergebnis

Da F an der Idee einer neuen Fernsehshow kein Urheberrecht zusteht, handelt es sich bei der Übernahme der Idee durch U entgegen der Auffassung des F nicht um ein unzulässiges „Plagiat".

2. Weitere urheberrechtliche Ansprüche

Zu denken wäre grundsätzlich auch an einen Schadensersatzanspruch gem. § 97 Abs. 1 UrhG, der aber ebenso an den o.g. Gründen scheitert.

II. Wettbewerbsrechtliche Ansprüche

1. Unterlassungsanspruch des F gegen U aus § 8 UWG

Ein Unterlassungsanspruch des F gegen U könnte sich aus § 8 Abs. 1, 1. Var. UWG ergeben. Voraussetzung dieses Anspruchs ist eine unlautere geschäftliche Handlung gem. § 3 Abs. 1 UWG. Ferner müsste eine Wiederholungsgefahr bestehen.

a) Geschäftliche Handlung, § 2 Abs. 1 Nr. 1 UWG

Das Gesetz definiert als geschäftliche Handlung jedes Verhalten einer Person zugunsten des eigenen oder eines fremden Unternehmens (…), das u.a. mit der Förderung des Absatzes von Waren objektiv zusammenhängt. Damit scheidet rein privates Handeln als „geschäftliche Handlung" aus. Es reicht damit jede Handlung, bei der ein objektiver Zusammenhang zwischen Handlung und Absatzförderung besteht. Gem. § 2 Abs. 1 Nr. 1 UWG wird dabei jedes Verhalten einer Person zugunsten des eigenen oder eines fremden Unternehmens erfasst. Bei U wird die Teilnahme am Wettbewerb vermutet, da es sich bei ihm um einen Unternehmer handelt. Bzgl. F, der anscheinend Privatperson ist, kann dies positiv festgestellt werden, da er für seine Tätigkeiten ein Entgelt verlangt. Eine tatsächliche Wettbewerbsstellung von F und U ist ebenfalls zu bejahen, denn beide verfolgen eine auf Dauer angelegte, selbständige wirtschaftliche Betätigung, die darauf gerichtet ist, Waren oder Dienstleistungen gegen Entgelt abzusetzen oder zu beziehen. Mit der Nutzung der fremden Idee möchte U seinen Umsatz steigern, indem sich die Einschaltquoten für seinen Sender erhöhen. Eine geschäftliche Handlung i.S.d. § 2 Abs. 1 Nr. 1 UWG ist mithin gegeben.

b) Unlauterere geschäftliche Handlung

Die geschäftliche Handlung müsste zudem i.S.d. § 3 Abs. 1 UWG unlauter sein.

Im vorliegenden Fall muss die „Schwarze Liste" des Anhanges des § 3 Abs. 3 UWG nicht geprüft werden, weil hier keine Verbraucherinteressen betroffen sind. Gleiches gilt für die Prüfung von § 3 Abs. 2 UWG.

Die Unlauterkeit des Vorgehens von U könnte sich aus dem Mitbewerberschutz des § 4 Nr. 3c UWG ergeben.

Zunächst müssten F und U Mitbewerber i.S. des § 4 UWG sein, die in § 2 Abs. 1 Nr. 3 UWG umschrieben wird. Notwendig wäre ein konkretes Wettbewerbsverhältnis zwischen F und U. Im vorliegenden Fall ist das zu verneinen, da es an einer Wechselbeziehung zwischen F und U in dem Sinne fehlt, dass der eigene Wettbewerb zu Lasten des fremden Wettbewerbs gefördert wird und dieser beeinträchtigt würde. Bei der Bestimmung eines konkreten Wettbewerbsverhältnisses ist zumeist auf den Kunden- oder Lieferantenkreis abzustellen. Je mehr einer dieser beiden Kreise bei F und U übereinstimmen, desto eher ist ein konkretes Wettbewerbsverhältnis zu bejahen. F und U haben aber weder den gleichen Kundenkreis noch den gleichen Lieferantenkreis. Ein konkretes Wettbewerbsverhältnis besteht nicht und somit sind F und U keine Mitbewerber i.S.d. § 2 Abs. 1 Nr. 3 UWG.

c) Zwischenergebnis

Ein Unterlassungsanspruch gem. § 8 Abs. 1 UWG ist nicht gegeben. Selbst beim Bestehen eines Anspruchs des F gegen U würde F die Anspruchberechtigung, also die Aktivlegitimation i.S.d. § 8 Abs. 3 UWG, fehlen. Denn, wie bereits festgestellt, ist F, mangels konkreten Wettbewerbsverhältnisses, gerade kein Mitbewerber (vgl. § 2 Abs. 1 Nr. 3 UWG) des U und kann folglich einen Anspruch aus § 8 UWG nicht geltend machen.

2. Weitere wettbewerbsrechtliche Ansprüche

Ein eventueller Anspruch auf Schadensersatz gem. § 9 UWG scheitert ebenfalls an den o.g. Tatbestandsmerkmalen.

III. Zivilrechtliche Ansprüche

Fraglich ist, ob F neben den urheber- und wettbewerbsrechtlichen Ansprüchen weitere zivilrechtliche Ansprüche, beispielsweise des § 823 BGB (Schadensersatz) und § 1004 BGB analog (Unterlassung), geltend machen könnte. Hinsichtlich des Wettbewerbsrechts ist dies abzulehnen. Nach dem Willen des Gesetzgebers sind die Regelungen des

UWG hinsichtlich der zivilrechtlichen Rechtsfolgen sowohl bezüglich der Klagebefugnis als auch der Anspruchsgrundlagen abschließend. Daher ist das UWG auch kein Schutzgesetz i.S.d. § 823 Abs. 2 BGB. Das UrhG hingegen lässt neben der speziellen Anspruchsgrundlage § 97 Abs. 1 UrhG auch solche des BGB[3] zu. § 97 Abs. 3 UrhG macht deutlich, dass Ansprüche anderer gesetzlicher Vorschriften durch das Urheberrecht nicht verdrängt werden. Doch scheitern §§ 823 Abs. 1, 1004 BGB analog vorliegend ebenfalls bereits an einer tauglichen Rechtsgutverletzung.

IV. Ergebnis

F hat keinen Unterlassungs- sowie Schadensersatzanspruch gegen P.

Einen „Ideenklau" kann man allenfalls durch eine rechtzeitige vertragliche Absicherung vor einer Weitergabe der Idee verhindern. Ansätze der Rechtsprechung, Fernsehformate als solche zu schützen, haben bisher keinen verlässlichen Rechtsschutz geschaffen.[4]

---

3 Bzgl. Schadensersatz: § 823 Abs. 1 BGB; § 823 Abs. 2 BGB i.V.m. §§ 106–108 UrhG; bzgl. Unterlassung § 1004 BGB analog.
4 Vgl. BGH, NJW 2003, S. 2828 „L'école des fans"; OLG München ZUM 1999, S. 244, 246 ff.

Prüfungsschemata

Bei der Bearbeitung von Fällen zum Medienrecht besteht häufig Anlass, auch *daten-schutzrechtliche* Aspekte in die Betrachtung miteinzubeziehen. Dies betrifft etwa die Frage nach dem Anwendungsbereich des KUG unter der Geltung der Datenschutz-grundverordnung, um nur ein Beispiel der zahlreichen kontrovers diskutierten Frage-stellungen zu nennen. Entsprechend wichtig sind Kenntnisse im Datenschutzrecht auch für den Erfolg in medienrechtlichen Klausuren. Die folgenden Schemata setzen solche Kenntnisse voraus, ohne die datenschutzrechtlichen Bezüge eigens zu themati-sieren.

I. Prüfungsschema Unterlassungsanspruch

Anspruchsgrundlage:
- grundsätzlich: § 1004 Abs. 1 BGB analog
  (da über § 1004 BGB alle absoluten Rechte des § 823 Abs. 1 BGB sowie die sog. „sons-tigen Rechte" i.S.d. § 823 Abs. 1 BGB geschützt werden; zu den „sonstigen Rechten" gehört das allgemeine Persönlichkeitsrecht sowie das Recht am eingerichteten und ausgeübten Gewerbebetrieb).
- gegebenenfalls: § 823 Abs. 2 BGB i.V.m. Schutzgesetz z.B. §§ 185 ff. StGB oder § 1004 Abs. 1 BGB analog i.V.m. §§ 22, 23 KUG.

Anspruchsvoraussetzungen:

1. Rechtsbeeinträchtigung bzw. Rechtsverletzung
- Verletzung des allgemeinen Persönlichkeitsrechts (konkrete Ausprägung nen-nen!)[1] z.B. durch unrichtige Tatsachenbehauptung, Abdruck eines Bildes (§ 22 KUG).
Hinweis: Abgrenzung Tatsachenbehauptung / Werturteil

---

[1] In vielen Sachverhalten sind mehrere Ausprägungen des allgemeinen Persönlichkeitsrechts betroffen, vgl. diese bei Fechner, Medienrecht, 4 Rdnr. 17 ff. sowie Prinz/ Peters, Medienrecht, Rdnr. 53 ff.

Hinweis: Auch gegen Werturteile, die Schmähkritik darstellen, sowie wahre rechts-verletzende Tatsachenbehauptungen ist ein Unterlassungsanspruch möglich, da hierin eine Persönlichkeitsrechtsverletzung liegen kann.

2. *Rechtwidrigkeit* des Eingriffs in ein geschütztes Rechtsgut
- Prüfen von Rechtfertigungsgründen z.B. § 23 Abs. 1 Nr. 1 KUG (zeitgeschichtliches Ereignis)[2], § 193 StGB (Wahrnehmung berechtigter Interessen) oder Art. 5 Abs. 1 GG (wenn z.b. die Meinungs- oder Pressefreiheit im Rahmen einer Abwägung mit dem allgemeinen Persönlichkeitsrecht überwiegt).

Hinweis: Wenn Rechtfertigungsgründe für die Rechtsverletzung gegeben sind, liegt kein rechtswidriger Eingriff vor und ein Unterlassungsanspruch scheidet aus.

3. **Gefahr eines Eingriffs in ein geschütztes Rechtsgut**
a) Erstbegehungsgefahr oder
b) Wiederholungsgefahr

Hinweis: In der Regel begründet die vorangegangene rechtswidrige Beeinträchtigung eine tatsächliche Vermutung für die Widerholungsgefahr. Dabei genügt es, wenn der Betroffene die Rechtswidrigkeit der Äußerung behauptet.

Rechtsfolge:

Unterlassung der Persönlichkeitsrechtsverletzung; eine bestimmte Tatsachenbehauptung darf vom Schädiger nicht oder nicht mehr verbreitet werden.

Gerichtliche Durchsetzung:
- Bevor gerichtliche Schritte eingeleitet werden, sollte der Anspruchsgegner abgemahnt werden (dies ist gesetzlich nicht vorgeschrieben aber in der Praxis prozesstaktisch empfehlenswert).
- Die Abmahnung ist der Hinweis auf den Rechtsverstoß. Unterbleibt die Abmahnung und erkennt der Anspruchsgegner den Anspruch im Wege des sofortigen Anerkenntnisses (§ 307 ZPO) an, so hat der Kläger die Kosten des Verfahrens gem. § 93 ZPO zu tragen.
- Die Abmahnung wird in der Regel immer mit der Aufforderung der Abgabe einer strafbewehrten Unterlassungsverpflichtungserklärung verbunden. Dies ist ein Vertrag, in dem sich der Schädiger unter Androhung einer Vertragsstrafe verpflichtet, zukünftige Rechtsbeeinträchtigungen zu unterlassen.
- Die strafbewehrte Unterlassungsverpflichtungserklärung beseitigt die Wiederholungs- bzw. die Erstbegehungsgefahr. Somit ist eine gerichtliche Entscheidung entbehrlich, sofern es nicht trotzdem zu einer Rechtsverletzung kommt.

---

2 Vgl. das Prüfungsschema „Recht am eigenen Bild" → S. 301.

Unterlassung

§ 1004 Abs. 1 BGB analog

1. Rechtsbeeinträchtigung bzw. Rechtsverletzung
2. Rechtwidrigkeit des Eingriffs in ein geschütztes Rechtsgut
3. Gefahr eines Eingriffs in ein geschütztes Rechtsgut

II. Prüfungsschema Gegendarstellung

Anspruchsgrundlage:

u.a. Landespressegesetze; z.B. § 10 LPresseG[3], § 20 MStV

Anspruchsvoraussetzungen:

1. Tatsachenbehauptung
- Abgrenzung Tatsachenbehauptung / Werturteil
- Eindrucksgegendarstellung
  Eine Gegendarstellung ist auch dann möglich, wenn sich beim Leser aus dem Gesamtzusammenhang eine (nach Ansicht des Anspruchstellers unrichtige) Vorstellung über Tatsachen ergibt.
- Abdruck eines Bildes als Tatsachenbehauptung

2. Berechtigtes Interesse an der Verbreitung der Gegendarstellung
- dies ist nur gegeben, wenn es der Schutzzweck des allgemeinen Persönlichkeitsrechts gebietet, also der Schutzbereich des allgemeinen Persönlichkeitsrechts berührt ist.
  Hinweis: kein berechtigtes Interesse, wenn Presseunternehmen oder Sender der Erstmitteilung bereits eine Berichtigung vorgenommen hat.

3. Angemessenheit der Gegendarstellung
  Umfang des beanstandeten Textes darf nicht überschritten werden

4. nur Tatsachen

5. kein strafbarer Inhalt

6. unverzüglich
  d.h. spätestens 3 Monate nach der Veröffentlichung

7. Schriftform

---

3 Vgl. Mustergesetz bei Fechner/Mayer (Hrsg.): Vorschriftensammlung Medienrecht, 16. Auflage, 2020.

8. Unterschrift

Rechtsfolge:

Der Schädiger hat die Schilderung des Geschädigten wiederzugeben.

Hinweis: Der Wahrheitsgehalt der Gegendarstellung ist unbeachtlich! Es ist insofern das am wenigsten aufwendige Mittel für den Geschädigten und es beeinträchtigt die Pressefreiheit nur gering.

Gegendarstellung

Einschlägiges Gesetz, z.B. § 10 LPresseG[4], § 20 MStV

1. Tatsachenbehauptung
2. Berechtigtes Interesse an der Verbreitung der Gegendarstellung
3. Angemessenheit der Gegendarstellung
4. nur Tatsachen
5. kein strafbarer Inhalt
6. unverzüglich
7. Schriftform
8. Unterschrift

III. Prüfungsschema Berichtigungsansprüche

Anspruchsgrundlage: § 1004 Abs. 1 BGB analog i.V.m. § 823 Abs. 1 BGB

Anspruchsvoraussetzungen:

1. Unrichtige Tatsachenbehauptung
- Abgrenzung Tatsachenbehauptung / Werturteil
- „unrichtig", d.h. erweisliche Unwahrheit der Tatsachenbehauptung
- Beweislast
- Eindrucksrichtigstellung
  Eine unrichtige Tatsachenbehauptung ist auch dann anzunehmen, wenn sich für den Leser aus dem Kontext eine falsche Vorstellung über Tatsachen ergeben kann.
- Abdruck eines Bildes als Tatsachenbehauptung

2. *Fortwirkende Beeinträchtigung* des allgemeinen Persönlichkeitsrechts des Betroffenen

---

4 Vgl. Mustergesetz bei Fechner/Mayer (Hrsg.): Vorschriftensammlung Medienrecht, 16. Auflage, 2020.

- Verletzung des allgemeinen Persönlichkeitsrechts (konkrete Ausprägung nennen!).[5]

Hinweis: Beeinträchtigung entfällt nicht durch den Abdruck einer Gegendarstellung.

3. Berichtigung als geeignetes Mittel zur Beseitigung der Persönlichkeitsbeeinträchtigung

- Ziel ist die Genugtuung des Betroffenen, nicht Demütigung des Gegners.

Rechtsfolge:
Der Schädiger muss falsche Tatsachenbehauptung durch richtige ersetzen, berichtigen oder eine unvollständige Darstellung ergänzen.

  Hinweis: Berichtigungsanspruch ist der Oberbegriff für die Ansprüche auf Widerruf, Richtigstellung und Ergänzung.

- Durch den Anspruch auf *Widerruf* sollen falsche Behauptungen aus der Welt geschafft werden (Berichtigung der gesamten ursprünglichen Berichterstattung).
- Beim Anspruch auf *Richtigstellung* muss lediglich ein falscher Teil korrigiert werden (Berichtung von einzelnen Teilen der ursprünglichen Berichterstattung).
- Beim Anspruch auf *Ergänzung* sind an sich korrekte Tatsachenbehauptungen durch bestimmte Tatsachen zu ergänzen, die für eine umfassende und richtige Beurteilung eines Sachverhalts unabdingbar sind.

In der Klausur sind für die Falllösung die einzelnen Ansprüche zu unterscheiden!

Berichtigung

§ 1004 Abs. 1 BGB analog i.V.m. § 823 Abs. 1 BGB

1. Unrichtige Tatsachenbehauptung
2. Fortwirkende Beeinträchtigung des allgemeinen Persönlichkeitsrechts des Betroffenen
3. Berichtigung als geeignetes Mittel zur Beseitigung der Persönlichkeitsbeeinträchtigung

---

IV. Prüfungsschema Schadensersatz I (§ 823 Abs. 1 BGB)

Anspruchsgrundlage:
§ 823 Abs. 1 BGB i.V.m. Art. 2 Abs. 1, Art. 1 Abs. 1 GG (allgemeines Persönlichkeitsrecht als „sonstiges Recht")[6]

---

5 Vgl. Fechner, *Medienrecht*, 4 Rdnr. 18 ff.
6 Im Fall der Verletzung eines Schutzgesetzes empfiehlt sich die Verwendung des nachfolgenden

Anspruchsvoraussetzungen:

1. Materieller Schaden (kann auch nach dem Verschulden geprüft werden)
- Abgrenzung zum immateriellen Schaden → Geldentschädigung.
- Kausalität – d.h. die Rechtsgutsverletzung muss für den eingetretenen Schaden ursächlich gewesen sein.
- Berechnung des materiellen Schadens (also des Vermögensschadens):
a) Höhe des Schadensersatzes wird grundsätzlich nach der sog. Differenztheorie (Differenzhypothese) berechnet (sog. konkrete Schadensberechnung), z.B. entgangener Gewinn.
b) Ausnahmen (sog. abstrakt-normative Schadensberechnung):
- Kommerzialisierbarkeit[7]
- Lizenzanalogie (Was hätte der Schädiger aufwenden müssen, wenn er vor der Verletzungshandlung eine ordnungsgemäße Lizenz erworben hätte? – angemessene Lizenzgebühr)

2. Tatbestandsmäßigkeit
a) Rechtsgutsverletzung
Hinweis: Allgemeines Persönlichkeitsrecht ist „sonstiges Recht" i.S.d. § 823 Abs. 1 BGB.
- Verletzung des allgemeinen Persönlichkeitsrechts (konkrete Ausprägung benennen!).[8]
Hinweis: alle Arten von unzulässigen Äußerungen fallen in den Anwendungsbereich (also auch wahre Tatsachenbehauptungen und Werturteile).
b) Durch kausales Verhalten
Tun (oder Unterlassen), regelmäßig eine Äußerung, die für die Rechtsgutsverletzung kausal (ursächlich) ist.

3. Rechtswidrigkeit
- Prüfen von Rechtfertigungsgründen z.B. § 193 StGB (Wahrnehmung berechtigter Interessen) oder Art. 5 Abs. 1 GG (wenn z.B. die Meinungs- oder Pressefreiheit im Rahmen einer Abwägung mit dem allgemeinen Persönlichkeitsrecht überwiegt).
Hinweis: Wenn Rechtfertigungsgründe gegeben sind, liegt kein rechtswidriger Eingriff vor und ein Schadensersatzanspruch scheidet aus.

4. Verschulden
- Vorsatz oder Fahrlässigkeit i.S.d. § 823 Abs. 1 BGB.

Prüfungsschemas. Weitere Anspruchsgrundlagen finden sich in den speziellen Gesetzen, z.B. § 97 Abs. 2 UrhG → Prüfungsschema XI S. 305 oder § 9 UWG.

7 Gemeint ist die Problematik der kommerziellen Interessen des allgemeinen Persönlichkeitsrechts, insbes. beim Recht am eigenen Bild, vergl. dazu Fall 1 „Bilder einer Schauspielerin".

8 Vgl. diese bei Fechner, Medienrecht, *4* Rdnr. 18 ff.

- Bei Berichterstattung muss die journalistische Sorgfaltspflicht beachtet werden; ein Verschulden ist also immer dann anzunehmen, wenn gegen die publizistische Sorgfaltspflicht (Recherchepflicht, Gelegenheit zur Stellungnahme) verstoßen wurde.

Hinweis: § 831 Exkulpationsmöglichkeit, wenn Schädiger nicht selbst, sondern durch einen Verrichtungsgehilfen gehandelt hat.

Rechtsfolge:

Ersatz des materiellen Schadens, d.h. Ersatz in Geld für erlittene Vermögensnachteile.

V. Prüfungsschema Schadensersatz II (§ 823 Abs. 2 BGB)

Anspruchsgrundlage:

§ 823 Abs. 2 BGB i.V.m. Schutzgesetz

z.B. § 823 Abs. 2 BGB i.V.m. §§ 185 ff. StGB (als Schutzgesetz bei Ehrverletzungen) oder § 823 Abs. 2 BGB i.V.m. § 22 KUG (als Schutzgesetz bei Verletzungen des Rechts am eigenen Bild).

Anspruchsvoraussetzungen:

1. Materieller Schaden (kann auch nach dem Verschulden geprüft werden)

- Abgrenzung zum immateriellen Schaden → Geldentschädigung.
- Kausalität – d.h. die Rechtsgutsverletzung muss für den eingetretenen Schaden ursächlich gewesen sein.
- Berechnung des materiellen Schadens (also des Vermögensschadens):

 a) Höhe des Schadensersatzes wird grundsätzlich nach der sog. Differenztheorie (Differenzhypothese) berechnet (sog. konkrete Schadensberechnung), z.B. entgangener Gewinn.

 b) Ausnahmen (sog. abstrakt-normative Schadensberechnung):

 - Kommerzialisierbarkeit[9]
 - Lizenzanalogie (Was hätte der Schädiger aufwenden müssen, wenn er vor der Verletzungshandlung eine ordnungsgemäße Lizenz erworben hätte? – angemessene Lizenzgebühr)

2. Verletzung eines Schutzgesetzes

 a) Schutzgesetz i.S.d. § 823 Abs. 2 BGB

 z.B. KUG, StGB

---

9 Gemeint ist die Problematik der kommerziellen Interessen des allgemeinen Persönlichkeitsrechts, insbes. beim Recht am eigenen Bild, vergl. dazu Fall 1 „Liebesleben eines Filmstars".

b) Verletzung des Schutzgesetzes
hier: z.B. Prüfung von §§ 22, 23 KUG[10]

3. Rechtswidrigkeit

Die Rechtswidrigkeit wird durch die Schutzgesetzverletzung indiziert.[11]

4. Verschulden

Das Verschulden bezieht sich auf die Schutzgesetzverletzung. Somit ist das Verschulden (Vorsatz oder Fahrlässigkeit) bei der Schutzgesetzverletzung auch für § 823 Abs. 2 BGB maßgeblich.[12]

Rechtsfolge:
Ersatz des materiellen Schadens, d.h. Ersatz in Geld für erlittene Vermögensnachteile.

Schadensersatz

§ 823 Abs. 1 BGB i.V.m. Art. 2 Abs. 1, Art. 1 Abs. 1 GG (allgemeines Persönlichkeitsrecht als „sonstiges Recht")

1. Materieller Schaden
2. Tatbestandsmäßigkeit
3. Rechtswidrigkeit
4. Verschulden

oder

§ 823 Abs. 2 BGB i.V.m. einem Schutzgesetz

1. Materieller Schaden
2. Verletzung eines Schutzgesetzes
3. Rechtswidrigkeit
4. Verschulden

VI. Prüfungsschema Anspruch auf Geldentschädigung

Vorüberlegungen:
– Anspruch auf Schmerzensgeld (§ 253 BGB) hat außerhalb des Medienrechts primär Ausgleichsfunktion sowie sekundär Genugtuungs- und Präventionsfunktion.

---

10 Vgl. Prüfungsschema „Recht am eigenen Bild" S. 301.
11 Sprau, in: Palandt, BGB, § 823, Rdnr. 59.
12 Sprau, in: Palandt, BGB, § 823, Rdnr. 60.

– § 253 Abs. 2 BGB nennt die allgemeine Persönlichkeitsrechtsverletzung nicht.
– Spezifischer „Schmerzensgeldanspruch" im Medienrecht bei immateriellem Schaden durch Verletzung des allgemeinen Persönlichkeitsrechts: Anspruch auf Geldentschädigung (in der Terminologie des BGH). Dieser hat primär Genugtuungsfunktion, sekundär Ausgleichsfunktion und insbesondere Präventionsfunktion.

Anspruchsgrundlage:
– BGH: § 823 Abs. 1 BGB i.V.m. Art. 2 Abs. 1, Art. 1 Abs. 1 GG
– a.A.: richterliches Gewohnheitsrecht

Tatbestandsvoraussetzungen:

1. Immaterieller Schaden
z.B. Beeinträchtigung des „guten Rufs"

2. schwere Persönlichkeitsrechtsverletzung
• juristische Personen: können sich zwar unter Umständen auf eine Verletzung des allgemeinen Persönlichkeitsrechts berufen, aber die Funktionen des Geldentschädigungsanspruchs führen bei ihnen nicht zur Begründung eines Anspruchs auf Geldentschädigung.

3. schuldhaftes Handeln des Schädigers
Grad des Verschuldens ist umstritten:
e.A.: Fahrlässigkeit genügt, also Verletzung der journalistischen Sorgfaltspflicht
a.A.: grobe Fahrlässigkeit bzw. Vorsatz nötig, mithin schweres Verschulden.
(Die Rechtsprechung des BGH ist in diesem Punkt uneinheitlich.)

4. Subsidiarität gegenüber anderweitigen Ersatzmöglichkeiten
• Geldentschädigungsanspruch ist ultima ratio
• Kein befriedigender Ausgleich auf andere Weise
• Gegendarstellung, Entschuldigung, Widerruf u.ä. können zur Eingrenzung des Schadens und ggf. zum Wegfall des Anspruchs führen (allerdings nur bei besonderen Bedingungen wie z.B. unverzüglicher Widerruf, keine gerichtliche Durchsetzung der Gegendarstellung, u.ä.).

Rechtsfolge:
Ersatz des immateriellen Schadens.
• Höhe der Geldentschädigung: Hängt ab von Eingriffsintensität, Verbreitungsform und vom Grad des Verschuldens. In der Praxis wirkt sich vor allem die Präventionsfunktion dieses Anspruchs auf die Höhe der Geldentschädigung aus.

Geldentschädigung

§ 823 Abs. 1 BGB i.V.m. Art. 2 Abs. 1, Art. 1 Abs. 1 GG

1. Immaterieller Schaden
2. schwere Persönlichkeitsrechtsverletzung
3. schuldhaftes Handeln des Schädigers
4. Subsidiarität gegenüber anderweitigen Ersatzmöglichkeiten

VII. Prüfungsschema Herausgabe ungerechtfertigter Bereicherung

Anspruchsgrundlage: § 812 Abs. 1 Satz 1, 2. Var. BGB (sog. Eingriffskondiktion)

Anspruchsvoraussetzungen:

1. Etwas erlangt
- Jeder vermögenswerte Vorteil (durch Benutzung persönlichkeitsrechtlicher Befugnisse)
  z.B. durch Abdruck eines Bildes (ggf. ersparte Lizenzgebühr) oder Mehreinnahmen durch erhöhte Auflage aufgrund eines Skandalberichts.

2. durch Eingriff in das allgemeine Persönlichkeitsrecht eines anderen
- Betroffene Ausprägung oder Ausprägungen des Persönlichkeitsrechts nennen![13]

3. ohne Rechtsgrund
- d.h. ohne Vertrag, keine Einwilligung (also ohne Berechtigung)
- bzw. Prüfen von Rechtfertigungsgründen – also ein gesetzlicher Rechtsgrund, z.B. Art. 5 Abs. 1 GG (wenn z.B. die Meinungs- oder Pressefreiheit im Rahmen einer Abwägung mit dem allgemeinen Persönlichkeitsrecht überwiegt).

Hinweis: Wenn ein Rechtsgrund besteht, ist der Anspruch aus § 812 Abs. 1 Satz 1, 2. Var. BGB nicht gegeben.

Hinweis: Verschulden ist keine Anspruchsvoraussetzung

Rechtsfolge:
- Herausgabe des „Erlangten"; dies läuft in medienrechtlichen Fällen meistens auf Wertersatz, also Geld, gem. § 818 Abs. 2 BGB hinaus.
- Die Höhe des Wertersatzes berechnet sich z.B. nach der sog. Lizenzanalogie.
- Ob im Rahmen des § 818 Abs. 2 BGB auch der Verletzergewinn herausgegeben werden muss, ist umstritten.

---

13 Vgl. diese bei Fechner, Medienrecht, 4 Rdnr. 18 ff.

Hinweis: Durch die Anwendung des abstrakt-normativen Schadensbegriffs bei § 823 BGB kann auch durch das Schadensersatzrecht mittels des Kommerzialisierungsgedankens nach der sog. Lizenzanalogie eine angemessene Lizenzgebühr als „Schaden" verlangt werden. Diese Lizenzgebühr kann gerade auch auf Grundlage des § 812 Abs. 1 Satz 1, 2. Var. BGB verlangt werden.

Ungerechtfertigte Bereicherung

§ 812 Abs. 1 Satz 1, 2. Var. BGB (Eingriffskondiktion)

1. Etwas erlangt
2. durch Eingriff in das allgemeine Persönlichkeitsrecht eines anderen
3. ohne Rechtsgrund

VIII. Prüfung persönlichkeitsrechtsrelevanter Medienberichte

1. Allgemeines Persönlichkeitsrecht (Art. 2 Abs. 1 i.V.m. Art. 1 Abs. 1 GG) betroffen?
a) Um welche Ausprägung des allgemeinen Persönlichkeitsrechts handelt es sich?
b) Ist dieser Aspekt des Persönlichkeitsrechts einfachgesetzlich geregelt?
Insbes.: Recht am eig. Bild.[14] Recht der persönlichen Ehre. §§ 185 ff. StGB

2. Persönlichkeitsrechtsverletzung rechtmäßig?
Mögliche Rechtfertigungsgründe:
– Einwilligung? (event. konkludent; freiverantwortlich?; Besonderheit bei Minderjährigen!)
– Medienfreiheit / Informationsinteresse der Allgemeinheit: dann

3. Abwägung: Schwere des Eingriffs / Medienfreiheit und Informationsinteresse der Allgemeinheit
Schwere des Eingriffs in das Persönlichkeitsrecht *gegen* Medienfreiheit und Bedeutung des Informationsinteresses der Allgemeinheit im konkreten Fall.[15]

4. Ergebnis

Prüfung persönlichkeitsrechtsrelevanter Medienberichte

1. Allgemeines Persönlichkeitsrecht (Art. 2 Abs. 1 i.V.m. Art. 1 Abs. 1 GG) betroffen?

---

14 Siehe nachfolgendes Prüfungsschema.
15 Zu den Kriterien der Abwägung Fechner, Medienrecht, *4* Rdnr. 58 sowie speziell für die identifizierende Berichterstattung über Straftaten, ebenda, Rdnr. 105.

2. Persönlichkeitsrechtsverletzung rechtmäßig?
3. Abwägung: Schwere des Eingriffs / Medienfreiheit und Informationsinteresse der Allgemeinheit

IX. Prüfungsschema Recht am eigenen Bild

Dieses Schema behandelt nicht eine eigene Anspruchsgrundlage, sondern die Prüfung des einfachgesetzlich geschützten Rechts am eigenen Bild (§§ 22 f. KUG) als Ausprägung des allgemeinen Persönlichkeitsrechts. Die Rechtsprechung hat dazu ein „abgestuftes Schutzkonzept" entwickelt.[16]

1. Einwilligungsvorbehalt § 22 KUG (1. Stufe)
Gemäß § 22 KUG bedarf es grundsätzlich der Einwilligung des Abgebildeten zur Veröffentlichung und Verbreitung von Bildnissen.
• Bei fehlender Einwilligung – Verstoß gegen § 22 KUG

2. Ausnahmen von diesem Einwilligungsvorbehalt §§ 23 ff. KUG, insbesondere Bildnisse aus dem Bereich der Zeitgeschichte § 23 Abs. 1 Nr. 1 KUG (2. Stufe)
– Eine Einwilligung ist u.a. dann entbehrlich, wenn es sich um eine Berichterstattung bzw. um ein Bildnis aus dem Bereich der Zeitgeschichte handelt.
– Der Begriff des zeitgeschichtlichen Ereignisses ist im Interesse der Medien weit auszulegen und bestimmt sich nach dem Informationsinteresse der Allgemeinheit.
  Hinweis: nicht nur Vorgänge mit historisch-politischer Bedeutung, sondern alle Fragen von gesellschaftlichem Interesse – auch unterhaltende Beiträge können den Inhalt einer Berichterstattung über ein zeitgeschichtliches Ereignis darstellen.
  Hinweis: Bereits zur Bestimmung des Begriffs „zeitgeschichtliches Ereignis" kann eine Abwägung zwischen dem Informationsinteresse der Öffentlichkeit und dem Interesse des Abgebildeten am Schutz seiner Privatsphäre stattfinden (dazu genauer bei § 23 Abs. 2 KUG).
• Für den Begriff der Berichterstattung ist sowohl auf das Bildnis selbst als auch auf den Zusammenhang zur Bildüber- und Bildunterschrift sowie zum begleitenden Wortbericht abzustellen.
• Rechtfertigung des Verstoßes gegen § 22 KUG (z.B. durch das Bejahen eines zeitgeschichtlichen Ereignisses gem. § 23 Abs. 1 Nr. 1 KUG)

3. Verletzung berechtigter Interessen des Abgebildeten, § 23 Abs. 2 KUG (3. Stufe)
• Hier muss eine umfassende Abwägung zwischen den betroffenen Rechtspositionen stattfinden.

---

16 Vergl. BGH AfP 2007, S. 121 → „Prominentenvilla" – Fechner, E 17; BVerfG GRUR 2008, S. 539.

- Ein Hauptkriterium bei der Abwägung ist der Informationswert der Berichterstattung, wobei dieser bei Beiträgen zu gesellschaftlichen und politischen Debatten als hoch, bei reiner Unterhaltung als niedrig anzusehen ist → je höher dieser Informationswert im Einzelfall ist, umso eher wird das Schutzinteresse des Abgebildeten überwunden.
- Dem Informationsinteresse der Allgemeinheit steht das allgemeine Persönlichkeitsrecht (insbes. Kernbereich privater Lebensgestaltung – Intimes, Privates, Geheimes -)[17] gegenüber.
- Sofern die Berichterstattung berechtigte Interessen des Abgebildeten verletzt (konkrete Ausprägungen des allgemeinen Persönlichkeitsrechts nennen)[18], bleibt es bei der Notwendigkeit der Einwilligung nach § 22 KUG.

Hinweis: Wenn im Rahmen der Interessenabwägung in § 23 Abs. 2 KUG dem allgemeinen Persönlichkeitsrecht des Betroffenen der Vorzug gegeben wird, liegt wiederum ein Verstoß gegen § 22 KUG vor (§ 23 Abs. 2 KUG ist mithin eine Ausnahme zum Rechtfertigungsgrund des § 23 Abs. 1 Nr. 1 KUG).

4. Ergebnis

Entweder liegt ein Verstoß gegen § 22 KUG vor oder ein Rechtfertigungstatbestand nach § 23 Abs. 1 (Nr. 1) KUG ist gegeben.

Recht am eigenen Bild

§§ 22, 23 KUG

1. Grundsatz: Einwilligung § 22 KUG (1. Stufe)
2. Ausnahmen: § 23 KUG, insbes. Bildnis aus dem Bereich der Zeitgeschichte, § 23 Abs. 1 Nr. 1 KUG (2. Stufe)
3. Unterausnahme: Verletzung berechtigter Interessen des Abgebildeten, § 23 Abs. 2 KUG (3. Stufe)

X. Prüfungsschema Wettbewerbsrecht

Anspruchsgrundlagen je nach Fallfrage u. a.:
- § 8 UWG: Unterlassung
- § 9 UWG: Schadensersatz

---

17 Die einschlägige Ausprägung oder die einschlägigen Ausprägungen des allgemeinen Persönlichkeitsrechts sollten benannt werden, dazu Fechner, Medienrecht, 4 Rdnr. 18 ff.
18 Vgl. Fechner, Medienrecht, 4 Rdnr. 20 ff.

Prüfe:

1. Wettbewerbsverstoß

→ Verstoß gegen § 3 UWG:

a) geschäftliche Handlung (vgl. Definition in § 2 I Nr. 1 UWG):

geschäftliche Handlung ist jedes Verhalten einer Person zugunsten des eigenen oder eines fremden Unternehmens (…), das u.a. mit der Förderung des Absatzes von Waren objektiv zusammenhängt.

Vereinfacht ist dies jede Handlung, bei der ein Zusammenhang zwischen Handlung und Absatzförderung besteht (objektive Zusammenhang).

- die Handlung muss einen Marktbezug haben
- objektiver Zusammenhang zwischen Handlung und Absatzförderung – Absatz- oder Bezugsförderung ist bei Gewerbetreibenden zu vermuten – bei Medienäußerungen (-unternehmen) besteht eine solche Vermutung nicht: Bei rein redaktionellen Beiträgen die nur der Information und Meinungsbildung der Leser, Zuschauer oder Zuhörer dienen, besteht gerade kein Zusammenhang zwischen der Handlung und der Absatzförderung (also kein „objektiver Zusammenhang").[19]

b) Unlauterkeitstat

geschäftliche Handlung muss unlauter sein, Prüfungsfolge:[20]

- § 3 Abs. 3 UWG: die in der Liste des Anhangs, sog. „Schwarze Liste" beschriebenen geschäftlichen Handlungen gegenüber Verbrauchern sind stets unzulässig, einer weiteren Prüfung bedarf es dann nicht
- § 3 Abs. 2 UWG (Verbrauchersondertatbestand – i.V.m. §§ 5, 5a oder § 4 Nr. 1–6, 11 UWG)
- § 3 Abs. 1 UWG i.V.m. §§ 4 bis 7 UWG – Konkretisierung der Unlauterkeit durch Beispiele (Beispielskatalog ist nicht abschließend)
  hier genaue Prüfung und Subsumtion der §§ 4 bis 7 UWG!
- § 3 Abs. 1 UWG als Auffangtatbestand (starke Einschränkungen beachten)[21]
- Zeitpunkt des Unlauterkeitsverhaltens: vor, bei oder nach einem Geschäftsabschluss

2. weitere Voraussetzungen der jeweiligen Anspruchsgrundlage

Bei begehrter Unterlassung, § 8 UWG

- Wiederholungsgefahr – der Wettbewerbsverstoß stellt eine widerlegbare Vermutung der Wiederholungsgefahr dar, indiziert also die Wiederholungsgefahr
  Hinweis: kein Verschulden erforderlich!

Bei begehrtem Schadensersatz, § 9 UWG

a) Verschulden – Vorsatz oder Fahrlässigkeit (§ 276 BGB)

---

19 Köhler, in: Köhler/Bornkamm, UWG, § 2 Rdnr. 67.
20 Prüfungsfolge orientiert sich an Boesche, Wettbewerbsrecht, Rdnr. 173 j ff.
21 Dazu Boesche, Wettbewerbsrecht, Rdnr. 433 ff.

Hinweis: Presseprivileg, § 9 Satz. 2 UWG[22], lässt sich als „Medienprivileg" verstehen: → Schadensersatz nur bei Vorsatz.

b) Schaden – Probleme der Schadensberechnung → 3 Möglichkeiten:[23]
– konkreter Schaden einschließlich des entgangenen Gewinns (§§ 249 ff. BGB)
– Zahlung einer angemessenen, ggf. fiktiven Lizenzgebühr (sog. Lizenzanalogie),
– Herausgabe des Verletzergewinns

3. Anspruchsberechtigte

Bei begehrter Unterlassung, § 8 Abs. 3 UWG, u.a. Mitbewerber:
– Definition Mitbewerber in § 2 Abs. 1 Nr. 3 UWG:
– Unternehmer
– konkretes Wettbewerbsverhältnis
(vereinfacht: von einem konkreten Wettbewerbsverhältnis ist auszugehen, wenn beide Seiten versuchen, gleichartige Waren oder Dienstleistungen innerhalb desselben Kreises von Endverbrauchern abzusetzen.[24])

Bei begehrtem Schadensersatz, § 9 UWG
– Mitbewerberstellung notwendig (Definition in § 2 Abs. 1 Nr. 3 UWG, s.o.).

4. Anspruchsdurchsetzung

Besonderheiten des § 13 UWG beachten: i.d.R. ist für die Durchsetzung eines Unterlassungsanspruchs eine Abmahnung erforderlich, i.V.m. der Aufforderung, eine strafbewehrte Unterlassungsverpflichtungserklärung abzugeben.

Antwortsatz:
je nach Fallfrage, z.B.:
A hat gem. § 8 UWG einen Unterlassungsanspruch gegen B.
A hat gegen B einen Anspruch auf Schadensersatz gem. § 9 UWG.
A hat i.S.d. § 3 Abs. 1 i.V.m. § 5 Abs. 1 Nr. 2 UWG unlauter gehandelt.

Wettbewerbsrecht

– § 8 UWG: Unterlassung
 oder
– § 9 UWG: Schadensersatz

1. Wettbewerbsverstoß
 → Verstoß gegen § 3 UWG:
a) geschäftliche Handlung (vgl. Definition in § 2 I Nr. 1 UWG):
b) Unlauterkeit der geschäftlichen Handlung

---

22 Dazu Fechner, Medienrecht, 6 Rdnr. 93; Götting, Wettbewerbsrecht, § 18, Rdnr. 4.
23 Zum Ganzen Götting, Wettbewerbesrecht, § 18 Rdnr. 7 m.w.N.
24 So Büscher, in: Fezer, UWG, § 8 Rdnr. 190.

- § 3 Abs. 3 UWG „Schwarze Liste"
- § 3 Abs. 2 UWG (Verbrauchersondertatbestand – i.V.m. §§ 5, 5a oder § 4 Nr. 1–6, 11 UWG)
- § 3 Abs. 1 UWG i.V.m. §§ 4 bis 7 UWG – Konkretisierung der Unlauterkeit
- § 3 Abs. 1 UWG als Auffangtatbestand
2. weitere Voraussetzungen der jeweiligen Anspruchsgrundlage
  bei begehrter Unterlassung, § 8 UWG
  – Wiederholungsgefahr
  bei begehrtem Schadensersatz, § 9 UWG
  Verschulden – Vorsatz oder Fahrlässigkeit (§ 276 BGB)
  Schaden
3. Anspruchsberechtigte

XI. Prüfungsschema Urheberrecht

Anspruchsgrundlagen je nach Fallfrage, u.a.:
Unterlassung – § 97 Abs. 1 UrhG i.V.m. §§ 15 Abs. 1, 16 Abs. 1 oder 17 Abs. 1 UrhG oder eine andere urheberrechtliche Schutznorm
Schadensersatz – § 97 Abs. 2 UrhG i.V.m §§ 15 Abs. 1, 16 Abs. 1 oder 17 Abs. 1 UrhG oder eine andere urheberrechtliche Schutznorm[25]

Prüfe:

1. Rechtswidrige Urheberrechtsverletzung
a) Schutzgegenstand
  – Werk i.S.d. § 2 UrhG
  Notwendig ist eine persönliche geistige Schöpfung; Tatbestandsmerkmale:
  • Schöpfungshöhe und -qualität (Individualität)
  • geistiger Gehalt
  • wahrnehmbare Formgestaltung
  – oder eines der Leistungsschutzrechte §§ 70 ff UrhG
b) Eingriffshandlung
  z.B. Einstellen einer Photographie ins Internet – § 19 a UrhG
  z.B. Brennen einer CD – § 16 UrhG
  aufzuzeigen ist, welche Urheberrechte (insbesondere welche Verwertungsrechte i.S.d. §§ 16 ff. UrhG) betroffen sind.
c) Rechtfertigung / Schrankenbestimmung
  • evtl. Lizenz erworben

---

25 Es handelt sich um eine gegenüber § 823 BGB speziellere Anspruchsgrundlage.

- Eingriff in Urheberrecht könnte durch Schrankenbestimmung gerechtfertigt sein, Schrankenbestimmungen §§ 44a ff. UrhG prüfen (besonders wichtig: § 53 UrhG).
- diese Schranken können ausnahmsweise wieder „beschränkt" werden z.B. § 95a UrhG, z.B. bei der Privatkopie.

2. weitere Voraussetzungen der Anspruchsgrundlage

a) Unterlassung, § 97 Abs. 1 UrhG

Wiederholungsgefahr – die Urheberrechtsverletzung stellt eine widerlegbare Vermutung der Wiederholungsgefahr dar, indiziert also die Wiederholungsgefahr.

Hinweis: kein Verschulden erforderlich!

b) Schadensersatz, § 97 Abs. 2 UrhG

– Verschulden – Vorsatz oder Fahrlässigkeit (§ 276 BGB)

– Schaden – Problem der Schadensberechnung:

3 Möglichkeiten:[26]

- konkreter Schaden einschließlich des entgangenen Gewinns (§§ 249 ff. BGB) oder
- Zahlung einer angemessenen Lizenzgebühr (sog. Lizenzanalogie) oder
- Herausgabe des Verletzergewinns.

Antwortsatz: je nach Fallfrage, z.B.:

A hat gem. § 97 Abs. 1 UrhG einen Unterlassungsanspruch gegen B.

A hat i.S.d. § 16 Abs. 1 UrhG das Urheberrecht des B verletzt.

Urheberrecht

Unterlassung – § 97 Abs. 1 UrhG i.V.m. urheberrechtlicher Schutznorm

oder

Schadensersatz – § 97 Abs. 2 UrhG i.V.m urheberrechtlicher Schutznorm

1. Rechtswidrige Urheberrechtsverletzung

a) Schutzgegenstand

– Werk i.S.d. § 2 UrhG:

persönliche geistige Schöpfung

– oder ein Leistungsschutzrecht §§ 70 ff UrhG

b) Eingriffshandlung

c) Rechtfertigung / Schrankenbestimmung

2. weitere Voraussetzungen der Anspruchsgrundlage

a) Unterlassung, § 97 Abs. 1 UrhG

– Wiederholungsgefahr

---

26 Dazu Wild, in: Schricker, UrhG, § 97 Rdnr. 57 sowie Heinrichs, in: Palandt, BGB, Vorb. vor § 249, Rdnr. 53.

b) Schadensersatz, § 97 Abs. 2 UrhG
- Verschulden - Vorsatz oder Fahrlässigkeit (§ 276 BGB)
- Schaden

XII. Prüfungsschema Einstweiliger Rechtsschutz

- zur vorläufigen Sicherung von Ansprüchen, die hierdurch schnell zu einer Entscheidung gebracht werden können; selbst bei Ablehnung bleibt Hauptsacheklage möglich
- Glaubhaftmachung statt Strengbeweis, § 294 ZPO
- aber: Schadenersatzpflicht gem. § 945 ZPO, wenn sich die einstweilige Regelung als von Anfang an ungerechtfertigt herausstellt oder im Nachhinein aufgehoben wird, d.h. der Antragsteller trägt das Risiko der Vorläufigkeit der Vollstreckung

Besonderheit im Medienrecht:
Die vorläufige Sicherung durch einstweiligen Rechtsschutz wird in der Praxis häufig von den Parteien als endgültig akzeptiert und auf die Durchführung eines Hauptsacheverfahrens verzichtet.

Zwei Arten einstweiligen Rechtsschutzes:
- **Arrest:** bei Anspruch auf Geldleistung (§ 916 ZPO)
- **Einstweilige Verfügung (§§ 935 ff ZPO):** zur Sicherung anderer als Geldansprüche, jeweils 3 Unterarten:
a) Sicherungsverfügung
- dient der Sicherung von Individualansprüchen (z.B. Herausgabeanspruch). Im Medienrecht insbesondere: bevorstehende Veröffentlichungen einer ehrenrührigen Behauptung oder Gefahr der Wiederholung einer solchen Behauptung
- Grundsatz auch hier: nur Sicherung des Antragstellers, liegt im freien Ermessen des Richters § 938 Abs. 1 ZPO (z.B. Unterlassungsanspruch).
b) Regelungsverfügung
- dient der vorläufigen Regelung eines streitigen Rechtsverhältnisses, § 940 ZPO
c) Leistungsverfügung
- dient der sofortigen Erfüllung des geltend gemachten Anspruchs; der Regelfall im Medienrecht
- bei einstweiligem Rechtsschutz sonst eher Ausnahme: da automatisch Vorwegnahme der Hauptsache
→ wesentlich höhere Anforderungen an Verfügungsgrund und Verfügungsanspruch

Vorliegen einer Notlage oder nahezu eindeutiger Nachweis von Verfügungsanspruch und Verfügungsgrund: Erfüllung bzw. Leistung muss die einzige Möglichkeit sein, dem Begehren des Antragstellers entsprechen zu können.

– Leistungsverfügung in der Praxis des Medienrechts insbesondere bei Gegendarstellung und Berichtigung angewandt (Widerruf hingegen nur im Hauptsacheverfahren!)

Prüfe: Voraussetzungen der einstweiligen Verfügung (§§ 935 ff. ZPO)

1. Verfügungsanspruch

Hinweis: Voraussetzungen des Verfügungsanspruchs müssen glaubhaft gemacht werden. (z.B. der Gegendarstellung. Bei Unterlassung: zunächst strafbewehrte Unterlassungsverpflichtungserklärung erforderlich!)

Hinweis: Nur präsente Beweismittel zulässig, §294 Abs. 2 ZPO!

2. Verfügungsgrund

• Eilbedürftigkeit und Glaubhaftmachung

a. i.d.R. Beeinträchtigung des Persönlichkeitsrechts durch eine Medienberichterstattung

b. bei Unterlassung: nur wenn der Medienbericht nicht erscheint, kann die Beeinträchtigung des Persönlichkeitsrechts verhindert werden.

c. bei Gegendarstellung: diese ist am wirkungsvollsten, je bälder sie nach dem persönlichkeitsrechtsbeeinträchtigenden Medienbericht erscheint)

Hinweis: Der Prüfungspunkt „keine Vorwegnahme der Hauptsache" entfällt bei der Leistungsverfügung, muss also nicht geprüft werden!

Einstweilige Verfügung

§§ 935 ff. ZPO

1. Verfügungsanspruch
2. Verfügungsgrund
3. keine Vorwegnahme der Hauptsache (außer bei Leistungsverfügung!)

Literaturverzeichnis

Ankermann, Ernst: Über die Rechte des Konzertbesuchers bei Absage der bekannten Solistin, NJW 1997, S. 1134 ff.

Auer-Reinsdorff, Astrid/Conrad, Isabell (Hrsg.): Handbuch IT- und Datenschutzrecht, 3. Aufl. 2019

Bamberger, Heinz Georg/Roth, Herbert u.a. (Hrsg.), BeckOK BGB, § 312g BGB, 53. Edition 2020, Zitiert: Bearbeiter, in BeckOK BGB, § Rdnr.

Binder, Reinhart/Vesting, Thomas (Hrsg.): Beck'scher Kommentar zum Rundfunkrecht, 4. Aufl. 2018

Dreier, Thomas/Schulze, Gernot. Urheberrechtsgesetz, Verwertungsgesellschaftengesetz, Kunsturhebergesetz. Kommentar, 6. Aufl. 2018 Zit.: Bearbeiter, in: Dreier/ Schulze, Urheberrechtsgesetz, § Rdnr.

Eggers, Christian W.: Quick Guide Bildrechte. Rechtssichere Bildnutzung für Unternehmen, Vereine, Behörden, Journalisten und Fotografen – inklusive DSGVO, 2. Aufl. 2019, S. 11 ff.

Eyermann, Erich/Fröhler Ludwig: Verwaltungsgerichtsordnung: Kommentar, 15. Aufl. 2019. Zit.: Bearbeiter, in: Eyermann, VwGO, § Rdnr.

Fechner, Frank: Medienrecht: Lehrbuch des gesamten Medienrechts unter besonderer Berücksichtigung von Presse, Rundfunk und Multimedia, 21. Aufl. 2021. Zit.: Fechner, Medienrecht, Kapitel, Rdnr.

ders.: Entscheidungen zum Medienrecht, 3. Aufl. 2018. Zit.: → E

ders./Mayer, Johannes C.: Vorschriftensammlung Medienrecht, 16. Aufl. 2020

ders./Wössner, Axel: Journalistenrecht, 3. Aufl. 2015

Fezer, Karl-Heinz: Kommentar zum Markenrecht, 4. Aufl. 2009. Zit.: Fezer, Markenrecht, § Rdnr.

Fezer, Karl-Heinz/ Büscher, Wolfgang /Obergfell, Eva Inés (Hrsg.): Lauterkeitsrecht- Kommentar zum Gesetz gegen den unlauteren Wettbewerb, 3. Auflage 2016. Zit. Bearbeiter, in: Fezer, UWG, § Rdnr.

Gersdorf, Hubertus/Paal, Boris P. (Hrsg.): BeckOK Informations- und Medienrecht, 2. Edition 2020 (Stand: 1.8.2020). Zit: Bearbeiter, in: Gersdorf/Paal, BeckOK Informations- und Medienrecht, § Rdnr.

Gielen, Nico/Tiessen, Marten: Die neue Plattformhaftung nach der Richtlinie über das Urheberrecht im digitalen Binnenmarkt, EuZW 2019, S. 639 ff.

Groß, Rolf: Presserecht, 3. Aufl. 1999. Zit.: Groß, Presserecht, Rdnr.

Harte-Bavendamm, Henning /Henning-Bodewig, Frauke (Hrsg.): Gesetz gegen den unlauteren Wettbewerb (UWG), 4. Aufl. 2016

Hartstein, Reinhard/Ring, Wolf-Dieter/Kreile, Johannes/Dörr, Dieter/Stettner, Rupert: Rundfunkstaatsvertrag, Kommentar, Ordner I, LBl., Stand: Mai 2008. Zit.: Hartstein/Ring/Kreile/ Dörr/Stettner, RStV, § Rdnr.

Heckmann, Dirk (Hrsg.): juris Praxiskommentar Internetrecht, 6. Auflage 2019. Zit: Bearbeiter in Heckmann, jPK Internetrecht, Kapitel Rdnr.

Herrmann, Günter/Lausen, Matthias: Rundfunkrecht: Fernsehen und Hörfunk mit den neuen Medien, 2. Aufl. 2004. Zit.: Herrmann/Lausen, Rundfunkrecht, § Rdnr.

Hesse, Konrad: Grundzüge des Verfassungsrechts der Bundesrepublik Deutschland, 20. Aufl. 1999. Zit.: Hesse, Verfassungsrecht, Rdnr.

Jauernig, Othmar: Bürgerliches Gesetzbuch Kommentar, 17. Aufl. 2018. Zit.: Bearbeiter, in: Jauernig, BGB, § Rdnr.

Karlsruher Kommentar zur Strafprozessordnung und zum Gerichtsverfassungsgesetz, Pfeiffer, Gerd, 8. Aufl. 2019. Zit.: Bearbeiter, in: Karlsruher Kommentar, StPO, § Rdnr.

Kingreen, Thorsten/Poscher, Ralf, Grundrechte. Staatsrecht II, 36. Aufl. 2020

Kimms, Frank/Schlünder, Irene: Verfassungsrecht II – Grundrechte, 1998. Zit.: Kimms/Schlünder, Verfassungsrecht II, § Rdnr.

Köhler, Helmut/Bornkamm, Joachim/Feddersen, Jörn/Alexander, Christian: Gesetz gegen den unlauteren Wettbewerb, 39. Aufl. 2021. Zit.: Bearbeiter, in: Köhler/Bornkamm/Feddersen, UWG, § Rdnr.

Koritz, Nicola: Zwangsvollstreckung deutscher Forderungen und Urteile – eine immer noch (fast) unendliche Geschichte, Familie Partnerschaft Recht (FPR) 2013, S. 391–393

Kopp, Ferdinand O./Ramsauer, Ulrich: Kommentar zum VwVfG, 20. Aufl. 2020. Zit.: Kopp/Ramsauer, VwVfG, § Rdnr.

Lettl, Tobias: Lauterkeitsrechtliche Haftung von Presseunternehmen für „Rankings", GRUR 2007, S. 936 ff.

Liesching, Marc/ Schuster, Susanne/Scholz, Rainer/: Jugendschutzrecht: Jugendschutzgesetz, Jugendmedienschutz-Staatsvertrag, Vorschriften des Strafgesetzbuchs und des Rundfunkstaatsvertrages; Kommentar, 5. Aufl. 2011. Zit.: Liesching/Schuster/Scholz, § JuSchG Rdnr.

Löffler, Martin: Presserecht, Kommentar, 6. Aufl. 2015. Zit.: Bearbeiter, in: Löffler, Kommentar Presserecht, § Rdnr.

Löffler, Martin/Ricker, Reinhart: Handbuch des Presserechts, 6. Aufl. 2012. Zit.: Löffler/Ricker, Presserecht, Kapitel, Rdnr.

Lauber-Rönsberg, Anne: Das Recht am eigenen Bild in sozialen Netzwerken, NJW 2016, 744 ff.

Loock, Alexandra: Das allgemeine Persönlichkeitsrecht der öffentlichen Person in den Medien, 2005. Zit.: Look, Persönlichkeitsrecht, S.

Manssen, Geritt: Staatsrecht II Grundrechte, 17. Aufl. 2020. Zit.: Manssen, Staatsrecht II, Rdnr.

Maunz, Theodor/Dürig, Günter/Herdegen, Matthias/Herzog, Roman: Grundgesetz: Kommentar, Bd. 1: GG-Text – Art. 5, LBl. bis 2020. Zit.: Bearbeiter, in: Maunz/Dürig, GG, Art. Rdnr.

Maurer, Hartmut: Verwaltungsrecht, 20. Aufl. 2020. Zit.: Maurer, Verwaltungsrecht, § Rdnr.

Münchener Kommentar zum Bürgerlichen Gesetzbuch, Säcker, Franz Jürgen/ Rixecker, Roland, u.a. (Hrsg.), 8. Aufl. 2020. Zit.: Bearbeiter, in: MüKo, BGB, Band § Rdnr.

Münchener Kommentar zur Strafprozessordnung, Band 1, Kudlich, Hans (Hrsg.), 2014. Zit.: Bearbeiter, in MüKo StPO, § Rdnr.

Münchener Kommentar zur ZPO, Band 2, Rauscher, Thomas/ Krüger, Wolfgang (Hrsg.), 6. Aufl. 2020. Zit.: Bearbeiter, in: MüKo ZPO, § Rdnr.

Musielak, Hans-Jochim/Voit, Wolfgang (Hrsg.), ZPO, 16. Aufl. 2019 Zit.: Bearbeiter, in: Musielak/Voit, ZPO, § Rdnr.

Ohly, Ansgar: Die Haftung von Internet-Dienstleistern für die Verletzung lauterkeitsrechtlicher Verkehrspflichten, GRUR 2017, S. 441 ff.

Ohly, Ansgar/ Sosnitza, Olaf: Gesetz gegen den unlauteren Wettbewerb, 6. Aufl. 2016 Zit.: Bearbeiter, in Ohly/Sosnitza, UWG, § Rdnr.

Palandt, Otto: Bürgerliches Gesetzbuch mit Einführungsgesetz (Auszug), 80. Aufl. 2021. Zit.: Bearbeiter, in: Palandt, BGB, § Rdnr.

Prinz, Matthias/Peters, Butz E.: Medienrecht – Die zivilrechtlichen Ansprüche, 1999. Zit.: Prinz/ Peters, Medienrecht, Rdnr.

Rehbock, Klaus: Medien- und Presserecht: Grundlagen, Ansprüche, Taktik, Muster, 2. Aufl., 2011. Zit.: Rehbock, Medien- und Presserecht, Rdnr.

Sachs, Michael (Hrsg.): Grundgesetz Kommentar, 9. Aufl. 2021. Zit.: Bearbeiter, in: Sachs, GG, § Rdnr.

Säcker, Franz Jürgen / Rixecker, Roland / Oetker, Hartmut / Limperg, Bettina (Hrsg.): Münchener Kommentar zum BGB, Band 12, Internationales Privatrecht II, Internationales Wirtschaftsrecht etc., 8. Aufl. 2018

Schenke, Wolf-Rüdiger: Verwaltungsprozessrecht, 16. Aufl. 2019. Zit: Schenke, Verwaltungsprozessrecht, Rdnr.

Schönke, Adolf/Schröder, Horst: Kommentar zum Strafgesetzbuch, 30. Aufl. 2019. Zit.: Bearbeiter, in: Schönke/Schröder, StGB, § Rdnr.

Schulze, Reiner (Hrsg.): Bürgerliches Gesetzbuch, 10. Aufl. 2019

Soehring, Jörg/ Hoene, Verena: Presserecht: Recherche, Darstellung und Haftung im Recht der Presse, des Rundfunks und der neuen Medien, 5. Aufl. 2013. Zit.: Soehring/Hoene, Presserecht, Rdnr.

Spindler, Gerald/Schuster, Fabian (Hrsg.): Recht der elektronischen Medien, 4. Aufl. 2019. Zit: Bearbeiter, in: in Spindler/Schuster, Recht der elektronischen Medien, § Rdnr.

Spindler, Gerald: Haftung ohne Ende? Über Stand und Zukunft der Haftung von Providern, MMR 2018, S. 48 ff.

Spindler, Gerald: Verantwortlichkeit und Haftung für Hyperlinks im neuen Recht, MMR 2002, S. 495 ff.

Stern, Klaus/ Becker, Florian (Hrsg.): Grundrechte-Kommentar, 3. Aufl. 2019; zit.: Stern/Becker, Grundrechte-Kommentar 2015, Art. , Rdnr.

Tröndle, Herbert/Fischer, Thomas: Strafgesetzbuch mit Nebengesetze, 67. Aufl. 2020. Zit.: Tröndle/Fischer, StGB, § Rdnr.

Umbach, Dieter C./Clemens, Thomas: Grundgesetz: Mitarbeiterkommentar und Handbuch, Band II [Art. 38–146 GG], 2. Aufl. 2005. Zit.: Bearbeiter, in: Umbach/Clemens, GG, Art. Rdnr.

von Münch, Ingo/Kunig, Philip, Grundgesetz – Kommentar, Band 1, Präambel bis Art. 19, 6. Aufl. 2012. Zit.: Bearbeiter, in: von Münch/Kunig, GG, Art. Rdnr.

Wandtke, Artur-Axel/Bullinger, Winfried: Praxiskommentar zum Urheberrecht, 5. Aufl. 2019. Zit.: Bearbeiter, in: Wandtke/Bullinger, Urheberrecht, § Rdnr.

Weidert, Stefan/Uhlenhut, Theresa/von Lintig, Johannes: Kampf gegen Upload-Filter – Teil 1: Aktuelle Rechtslage der Betreiberhaftung, GRUR-Prax 2019, S. 269 ff.

Wolff, Heinrich/Brink, Amadeus (Hrsg.): BeckOK Datenschutzrecht, 30. Edition, 2019

Sachverzeichnis